dtv

»Sahra Wagenknechts Buch bringt die wirtschaftsfeindlichen Erscheinungsformen der Bankendeformation auf den Punkt – in klarer, faktenreicher Sprache, die man so auch gern von den Vertretern der Volksparteien gehört hätte: ›Orientierung auf das Investmentbanking heißt nicht Finanzierung von Investitionen, sondern der Verzicht darauf.‹ Freiheit statt Goldman Sachs.«
Peter Gauweiler, Süddeutsche Zeitung

Sahra Wagenknecht, geboren 1969 in Jena, ist Politikerin und Publizistin. Sie ist Mitglied der Partei Die Linke. Von Juli 2004 bis Juli 2009 war sie Mitglied des Europaparlaments. Seit Oktober 2009 ist sie Abgeordnete des Deutschen Bundestages, seit Mai 2011 stellvertretende Parteivorsitzende und seit November 2011 Vize-Vorsitzende ihrer Fraktion. 2012 hat sie ihre Dissertation ›The Limits of Choice. Saving Decisions and Basic Needs in Developed Countries‹ erfolgreich abgeschlossen. Diverse Veröffentlichungen, zuletzt: ›Kapitalismus, was tun?‹ (2013).

SAHRA WAGENKNECHT

Freiheit statt Kapitalismus

Über vergessene Ideale, die Eurokrise
und unsere Zukunft

Aktualisierte und erweiterte Neuausgabe

Deutscher Taschenbuch Verlag

Ausführliche Informationen
über unsere Autoren und Bücher
finden Sie auf unserer Website
www.dtv.de

Ungekürzte Ausgabe 2013
Deutscher Taschenbuch Verlag GmbH & Co. KG,
München
© 2012 der erweiterten und aktualisierten Neuausgabe:
Campus Verlag GmbH, Frankfurt am Main
Erstveröffentlichung 2011: Eichborn AG, Frankfurt am Main
Die vorliegende Taschenbuchausgabe beruht auf der
erweiterten und aktualisierten Neuausgabe.
Das Werk ist urheberrechtlich geschützt.
Sämtliche, auch auszugsweise Verwertungen bleiben vorbehalten.
Umschlagkonzept: Balk & Brumshagen
Umschlagfoto: Nicole Teuber
Gesamtherstellung: Druckerei C.H.Beck, Nördlingen
Gedruckt auf säurefreiem, chlorfrei gebleichtem Papier
Printed in Germany · ISBN 978-3-423-34783-9

Inhalt

Vorwort 7

Wie wir dem Euro und Europa eine Zukunft geben 13

Das gebrochene Versprechen Ludwig Erhards 45

Unproduktiver Kapitalismus 63

1. Totentanz der Finanzgiganten: Russisches Roulette
   auf modern-westliche Art 65
2. Schaum statt Wert 97
3. Die ausgezehrte Welt-AG 115
4. Schaffe, schaffe, Häusle baue? – Mythos
   Leistungsgesellschaft 143
5. Zerstörte Kreativität statt »kreative Zerstörung« 157
6. Blockierter Wandel: Warum es keinen
   »Green Capitalism« gibt 182
7. Sterbende Demokratie: Wenn Wirtschaft Politik macht 189

Kreativer Sozialismus: Einfach. Produktiv. Gerecht. 211

1. Schuldenberge bis zum Mars? Auswege aus der
   Staatsschuldenfalle 213
2. Sichere Rente – Kein Traum von gestern 238
3. Öffentliche Banken als Diener der Realwirtschaft 265

4. Der Staat als effektiver Versorger und die falschen Wettbewerbspropheten 288

5. Staatliche Industrieunternehmen – Erfahrungen und Legenden 313

6. Unternehmer ohne Ancien Régime – Grundrisse einer neuen Eigentumsordnung 341

Erhard reloaded: Wohlstand für alle, nicht irgendwann, sondern jetzt! 385

Literaturangaben 397

Vorwort

Wer möchte eigentlich noch im Kapitalismus leben? Wenn wir aktuellen Umfragen glauben, allenfalls noch eine Minderheit. Bei einer repräsentativen Erhebung des Meinungsforschungsinstituts emnid vom August 2010 gaben 88 Prozent der Bundesbürger an, dass sie sich eine »neue Wirtschaftsordnung« wünschen. Der Kapitalismus sorge weder für »sozialen Ausgleich in der Gesellschaft« noch für den »Schutz der Umwelt« oder einen »sorgfältigen Umgang mit den Ressourcen«. In die gleiche Richtung weist eine Umfrage der Universität Jena vom Herbst 2010, nach der 45 Prozent aller Befragten und 52 Prozent aller unter Dreißigjährigen die Aussage unterstützen: »Der Kapitalismus richtet die Welt zugrunde.« Eine Allensbach-Umfrage vom Februar 2012 zeigt, wie gravierend sich die Auffassungen zu dieser Frage in den vergangenen zwanzig Jahren verändert haben. Während im Jahr 1992 immerhin noch 48 Prozent der Bundesbürger Kapitalismus mit Freiheit verbanden, tun dies heute nur noch 27 Prozent. Assoziationen von Kapitalismus mit Fortschritt sind im selben Zeitraum sogar von 69 auf 38 Prozent zurückgegangen.

Ein deutliches Zeichen für eine Gesellschaft im Aufwind ist es, wenn die Eltern daran glauben, dass es ihren Kindern besser gehen wird als ihnen selbst. Befindet sich ein System im Niedergang, verschwindet dieser Glaube nicht nur, er verkehrt sich ins Gegenteil. Wer traut dem Kapitalismus heute noch zu, dass er künftigen Generationen ein besseres Leben ermöglicht?

Selbst die Kapitalisten scheinen nicht mehr uneingeschränkt von ihrer Ordnung überzeugt zu sein. »Man kann durchaus sagen, dass das kapitalistische System in seiner jetzigen Form nicht mehr in die heutige Welt passt«, bemerkte im Winter 2012 der Chef des glamourösesten Treffens der kapitalistischen Entscheidungselite, der Gründer des Weltwirtschaftsforums in Davos, Klaus Schwab.

Tatsächlich gibt es auch in Deutschland für die meisten Menschen immer weniger Grund, das bestehende Wirtschaftsmodell für attraktiv zu halten. Kein Arbeitsplatz ist mehr sicher, nicht einmal im Wirtschaftsboom, seit es als normal angesehen wird, dass Firmen auch bei bester Gewinnlage tausende Stellen streichen und die Dividenden im Gleichschritt mit der Zahl der Leiharbeiter steigen. Der Unterschied zwischen Aufschwung und Krise reduziert sich heute für einen nicht geringen Teil der Bevölkerung auf den Wechsel zwischen Hartz-IV-Aufstockerleistungen und Hartz IV pur. Noch nie gab es in Deutschland so viele Millionäre und noch nie so viele Tafeln und Suppenküchen, vor denen sich in immer größerer Zahl die Ausgestoßenen und Fallengelassenen drängen. Darunter viele Kinder, denen diese Gesellschaft keine Chance geben wird. Noch nie war der Reichtum weniger so groß, aber auch noch nie die Zukunftsangst und Unsicherheit vieler.

Der heutige Kapitalismus lässt nicht allein Oben und Unten in einer Weise auseinanderklaffen, die jeden Menschen mit normal entwickeltem Sozialgefühl entsetzen muss. Er zerstört – systematisch, hartnäckig und brutal – auch die Mitte der Gesellschaft. Das reguläre Normalarbeitsverhältnis, welches Planungssicherheit und Perspektive gibt, existiert für junge Leute fast nicht mehr. Über die Hälfte aller neuen Jobs sind befristet, immer mehr werden so jämmerlich bezahlt, dass man von ihnen nicht leben kann. Wer ein kleines Unternehmen gründet oder führt, wird immer öfter vom Kreditgeiz der Banken in die Pleite getrieben. Egal, ob die Geschäftsidee ihn hätte tragen können oder nicht.

Der Privatisierungs- und Liberalisierungsirrsinn hat die Grundversorgung deutlich verschlechtert und teilweise außer Kraft gesetzt. Private-Equity-Haie kaufen Wohnungen und lassen anschließend die Häuser verrotten. Die auf Profit getrimmte Bahn wartet Gleise und Züge so schlampig, dass bei den geringsten Witterungsunbilden ein Verkehrschaos droht. Vier große Energiemonopolisten diktieren stetig steigende Preise und verzögern nicht nur nach Kräften die Energiewende, sondern machen sie mit ihren Renditeansprüchen auch zu einem fast unerschwinglichen Projekt. In privatisierten Krankenhäusern werden Kranke zum Gegenstand einer Gewinnkalkulation, die ihre Behandlung rechtfertigen muss. Der Weg zum nächsten Postamt ist lang geworden, seit es kein Amt mehr ist.

Statt in allen Bundesländern gleiche Bildungschancen zu gewährleisten, hat im deutschen Bildungssystem die Kleinstaaterei überlebt. Soziale Unterschiede werden eher zementiert als ausgeglichen. Seit Jahren wächst die Zahl derer, die die Schule verlassen, ohne je richtig Lesen und Schreiben gelernt zu haben und bei Goethes *Faust* eher an die geballte Rechte eines Boxers denken. Dass Theater, Bibliotheken und Schulen zu den ersten Sparopfern finanziell ruinierter Städte und Gemeinden gehören, liegt im Trend. Nicht nur die sogenannte Unterschicht, die ganze Gesellschaft ist bildungsfern geworden.

Einst sollte privatwirtschaftliches Eigentum – durch Markt und Wettbewerb gelenkt und durch Gesetze gezähmt – Wachstum und steigende Produktivität garantieren. Heute droht den Industrieländern eine auf Jahrzehnte stagnierende Wirtschaft, deren produktive Substanz allmählich erodiert. Denn das Geld, das zur Finanzierung von Produktneuheiten gebraucht würde, wird im weltweiten Casino verzockt.

So spielen die großen Banken mit dem Wohlstand von Millionen Menschen Russisches Roulette. Und niemand stoppt sie. All die großen Versprechungen der Politik zu Beginn der Finanzkrise: vergessen und verdrängt! Alle neuen Regeln: weichgespült von der Finanzlobby bis zur Wirkungslosigkeit. Stattdessen wird weiter spekuliert, weiter gewettet, weiter getanzt auf dem unheimlich grollenden Finanzvulkan, von dem jeder weiß, dass er bald wieder ausbrechen und das wirtschaftliche Leben unter seiner Lava ersticken wird.

Alle positiven Ideen der Marktwirtschaft sind tot. Wo gibt es denn noch wirklich offene Märkte und echten Wettbewerb? Stattdessen haben sich mächtige Global Player die Märkte und die Politik unterworfen. Sie diktieren ihren Lieferanten die Konditionen und scheren sich kaum noch um die Zufriedenheit ihrer Kunden. Anstelle überlegener Qualität wird Größe und Marktmacht angestrebt, statt zu investieren Unternehmensmonopoly gespielt. Die Rendite steigt, indem wirtschaftliche Leistungsfähigkeit kleingespart wird. Mit sicheren Arbeitsplätzen verschwinden auch Fachwissen, Professionalität und Service. Gelder, die das Unternehmen für Forschung und Entwicklung bräuchte, werden im Shareholder-Value-Wahn ausgeschüttet und verbraten. Warum auch Gewinne ansparen, wenn man sich Subventionen vom Staat holen kann: für Forschung und Investitionen, oder auch für Kurzarbeit, wenn das wirtschaftliche Umfeld einmal trüber wird.

Persönliche Haftung, das Grundprinzip einer funktionierenden Wirtschaft, ist weiträumig außer Kraft gesetzt. Den Schaden tragen regelmäßig andere als die, die den Nutzen hatten. Entsprechend wenig Anlass zur Korrektur gibt es bei den Nutznießern.

Der Kapitalismus ist im Ergebnis all dessen keine Wirtschaftsordnung mehr, die Produktivität, Kreativität, Innovation und technologischen Fortschritt befördert. Heute verlangsamt er Innovation, behindert Investitionen und blockiert den ökologisch dringend notwendigen Wandel. Er verschleudert wirtschaftliche Ressourcen und lenkt menschliche Kreativität und Erfindungsgabe auf die unsinnigsten und überflüssigsten Betätigungen im Finanzbereich, die gleichwohl am höchsten bezahlt werden.

Die Regierenden Europas haben keine Ideen mehr, ebenso wenig wie die Ex-Regierenden, deren Opposition hohl und unglaubwürdig wirkt, weil sie sich in der Regel mit der Regierung in allen wesentlichen Fragen einig sind. Wie oft in niedergehenden Systemen besteht der letzte Ausweg überforderter Politiker in clownesker Realitätsverweigerung. So werden in Deutschland die Vernichtung von Millionen regulären Arbeitsplätzen und ihre Ersetzung durch immer mehr Billigjobs als »Jobwunder« gefeiert. Die europäische Rezession wird kleingeredet und wegprognostiziert, die Eurokrise von Gipfel zu Gipfel aufs Neue »überwunden«. Analysen, die auf hoffnungslos geschönten Annahmen beruhen, gaukeln uns vor, dass die Politik alles im Griff hat. Dass alles irgendwie gut enden wird. Vielleicht.

»Die Situation erinnert mich an die Endphase der DDR«, hat ein FDP-Politiker kürzlich über den Zustand seiner Partei gesagt. Das ließe sich durchaus auf den Kapitalismus insgesamt übertragen, der sich mit grotesken Ovationen feiert und dabei immer schamloser selbst belügt. Mangels Konkurrenz wird er das allerdings wohl länger durchhalten als einst die DDR.

Wo jede Lebensregung sich rechnen muss, bleiben Freiheit und Menschenwürde auf der Strecke. Demokratie stirbt, wenn Banken und Wirtschaftskonzerne ganze Staaten erpressen und sich die Politik kaufen können, die ihnen nützt. Der Kapitalismus ist alt, krank und unproduktiv geworden. Wir sollten unsere Intelligenz und Phantasie nicht länger auf die Frage verschwenden, wie wir ihn wieder jung, gesund und produktiv machen können. Viel dringender ist eine gesellschaftliche Debatte darüber, wie wir eine Zukunft jenseits des Kapitalismus gestalten können.

Das klingt provokativ, ist auch so gemeint. Zugleich aber ist es eine Einladung zum Dialog zwischen echten, nämlich auch geistig liberalen Marktwirtschaftlern auf der einen und ebensolchen Sozialisten und Marxisten auf der anderen Seite. Nach Veröffentlichung meines Buches zur Finanzkrise (*Wahnsinn mit Methode. Finanzcrash und Weltwirtschaft*, Berlin 2008) habe ich etliche positive Erfahrungen in der Diskussion mit offenen und fairen Marktwirtschaftlern gemacht, mit einigen Wirtschaftsprofessoren und Journalisten. Mit diesem Buch nun will ich die Diskussionsbasis verbreitern.

Ich weiß, für manche Pseudokonservative und Pseudoliberale bin ich immer noch der Gottseibeiuns, die finstere Kommunistin, die zurück will in die alte DDR. Ich habe auch deshalb zunehmend gespürt: Es wird Zeit, einen positiven Gegenentwurf zu schreiben, zumindest diesen Entwurf zu beginnen. Es wird Zeit, den typischen FDPlern, die von Ökonomie nicht mehr verstehen als die auswendig gelernten Sprüche aus ihren eigenen Wahlwerbungsprospekten, entgegenzuhalten, wie Marktwirtschaft tatsächlich funktioniert. Und es wird Zeit zu zeigen, wie man, wenn man die originären liberalen Ideen zu Ende denkt, direkt in den Sozialismus gelangt, einen Sozialismus allerdings, der nicht Zentralismus, sondern Leistung und Wettbewerb hochhält.

»Wir müssen es schaffen, die philosophischen Grundlagen einer freien Gesellschaft erneut zu einer spannenden intellektuellen Angelegenheit zu machen, und wir müssen ihre Verwirklichung als Aufgabe benennen, von der sich die fähigsten und kreativsten Köpfe herausgefordert fühlen. Wenn wir diesen Glauben an die Macht der Ideen zurückgewinnen, der die Stärke des Liberalismus in seinen besten Zeiten war, dann ist der Kampf nicht verloren.« Diese Aufgabe, die der liberale österreichische Ökonom Friedrich von Hayek 1949 seinen Anhängern ins Stammbuch schrieb, hat nichts an Aktualität verloren.

Allerdings kommt ihre Lösung heute nicht mehr dem noch von Hayek vertretenen falschen Liberalismus, sondern einem *kreativen Sozialismus* zu.

Sahra Wagenknecht, April 2012

WIE WIR DEM EURO UND EUROPA EINE ZUKUNFT GEBEN

WIE WIR DEM EURO UND EUROPA EINE ZUKUNFT GEBEN

» … dass sich die meisten Politiker immer noch nicht darüber im Klaren sind, wie sehr sie bereits heute unter der Kontrolle der Finanzmärkte stehen und sogar von ihnen beherrscht werden.«

Hans Tietmeyer, Präsident der Bundesbank, 1996

»Vom organisierten Geld regiert zu werden ist genauso schlimm wie vom organisierten Verbrechen regiert zu werden.«

Franklin D. Roosevelt, Präsident der USA, 1936

Europa ist zu einem Schlachtfeld geworden. Es ist ein Krieg, in dem keine Soldaten marschieren, keine Bomben fallen, keine nächtlichen Explosionen die Städte erschüttern. Es ist ein Krieg, der still zerstört und leise tötet, ein Krieg, dessen Verheerungen erst allmählich sichtbar werden, der aber deshalb nicht weniger brutal und gewaltsam ist. Es ist ein Verteilungskrieg. Er wird geführt von einer sehr schmalen, sehr reichen Oberschicht, die als Eigentümer und Anleger hinter den Banken, Hedge-Fonds und großen Wirtschaftskonzernen steht. Er richtet sich gegen den Rest der Gesellschaft, deren Zusammenhalt er systematisch untergräbt. Dieser Krieg hat Europa in die heutige schwere Krise gestürzt, und er wütet umso rücksichtsloser, je verzweifelter die Situation sich entwickelt.

Seine wichtigste Waffe sind virtuelle Zahlenbeträge in Computern, die wir Geldvermögen nennen und die ihre Eigentümer befähigen, sich ohne eigene Arbeit volkswirtschaftliche Werte anzueignen. Diese Vermögen, die sich in der Hand von etwa einem Prozent der europäischen

Bevölkerung konzentrieren, wachsen im Ergebnis erfolgreicher Kriegsführung seit Jahren sehr viel schneller als die reale Wirtschaft, deren Wertschöpfung ihnen eigentlich zugrunde liegen sollte. Sie sichern ihren Inhabern wachsende Macht und immer größere Stellungsvorteile im Verteilungskrieg. Und mit den Vermögen wuchsen und wachsen die Schulden, die sich auf den Schultern der Allgemeinheit türmen.

Vergessene Ideen

Das Europa der Nachkriegszeit sollte ein Projekt des Friedens, der Demokratie, der Freiheit und gemeinsamer kultureller Traditionen sein. Der alte Kontinent, in den vergangenen Jahrhunderten so oft Schauplatz blutiger Kriege und grausamer Metzeleien mit ungezählten Toten, sollte zur erlebten und gefühlten gemeinsamen Heimat für die nächsten Generationen werden. Ausdrücklich als Gegenentwurf zum Modell eines ungezügelten Kapitalismus wurde erdacht, was sich damals – in wacher Erinnerung an die Weltwirtschaftskrise der dreißiger Jahre, an eskalierende Arbeitslosigkeit, Hunger und Massenelend – das »europäische Sozialmodell« nannte. Der große französische Staatsmann Charles de Gaulle forderte ein Wirtschaftssystem, in dem die »Schätze der Nation« nicht länger zum Vorteil und Profit weniger ausgebeutet werden können. In Deutschland erklärte Ludwig Erhard »Wohlstand für alle« zu seinem Ziel und gab an, die »alte konservative soziale Struktur«, die die Gesellschaft in wenige Superreiche und eine breite verarmte Unterschicht teilte, überwinden zu wollen. Weitgehende Chancengleichheit, unabhängig von der Herkunft, und soziale Absicherung bei Krankheit und im Alter waren die großen Versprechen der »sozialen Marktwirtschaft«. Nie wieder sollte Wirtschaftsmacht so groß werden, dass sie Märkte beherrschen und die Fundamente der Demokratie untergraben kann.

Alles vorbei und vergessen. Im Zuge der Agenda 2010 wurde in Deutschland die gesetzliche Rente zerschlagen und die Arbeitslosenversicherung durch demütigende, Armut verfestigende Hartz-IV-Almosen ersetzt. Die Qualität der Behandlung Kranker wurde zu einer Frage des persönlichen Kontostands gemacht. An die Stelle regulärer Beschäftigung traten Befristungen, Minijobs, Werkverträge und Leiharbeit. Ein ähnlicher Umbau der Gesellschaft hatte in anderen europäischen Ländern schon früher begonnen. Beispielhaft steht für ihn der Name der britischen Premierministerin Margaret Thatcher, die mit eiserner Hand die Macht der britischen Gewerkschaften zerbrach und mit radikaler Deregulierung und Privatisierung die Ära des britischen Sozialstaates ebenso beendete wie die der englischen Industrie.

Der Thatcherismus hatte viele Nachahmer. »Wohlstand für alle« ist heute kein Leitmotiv der deutschen Politik mehr, ebenso wenig wie der europäischen. Vielmehr sinkt der Wohlstand der Mehrheit, die gesellschaftliche Mitte wird schmaler, und das Wiederentstehen einer verarmten Unterschicht von beträchtlicher Größe wird uns als neue Normalität verkauft. In vielen Ländern werden die Mittelschichten heute mit der Streitaxt brutaler Sparprogramme regelrecht zertrümmert. Banken und Regierungen, allen voran die deutsche, diktieren von Athen über Rom bis Dublin sinkende Löhne, sinkende Renten und die radikale Kürzung von Bildungs-, Gesundheits- und anderen öffentlichen Ausgaben.

Hellas ausgeplündert

Was dabei im Besonderen der griechischen Bevölkerung zugemutet wird, ist geschichtlich allenfalls mit der Ausplünderung militärisch besetzter Länder nach einem verlorenen Krieg vergleichbar. Lohnkürzungen in der privaten Wirtschaft um mehr als 20 Prozent – nominal! –, drastische Eingriffe in erworbene Rentenansprüche, Massenentlassungen im öffentlichen Dienst und die Streichung der staatlichen Gesundheitsausgaben um fast die Hälfte –, solche Brutalität gab es in Europa zu Friedenszeiten noch nie. In einem Land, das einst einen mit Deutschland vergleichbaren Lebensstandard hatte, sterben heute chronisch Kranke, weil der Staat ihre Medikamente nicht mehr bezahlt. Die Wirtschaft versinkt in Agonie, Monat für Monat gehen tausende Unternehmen bankrott. Jeder zweite junge Erwachsene ist arbeitslos. Eine ganze Generation startet ohne ausreichenden Lebensunterhalt, ohne Hoffnung und Zukunft ins Leben. Familien der früheren Mittelschicht verlieren erst ihre Arbeit und dann ihre Wohnungen, weil das gekürzte Arbeitslosengeld nicht ausreicht, auch nur die Miete zu zahlen, und ohnehin nach einem Jahr gnadenlos endet. Mütter und Väter, die einst im Wohlstand lebten, müssen Angst haben, ihre Kinder nicht mehr ernähren zu können. Viele ziehen zurück zu ihren Eltern oder Großeltern, von deren Renten oft mehrere Generationen leben. Immer mehr sind auf Essensspenden und Armenküchen angewiesen. Die Obdachlosigkeit steigt beängstigend.

Dass Griechenland, die Wiege der europäischen Kultur und Philosophie und die erste Demokratie in Europa, in den Debatten unserer Zeit fast nur noch als Synonym für Schlendrian, Faulheit und Trickserei vorkommt, ist für sich ein untrügliches Zeichen für den Verfall all dessen, was in einem großen historischen Sinn unter *europäischen Werten* zu verstehen wäre.

Ohne Aischylos und Sophokles kein modernes Drama, kein Shakespeare, Molière oder Schiller. Ohne Platon und Aristoteles kein Descartes und kein Hegel. Aber wer denkt heute, wenn von Griechenland die Rede ist, noch an Sophokles oder Platon? Oder an Solon, den Begründer, und Perikles, den klugen Gestalter der griechischen Demokratie? Heute geht es nicht mehr um Kunst, Geist oder Demokratie. Es geht nur noch um Haushaltsdefizite, Schuldenberge und Sparprogramme, um verlorene Milliarden und die Ansprüche der Gläubiger.

Sparguillotine statt europäischer Werte

Die griechische Katastrophe ist sicher die schlimmste in Europa, aber ein Einzelfall ist Griechenland nicht. Auch in anderen Ländern geht die Sparguillotine rücksichtslos auf öffentliche Leistungen, Mindestlöhne und Kündigungsschutzbestimmungen nieder. Während die Kaufkraft der Beschäftigten in Deutschland bereits seit über einem Jahrzehnt infolge schwacher Tarifabschlüsse und einer wachsenden Zahl von Hungerlohnjobs dahinschmilzt, sind die Reallöhne 2011 erstmals in der gesamten Eurozone eingebrochen. Armut lange nicht mehr gekannten Ausmaßes grassiert auch in Irland, Spanien oder Portugal. In Italien wird der Lebensstandard der Bevölkerung durch die Reformen des von keinem Italiener gewählten Ministerpräsidenten und Ex-Goldman-Sachs-Beraters Monti spürbar abgesenkt.

Der Fiskalpakt: griechische Verhältnisse für Europa

Der maßgeblich von der deutschen Regierung diktierte Fiskalpakt bedroht, wenn er je eingehalten werden sollte, ganz Europa mit griechischen Verhältnissen. Gemessen an der im Vertrag festgeschriebenen Neuverschuldungsgrenze waren die Ausgaben der europäischen Staaten 2011 um 235 Milliarden Euro zu hoch. Und was die deutsche Regierung gern verschweigt: Auch der vermeintliche Musterschüler verfehlte das Defizitkriterium klar. Selbst in einem konjunkturell guten Jahr wie 2011, in dem die Steuereinnahmen weit über den Prognosen lagen, hätten die Ausgaben für Bildung, Soziales oder Gesundheit in Deutschland um mindestens 20 Milliarden Euro gekappt werden müssen. Und das obwohl schon heute viele Kommunen unter dem Spardruck verzweifeln, in Krankenhäusern Pflegenotstand herrscht und das Bildungssystem, das die Basis unseres künftigen Wohlstands sein sollte, chronisch unterfinanziert ist.

Würden die europäischen Staaten gar das ebenfalls im Fiskalpakt festgeschriebene Gesamtschuldenlimit von 60 Prozent der Wirtschaftsleistung ernsthaft anpeilen, müssten bei gleichbleibenden Einnahmen in den nächsten 20 Jahren gigantische 2,8 Billionen Euro aus den öffentlichen Budgets herausgehackt werden. Derartige Sparziele würden den Staat als relevante Ordnungsinstanz gegenüber Wirtschaft und Markt endgültig erledigen. In einer solchen Zwangsjacke gibt es keine öffentliche Gewährleistung eines Mindestmaßes an sozialer Absicherung und Ausgleich mehr, obwohl das deutsche Grundgesetz genau dies zwingend vorschreibt.

Alte Ressentiments kehren zurück

Wenn die europäische Politik nur noch die Krise und die Brutalität eint, mit der sie den Staaten wahnwitzige Kürzungsprogramme aufzwingt, sollte sich niemand wundern, dass das europäische Projekt von vielen mittlerweile als Fluch empfunden wird. Aus zerstörten Lebenschancen wächst Hass. Neue Demütigung weckt die Erinnerung an alte. Während verzweifelte Griechen auf den Straßen Athens deutsche Fahnen verbrennen und auf den Titelseiten rechtsgerichteter griechischer Zeitungen Angela Merkel mit Hakenkreuz abgebildet wird, mokiert sich der deutsche Stammtisch über »faule Südländer«, die besser allein klarkommen sollten. Und dem Stammtisch sekundieren Politiker großer deutscher Parteien und nicht wenige angeblich seriöse Medien. Dass der Vorschlag, souveräne Länder über einen Sparkommissar unter deutsches Protektorat zu stellen, nicht von rechtspopulistischen Underdogs, sondern von bundesdeutschen Spitzenpolitikern in die Debatte gebracht wurde, sollte jeden, der nicht ganz geschichtsvergessen ist, schaudern lassen.

Aber kann es anders gehen? Ist es nicht eherne Verpflichtung, Schulden, die man aufgenommen hat, eines Tages auch zurückzuzahlen? Kann ein Land dauerhaft über seine Verhältnisse leben? Und haben nicht Staaten, die anderen helfen, auch ein Recht zur Aufsicht und Kontrolle, damit die bereitgestellten Milliarden nicht im Nirwana verschwinden? Sind sie es nicht ihren Bürgern schuldig, die das Steuergeld sauer erarbeitet haben?

Der heutige europäische Diskurs lebt von Lügen. Wurde Griechenland je geholfen? Wie kann es dann sein, dass das Land heute ungleich ärmer, die Wirtschaft ungleich desolater, die Arbeitslosigkeit ungleich höher und die Verzweiflung der Menschen ungleich größer ist als zu Beginn der vermeintlichen »Rettung«?

Übrigens ist auch der griechische Staat ungleich bankrotter. Denn obwohl zwischen Mai 2010 und Ende 2011 immerhin 73 Milliarden Euro an sogenannten Hilfsgeldern aus dem ersten Kreditpaket für Griechenland überwiesen wurden, sind die griechischen Staatschulden um weitere 50 Milliarden Euro angeschwollen. Daraus mögen einige nach der Logik schwäbischer Hausfrauen folgern, dass die Griechen nicht genug gespart haben. In Wahrheit rührt das Elend und auch der weitere Anstieg der Staatsschulden gerade daher, dass die gewissenlos korrupte griechische Politelite das Land exakt so brutal zu Tode gespart hat, wie es ihr die europäischen Geldgeber aufgegeben haben.

Die Härte des Sparkurses lässt sich an Zahlen ablesen. Immerhin haben die Griechen ihr öffentliches Defizit, die Zinszahlungen herausgerechnet, von 10,6 Prozent der Wirtschaftsleistung 2009 auf nur noch 2,4 Prozent 2011 abgesenkt. Das Minus im deutschen Staatshaushalt war nicht selten höher. Einschließlich Zinszahlungen ist das griechische Defizit allerdings deutlich weniger gesunken, nämlich nur von 15,8 Prozent der Wirtschaftsleistung auf 9,3 Prozent. Eine Ursache für die unverändert anwachsende Staatsschuld sind also nicht zuletzt die extrem hohen Zinsen, zu denen sich Griechenland 2009 und in den ersten Monaten 2010 refinanzieren musste und die in der Folgezeit treu bedient wurden. Inzwischen sind allein die fälligen Zinsen für einen Großteil der griechischen Neuverschuldung verantwortlich.

Tödliche Spirale

Es gibt aber einen noch wichtigeren Grund für die beharrlich steigende griechische Schuldenquote. Er besteht darin, dass die griechische Wirtschaft durch die radikalen Sparprogramme in eine tiefe Depression gestürzt ist und in nur zwei Jahren 11 Prozent ihrer Leistungsfähigkeit verloren hat. Mit der Krise aber brechen auch die Steuereinnahmen weg und machen den fortgesetzten Kampf um Absenkung der Defizite zu einer tödlichen Spirale aus Ausgabenkürzungen, verstärktem wirtschaftlichen Niedergang und neuen Streichlisten. Am Ende dieses Trauerspiels kann nur die Zahlungsunfähigkeit eines rücksichtslos ausgeplünderten Landes stehen.

Griechenland ist damit ein erneutes trauriges und mahnendes Exempel für die gar nicht so neue Erkenntnis, dass ein Land – anders als die schwäbische Hausfrau – sich aus Schulden nicht heraussparen kann. Wäre es die ehrliche Sorge um eskalierende Schulden, die die europäische Politik umtreibt, müsste sie spätestens nach dieser Erfahrung den Sparprogrammen von Rom bis Madrid Einhalt gebieten und den Fiskalpakt in den Reißwolf werfen. Aber nichts dergleichen geschieht. Der gleiche Kurs, der Griechenland ins Elend gestürzt hat, soll Armut, Verzweiflung und Angst offenbar über den ganzen europäischen Kontinent verbreiten.

Die versteckten Profiteure

Wer gewinnt bei diesem Wahnsinn? Da nicht nur die Bevölkerung verarmt, sondern am Ende auch große Teile der Staatsschulden abgeschrieben werden müssen, scheint es auf den ersten Blick nur Verlierer zu geben. Die Profiteure bleiben gern unsichtbar, aber es gibt sie. Zu Beginn seiner »Rettung« hatte der griechische Staat etwa 300 Milliarden Euro Schulden, die von Banken, Versicherungen, Hedge-Fonds und vermögenden Anlegern gehalten wurden. Anfang 2012 hatte der griechische Staat 360 Milliarden Euro Schulden, von denen sich aber nur noch 200 Milliarden in privater Hand befanden.

Von den bis zu diesem Zeitpunkt ausgezahlten 73 Milliarden Euro vermeintlicher Griechenland-Hilfen wurden 70 Milliarden allein dafür verwandt, auslaufende Anleihen zum vollen Nennwert zu tilgen und fällige Zinszahlungen zu begleichen. Anleihen also, die am Markt mit einem Wertabschlag von 60 bis 70 Prozent gehandelt wurden, konnten die Gläubiger so in 100 Prozent bares Geld verwandeln, ein blendendes Geschäft für die Finanzbranche. Auch für die griechischen Staatsanleihen im Wert von etwa 70 Milliarden Euro, die die EZB und die nationalen Notenbanken zwischen 2010 und Ende 2011 aufgekauft haben, wurden den Banken gute Preise gezahlt.

Bei dem im Frühjahr 2012 beschlossenen neuen Griechenlandpaket von 130 Milliarden soll sogar ein extra eingerichtetes Sperrkonto garantieren, dass sich kein müder Euro etwa nach Athen verirrt. Die Summe ist erneut nahezu ausschließlich zum Freikaufen der Banken und Anleger bestimmt. Läuft bei der sogenannten »Gläubigerbeteiligung« alles nach Plan, wird Griechenland zwar am Ende immer noch über 300 Milliarden Euro Schulden haben, davon werden sich allerdings nur noch gut 60 Milliarden Euro in privater Hand befinden. Für den Rest bürgt dann der europäische Steuerzahler. Der Begriff »Gläubigersanierung« wäre daher angebrachter gewesen.

Milliarden wechseln den Besitzer

Hätte sich Griechenland bereits im Mai 2010 für zahlungsunfähig erklärt, wären die Verluste der Finanzbranche und der privaten Anleger groß und die Verluste der europäischen Steuerzahler klein gewesen. Mit jeder freigegebenen Kredittranche aus den vermeintlichen Griechenlandhilfen wurden die potentiellen Verluste der Finanzbranche und der privaten Anleger geringer und die potentiellen Verluste der europäischen Steuerzahler größer. Schon 2010 war klar, dass die griechischen Schulden und die Zinssätze viel zu hoch waren, um auf Dauer bedient werden zu können. Aber jeder Monat, um den die Hilfspakete den Staatsbankrott aufgeschoben haben, hat sich für die Banken, Hedge-Fonds und Spekulanten ausgezahlt. Denn in jedem Monat wurden Zinsen kassiert, die sonst nicht geflossen, und Anleihen zurückbezahlt, die andernfalls wertlos gewesen wären.

Wenn der griechische Staatsbankrott schließlich kommt, wird von verlorenem Steuergeld und verbrannten Milliarden die Rede sein. Aber diese Milliarden sind nicht verbrannt. Sie haben nur den Besitzer gewechselt. Was früher dem Staat gehörte, gehört jetzt der Finanzindustrie und ihren Aktionären und Anlegern. Zahllose Euros in ihren Vermögensportfolios hat die »Eurorettung« auf jeden Fall gerettet.

Die »Hilfen« für Irland und Portugal beruhen auf derselben Logik. Ebenso die aller Länder, die künftig noch auf die zwei großen Rettungsfonds – den ESFS und den ab Sommer 2012 einsatzbereiten ESM – zurückgreifen werden. Wer glaubt, der europäische Rettungsschirm würde eine europäische Transferunion nach dem Vorbild des deutschen Länderfinanzausgleichs begründen, irrt. Es ist viel schlimmer. Tatsächlich zahlt der deutsche Steuerzahler statt griechischer Renten oder portugiesischer Sozialausgaben internationalen Banken die Extremzinsen, die sie auf Anleihen dieser Länder nur deshalb verlangen können, weil deren Zahlungsfähigkeit ständig infrage steht. Und er übernimmt einen immer größeren Teil ihrer Schulden, damit der Staatsbankrott, auf den der explosive Mix aus hohen Zinsen, radikalem Sparen und Wirtschaftsrezession unweigerlich hinausläuft, für den Finanzsektor am Ende verschmerzbar ist.

Das ist in etwa so, als wenn es in der Bundesrepublik weder einen Haftungsverbund noch einen Länderfinanzausgleich gäbe, Bayern und Baden-Württemberg allerdings den dadurch zu Pleitekandidaten gewordenen finanzschwächeren Bundesländern – etwa Bremen und Berlin – sehr viel Geld dafür überweisen würden, die eskalierenden Zinsen auf ihre Schulden zu bezahlen und, wo nötig, auslaufende Kredite zu tilgen. Um den Irrsinn auf die Spitze zu treiben, könnten sie von Bremen und Berlin auch noch die Einrichtung eines Sperrkontos verlangen, um sicherzustellen, dass die »Hilfsgelder« auf keinen Fall zweckentfremdet – also etwa für Bremer Schulen oder Berliner Kita-Plätze – verwandt werden. Dieses System wäre allerdings nicht nur verrückt. Es würde für Bayern und Baden-Württemberg auf Dauer auch teurer werden als der heutige Finanzausgleich.

Bankenrettung Teil II: Eine neue große Bad Bank

Aber der Wahnsinn hat Methode. 2008/2009 hatten die europäischen Staaten im Zuge der ersten großen Rettungsaktion den Banken Verluste aus Giftpapieren, die auf verbriefte Privatkredite zurückgingen, im Volumen von mehreren Billionen Euro abgenommen. Die meisten Finanzhäuser kamen in der Folgezeit schnell wieder auf die Beine und machten 2010/2011 erneut Milliardengewinne, während die aus dieser Aktion entstandenen Schulden den Staaten noch heute wie Mühlsteine am Hals hängen. Im Ergebnis wurden die Anleihen mehrerer Eurostaaten selbst zu Giftpapieren. Der daraufhin gegründete Eurorettungsschirm ist eine große staatliche Bad Bank, die der Finanzbranche dabei helfen soll, absehbare Verluste aus diesen staatlichen Giftpapieren auf die noch zahlungsfähigen Euroländer abzuwälzen. Die Eurorettung ist schlicht Teil II der großen Bankenrettung. Es liegt in der Natur der Sache, dass sie die Staatsverschuldung noch weiter in die Höhe treibt und die Anleihen von immer mehr Ländern zu Giftpapieren macht. Irgendwann dürfte kein solventer Retter mehr zur Verfügung stehen. Der Crash wird auf diesem Weg also nicht verhindert, sondern nur hinausgeschoben. Es wird teure Zeit gekauft. Zeit, in der die Allgemeinheit ärmer und die Banken und Vermögenden reicher werden.

Wer lebt über seine Verhältnisse? Schulden ohne Wohlfahrt

Einer Studie zufolge wachsen die Finanzvermögen deutscher, schweizerischer und österreichischer Millionäre um aktuell 8 Prozent pro Jahr, die der Milliardäre um 10 Prozent.[1] Die Volkswirtschaften dieser Länder wuchsen seit der Jahrtausendwende im Schnitt um 1 Prozent pro Jahr. Die Löhne stiegen gar nicht, in Deutschland sanken sie sogar um etwa 5 Prozent. Die Renten wurden um 10 Prozent entwertet. Wer lebt über seine Verhältnisse? Die Allgemeinheit? Hat sie das je irgendwo in Europa getan?

Wer die Staatsschuldenkrise auf unverantwortliches Ausgabeverhalten der Staaten zurückführt und fordert, sie endlich zum Sparen zu zwingen, sollte miterwähnen, dass es nur einen staatlichen Ausgabeposten gab, der in den letzten Jahren unverantwortlich aus dem Leim gegangen ist: Ausgaben zur Rettung einer maroden Finanzindustrie, welche sich in Geschäftsmodelle verrannt hat, die in schöner Regelmäßigkeit existenzgefährdende Verluste herbeiführen. Offenbar ist es nicht der Staat, der nicht wirtschaften kann, sondern die Banken. Dass diesem Missstand allerdings durch gekürzte Renten, gestrichene Gesundheitsausgaben und gesenkte Mindestlöhne abzuhelfen ist, steht nicht zu erwarten.

Naheliegender wäre es, den Tollheiten der Banker einen Riegel vorzuschieben. In vielen Fällen wäre das sogar im Wortsinn angebracht. Keine Branche ist in den vergangenen Jahrzehnten so stark gewachsen wie der Finanzsektor. Und keine ist im Gros ihrer Betätigungsfelder volkswirtschaftlich überflüssiger. Vieles ist hochexplosiv und gemeingefährlich. Aus einstigen Finanziers der Realwirtschaft sind selbstherrliche Wettbuden geworden. Krude Finanzpapiere, Staatsanleihen, Öl und Mais – alles taugt und dient als Material für ihre Hochrisikospiele. »Finanzielle Massenvernichtungswaffen« hat der Großinvestor und Hedge-Fonds-Manager Warren Buffett solche Wetten schon vor zehn Jahren genannt. Aber mit ihnen lässt sich prächtig Geld verdienen – solange man nicht haften muss, wenn sie am Ende detonieren. Deshalb pflegen die Banken ihren Gewinn schnell in Form von Boni und Dividenden auszuschütten. Damit bloß keine Geldpolster da sind, wenn die Party vorüber ist. Denn für größere Verluste die Allgemeinheit in die Pflicht zu nehmen, ist fester Bestandteil des Geschäftsmodells.

Wenn ein Faktor am Anstieg der öffentlichen Verschuldung unbeteiligt war, dann ist es ausgerechnet der am meisten der Verantwortung geziehene: der Wohlfahrtsstaat. Tatsächlich ist das Gros der staatlichen Schulden zu einer Zeit entstanden, in der der Sozialstaat in Europa nicht aufgebaut, sondern abgerissen wurde. Die Bundesrepublik brauchte 50 lange Jahre, um eine Staatsverschuldung in Höhe von 1 Billion Euro zu erreichen. In diese 50 Jahre fielen die Etablierung eines umfassenden Sozialstaats und die mit erheblichen Kosten verbundene deutsche Wiedervereinigung. Die zweite Billion öffentlicher Schulden kam in einem Zeitraum von nur 15 Jahren hinzu. Das waren die Jahre der Agenda 2010, der Riester-Rente und der Hartz-IV-Gesetze. Besonders schnell stiegen die öffentlichen Schulden in Deutschland übrigens, nachdem CDU und SPD die »Schuldenbremse« erfunden hatten – eine wirklich überzeugende Werbung für ein Konzept, an dem heute ganz Europa genesen soll!

Geschenke für Gutbetuchte:
Der europäische Steuersenkungswettlauf

Die Schulden in den meisten europäischen Ländern haben sich ähnlich entwickelt wie in Deutschland. Sie haben sich in den zurückliegenden 15 Jahren verdoppelt und sind seit 2008 steil angestiegen. Neben der Bankenrettung ist auch die aktuelle Verfasstheit Europas ein Grund dafür. Die europäischen Verträge seit Maastricht haben zwar einen einheitlichen Binnenmarkt mit freiem Waren- und Kapitalverkehr und im Euroraum sogar mit gemeinsamer Währung etabliert. Es wurde aber auf jede europäische Angleichung der direkten Steuern verzichtet. Dieses Nebeneinander unterschiedlichster Steuersysteme in einem gemeinsamen Währungsraum lud Konzerne und Anlagekapital zur Steuervermeidung geradezu ein und setzte Länder mit überdurchschnittlichen Sätzen unter Druck. Die Folge war ein europaweiter Steuersenkungswettlauf, der den alten Kontinent mehr und mehr zu einem Steuereldorado für Unternehmen, Spitzenverdiener und Vermögende werden ließ.

Heute ist die Zahlung von Steuern zweifelhaftes »Privileg« der kleinen Leute, während sich Konzerne und Millionäre aus der Finanzierung der Gemeinwesen weitgehend verabschiedet haben. Die daraus resultierenden Einnahmeausfälle wurden teils durch Ausgabenkürzungen und steigende Verbrauchssteuern, großenteils aber durch steigende Verschuldung ausgeglichen.

Ganz im Trend wurden auch in Deutschland zwischen 2000 und 2010 eine Reihe von Steuerreformen zum Vorteil der Oberschicht durchgesetzt. Der Spitzensteuersatz sank um mehr als 10 Prozentpunkte und die Konzernsteuern sogar auf weniger als die Hälfte ihres ursprünglichen Werts. Kapitalerträge sind seit Einführung der Abgeltungssteuer gar nicht mehr einkommenssteuerpflichtig und die Erbschaftssteuer wurde bis zur Bedeutungslosigkeit ausgehöhlt. Im Ergebnis verringerten sich die öffentlichen Einnahmen im Verhältnis zum Bruttoinlandsprodukt um fast drei Prozentpunkte. Das bedeutet, dass Bund, Länder und Gemeinden heute 75 Milliarden Euro pro Jahr weniger einnehmen, als sie es mit den Steuergesetzen von 1998 tun würden.

Bedenkt man, dass im gleichen Zeitraum auch erhebliche Steuererhöhungen zulasten der Normalbürger beschlossen wurden, etwa bei der Mehrwertsteuer und anderen Verbrauchssteuern, dürfte die Entlastungswirkung der Steuerpolitik für die Oberschicht sogar bei gut 100 Milliarden Euro jährlich liegen. 100 Milliarden, die der öffentlichen Hand Jahr für Jahr fehlen und die als zusätzliche Einnahmen auf die Konten der Gutbetuchten fließen! Auch diese Steuerpolitik ist Teil des europäischen Verteilungskrieges. Auch sie hat ihr Scherflein dazu beigetragen, die Allgemeinheit ärmer und die großen Unternehmen und Vermögenden reicher zu machen.

Mindeststeuersätze statt maroder Einnahmen

Die Einnahmebasis der öffentlichen Haushalte wurde so immer maroder. Wer dafür Verantwortung trägt, sollte rot anlaufen, wenn er das Wort Schuldenbremse auch nur in den Mund nimmt. Die Unredlichkeit des Fiskalpaktes liegt nicht zuletzt darin, eine Fiskalunion in Europa vorzugaukeln, die er gar nicht etabliert. Denn eine echte Fiskalunion wäre keine Sparunion, sondern hätte diesen gravierenden Konstruktionsfehler der Eurozone zu überwinden: den Verzicht auf eine koordinierte Steuerpolitik. Dabei müssten die nationalen Steuersätze nicht exakt angeglichen werden. Festgelegte Untergrenzen für die Besteuerung von Gewinnen, Kapitalerträgen und Vermögen, die zu unterschreiten keinem Land gestattet wäre, wären hinreichend. Vorausgesetzt, dass diese Untergrenzen deutlich höher wären als die durchschnittlichen Steuersätze, die nach anderthalb Jahrzehnten Steuerdumpingwettlauf heute in der Eurozone gelten.

Der sogenannte Fiskalpakt dagegen will durchaus nichts daran ändern, dass die einzelnen Länder sich mit ihren Steuergesetzen Konkurrenz machen. Er wird ihre Spielräume, die Einnahmen durch eine vernünftige Steuerpolitik zu erhöhen, gerade bei Kapital- und Vermögenssteuern, nicht vergrößern. Aber um jeden Preis – sogar den des Verlusts ihrer Haushaltssouveränität! – sollen die Staaten verpflichtet werden, ihre Schulden zu reduzieren. Wer solche Verträge konstruiert, der will nicht Schulden bremsen. Er will einen Ausverkauf öffentlicher Verantwortung.

Das »Diktat der leeren Kassen«

Es ist nicht Dummheit, es ist Kalkül. *Der Spiegel* zitierte kürzlich den früheren Direktor des Kieler Instituts für Weltwirtschaft, Berater der Bundesregierung und Gründungsmitglied des Sachverständigenrates, Herbert Giersch, Lehrer und Lehrbuchschreiber für zahllose Generationen deutscher Volkswirte. Dieser plädierte in den neunziger Jahren freimütig dafür, den Staat auf dem Wege von Steuersenkungen so arm zu machen, dass »das Diktat der leeren Kassen« und »ein Defizit, das als anstößig gilt« am Ende einen radikalen Abbau öffentlicher Leistungen ermöglicht, ohne dass sich dagegen noch erheblicher Widerstand regt.[2] Dieses Programm geht heute europaweit in seine letzte Phase.

Ein altes Bonmot lautet, die Staatsschulden seien schlicht die nicht gezahlten Steuern der Reichen. Mit Rücksicht auf die Bankenrettung müsste man heute ergänzen: Die Staatsschulden sind die nicht mehr gezahlten Steuern und die verlorenen Finanzwetten der Reichen. Und für diese Schulden sollen heute Rentner, Beschäftigte, Arbeitslose oder Kleinunternehmer mit ihrer sozialen Existenz bezahlen?

Schuldenerlass statt Schuldknechtschaft

Schulden, die auf die geschilderte Weise zustande gekommen sind, muss man nicht bedienen, sondern streichen. Nicht nur in Griechenland, europaweit. Das ist keine kühne Phantasie, sondern jahrtausendealte Praxis. Die Geschichte der privaten und öffentlichen Schulden ist eine Geschichte von Schuldenerlassen. Schon im Babylonischen Reich und in der Antike wurden bei nahezu jedem Machtwechsel private Schulden gestrichen, um den Betroffenen einen Neuanfang zu ermöglichen. Als das Römische Reich diese Praxis beendete, war es bald selbst am Ende und begann, ökonomisch und politisch zu zerfallen.

Kreditgeber der Krone oder der öffentlichen Hand mussten über Jahrhunderte immer wieder ihre Ansprüche in den Wind schreiben. Für die Rechtmäßigkeit dieses Vorgangs gibt es sogar eine marktwirtschaftliche Begründung. Zinsen sind der Preis für Risiko. Die Banken haben die hohe Verschuldung Griechenlands und anderer Eurostaaten freiwillig finanziert. Niemand hat sie dazu gezwungen. Und sie haben an den öffentlichen Schulden gute Zinsen verdient. Welcher Markwirtschaftler kann sich beschweren, wenn das Risiko, dessen Preis die Staaten jahrzehntelang zahlen, irgendwann eintritt?

Es gibt aber nicht nur eine marktwirtschaftliche Begründung, sondern auch eine rechtliche. Sind etwa die erworbenen Rentenansprüche eines griechischen Pensionärs weniger wert als die Zinsansprüche einer Bank? Ist der Wohlstand, ja die soziale Existenz ganzer Völker nachrangig im Vergleich zu den Forderungen ihrer Kreditgeber? Schuldknechtschaft, die Versklavung eines säumigen oder zahlungsunfähigen Schuldners, war im alten Rom Teil der Rechtsordnung. In modernen Staaten ist Schuldknechtschaft verboten und unter Strafe gestellt. Wo der einzelne Mensch nicht versklavt werden darf, soll die Versklavung ganzer Länder rechtmäßig sein? Als die griechische Polizeigewerkschaft dazu aufrief, die Vertreter der Troika zu verhaften, war das vermutlich rechtskonformer als alles, was die griechische Regierung in den letzten zwei Jahren getan hat.

Die Schuldenmaschine

In Wahrheit führt kein Weg an einer Entschuldung der Staaten vorbei. Der Grund ist schlicht, dass es heute im Vergleich zur Wirtschaftsleistung viel zu viele Schulden gibt. Die Deregulierung des weltweiten Finanzsektors hat nämlich nicht nur gemeingefährliche Zockergeschäfte mit Währungen, Lebensmitteln und Rohstoffen möglich gemacht. Sie hat den Finanzhäusern auch die Möglichkeit gegeben, das unvermeidliche Schmiermittel solcher Geschäfte in nahezu unbegrenzter Größenordnung selbst herzustellen: Kreditgeld. Nur deshalb konnte das Finanzsystem jahrelang ein globales Schuldenwachstum finanzieren, das das realwirtschaftliche Wachstum um ein Vielfaches übertraf.

Besonders schnell wuchsen dabei zunächst nicht die öffentlichen, sondern die privaten Schulden, also die von Konsumenten und Unternehmen. Bei Ersteren wurden so die Konsumausgaben stabilisiert und Nachfrageausfälle wegen stagnierender Löhne ausgeglichen. Bei Letzteren ging es vor allem um die Finanzierung von Übernahmen und Aktienrückkäufen, was die Banken und Aktionäre reich machte, aber die Produktivität mitnichten erhöhte. Die Kluft zwischen realer Wirtschaftsleistung und Schuldenberg wurde dadurch Jahr um Jahr größer. In der Finanzkrise 2008 eskalierte dieser Widerspruch zum ersten Mal, und die seither verfolgte Politik lässt sich auf einen kurzen Nenner bringen: Sie tut alles, um eine Entwertung von Schulden zu verhindern. Auf Dauer kann das nicht gut gehen.

Wenn ein Markt ein Gut in größerer Menge produziert hat, als es Abnehmer dafür gibt, wird dieses Gut irgendwann entwertet. Der Finanzmarkt hat in den letzten Jahrzehnten weit mehr Schulden produziert, als realwirtschaftlich tragbar sind und sich aktuell refinanzieren lassen. Eine Politik, die sich mit allen Mitteln gegen eine Entwertung der Schulden stemmt, muss am Ende scheitern und versagt vor der Aufgabe, die Entwertung politisch zu gestalten. Genau darin bestünde aber ihre Verantwortung.

Wer Schulden streicht, wird unvermeidlich auch Vermögen vernichten. Die entscheidende Frage ist: *wessen* Vermögen? Eine besonders freche Verdrehung der Realität steckt hinter der These, dass wir mit den Staatsschulden in Wahrheit unser aller Geldvermögen retten. In Wahrheit hat die untere Hälfte der Bevölkerung in Deutschland und Europa überhaupt kein relevantes Geldvermögen. Sie zahlt also nur und gewinnt gar nichts. Viele aus der oberen Hälfte haben kleine Vermögen: Sparguthaben, Riesterkonten, Lebensversicherungen. Dieses Vermögen ist tatsächlich bedroht, wenn alles weitergeht wie bisher, denn dann wird es irgendwann einen unkontrollierten Währungscrash geben. Eine kontrollierte Entschuldung der Euroländer dagegen muss –

und sollte – keinen von ihnen treffen. Denn es gibt wenige, die mehr als genug besitzen, um für die anfallenden Verluste aufzukommen.

In Deutschland verfügten 2010 allein 829.900 Millionäre über ein Geldvermögen von zusammen 2,2 Billionen Euro. Mittlerweile dürfte es noch mehr geworden sein. Die Gesamtverschuldung von Bund, Ländern und Kommunen liegt bei 2 Billionen Euro. Auf europäischer Ebene sind die Verhältnisse ähnlich. Die reiche Oberschicht allein besitzt mehr Vermögen, als die Staaten an Schulden aufgetürmt haben. Das Prinzip der Haftung besagt, dass, wer den Nutzen hatte, auch den Schaden tragen soll. Die Oberschicht verdankt ihr rasantes Vermögenswachstum eben jener neoliberalen Agenda, die auch die Schulden der Staaten eskalieren ließ. Es ist nur legitim, sie mit ihrem Vermögen jetzt auch für die Konsequenzen haften zu lassen. Wenn einem Vermögen keine ausreichende Wertschöpfung, sondern ein Berg fauler Kredite gegenübersteht, dann hatte das Vermögen ohnehin nie den Wert, der ihm zugeschrieben wurde. Seine Entwertung ist ebenso konsequent wie die der Schulden.

Zentralbankkredite statt Bankenmacht

Wer finanziert dann die staatlichen Defizite der Zukunft? Tatsächlich war das in der Geschichte nach Schuldenstreichungen nie ein dauerhaftes Problem. Und noch wichtiger: Mit einer koordinierten Steuerpolitik und einer Streichung der Altschulden würden viele Euroländer gar keine roten Zahlen mehr schreiben. Es wären also gar keine Defizite mehr da, die finanziert werden müssten. Trotz Steuerdumping wiesen die meisten Eurostaaten zwischen 2000 und 2008 einen sogenannten Primärüberschuss aus. Die Einnahmen waren also höher als die Ausgaben, nur die Zinszahlungen haben den öffentlichen Saldo ins Negative gekippt. Erst die Krise hat die meisten Staaten in reale Defizite getrieben.

Es gibt einen einfachen Weg, öffentliche Defizite zu finanzieren, ohne die Demokratie erneut den Diktaten der Banker auszuliefern: Man muss der Europäischen Zentralbank nur gestatten, das zu tun, wofür Zentralbanken einst gegründet wurden: den Staaten Kredit zu geben.

Das heutige Geldsystem ist paradox und widersinnig. Die Europäische Zentralbank ist eine öffentliche Institution. Ihr ist erlaubt, was allen anderen verboten ist: Geld zu drucken. Gegenwärtig druckt sie so viel Geld wie noch nie. Die genaue Menge bestimmen die Banken, die sich dieses Geld bei ihr in beliebiger Größenordnung leihen dürfen und dafür einen vernachlässigbar geringen Zinssatz zahlen. So haben sie sich an einem Tag kurz vor Weihnachten 2011 den gewaltigen Betrag von 500 Milliarden Euro für drei Jahre zu einem Zinssatz von nur 1 Prozent geliehen.

Aber die Europäische Zentralbank braucht keine heiligen Feiertage, um für die Banken den Weihnachtsmann zu spielen. Ende Februar 2012 gab es noch einmal über 500 Milliarden Euro fast geschenkt. Und das wird nicht die letzte diesbezügliche Aktion der EZB gewesen sein. Mit diesen Milliarden dürfen die Banken machen, was sie wollen: spekulieren, Aktien oder Rohstoff-Futures kaufen, oder auch in Staatsanleihen investieren.

Die Staaten selbst dagegen dürfen sich bei ihrer Zentralbank kein Geld leihen. Nicht nur keine 500 Milliarden, nicht einmal bescheidene Beträge. Beim aktuellen Sparprogramm in Griechenland geht es um 3,3 Milliarden Euro, die unter schlimmsten Schmerzen aus dem Land herausgepresst werden. Wenn die Deutsche Bank 3,3 Milliarden braucht, muss sie sich noch nicht einmal die Boni ihrer Manager sparen. Sie geht einfach zur EZB, verpfändet ein paar halbseidene Papiere und bekommt das Geld fast umsonst. Auch die griechischen Banken dürfen das. Nur der griechische Staat darf es nicht. Ebenso wenig wie irgendein anderer Staat der Eurozone.

Die Inflationslüge

Um zu verhindern, dass die Europäische Zentralbank nicht nur die Banken, sondern auch die Staaten direkt finanziert, wurde in den Europäischen Vertrag von Lissabon sogar extra ein Verbotsartikel aufgenommen, der Artikel 123. Als Grund für diesen Widersinn wird in der Regel angeführt, dass die Finanzierung öffentlicher Defizite über die Notenbank Inflation erzeugen würde.

Tatsächlich sind historische Beispiele, die das belegen, rar. Die japanische Notenbank hat in den zurückliegenden zwei Jahrzehnten japanische Staatsschulden von vielen Billionen Yen aufgekauft und finanziert – dennoch hatte Japan nicht mit Inflation, sondern mit einer hartnäckigen Deflation zu kämpfen. Die amerikanische Notenbank Fed hat seit Beginn der Finanzkrise 2008 US-Staatspapiere im Wert von etwa 1,6 Billionen Dollar erworben. Und auch in den USA gibt es keine Anzeichen einer inflationären Preisentwicklung. Für die deutsche Hyperinflation der zwanziger Jahre, die immer wieder als Beispiel angeführt wird, waren im Gegensatz dazu nicht die Druckerpresse, sondern der verlorene Krieg und die Reparationen verantwortlich, die Zahlungsansprüche begründet hatten, die die deutsche Wirtschaftsleistung weit überstiegen.

Wenn die Nachfrage schneller wächst als das Güterangebot, entsteht in der Regel Inflation. Da Geld in einem Papiergeldsystem, wie wir es heute haben, prinzipiell unbegrenzt vermehrbar ist, sind solche Systeme immer inflationsanfällig. Entscheidend ist allerdings nicht, wie viel Geld im Umlauf ist, sondern wie viel Geld tatsächlich Nachfrage nach realen Gütern und Leistungen schafft. Wäre es anders, würde angesichts der gewaltigen Geldmengen, die die Europäische Zentralbank augenblicklich in den Markt pumpt, im Euroraum längst Hyperinflation grassieren. Wahr ist allerdings: Wenn die Staaten auf ähnlich unlimitierte Weise von der EZB mit Geld vollgepumpt würden wie heute die Banken, dann bestünde reale Inflationsgefahr.

Ein vernünftiges Defizitkriterium

Das heißt jedoch nicht, dass Inflation die zwangsläufige Folge ist, wenn öffentliche Defizite über die Notenbank finanziert werden. Natürlich müssen sich Notenbankkredite an Staaten in eng umrissenen Grenzen bewegen. Als ihr sinnvollster Gegenstand bieten sich wachstumsfördernde, Wohlstand vermehrende Investitionen an. Sie würden unmittelbar dazu führen, dass nicht nur die Nachfrage, sondern auch die Wirtschaftsleistung wächst. Ein vertraglich fixiertes, die Konjunktur berücksichtigendes Defizitkriterium, das den nicht zu überschreitenden Prozentsatz in Bezug auf das Bruttoinlandsprodukt festlegt, wäre bei direkter Notenbankfinanzierung auf jeden Fall notwendig.

In einer Krise allerdings ist die private Nachfrage in der Regel zu niedrig, um die Wirtschaft auch nur annähernd auszulasten. Unter solchen Bedingungen sind öffentliche Defizite unerlässlich, um eine Abwärtsspirale und den mindestens ebenso gefährlichen Gegensatz von Inflation zu vermeiden: Deflation. Wenn die Staaten ihre Defizite über die Notenbank finanzieren könnten, entstünden daraus nahezu keine Zinsansprüche, die das staatliche Budget in der Zukunft belasten würden. Damit sinkt der künftige Verschuldungsbedarf beziehungsweise verschwindet ganz.

Wer also Sorge hat, dass ein vertraglich fixiertes Defizitkriterium wieder nicht eingehalten würde, sollte bedenken: Die Gefahr einer uferlosen Notenpresse ist in dem heutigen System ungleich größer als nach den hier vorgeschlagenen Veränderungen. Gerade, weil die Staaten dann weit weniger Kredit brauchen würden und die Zentralbank diese Kreditbedürfnisse direkt bedienen könnte.

Heute tut sie es indirekt und muss deshalb ungleich mehr Geld zur Verfügung stellen. Es ist ein offenes Geheimnis, dass die aktuellen gewaltigen Geldemissionen nicht zuletzt den Zweck verfolgen, die Refinanzierungsbedingungen der Staaten zu verbessern und so ihre Zahlungsfähigkeit aufrechtzuerhalten. Das Kalkül ist, dass von dem vielen Geld, mit dem man die Banken überschwemmt, ein gewisser Teil zusätzlich in Staatsanleihen investiert wird. Dass das Kalkül aufgeht, zeigt die Entwicklung der langfristigen Zinsen etwa auf italienische Staatsanleihen, die von 7 Prozent im letzten Herbst auf gut 5 Prozent gesunken sind. Auch die Finanzierungssituation Spaniens hat sich etwas entspannt.

Das Problem ist eben nur, dass die Banken darüber entscheiden, wie viel von dem ihnen bereitgestellten Geld sie überhaupt an die Staaten weiterreichen. Im ganzen Jahr 2010 hätten alle Eurostaaten zusammen etwa 300 Milliarden Euro benötigt, um ihr Primärdefizit zu finanzieren. Aktuell aber werden die Banken mit 500 Milliarden Euro im Zweimonatsrhythmus zugeschüttet. Nur einen Bruchteil davon geben sie an die Staaten weiter, während der größte Teil in spekulative Geschäfte ohne jeden volkswirtschaftlichen Nutzwert kanalisiert wird. Ganz abgesehen davon, dass auch Zinsen von 5 Prozent für italienische oder spanische Staatsanleihen für diese Länder langfristig nicht tragbar sind, wenn die Wirtschaft stagniert und die Inflation bei etwa 2 Prozent liegt. Solche Zinsen bedeuten eine stetig weiter ansteigende Gesamtverschuldung.

Geschäftsinteressen statt Inflation

Doch zurück zum Thema Inflation. Dass staatliche Defizitausgaben Inflation verursachen sollen, wenn sie niedrig verzinst oder zinslos über die Zentralbank finanziert werden, und keine Inflation, wenn das gleiche Defizit zu höheren Zinsen über die privaten Banken finanziert wird, die das Geld auch von der Zentralbank haben, ist eine krude Logik. Tatsächlich geht es um etwas anderes: nicht um Inflation, sondern um Interessen.

Es gibt genau einen Grund, der gegen Zentralbankkredite an Staaten spricht: das Geschäftsinteresse der privaten Banken, die an der Zinsdifferenz zwischen Notenbankkredit und Staatsanleihe prächtig verdienen. Aktuell erleben wir in Europa, wie sie die Macht, über den von den Staaten zu zahlenden Zinssatz zu entscheiden, auch dafür nutzen, die Politik in ihrem Sinne zu steuern. Hätten die Staaten das Recht, auf Kredite der EZB zurückzugreifen, müsste sich keiner mehr um hysterische Finanzmärkte und ihre erratischen Ausschläge, um Kettenreaktionen oder die Noten der Rating-Agenturen scheren.

Während Notenbankkredite das System der staatlichen Defizitfinanzierung auf eine rationale Grundlage stellen würden, ist die heutige Geldflutung der Banken alles andere als ungefährlich. Zum einen, weil sie den Finanzsektor immer weiter aufbläht und stärkt. Zum anderen aber auch, weil aus ihr langfristig ebenfalls Inflation entstehen kann. Solange die Geldflut der Zentralbanken ausschließlich den spekulativen Finanzkreislauf antreibt, mit ihr also nur Aktien, Anleihen und Derivate gekauft werden, scheint das die Preise normaler Güter unberührt zu lassen.

Aber auch Rohstoffzertifikate und Lebensmittelfutures sind Finanzpapiere. Wird deren Wert spekulativ in die Höhe getrieben, steigen auch die realen Preise von Öl, Reis oder Soja. Die extreme Verteuerung elementarer Lebensmittel 2008 hatte keinen anderen als diesen Grund: Sie war spekulationsgetrieben. Für die aktuellen Spitzenpreise an deutschen Tankstellen ist die Geldpolitik der EZB zumindest mitverantwortlich. Ein Finanzmarktboom kann auch schnell die Preise von Anlageimmobilien mit nach oben ziehen, wie das in Deutschland gerade geschieht. Was aber teuer gekauft ist, will sich anschließend auch höher verwerten. Steigende Mieten sind vorprogrammiert.

Interessant ist auch, mit welcher Verve sich die Inflationshysteriker mit der Frage notenbankfinanzierter Staatskredite befassen, während sie die Folgen von Oligopol- und Monopolbildung auf unregulierten Märkten in der Regel nicht einmal im Blickfeld haben. Wenn aber Märkte nur noch von wenigen großen Unternehmen beherrscht werden, wie das heute in Europa auf vielen Märkten der Fall ist, wächst die Gefahr, dass auf steigende Nachfrage nicht mit einer Ausweitung der Produktion, sondern mit steigenden Preisen reagiert wird.

Auch die Gefahren einer forcierten Privatisierungspolitik sind selten ein Thema in den Inflationsdebatten, obwohl nach Veräußerungen öffentlichen Eigentums in den meisten Fällen die Preise steigen und nicht etwa sinken. Dafür gibt es Gründe. Zu ihnen gehören die deutlich höheren Renditeansprüche privater Unternehmen und die in der Regel weit höheren Managementgehälter. Beides wird in der Folge auf die Preise umgelegt. Dennoch wird in Europa seit langem Druck gemacht, öffentliche Leistungen zu privatisieren, und dieser wird aktuell noch verstärkt.

Es gibt also manche Entwicklung im heutigen Europa, die die Gefahr steigender Preise in sich birgt. Aber darum ging es nie, wenn gegen Direktkredite der EZB an die Staaten Stimmung gemacht wurde. Es ist genau so, wie der amerikanische Ökonom Michael Hudson formuliert: Die These von der »Unabhängigkeit der Zentralbank« war nie etwas anderes als die euphemistische Umschreibung dafür, einen für die Allgemeinheit zentralen Bereich – die Geld- und Kreditwirtschaft – dem Finanzsektor zu überlassen.

Zu einem Programm für ein neues demokratisches Europa gehört also neben der Streichung der Altschulden der Staaten auf jeden Fall auch die Streichung des Artikels 123 des Lissabon-Vertrags und das Recht der Staaten, ihre Defizite in einem bestimmten Rahmen direkt bei der Europäischen Zentralbank zu finanzieren. Da die Europäische Zentralbank eine öffentliche Institution ist, könnte das zinsfrei geschehen, da die Staaten andernfalls nur an sich selbst Zinsen zahlen würden.

Zentral für die Allgemeinheit ist natürlich nicht nur die Kreditversorgung der Staaten, sondern auch die der Wirtschaft. Zu gewährleisten, dass für sinnvolle Investitionen und Innovationen ausreichend Kredit zur Verfügung steht, ist von allgemeinem Interesse. Finanzstabilität ist ein öffentliches Gut. Deshalb gehört der Finanzsektor letztlich insgesamt nicht in die Hände unverantwortlicher Renditejäger, sondern in die öffentliche Hand. Zumal es auch nur dann eine echte Chance gibt, die Banken zu verkleinern, strikt zu regulieren und wieder zu dem zu machen, was ihre Aufgabe wäre: Diener der Realwirtschaft zu sein.

Deregulierung statt gemeinsamer Standards:
Nur der Fitteste überlebt

Im genauen Gegensatz zu diesen Anforderungen werden heute immer größere Bereiche des öffentlichen Lebens der profitorientierten Ökonomie überlassen. Ein armer Staat ist auch ein abhängiger Staat, einer, der den Markt nicht mehr ordnen kann, sondern sich ihm unterordnen muss. Der Markt aber wird nicht zu einem geeinten Europa, er muss zu einem immer tiefer gespaltenen Europa führen. Schon die Ordoliberalen wussten, dass unregulierte Märkte nicht ausgleichen, sondern polarisieren, dass sie stets den Starken stärker und den Schwächen schwächer machen und so Gegensätze vergrößern, statt sie verschwinden zu lassen.

Es ist der entscheidende Fehler der europäischen Integration, spätestens seit Beginn der neunziger Jahre, dass auf Deregulierung gesetzt wurde, wo einheitliche Regeln notwendig gewesen wären, und auf den Markt, wo es einer abgestimmten Politik bedurft hätte.

Griechenland hatte im Norden einst eine funktionierende Landwirtschaft und es hatte einen industriellen Sektor. Die Landwirtschaft wurde durch EU-Subventionen zum Verschwinden gebracht, die die Bauern motivierten, ihre Flächen nicht mehr zu bestellen. Das war kein Versehen, sondern lag im Interesse der großen europäischen Agrarexporteure, die Griechenland fortan mitbeliefern konnten. Die griechische Industrie wurde unter dem Druck der überlegenen Konkurrenz, insbesondere aus Deutschland, in die Knie gezwungen. Auch das war kein Versehen. Für die großen Industriekonzerne, die den griechischen Markt übernahmen, war es ein gutes Geschäft. Aber ein Land, das

Wie wir dem Euro und Europa eine Zukunft geben **37**

immer weniger selbst produziert und immer mehr Produkte im Ausland kauft, muss sich immer stärker verschulden.

Ähnliche Entwicklungen vollzogen sich in vielen der heutigen Defizitländer. Früher gab es Mittel, mit denen Staaten eine unterlegene Wirtschaft schützen konnten. Es gab Zölle oder spezielle Steuern, die Importe gegenüber der heimischen Produktion benachteiligten. Es gab Kontrollen des Kapitalverkehrs, mit denen Konzerne gezwungen werden konnten, ihre Profite im Land zu reinvestieren. Aber nach den Gebetsbüchern des Neoliberalismus durfte es all das in der Europäischen Union nicht mehr geben. Nur der Fitteste sollte überleben. Nach Einführung des Euro entfiel auch noch die letzte Möglichkeit, auseinanderklaffende Produktivitätsentwicklungen auszugleichen: die Abwertung der eigenen Währung.

Lohnentwicklung und außenwirtschaftliche Ungleichgewichte

Also blieb fortan nur noch der Fitteste übrig. Was sich nicht behaupten konnte, verschwand. Das war keine »kreative Zerstörung«, die Neues beförderte, sondern eine, die Leere hinterließ. Eine der Absurditäten der jüngeren europäischen Geschichte besteht darin, dass sich das Lohnniveau in den einzelnen Ländern nach Einführung der gemeinsamen Währung viel stärker auseinanderentwickelt hat als je zuvor. Während Deutschland unter dem Druck der Agenda 2010 ein Jahrzehnt sinkender Reallöhne einleitete, konnten kämpferische Gewerkschaften in Südeuropa weiterhin akzeptable Lohnerhöhungen durchsetzen. Das bedeutete nicht nur, dass die Kosten der Unternehmen immer stärker divergierten und es deutschen Exporteuren immer leichter fiel, Wettbewerber aus anderen Ländern auszustechen. Es bedeutete auch volkswirtschaftlich ein wachsendes Konsumniveau und daher hohe Importe in den südlichen Ländern, und ein stagnierendes Konsumniveau und somit vergleichsweise wenige Importe in Ländern wie Deutschland. Die außenwirtschaftlichen Ungleichgewichte im Euroraum mussten damit eskalieren.

Kapazitäten, die einmal vernichtet sind, entstehen nicht deshalb wieder, weil jetzt auch in Südeuropa die Löhne sinken. Auch die Wiedereinführung nationaler Währungen in den schwächeren Ländern ist kein Reset-Button, mit dem sich die Situation Ende der neunziger Jahre wiederherstellen ließe. Sie würde vielmehr zu wechselkursbedingter Hyperinflation in den betreffenden Ländern und unerschwinglichen Importpreisen führen, ohne dass zunächst eigene Anbieter zum Ersatz vorhanden wären. Sehr wahrscheinlich würde ein solcher Weg Europa endgültig auseinandersprengen. Handlungsfähiger würden die Staaten dadurch nicht, vielmehr würden ihre Währungen noch mehr zum Spielball der Finanzmärkte.

Die einzige Alternative sind billige Kredite, die klug in eine Reorganisation der Wirtschaft investiert werden. Angesichts der gigantischen Milliardenbeträge, mit denen heute jongliert wird, wären dafür relativ bescheidene Summen ausreichend. Ein Investitionsprogramm von 30 Milliarden Euro entspräche in Griechenland 10 Prozent der Wirtschaftsleistung und könnte, gut angelegt, dem Land einen Neustart ermöglichen.

Europäische Wirtschaftspolitik statt europäische Wirtschaftsregierung

Wenn Europa als Einheit überleben soll, darf es nicht dem Markt überlassen, sondern muss politisch gestaltet werden. Und das nicht, wie bisher, im Interesse der Banken und großen Unternehmensgruppen, sondern im Interesse der europäischen Bevölkerung. Das beinhaltet ausdrücklich nicht den Ruf nach einer europäischen Wirtschaftsregierung, die die Souveränität der Mitgliedstaaten außer Kraft setzen würde. Über das italienische Bildungssystem muss in Italien und über portugiesische Gesundheitsausgaben in Portugal entschieden werden. Das Haushaltsrecht gehört zu den elementaren Rechten eines nationalen Parlaments und darf ihm, ohne die Demokratie in ihren Grundfesten zu zerstören, nicht genommen werden.

Zwar sind längst auch viele Regierungen ihrer Bevölkerung fremd geworden und bereit, gegen Mehrheiten Politik zu machen. Noch weit mehr würde das aber für eine Brüsseler Behörde gelten, die schon gar keiner demokratischen Kontrolle unterläge. Noch mehr Kompetenzen an das Europäische Parlament abzugeben, wäre ebenfalls keine gute Idee. Ein Vielvölkerparlament, in dem die Abgeordneten noch nicht einmal eine gemeinsame Sprache sprechen und das weit weg von ihren Ländern und Wahlkreisen liegt, wird in viel geringerem Maße von der Öffentlichkeit beaufsichtigt als die nationalen Parlamente. Es wird immer dem Bürger ferner, abgehobener und damit leichter durch zahlungskräftige Lobbys steuerbar. Schon heute liegt der Grad der Beeinflussbarkeit durch interessierte Wirtschaftskreise, ja der Käuflichkeit und Korrumpierbarkeit, in Brüsseler Institutionen weit über dem auf nationaler Ebene Üblichen.

Noch mehr Entscheidungsbefugnisse nach Brüssel oder gar nach Frankfurt oder Berlin zu verlagern, wäre daher keine Lösung, sondern das Ende der Demokratie. Europa braucht keine machtvollkommenen Kommissare oder Zentralbanker, die in die einzelnen Länder hineinregieren, sondern vertraglich festgelegte Regeln und Standards, die für alle Länder gelten und eingehalten werden müssen. Solche mit Mehrheit vereinbarten, dann allerdings verbindlichen gemeinsamen Leitlinien der Wirtschaftspolitik wären die demokratische Alternative zu einer den nationalen Regierungen übergeordneten Europäischen Wirtschaftsregierung. Ohne eine abgestimmte Wirtschaftspolitik aber kann die Europäische Währungsunion nicht auf Dauer überleben.

Es ist erschreckend, in wie vielen keineswegs zentralen Bereichen es heute detailwütig festgelegte europäische Normen gibt. Ausgerechnet in den elementarsten Fragen wurde dagegen bis heute darauf verzichtet. Das betrifft nicht nur europäische Mindeststeuersätze als Alternative zum Steuersenkungswettlauf. Ähnliche Verabredungen sind auch in der Lohnpolitik unabdingbar. Die goldene Regel der Lohnpolitik, Löhne mit der Produktivität plus Inflationsrate steigen zu lassen, sollte als europaweite Untergrenze gelten. Überschussländer wie Deutschland könnten verpflichtet werden, ihre Löhne um mehr als diesen Level anzuheben, um die Sünden der Lohnpolitik der Vergangenheit auszugleichen.

Das europäische Sozialstaatsmodell war bisher nie Gegenstand europäischer Verträge. Vielmehr haben diese ihm Schritt für Schritt die Grundlage entzogen. Wenn Europa einmal das werden soll, als das es einst in den Proklamationen und Erklärungen gestartet ist, braucht es eine völlig neue vertragliche Grundlage. Eine solche zu schaffen wäre die Aufgabe der Gegenwart, wenn Europa eine gemeinsame Zukunft haben soll.

Neoliberaler Orkan

Es gibt also ein Programm zur Lösung der Eurokrise. Wenn es nicht umgesetzt wird, liegt das nicht daran, dass es nicht funktionieren würde. Es liegt daran, dass ihm starke Interessen entgegenstehen: die Interessen der Profiteure des heutigen Systems. Als 2008 die Finanzmärkte in sich zusammenstürzten, schienen sie auch den Glauben an den Segen unregulierter Märkte unter sich zu begraben. Viele haben damals ein Ende des neoliberalen Zeitalters prophezeit, eine Rückverschiebung der Gewichte von der Wirtschaft zum Staat, von der Deregulierung zur Regulierung. Diese Hoffnung war verfrüht. Das Gegenteil geschieht. Statt einer Überwindung der »neoliberalen Hegemonie« fegt ein neoliberaler Orkan über Europa hinweg, der jahrzehntelang erkämpfte öffentliche Leistungen und soziale Rechte mit einer Wucht zertrümmert, die er ohne das »Diktat der leeren Kassen« nie hätte entfalten können. Er zerstört alles, was von dem einstigen europäischen Sozialmodell noch übrig war. Wenn wir ihn weiter wüten lassen, steht Europa eine schlimme Zukunft bevor.

Wo nur noch der Profit regiert, bleibt auch kein Raum für Demokratie. Hatten Ludwig Erhard und die Ordoliberalen mit Verve für einen Staat plädiert, der stark genug ist, der Wirtschaft Regeln aufzuzwingen, gilt heute eine Politik als modern, die sich ihre Regeln von den Finanzmärkten diktieren lässt. »Marktkonforme Demokratie« hat die deutsche Kanzlerin diese Unterwerfung unter die Herrschaft der Banken und Spekulanten genannt. Regierungen, deren Credo darin besteht, das Vertrauen der Finanzmärkte zu gewinnen, sollten sich allerdings im Gegenzug über das schwindende Vertrauen ihrer Wähler nicht wundern. Mit diesem schwindet aber nicht nur das Vertrauen in die Politik, sondern in die demokratischen Institutionen insgesamt.

Störfaktor Demokratie

Finanzmärkte mögen Berechenbarkeit. Autoritäre Staaten mit korrupten Führungen sind viel berechenbarer als demokratische. Demokratie kann daher schnell zum Störfaktor werden. In zwei europäischen Ländern wurden mittlerweile Regierungen allein durch die Banken gestürzt. Die Wähler wurden nicht gefragt. Was das Ende des griechischen Ministerpräsidenten Papandreou besiegelte, war nicht seine Korruptheit und auch nicht der rücksichtslose Sparkurs, den er in seinem Land exekutierte. Sein politisches Todesurteil war die Idee, statt der europäischen Banken die griechische Bevölkerung über die Zukunft Griechenlands entscheiden zu lassen. Dass er daraufhin in der europäischen Presse zum Sinnbild eines unzurechnungsfähigen Verrückten wurde, zeigt an, wie tief der Stellenwert demokratischer Ideen in Europa bereits gesunken ist.

Auch Wahltermine verbürgen Unsicherheit, die es möglichst kleinzuhalten gilt. Etwa dadurch, dass – wie in Griechenland – sich alle größeren Parteien auf exakt das gleiche Programm verpflichten müssen. In Deutschland müssten sie es nicht, aber sie tun es trotzdem.

Wahlen, in denen es nichts mehr zu entscheiden gibt, sind keine Werbung für die Demokratie. Was als Farce empfunden wird, wird irgendwann auch nicht mehr verteidigt. Wie groß wird der öffentliche Aufschrei dann noch sein, wenn die Finanzmärkte irgendwann verlangen, den Störfaktor Demokratie ganz auszuschalten?

Vorsorglich wurde in einer amerikanischen Zeitschrift bereits die Möglichkeit erörtert, in Griechenland eine Militärdiktatur zu errichten. Es ist tatsächlich kaum vorstellbar, dass eine derart brutale Politik gegen die eigene Bevölkerung auf Dauer innerhalb demokratischer Strukturen durchsetzbar ist. Als der berüchtigte Hungerkanzler Brüning in den dreißiger Jahren die deutsche Wirtschaft in den Untergang sparte, waren die Tage der Weimarer Republik bald gezählt. Daher möge niemand glauben, dass derartige Dammbrüche heute folgenlos bleiben. Weit wahrscheinlicher ist, dass sie irgendwann das Gesicht ganz Europas zur hässlichen Fratze verzerren werden.

Die postdemokratische und postsoziale Gesellschaft, auf die wir zusteuern, ist Kapitalismus pur. Ein Kapitalismus ohne Mäßigung, ohne Rücksichten, ohne Fesseln. Ein Kapitalismus, der noch etwa einem Prozent der Bevölkerung nützt und die Lebensqualität aller anderen untergräbt, die der Beschäftigten genauso wie die von kleinen und mittleren Unternehmern. Ein Kapitalismus, der längst nicht nur sozial, sondern auch vor seinen eigenen Ansprüchen versagt. Ein Kapitalismus, mit dem wir uns nicht abfinden dürfen.

Fazit

»Unter allen Völkerschaften haben die Griechen den Traum des Lebens am schönsten geträumt«, schrieb Goethe, zeitlebens ein Bewunderer der griechischen Kunst und Literatur. Dieser »Traum des Lebens« hat in dem politischen und wirtschaftlichen Europa der Gegenwart keinen Platz mehr. Auf keinem der endlosen Eurogipfel der letzten Jahre waren die Traditionen des klassischen Humanismus und der europäischen Aufklärung und der daraus ableitbare Anspruch auf menschenwürdige – dem Menschen würdige! – Verhältnisse in Europa ein Thema. Stattdessen wurden und werden Programme beschlossen, die den Wohlstand ganzer Länder zerstören, Millionen Menschen in Armut und Verzweiflung stürzen und Europa immer tiefer spalten.

Die europäischen Staatsschulden sind nahezu ausschließlich Produkt der neoliberalen Ära. Sie entsprechen den nicht mehr gezahlten Steuern der Reichen und den verlorenen Finanzwetten der Banken. Schulden, die auf diese Weise entstanden sind, muss man nicht bedienen, sondern streichen. Für die Verluste sollten jene Vermögen haften, die ihr schnelles Wachstum ebenfalls der neoliberalen Ära verdanken, die Vermögen der Oberschicht.

Der »Traum des Lebens« der griechischen Antike sollte uns allerdings auch erinnern, dass es um mehr geht als um Schulden und Vermögen. Um mehr als um den größtmöglichen materiellen Wohlstand einer möglichst großen Zahl. Es geht um eine Gesellschaft, die dem Menschen gestattet, Mensch zu sein. Der hyperflexible Bürger des modernen Kapitalismus, der Tag für Tag im Dienste der Rendite schuftet, der sein Leben nicht mehr planen kann, weil er sich von einem befristeten Job zum nächsten hangelt, und der nach endlosen Überstunden zu müde ist, auch nur darüber nachzudenken, ob er wirklich so leben will, wie er lebt, steht in tiefem Kontrast zu den besten europäischen Traditionen des Bürgertums, die von einer prokapitalistischen Bürgerlichkeit vergessen wurden.

Eine Gesellschaft, die die wertvollsten Eigenschaften des Menschen – Liebesfähigkeit, Sehnsucht nach sozialen Bindungen, nach Würde und Schönheit – verkümmern lässt und seine schlechtesten – Habsucht, Egoismus, soziale Ignoranz – gnadenlos kultiviert, ist dem Menschen nicht würdig. Auch deshalb ist die europäische Idee in dem Europa der Gegenwart tot.

Wenn sie je wieder leben soll, brauchen wir den Mut zu einem europäischen Neuanfang, den Mut zu einer neuen wirtschaftlichen Ordnung und zur Wiederherstellung der Demokratie in Europa.

DAS GEBROCHENE VERSPRECHEN LUDWIG ERHARDS

DAS GEBROCHENE VERSPRECHEN LUDWIG ERHARDS

>... dass ich eine Wirtschaftsverfassung anstrebe, die immer weitere und breitere Schichten unseres Volkes zu Wohlstand zu führen vermag. Am Ausgangspunkt stand der Wunsch, über eine breitgeschichtete Massenkaufkraft die alte konservative soziale Struktur endgültig zu überwinden.«

Ludwig Erhard, deutscher Wirtschaftsminister und Bundeskanzler

Was ist neoliberal? Wer diesen Begriff heute benutzt, verbindet ihn in der Regel mit einer Politik, wie wir sie aus den letzten Jahrzehnten kennen: einer Politik der enthemmten Marktfreiheiten, die soziale Schutzwälle einreißt und staatliche Regeln verwässert, einer Politik, die großen Konzernen das global vorteilhafteste Umfeld bietet, um noch größer und mächtiger zu werden, und die unter dem Motto »Privat vor Staat« alles auf den Markt wirft, was Profite verspricht, selbst wenn es sich dabei um menschliche Grundbedürfnisse wie die nach Bildung, Alterssicherung und gesundheitlicher Betreuung oder die Versorgung mit Wohnraum, Wasser, Strom und Wärme handelt.

Neoliberalismus 1.0

Kaum jemand weiß heute noch, dass der Begriff »neoliberal« vor einem Dreivierteljahrhundert als erklärtes Gegenprogramm zu einem solchen Ausverkauf öffentlicher Verantwortung und zum alten Laissez-faire ungehemmter Profitmacherei entstanden war. Geprägt wurde der Terminus von dem deutschen Sozialwissenschaftler und überzeugten Ordoliberalen Alexander Rüstow, der ihn zum ersten Mal 1938 auf einer internationalen Konferenz in Paris verwandte, um der dort vertretenen Denkrichtung einen Namen zu geben.

Allerdings war das Meinungsspektrum der auf besagter Tagung versammelten Volkswirte und Intellektuellen ziemlich vielfältig und schwer auf einen gemeinsamen Nenner zu bringen. Initiator des Zusammentreffens war der amerikanische Publizist Walter Lippmann. Namhafter Teilnehmer neben Rüstow war der dem Ordoliberalismus ebenfalls nahestehende deutsche Soziologe Wilhelm Röpke, der wie Rüstow zu jener Zeit im Exil in Istanbul lebte und lehrte. Darüber hinaus nahm eine Reihe französischer Philosophen und Ökonomen teil. Angereist waren aber auch die österreichischen Ökonomen Ludwig von Mises und Friedrich von Hayek, die bereits wenige Jahre später wieder – gemeinsam mit den Chicago Boys um Milton Friedman – für einen blinden Marktradikalismus und die Selbstentmachtung des Staates eintraten.

Zumindest für die Mehrzahl der damals Beteiligten allerdings stand das »neo« vor »liberal« tatsächlich für die Einsicht, dass die »unsichtbare Hand« des Marktes eben nicht »ohne weiteres Formen [schafft], in denen Einzelinteresse und Gesamtinteresse aufeinander abgestimmt werden«,[3] wie der wichtigste Vertreter des Ordoliberalismus, der Freiburger Universitätsprofessor Walter Eucken, den neuen Ansatz zusammenfasste. Eucken hatte in seinem Hauptwerk, den 1939 erschienenen *Grundlagen der Nationalökonomie,* die Theorie der Wirtschaftsordnungen entwickelt und plädierte für eine bewusste staatliche Gestaltung der wirtschaftlichen Rahmenbedingungen.

Der solchen Gedanken nahestehende Soziologe und Vertreter der Kölner Schule Alfred Müller-Armack formulierte das neue Programm folgendermaßen:

»Wir sehen heute klarer, wie sehr der wirtschaftspolitische Liberalismus irrte, wenn er den freien Markt als Automatismus auffasste. Wir wissen heute, dass der Liberalismus die Frage der politischen und wirtschaftspolitischen Sicherung seiner Ordnung geradezu sträflich vernachlässigte und sich auch darin irrte, dass er den Preismechanismus als eine völlig in sich funktionierende Maschinerie betrachtete. Wie jede Maschine einer sinnvollen menschlichen Steuerung und Lenkung bedarf, so auch hier.«[4]

Insbesondere Walter Eucken und Alfred Müller-Armack waren die geistigen Väter des Konzepts der sozialen Marktwirtschaft, dem die bundesdeutsche Wirtschaftspolitik der ersten Nachkriegsjahrzehnte wichtige Konturen verdankte. Eucken hatte die Leitlinien dieser Idee vor allem in seinem 1952 posthum erschienenen Buch *Grundsätze der Wirtschaftspolitik* niedergelegt. Die wichtigste Publikation von Alfred Müller-Armack zu diesem Thema war 1947 unter dem Titel *Wirtschaftslenkung und Marktwirtschaft* erschienen.

Politisch ist die Umsetzung des von ihnen entwickelten Konzepts vor allem mit dem Namen Ludwig Erhard verbunden, dem langjährigen Wirtschaftsminister der Adenauer-Regierung und späteren Bundeskanzler. Der Titel seines populärsten, 1957 veröffentlichten Buchs lautete: *Wohlstand für Alle.* Das war das grundlegende Versprechen der sozialen Marktwirtschaft.

Bis heute geben sich Politiker nahezu aller bundesdeutschen Parteien gern als soziale Marktwirtschaftler, besonders emsig wird dieses Ritual wieder seit Ausbruch der Finanz- und Wirtschaftskrise gepflegt. Die originären ordoliberalen Vorstellungen allerdings haben ihren Einfluss auf die reale Politik längst verloren und wurden seit Mitte der achtziger Jahre durch die *neoliberale* Doktrin im anfangs genannten aktuellen Verständnis abgelöst.

Der Zeitgeist der Nachkriegsjahre

Der Liberalismus alten Schlags hatte Mitte des vergangenen Jahrhunderts seine Unschuld verloren. Immerhin hatte die Welt gerade durchlitten, in welche Hölle die ungebändigte Profitgier wirtschaftlicher Machtverbünde führen kann: Die verheerende Weltwirtschaftskrise, Hunger und Elend der beginnenden dreißiger Jahre waren noch in wacher Erinnerung. Gerade erst waren Deutschland, Italien und die besetzten Länder von barbarischen faschistischen Diktaturen befreit worden, die Großindustrie und Oberschicht ein reichliches Jahrzehnt zuvor installiert hatten. Der zur Neuaufteilung der Welt ausgelöste Bombenkrieg hatte sechs lange Jahre Leid, Angst und Tod gebracht und die frühere Industriemacht Deutschland in ein Trümmerfeld verwandelt. Die große Mehrheit der Bevölkerung hatte fast alles verloren: ihre Söhne oder Töchter, Geschwister oder Eltern, ihre Häuser, ihr Lebensumfeld, ihre Ersparnisse.

Der Kapitalismus war nach so viel Blut und Tränen gründlich diskreditiert. Selbst die gerade neu gegründete CDU betonte 1947 in ihrem Ahlener Programm: »Das kapitalistische Wirtschaftssystem ist den staatlichen und sozialen Lebensinteressen des deutschen Volkes nicht gerecht geworden ... Inhalt und Ziel einer sozialen und wirtschaftlichen Neuordnung kann nicht mehr das kapitalistische Gewinn- und Machtstreben, sondern nur das Wohlergehen unseres Volkes sein.«[5]

Erstes Fundament der sozialen Marktwirtschaft: Ordnung statt Mitleid

Die Ordoliberalen gingen davon aus, dass eine durch strikte Regeln und ordentliche Sozialgesetze eingebundene Marktwirtschaft dem Allgemeinwohl nicht länger feindlich gegenübersteht, sondern ihm dienstbar gemacht werden kann. Sie sahen allerdings deutlich, dass die Sorge um den sozialen Ausgleich nicht dem Markt überlassen werden darf, sondern originäre Aufgabe des Staates zu sein hat. Wir sprechen von »sozialer Marktwirtschaft«, betont Müller-Armack, um zu verdeutlichen, »dass dies eben keine sich selbst überlassene, liberale Marktwirtschaft, sondern eine bewusst gesteuerte, und zwar sozial gesteuerte Marktwirtschaft sein soll«.[6]

Die Vertreter dieser Richtung machten sich daher stark für eine funktionsfähige gesetzliche Renten- und Krankenversicherung und eine menschenwürdige Absicherung bei Arbeitslosigkeit, also für all die Einrichtungen, die in der Bundesrepublik der fünfziger und sechziger Jahre dann auch tatsächlich geschaffen, in den zurückliegenden anderthalb Jahrzehnten allerdings unter Mitwirkung aller Regierungsparteien (bei besonderem Einsatz der SPD) wieder zerschlagen wurden.

Wer heute Beschäftigte zu mies bezahlten Leiharbeitern oder Teilzeitjobbern ohne Schutz degradiert, wer Arbeitslose ins Hartz-IV-Elend verbannt und vom Angebot der Tafeln und Suppenküchen abhängig macht, hat auf jeden Fall Walter Eucken gegen sich, der für eine ordentliche Verfassung des Arbeitsmarktes und der Betriebsverfassung mit der Begründung plädierte: »Die Arbeiter und alle, die sich in Abhängigkeit oder Not befinden, können mehr verlangen als Mitleid, Mildtätigkeit oder sozialpolitische Hilfe von Fall zu Fall. Sie haben Anspruch auf eine Ordnung, die … ihnen und ihren Angehörigen ein menschenwürdiges Leben ermöglicht.«[7]

Wer Mindestlöhne bekämpft, kann sich dabei nicht mit den Meriten eines sozialen Marktwirtschaftlers schmücken, denn für Müller-Armack stand fest: »Es ist marktwirtschaftlich durchaus unproblematisch, als sogenannte Ordnungstaxe eine staatliche Mindestlohnhöhe zu normieren.«[8] Wer seit nunmehr zehn Jahren sinkende Reallöhne politisch absichert, sollte sich besser nicht auf Ludwig Erhard berufen, der unmissverständlich klargestellt hatte: »Der Tatbestand der sozialen Marktwirtschaft ist vielmehr nur dann als voll erfüllt anzusehen, wenn entsprechend der wachsenden Produktivität … echte Reallohnsteigerungen möglich werden.«[9] Auch wer endlose Exportüberschüsse mit wirtschaftlicher Leistungsfähigkeit verwechselt, könnte seine ökonomische Kompetenz durch einen Blick in Euckens *Grundsätze* aufbessern, in denen der Freiburger Ökonom den eigentlich selbstverständlichen Sachverhalt erklärt: »Jeder Export schädigt die Güterversorgung, der nicht die Einfuhr mindestens gleichwertiger Güter ermöglicht.«[10] Und anders als die wildgewordenen Privatisierer und Deregulierer der Gegenwart wusste Ludwig Erhard: »… ein moderner und verantwortungsbewusster Staat kann es sich einfach nicht leisten, noch einmal in die Rolle des Nachtwächters zurückversetzt zu werden«.[11]

Zweites Fundament der sozialen Marktwirtschaft: Verhinderung wirtschaftlicher Macht

Aber das Plädoyer für eine soziale Bändigung des Kapitalismus macht nur die eine Säule des ordoliberalen Lehrgebäudes aus. Die vielleicht noch wichtigere, weil tragende bestand in der Einsicht in die *Bedingungen*, die gewährleistet sein müssen, damit der Kapitalismus überhaupt sozial- und ordnungspolitisch gebändigt werden kann. Die wichtigste Bedingung dafür besteht nach Auffassung der Ordoliberalen darin, die Entstehung wirtschaftlicher Machtpositionen privater Unternehmen zu verhindern. Denn wirtschaftliche Macht, so die eindringliche Warnung, lässt sich nicht kontrollieren. Nur wenn wirtschaftliche Macht bereits *am Entstehen* gehindert wird, bleibt die Politik unabhängig genug, um der Wirtschaft einen sozialen Rahmen aufzuzwingen, und nur unter dieser Voraussetzung können dann auch Wettbewerb und Markt eine dem Allgemeinwohl nützliche Funktion erfüllen.

Fast schon prophetisch warnte Walter Eucken: »Eine Monopolkontrolle, die sich gegen den sogenannten ›Missbrauch‹ wirtschaftlicher Machtstellung wendet, scheitert.« Denn: »Die Machtkörper gewinnen bekanntlich ihrerseits einen großen politischen Einfluss in einem Staat, in dem sie zu wuchern beginnen. Der Staat wird dadurch selbst unfähig, die Monopolkontrolle wirksam durchzuführen.« Also:

»Nicht in erster Linie gegen den Missbrauch vorhandener Machtkörper sollte sich die Wirtschaftspolitik wenden, sondern gegen die Entstehung der Machtkörper überhaupt. Sonst besitzt sie keine Chance, mit dem Problem fertig zu werden.«[12]

Der Laissez-faire-Liberalismus sei deshalb fatal, weil er Großunternehmen entstehen lasse, die die Märkte dominieren und deren enorme wirtschaftliche Macht fortan jede gegen ihre Interessen gerichtete Politik verhindert. Ebendeshalb lasse, so Eucken, »die Politik des Laissezfaire … keine Wirtschaftsordnungen entstehen, die dem Rechtsstaat adäquat sind«.[13] Auch für Alfred Müller-Armack sind Freiheit und Wirtschaftsliberalismus nicht vereinbar: »Wenn wir uns wirklich ehrlich und entschlossen für menschliche Freiheit entscheiden wollen, so müssen wir schon in der Gestaltung der Wirtschaftsordnung das Aufkommen bedrohlicher Übermacht verhindern. … Wo in ihr private Übermacht weiterhin möglich ist, ist es Aufgabe einer modifizierten Marktwirtschaft, auch diese noch zu beseitigen.«[14] Auch Ludwig Erhard wendet sich mit Nachdruck gegen die Einmischung von Wirtschaftslobbys in die Politik und plädiert mit dieser Begründung dafür, »dass ein auf Verbot gegründetes Kartellgesetz als das unentbehrliche ›wirtschaftliche Grundgesetz‹ zu gelten hat. Versagt der Staat auf diesem Felde, dann ist es auch bald um die ›Soziale Marktwirtschaft‹ geschehen.«[15]

Die Logik ist zwingend: Der völlig freie Markt heilt nicht, sondern er tötet, und zwar in letzter Konsequenz sich selbst, damit aber zugleich die Möglichkeit einer von den Wirtschaftsmächtigen unabhängigen Politik. Denn jeder Markt tendiert dazu, die Unterschiede zwischen Stark und Schwach, Groß und Klein zu verstärken und nicht etwa zu nivellieren. Wer jemals Monopoly gespielt hat, weiß, wie das funktioniert.

Drittes Fundament der sozialen Marktwirtschaft: Persönliche Haftung

Das Prinzip der persönlichen Haftung ist für Walter Eucken ein weiterer zentraler Grundsatz für eine funktionierende Wettbewerbsordnung:»Wer den Nutzen hat, muss auch den Schaden tragen.«[16] Denn, so Eucken:»Haftung ist nicht nur eine Voraussetzung für die Wirtschaftsordnung des Wettbewerbs, sondern überhaupt für eine Gesellschaftsordnung, in der Freiheit und Selbstverantwortung herrschen. ... Jede Beschränkung der Haftung löst eine Tendenz zur Zentralverwaltungswirtschaft aus.«[17]

Märkte wie die heutigen Finanzmärkte, auf denen die Akteure nach maximalen Gewinnen streben, ohne im Falle eines Misserfolgs auch für den angerichteten Schaden bluten zu müssen, waren den Ordoliberalen also ein solcher Graus, dass sie von Eucken mit dem größten ordnungspolitischen Sündenfall, der»Tendenz zur Zentralverwaltungswirtschaft«, auf eine Stufe gestellt werden.

Im Kern sieht das ordoliberale Idealbild folglich so aus: Auf offenen Märkten konkurrieren vor allem kleinere und mittelgroße Firmen miteinander, Firmen, von denen keine groß genug ist, die Preise zu diktieren oder das Angebot zu manipulieren. Der Wettbewerb zwingt sie dazu, sich durch bessere Produktqualität und effizientere Produktionsverfahren einen Vorsprung vor ihren Wettbewerbern zu sichern. Der Staat setzt einen sozialen Rahmen und greift dort steuernd in das Marktgeschehen ein, wo soziale Verwerfungen oder andere dem Allgemeinwohl abträgliche Folgen privatwirtschaftlichen Handelns drohen. Kostensenkungen zulasten der Beschäftigten werden durch eine entsprechende Verfassung von Betrieb und Arbeitsmarkt verhindert, so dass höhere Gewinne nur aus Innovationsleistungen und höherer Produktivität entstehen können. Jeder Eigentümer haftet für die Folgen seiner unternehmerischen Entscheidungen, im schlimmsten Fall mit dem Verlust seines gesamten Vermögens.

Im Rahmen funktionierenden Wettbewerbs und steigender Massenkaufkraft lässt sich dann auch begründen, dass der Marktmechanismus vor allem dahin wirkt, die Produktion an den realen Konsumbedürfnissen der Bevölkerung auszurichten. »Entscheidend für die Marktwirtschaft«, hebt Müller-Armack hervor, »ist die strenge Hinordnung aller Wirtschaftsvorgänge auf den Konsum, der über seine in Preisen ausgedrückten Wertschätzungen der Produktionsbewegung die bestimmenden Signale erteilt.«[18]

Viertes Fundament der sozialen Marktwirtschaft: Gemischte Wirtschaft

Weil sich erkennbar nicht jede Wirtschaftstätigkeit über Wettbewerbsmärkte organisieren lässt, plädierte insbesondere Alfred Müller-Armack für eine gemischte Wirtschaft, in der der Staat in jenen Bereichen selbst tätig wird, in denen andernfalls private Monopole und somit private Wirtschaftsmacht entstehen würden. In deutlichem Gegensatz zu den tumben Verfechtern des »Privat vor Staat« hob er hervor:

»Wenn seitens der Vertreter der freien Wirtschaft die öffentliche Unternehmungsführung schlechthin als Gegensatz zur Marktwirtschaft angesehen wurde, so trifft dies keineswegs zu. Man verkennt hierbei ... gewisse Grenzen der marktwirtschaftlichen Organisation, die dort, wo dauernde Kostendegression vorliegt, wo private Monopole bereits entstanden sind oder zu entstehen drohen, oder zur Sicherung gewisser Lenkungspositionen, wie bei der Zentralnotenbank, die staatliche Regie geradezu voraussetzt.«[19]

»Kostendegression« meint, dass die Gesamtkosten mit der Zahl der produzierten Einheiten beziehungsweise dem Umfang der Nutzung kaum noch steigen, so dass es volkswirtschaftlich am effizientesten ist, die Leistungen von wenigen, eventuell von einem einzigen Anbieter erbringen zu lassen. Klassische Beispiele sind die elektrischen Überlandleitungen oder die Eisenbahnnetze. Mehrere konkurrierende Elektrizitäts- oder Bahnnetze aufzubauen wäre angesichts der hohen

Investitionskosten Ressourcenverschwendung. Also gibt es in diesen Bereichen ein technisch bedingtes Monopol, und Monopole, darüber waren sich die sozialen Marktwirtschaftler im Klaren, gehören nicht in private Hand.

Ordoliberale versus Neoklassik

Dass unregulierten Märkten eine Tendenz nicht zum Gleichgewicht, sondern zur Konzentration und zur Entstehung marktbeherrschender Oligopole innewohnt, haben die Ordoliberalen wesentlich klarer gesehen als die neoklassische Mainstream-Ökonomie. Letztere versucht stattdessen bis heute, mit komplizierten mathematischen Modellen nachzuweisen, dass freie Märkte auf ein effizientes und stabiles Gleichgewicht hinsteuern.

Das ausgefeilteste neoklassische Gleichgewichtsmodell stammt von den Ökonomen Arrow und Debreu, deren Namen es auch trägt. Dieses Modell ist hochelegant und mathematisch unangreifbar. Angreifbar – und realitätsfern – sind die Annahmen, auf die es sich stützt und ohne die es nicht zu seinen Schlüssen kommen würde. Jeder Marktteilnehmer weiß in einer Arrow-Debreu-Welt über alles, was in der Wirtschaft passiert, Bescheid, einschließlich der exakten Wahrscheinlichkeit künftiger Ereignisse. Die Verkäuferin weiß also, dass sie mit einer Wahrscheinlichkeit von 20 Prozent in drei Jahren eine Gehaltserhöhung bekommt, während sie mit einer Wahrscheinlichkeit von 50 Prozent bereits in einem Jahr gefeuert wird. Sie weiß auch, mit welcher Wahrscheinlichkeit sie in zehn Jahren noch verheiratet oder geschieden oder vielleicht auch schon tot sein wird. Darüber hinaus bekommt jedermann, ob arm, ob reich, in dieser schönen Modellwelt von den Banken unbegrenzt Kredit, um schlechte Zeiten zu überbrücken oder Unternehmen zu gründen, und wer sich gegen unangenehme Schicksalsschläge aller Art versichern möchte, hat auch dazu jede Möglichkeit.

Noch wirklichkeitsfremder sind die Annahmen über die Welt der Unternehmen, auf denen die neoklassischen Gleichgewichtsmodelle beruhen. So gibt es perfekten Wettbewerb und kein Unternehmen hat auch nur den geringsten Einfluss auf die Preise. Das ist nur möglich, weil vorausgesetzt wird, dass die Produktionskosten pro Stück mit steigenden Stückzahlen konstant bleiben oder sogar ansteigen, auf keinen Fall aber sinken. Für den gesunden Menschenverstand mag das ziemlich absurd klingen, aber die Verneinung von Kostenvorteilen steigender Produktionsmengen ist eine fundamentale Annahme der gängigen Modelle der Mainstream-Ökonomie.

Der Ertrag zunehmender Unternehmensgröße ist damit gleich null oder negativ. Wenn das stimmen würde, gäbe es eine frühe Grenze für das Wachstum von Firmen und keinen Anreiz für Übernahmen und Zusammenschlüsse, also auch keine Gefahr der Entstehung wirtschaftlicher Macht. Nur: Es stimmt nicht. Die Ordoliberalen hatten das bereits Mitte des 20. Jahrhunderts begriffen.

Tatsächlich wird ein Unternehmen, das bereits eine beträchtliche Größe erreicht hat, in den meisten Fällen auch schneller wachsen als seine kleineren Wettbewerber, weil es diesen gegenüber viele Vorteile hat: Es kann billiger einkaufen, weil es mehr nachfragt und mit dieser Nachfragemacht die Preise drücken kann. Die großen Lebensmittel- und Handelsketten von Aldi bis Metro sind ein Paradebeispiel dafür. Es kann teurer verkaufen, weil mit der Größe auch der Einfluss auf die Verkaufspreise wächst. Es kann sich billiger refinanzieren, weil es als weniger insolvenzgefährdet gilt.

Die Zinsen, die Großunternehmen auf den internationalen Finanzmärkten auf ihre Anleihen zahlen, liegen bei einem Bruchteil dessen, was ein Mittelständler für den Kredit seiner Hausbank blechen muss. Und der größere Mittelständler ist dabei immer noch besser dran als der Kleinbetrieb. Gerade in der industriellen Fertigung gibt es zudem eine Mindestgröße – also auch ein Kapitalminimum –, unterhalb dessen kein Unternehmen in einen Markt einsteigen kann. Deshalb sind Märkte oft nur so lange für Neueinsteiger offen, solange sie im Entstehen begriffen sind. Auf etablierten Märkten gibt es meist eine überschaubare Anzahl von Unternehmen, und Neulinge haben kaum noch eine Chance. Niemand würde darauf verfallen, in der Bundesrepublik einen neuen Autobauer oder Chemiekonzern zu gründen.

Große Unternehmen sind also nicht nur aus dem Grunde rentabler, weil sie in der Lage sind, größere Investitionen zu stemmen, und daher die produktiveren Anlagen besitzen. Sie sind auch deshalb rentabler, weil sie eine wachsende Nachfrage- und Angebotsmacht auf sich konzentrieren und diese sich zusätzlich in politischem Einfluss niederschlägt.

Wo vier oder fünf oder auch zehn Unternehmen die Entwicklung einer ganzen Branche bestimmen, haben ihre Investitionsentscheidungen, ihre Entscheidungen über Einstellung oder Entlassung, über Betriebserweiterung oder -verlagerung eine derartige Relevanz für das Schicksal ganzer Regionen, dass die Politik sich den Wünschen und Begehrlichkeiten solcher Unternehmen kaum noch widersetzen kann.

Natürlich hängt die Frage der optimalen Betriebsgröße auch von vielen technischen Daten ab, von den Fertigungsbedingungen oder auch dem Grad der Standardisierbarkeit eines Produkts. Big ist nicht überall beautiful. Im Maschinenbau beispielsweise ist die erforderliche Mindestgröße offensichtlich kleiner als im Luftfahrtsektor oder in weiten Bereichen der chemischen Industrie. Aber für alle Bereiche gilt: Mit der Unternehmensgröße steigende Erträge enthalten immer eine Tendenz zum Oligopol, zur Okkupation des Marktes durch wenige Giganten. Perfekter Wettbewerb im Sinne der neoklassischen Theorie ist auf solchen Märkten nicht möglich. Anders gesagt: »Im Sozialismus schaltet der Staat den Wettbewerb aus. Im Kapitalismus müssen auch das die Konzerne noch selbst erledigen.«[20] Dem ist nichts hinzuzufügen, außer dass im vorliegenden Buch ein Sozialismus entwickelt werden soll, für den der zitierte Satz nicht gilt, vielmehr ein *wettbewerbsorientierter*, ein *kreativer* Sozialismus.

Restauration der Konzerne – »Vieles steht noch aus«

Die Realität sah zwar immer anders aus als das ordoliberale Ideal, aber in vielen Fragen wurde die Wirtschaftspolitik der bundesdeutschen Nachkriegszeit tatsächlich von der Leitidee einer sozialen Marktwirtschaft geprägt. Dies betrifft zum einen die Etablierung weitreichender sozialer Netze für Krankheit, Alter und Arbeitslosigkeit. Die beispiellose Nachkriegskonjunktur sorgte für steigende, in den sechziger Jahren sogar für Vollbeschäftigung. Die in diesem Umfeld kampfstarken

Gewerkschaften erstritten Lohnerhöhungen, die mit der Produktivität Schritt hielten.

Zum anderen wurde in den Anfangsjahren der Bundesrepublik eine Reihe von Weichen gestellt – von der Etablierung des nach einem strikten Regionalprinzip organisierten Sparkassensystems bis zu vielfachen staatlichen Förderinstrumenten –, die Unternehmen mittlerer Größe das Überleben leichter machten als in anderen kapitalistischen Ländern. Bis heute hat sich aus dieser Zeit ein relativ breiter mittelständischer Unternehmenssektor erhalten, auch wenn dessen Förderung spätestens Mitte der Neunziger von einer rücksichtslos an den Interessen der Großunternehmen und Global Player orientierten Politik abgelöst wurde. Dass sich wichtige Dienstleistungen von Post bis Bahn in öffentlicher Hand befanden und die Kommunen über Stadtwerke, Nahverkehr und Wohnungsbau das kommunale Leben organisierten, galt zu Erhards Zeiten noch als Selbstverständlichkeit.

In einem entscheidenden Punkt allerdings wurde das ordoliberale Ideal nie eingelöst. Privates Wirtschaftseigentum wurde in der Nachkriegszeit eben nicht nur im Bereich kleiner und mittlerer Unternehmen reaktiviert, sondern auch in der Schwerindustrie, der Chemie und im Automobilbau. Das Gleiche gilt für die großen Banken, deren Entflechtung noch unter Erhard gestoppt und rückgängig gemacht wurde. In all diesen Bereichen handelte es sich um große Konzerne, deren Anteilseigner überdies aufs engste mit der Nazidiktatur liiert waren und von ihr erheblich profitiert hatten. Die Restaurierung dieses schwer belasteten Großeigentums legte den Keim für eine erneute Entstehung von Wirtschaftsmacht, zumal die begünstigten Familienclans ihre wenig freiheitsliebende Gesinnung in den vorangegangenen Jahrzehnten nachdrücklich unter Beweis gestellt hatten.

Die bundesdeutsche Wirtschaft entsprach daher in etlichen Kernbereichen nie dem ordoliberalen Muster einer Ökonomie, in der vor allem mittelgroße Firmen auf offenen Märkten miteinander konkurrieren, auf denen sie nur durch bessere Qualität oder höhere Produktivität einen Vorsprung vor ihren Wettbewerbern erringen können. Vielmehr entstand mit der Bundesrepublik jener Machtblock von über Kreuz beteiligten, eng miteinander verflochtenen Konzernen und Banken, der in dieser Form bis Ende der neunziger Jahre überlebte und nicht unpassend als Deutschland AG bezeichnet wurde. Müller-Armack wehrte sich auf einer Tagung im Jahre 1954 entschieden dagegen, die bundesdeutsche Realität mit dem Konzept einer sozialen Marktwirtschaft zu identifizieren: »Es ist keine Rede davon, dass ich sage, das faktisch Bestehende sei soziale Marktwirtschaft. Das faktisch Bestehende hat im Sinne der Konzeption der sozialen Marktwirtschaft soziale Wirkungen gehabt. Die soziale Marktwirtschaft ist der Entwurf einer möglichen, bisher nur teilweise realisierten Konzeption. Vieles steht noch aus.«[21]

Insofern sollte man auch die Nachkriegsjahrzehnte nicht idealisieren. Es gab noch in den Sechzigern nicht wenige Menschen, die in Armut lebten, und selbstverständlich war die Bundesrepublik nie eine auch nur annähernd so egalitäre Gesellschaft, wie das von einer im Wortsinn »sozialen« Marktwirtschaft zu verlangen wäre. Der Zugriff auf das wirtschaftliche Eigentum blieb immer Privileg einer sehr schmalen und außerordentlich reichen Oberschicht. Es gab also immer ein Oben und auch ein Unten, und der Lebensstandard der oberen Zehntausend, die sich überwiegend aus den Alteigentümern von Unternehmen, Aktienpaketen und Ländereien rekrutierten, unterschied sich gravierend von dem des Durchschnittsverdieners.

Zumindest aber wurde das Unten zusehends kleiner, und für die Mitte, die damals der großen Mehrheit der Bevölkerung entsprach, stieg der Wohlstand stetig und spürbar an, wobei jeder für die Zukunft eine Fortsetzung dieses Trends erwartete. Insofern schien die alte Bundesrepublik bis zu Beginn der achtziger Jahre auf dem besten Wege, Ludwig Erhards Versprechen einer Wirtschaftsordnung, »die immer weitere und breitere Schichten unseres Volkes zu Wohlstand zu führen vermag«,[22] tatsächlich einzulösen.

EU: Mästung von Wirtschaftsmacht

Als in den Neunzigern der europäische Binnenmarkt liberalisiert wurde, ging das einher mit einer stetigen Verwässerung der Kartellkontrolle. Das blinde Laissez-faire gegenüber Konzernen, die sich durch europaweite Zusammenschlüsse in Wirtschaftsgiganten beispielloser Größe verwandelten, begründete man damit, dass auf einem größer gewordenen Markt auch größere Anbieter Raum hätten, ohne den Wettbewerb einzuschränken. Das war schon deshalb kein stimmiges Argument, weil Marktmacht nicht erst da entsteht, wo es keinen Wettbewerb mehr gibt, sondern bereits, wenn eine überschaubare Zahl von Unternehmen einen Markt beherrscht. Das ist heute in der EU auf wichtigen Märkten vom Automobilsektor bis zum Lebensmitteleinzelhandel der Fall, von der Energie- oder Wasserbranche ganz zu schweigen.

Wichtiger noch aber ist, dass bei dem Verweis auf größer gewordene Märkte genau jene Frage ausgeklammert wurde, die für die ordoliberale Schule im Mittelpunkt gestanden hatte: die Frage nach den politischen Folgen von Wirtschaftsmacht. Anders als die Märkte waren die Nationalstaaten nämlich nicht größer geworden, sahen sich jetzt aber Konzernen gegenüber, die oftmals gewaltigere Summen bewegten als die Regierungen ganzer Länder. In dieser Mästung von Wirtschaftsmacht lag einer der schlimmsten Geburtsfehler der Europäischen Union, der ihre Entwicklung zum Lobbyverbund der Konzerne, gegen die Interessen der Mehrheit der Bevölkerung, vorgezeichnet hat. Dies gilt in gleichem Maße für die von WTO, G8 und IWF durchgesetzte Variante der Globalisierung, bei der es von Anfang an vor allem um die Absicherung sämtlicher Absatz- und Investitionsfreiheiten global expandierender Unternehmensgiganten ging.

Die Ordoliberalen brauchten die Erfahrung der EU-Binnenmarktliberalisierung und der unregulierten Globalisierung nicht. Ihnen genügte die Erfahrung der Kartell- und Oligopolbildung des frühen 20. Jahrhunderts und ihrer politischen Konsequenzen, um vor den Folgen wirtschaftlicher Macht eindringlich zu warnen. Es ist schon bezeichnend, wie schnell in ihrer Rezeption verdrängt und vergessen wurde, dass es keineswegs nur die Sorge um die Funktionsfähigkeit von Markt und Wettbewerb war, die die ordoliberale Schule für die Förderung kleinerer und mittlerer Unternehmen, für Entflechtung, Monopolaufsicht und strikte Kartellverbote streiten ließ. Mindestens ebenso wichtig war ihnen die Sorge um die Möglichkeit einer von den Interessen der Wirtschaftsmächtigen unabhängigen Politik. Ohne eine solche Unabhängigkeit, das haben sie vorhergesehen, würde und musste aus dem schönen Entwurf einer »sozialen Marktwirtschaft« über kurz oder lang erneut ein ausschließlich profitgetriebener, dem Gemeinwohl hochgefährlicher Kapitalismus werden.

Fazit

Die Politik der bürgerlichen Parteien einschließlich der gewendeten Sozialdemokratie hat mit den Vorstellungen der Väter der sozialen Marktwirtschaft heute in etwa noch so viel gemein wie der alte deutsche Kaiser Wilhelm mit den Ideen der Pariser Kommune. Der einzige Unterschied ist, dass der Monarch nicht im Traum darauf verfallen wäre, sich auf solche Ideen auch noch zu berufen. Wer die Ordoliberalen für die heutige Politik in Haftung nimmt, die keine Unternehmensform so tatkräftig mästet wie den globalen Großkonzern und die die Unterwerfung unter die Diktate machtvoller Wirtschaftslobbys schon so verinnerlicht hat, dass sie es gar nicht mehr zu merken scheint, der hat die Vertreter dieser Schule entweder nicht gelesen oder er betreibt wissentlich ideologische Leichenfledderei.

Leute wie Eucken, Müller-Armack und andere haben eingängig und wortreich vor genau jener fatalen Fehlentwicklung gewarnt, deren Konsequenzen wir heute erleben. Sie haben für ein Wirtschaftsmodell plädiert, das von kleineren und mittleren Unternehmen dominiert wird. Und zwar nicht nur, weil zunehmende Unternehmensgröße in der Regel mit wachsender Marktmacht und der Aushebelung von Wettbewerb verbunden ist. Sondern vor allem, weil sie aus den Erfahrungen der ersten Hälfte des 20. Jahrhunderts den Schluss gezogen hatten, dass der politische Einfluss von Profitinteressen mit der Unternehmensgröße wächst und dieser sich selbst verstärkende Prozess Freiheit, Demokratie und Rechtsstaatlichkeit in ihren Grundfesten untergräbt und schließlich zerstören muss.

Das Konzept der sozialen Marktwirtschaft ruht auf vier Grundsäulen: dem Sozialstaat, dem Prinzip der persönlichen Haftung, der gemischten Wirtschaft und der Verhinderung wirtschaftlicher Macht. Die letztere Säule ist die tragende, bei deren Erosion das ganze Gebäude in sich zusammenfällt.

Ludwig Erhards Versprechen lautete: »Wohlstand für Alle.« Nur ein *kreativer Sozialismus* wird dieses Versprechen jemals einlösen können.

UNPRODUKTIVER KAPITALISMUS

UNPRODUKTIVER
KAPITALISMUS

1. Totentanz der Finanzgiganten: Russisches Roulette auf modern-westliche Art

> »Eigentlich ist es gut, dass die Menschen unser Banken-
> und Währungssystem nicht verstehen. Würden sie es
> nämlich, so hätten wir eine Revolution vor morgen früh.«
>
> Henry Ford, Gründer des gleichnamigen Autokonzerns,
> Milliardär

Alles sollte anders werden. Als im Herbst 2008 das Weltfinanzsystem in lichten Flammen stand und die Regierungen nahezu aller Industrieländer sich gezwungen sahen, hunderte Milliarden Euro und Dollar in die Glut zu werfen, um wenigstens die gefährlichsten Brandherde zu ersticken, waren viele heilige Schwüre gen Himmel geflogen: Den Zockerbanken sollte das Handwerk gelegt, hochriskante Renditeschinderei auf Kosten der Allgemeinheit in Zukunft verhindert werden. »Cash for Trash« – Steuergeld für Finanzmüll – sollte es nie mehr geben. Stattdessen sollten neue, strengere Regeln und Gesetze her. Schluss sollte sein mit einem System der Gier und Selbstbereicherung, das mit seinen giftigen Ausscheidungen ganze Volkswirtschaften in den Ruin zu treiben drohte. Bundeskanzlerin Angela Merkel wollte das »Primat der Politik« über die Finanzmärkte wiederhergestellt sehen. Auf einem eilig nach dem Kollaps der Investmentbank Lehman Brothers einberufenen Gipfel bekundeten die Regierungen der USA, Chinas, Deutschlands,

Großbritanniens und der übrigen G20-Mitglieder ihre Absicht: »Alle Finanzmärkte, Produkte und Akteure sollen reguliert oder beaufsichtigt werden.«

Die Nachricht hör ich wohl, allein mir fehlt der Glaube, mag sich schon damals mancher skeptische Zeitgenosse gedacht haben. Inzwischen steht fest, dass die Skepsis angebracht war. Zwar wurde hier ein wenig geflickt und dort ein bisschen nachgebessert, aber der eigentlichen Ursache der ganzen Malaise wurde nicht zu Leibe gerückt: Diese Ursache ist ein seit drei Jahrzehnten völlig unverhältnismäßig wuchernder Finanzsektor, der trotz (oder gerade wegen!) seiner mittlerweile gigantischen Größe und Macht seine eigentliche und wichtigste Aufgabe nicht mehr erfüllt: die Ersparnisse der Menschen in halbwegs sinnvolle produktive Verwendungen zu lenken.

Das Spiel mit den Billionen

Nirgends wird heute so viel umgesetzt, so viel Gewinn gemacht und so viel verdient wie in der Finanzbranche. Das war nicht immer so. 1945 etwa, als Zinsen und Kapitalverkehr gesetzlich reguliert waren, lag der Anteil des Finanzsektors an den gesamten Unternehmensgewinnen in den USA bei gerade mal 10 Prozent. Zwischen 1973 und 1985 sackten amerikanische Banken, Fonds und Versicherungen zusammen nie mehr als 16 Prozent der Gewinne aller Unternehmen ein. In den Neunzigern und vor allem nach der Jahrtausendwende stieg ihr Gewinnanteil steil an und erreichte auf dem Gipfel der Finanzblase 2007 satte 41 Prozent. Fast jeder zweite Dollar Gewinn wurde also zu dieser Zeit in den USA mit Finanzgeschäften gemacht. Heute liegt dieser Anteil immer noch – oder: schon wieder – bei weit über 30 Prozent.

Eine ähnliche Verschiebung hat es in Großbritannien nach Margaret Thatchers Big Bang zur Deregulierung der Londoner Finanzszene gegeben. Besonders dramatisch fiel der Wandel während der Regierungszeit von New Labour mit Tony Blair an der Spitze aus: Während die Industrieproduktion verkümmerte, boomten die Geldgeschäfte in der City. Auch im Euroraum ist die zusammengefasste Bankbilanz, also das Geschäftsvolumen der Banken, von 220 Prozent des Bruttoinlandsprodukts 1998 auf heute 350 Prozent angeschwollen. 2007, auf dem Gipfel des Booms, waren es 360 Prozent. Die Banken bewegen also mehr als dreimal so viel Geld, wie die europäischen Wirtschaften an Gütern und Leistungen produzieren.

Anders als in den USA und Großbritannien werden zwar beispielsweise in der Bundesrepublik neben fragwürdigen Finanzprodukten unverändert auch international gefragte Maschinen und Autos hergestellt, aber die Verlagerung der Wirtschaftsaktivität zugunsten eines wuchernden Finanzsektors ist auch hier spürbar. So machten die Gewinne der Banken in Deutschland 2008 etwa 18,5 Prozent der Gewinne aller Kapitalgesellschaften aus. Und dabei sind die Gewinne von Versicherungen, Finanzinvestoren und Fonds nicht einmal mitgezählt.

Nutzlose Spitzenverdiener

Wo viel Geld zirkuliert, bleibt auch entsprechend viel hängen. Folgerichtig sind die durchschnittlichen Vergütungen im Finanzsektor höher als in allen anderen Wirtschaftszweigen. Josef Ackermann, von 2006 bis Mai 2012 Chef der Deutschen Bank, war über viele Jahre – mit einem kurzen Aussetzer 2008 – der bestbezahlte CEO aller im Deutschen Aktienindex DAX gelisteten Konzerne, wobei ihn die bonigebadeten Investmentbanker seines eigenen Hauses oft noch übertreffen. In den USA verdienten die 25 erfolgreichsten Hedge-Fonds-Manager in den letzten Jahren oft mehr als die Bosse der 500 größten börsennotierten amerikanischen Unternehmen zusammen. Folgerichtig sind heute in vielen Ländern, allen voran in den USA, die Karrierewünsche auf die Finanz- und Beratungsbranche fixiert. Wer richtig Kohle machen will, möchte nicht Ingenieur oder Informatiker werden, sondern »Financial Engineer«, Finanzjongleur.

Als eine Studentin beim Lindauer Treffen der Ökonomie-Nobelpreisträger 2008 angesichts dieser Situation die Frage stellte, ob es nicht eine »Fehlallokation von Talenten« gäbe, erwiderte der Nobelpreisträger und Fondsmanager Myron Scholes breit grinsend: »Ich betrachte mich als einen der schlauesten Menschen und es hat sich als eine hervorragende Entscheidung herausgestellt, dass ich in die

Finanzbranche gegangen bin.«[23] Diese Antwort ist an Zynismus nicht zu überbieten, immerhin hatte Scholes bereits 1998 als einer der Manager des berüchtigten Hedge-Fonds-Giganten LTCM zum ersten Mal mit dem Wohlstand von Millionen Menschen russisches Roulette gespielt. Scholes' Hedge-Fonds, dessen Beinahe-Zusammenbruch damals die Finanzmärkte erschütterte, war nur dank des Eingreifens der amerikanischen Zentralbank gerettet worden. Was seinen Mitgründer allerdings nicht entmutigte, weiter im Finanzgeschäft sein Unwesen zu treiben. Mit Blick auf seinen persönlichen Reichtum allerdings trifft Scholes' Aussage uneingeschränkt zu: Niemals hätte er als biederer Universitätsprofessor auch nur einen Bruchteil dessen verdienen können.

Finanzwetten statt Firmenkredite

Nun könnte man meinen, wenn der Finanzsektor derart boomt, sollte zumindest die Kreditversorgung der Wirtschaft weithin gesichert sein. Also auch Maschinenbauer und Hightech-Innovatoren sollten profitieren, wenn Geld in solchem Übermaß vorhanden ist. Pustekuchen!

Denn gerade für die Großbanken, die den größten Teil dieser billionenschweren Liquidität bewegen, gehört die Kreditversorgung der mittelständischen Wirtschaft schon lange nicht mehr zum Kerngeschäft. Orientierung auf das Investmentbanking heißt eben nicht, wie der Name suggerieren könnte, Finanzierung von Investitionen, sondern der Verzicht darauf.

In lobenswerter Offenheit hat Lloyd Blankfein, der Boss von Goldman Sachs, einer der größten international tätigen Investmentbanken, diese Firmenphilosophie im *Handelsblatt* erläutert. Befragt zu seiner Haltung gegenüber dem klassischen Kreditgeschäft, erwiderte Blankfein brüsk: »That's too risky for me.« Denn dann müsse man das ganze schöne Geld ja in Fabriken, Kanalbauten, Satellitenprojekten anlegen. Da komme man nie wieder raus, zumindest nicht auf die Schnelle, sagte er: »Da bist du gefangen. Nein, bloß nicht, das ist wirklich zu gefährlich für unsere Bank.«[24]

Dem höflichen Deutschbanker Josef Ackermann wäre ein solches

Bekenntnis nie über die Lippen gekommen, dafür war er viel zu sehr um das Renommee seiner Bank besorgt. In der Sache aber beschreibt Blankfein exakt das Geschäftsmodell, das seit Jahren auch die Deutsche Bank und im Trend ebenfalls die anderen deutschen Großbanken praktizieren. Im Ergebnis ist die absurde Situation entstanden, dass tagtäglich eine Billionenflut von Euros und Dollars um den Globus rauscht, verzweifelt nach Anlage sucht und sich am Ende in Darlehen für erkennbar zahlungsunfähige US-Häuslebauer oder in Kredite für Private-Equity-Heuschrecken verirrt, die Firmen kalkuliert in die Überschuldung hineintreiben. Zugleich haben es solide Kleinunternehmen und selbst Mittelständler zunehmend schwer, ihre Hausbank zu überreden, ihnen den Kauf einer neuen Maschine zu finanzieren.

Viel wurde in Deutschland in den Krisenjahren 2008 und 2009 über eine drohende oder bereits virulente Kreditklemme diskutiert. In Wahrheit ist das Problem sehr viel älter. So haben die privaten Großbanken in Deutschland ihren Kreditbestand gegenüber inländischen Unternehmen, also das klassische Firmenkundengeschäft, bereits zwischen 1999 und Ende 2004 um fast 60 Milliarden Euro zurückgefahren. Der Anteil langfristiger Unternehmenskredite an der gesamten Kreditvergabe sank bei den Großbanken von fast 40 Prozent 1999 auf unter 20 Prozent nach 2004.

Banken als Investitionsverhinderer

Die Kreditanstalt für Wiederaufbau (KfW) veröffentlicht einmal jährlich ein sogenanntes Mittelstandpanel, das die Investitions- und Beschäftigungsentwicklung sowie die Finanzierungsbedingungen in kleinen und mittleren Unternehmen (KMU) unter die Lupe nimmt. Einbezogen werden dabei Unternehmen mit bis zu 500 Millionen Euro Umsatz jährlich. Der Begriff KMU wird also recht weit gefasst, üblicherweise wird die Mittelstandsgrenze bei 50 Millionen Euro Umsatz gezogen.

Obwohl so auch relativ große Unternehmen miterfasst werden, kommt die KfW zu dem Schluss, dass bereits 2005 und 2006 zwischen 14 und 16 Prozent des Kreditbedarfs der Wirtschaft aufgrund des fehlenden Angebots einer Bank nicht realisiert werden konnten. Die Werte lagen damit annähernd auf dem gleichen Niveau wie im ersten Krisenjahr 2008, als 16 Prozent der Kreditwünsche von Mittelständlern bei den Banken auf taube Ohren stießen und etwa die Hälfte der Unternehmen die Kreditvergabe der Banken als »restriktiv« bezeichnete. Bei kleinen Unternehmen mit bis zu 10 Beschäftigten wurde 2008 mehr als ein Viertel (26 Prozent) aller Kreditwünsche abgelehnt, in den Jahren 2005 und 2006 waren es 23 beziehungsweise 24 Prozent.

Die KfW schätzt, dass aufgrund der Kreditverweigerung der Banken im deutschen Mittelstand 2005 etwa 24 Milliarden Euro an geplanten Investitionen nicht durchgeführt und 10 Prozent der geplanten neuen Stellen nicht geschaffen werden konnten. Gut die Hälfte aller investitionsbereiten Mittelständler scheiterte 2005 mindestens einmal bei Verhandlungen über einen Investitionskredit. Ausdrücklich führten über 45 Prozent der Mittelständler das ausbleibende Kreditangebot auf eine »geänderte Geschäftspolitik der Banken« zurück. 2004 sahen sogar 54 Prozent der Befragten darin den entscheidenden Grund.

Aber selbst wer einen Kredit bekam, erhielt selten das, was er wollte. Immer zugeknöpfter gaben und geben sich die Banken vor allem bei langfristigen Finanzierungen. Der Anteil solcher Langfristkredite mit einer Laufzeit von über fünf Jahren am gesamten Investitionsvolumen war bereits zwischen 2003 und 2005 von 26 auf unter 9 Prozent gefallen. Der Anteil kurzfristiger Kredite, die oft während der Laufzeit eines Innovationsprojekts mehrfach refinanziert werden müssen, stieg von 15 auf 18 Prozent. Bei Kleinunternehmen mit 5 bis 9 Beschäftigten hat sich der Anteil kurzfristiger Bankkredite sogar auf 28 Prozent erhöht. Immer mehr Unternehmen weichen zur Investitionsfinanzierung sogar auf teure Kontokorrentkredite aus.

»Maschinenbauer ärgern sich über Banken. ... Mittelstand gerät durch restriktive Kreditvergabe ins Hintertreffen«, wusste das *Handelsblatt* bereits Anfang 2002 nach einem »Branchengespräch« zu berichten. Den mittelständischen deutschen Maschinenbauern falle es immer schwerer, Investitionen zu finanzieren. Schuld daran seien Banken, die sich aus dem relativ ertragsschwachen Mittelstandsgeschäft zurückziehen. »Es ist erschreckend, dass unsere Firmen bei den Banken abgewiesen werden, nur weil sie einen Kredit von 15 Millionen wünschen und nicht von 500 Mio., sagt der Inhaber der Hückeswagener Klingelnberg GmbH. Die Banken seien nicht einmal mehr zu Gesprächen über mögliche Kreditkonditionen bereit.« Auch MaschinenbauKunden würden vielfach die Kreditlinien gekürzt, was die zuliefernden Mittelständler zusätzlich trifft.[25]

Banken als Innovationsbremse

Es liegt nahe, dass ein solches Finanzierungsumfeld die Investitionsfreude nicht gerade fördert. Tatsächlich investieren deutsche Unternehmen trotz rekordniedriger Unternehmenssteuern heute viel weniger als in den sechziger, siebziger oder achtziger Jahren. Auch waren sie früher deutlich innovativer. So stellt die KfW in ihrem Panel von 2008 fest, dass der Anteil der Unternehmen, die in den drei Jahren zuvor Innovationen eingeführt hatten, von 2006 bis 2008 von 43 auf 36 Prozent gesunken war. Vor allem die Quote der Produktinnovatoren, die Marktneuheiten entwickeln, nehme stetig ab.

Überraschend kommt das nicht, hatte die KfW doch schon 2006 herausgefunden, dass der »Mangel an Finanzierungsquellen«, der in den Jahren 1994 bis 1995 nur für 11 Prozent aller kleinen und mittleren Industrieunternehmen ein Innovationshemmnis war, in den folgenden Jahren zur vehementen Innovationsbremse wurde. In den Jahren 2000 bis 2002 waren es schon 14 Prozent und 2002 bis 2004 sogar 17 Prozent aller Mittelständler im verarbeitenden Gewerbe, die ihre Innovationstätigkeit durch verkniffene Banker gestört oder sogar unmöglich gemacht sahen. Das Fazit der KfW lautete: »Finanzierungsschwierigkeiten waren im Jahr 2004 das mit Abstand wichtigste Innovationshemmnis in Deutschland. Die Bedeutung dieses Hemmnisses hat im Lauf der vergangenen zehn Jahre in der Industrie zugenommen.«[26] Ohne Finanzierungsbarrieren hätte die Innovationsquote nach Auffassung der KfW in Deutschland 2004 um bis zu 10 Prozent höher sein können. Und dieser Trend des Abwürgens von Innovation und Investition hat sich in den folgenden Jahren fortgesetzt.

Ob heute in Deutschland noch eine einzige Hightech-Maschine gebaut würde, wenn die Bankenlandschaft ausschließlich von den Ackermanns und Co. bestimmt würde, kann man zu Recht in Zweifel ziehen. Glücklicherweise wird sie das nicht. Neben den privaten Finanz-palästen (und von ihnen seit je bekämpft und angefeindet) gibt es den großen Sektor der Sparkassen und Genossenschaftsbanken, die sich relativ gleichbleibend im Kreditgeschäft engagieren und ihr Angebot in den letzten Jahren sogar ausgeweitet haben. Aber natürlich konnte der dramatische Rückzug der Großen damit nicht ausgeglichen werden.

Auf dem Weg ins Casino

Statt Maschinenbauer oder Waschmittelproduzenten kreditieren die Ackermanns seither lieber andere Banken. Lag der Anteil solcher Inter-bankenkredite 1999 bei den großen Instituten noch bei etwa 35 Prozent, wurde er bis 2007 auf 55 Prozent hochgefahren. Selbst Mitte 2009, als alle Welt über die nötige »Reaktivierung« des Interbankenmarkts sin-nierte, waren es noch 50 Prozent. Jeder zweite Euro Kreditgeld einer deutschen Großbank geht also an eine andere Bank und zirkuliert damit fröhlich im Finanzkreislauf herum. Damit kommt man seinen US-amerikanischen Vorbildern schon recht nahe. Dort gingen 2007 absurde 80 Prozent der gesamten Kreditvergabe an andere Banken und Finanzakteure.

Rasant angewachsen ist auch der Bestand an Aktien, Anleihen und sonstigen mehr oder minder seriösen Wertpapieren, mit dem die pri-vaten Banken ihre Bilanz aufplustern. Der Wert solcher Papiere in den Büchern deutscher Großbanken hat sich von 1991 bis 2007 um das fast 18-Fache erhöht und liegt heute nur wenig unter dem damaligen Spitzenwert. Was das Investmentbanking ausmacht, ist gerade dieses Herumspielen mit diversen Finanzpapieren.

Begonnen hatte diese Entwicklung bereits 1989/90, als die Deutsche Bank die frühere Merchant Bank Morgan Grenfell in der Londoner City übernahm und so ihre Investmentsparte aufzubauen begann. Wenig später kaufte die Dresdner Bank die Investmentbank Kleinwort Benson und war damit ebenfalls in der City präsent. Insbesondere die Deutsche Bank akquirierte und expandierte in den Folgejahren kräftig. Den entscheidenden Durchbruch zur Wall Street Bank und zu einer der größten Investmentbanken weltweit erzielte sie mit der Übernahme von Bankers Trust im Jahr 1999. Die Dresdner folgte 2001 mit der Übernahme des Wall-Street-Hauses Wasserstein Perella. Heute verdankt die Deutsche Bank etwa 90 Prozent ihrer Gewinne (im ersten Quartal 2010: 93 Prozent!) den smarten Kollegen aus den Zockerdepartments.

Innovative Giftpapiere

Statt reale Produktneuheiten zu finanzieren, haben Investmentbanker eine ganz andere Sorte von Innovation im Kopf: »Finanzinnovationen«. Mit diesem Begriff, der Fortschritt und Kreativität signalisieren soll, wird die Flut all jener Finanzpapiere umschrieben, die die Märkte in den letzten Jahrzehnten überschwemmt und immer krisenanfälliger und unübersichtlicher gemacht haben. Die meisten dieser Papiere beinhalten entweder eine spekulative Wette auf die künftige Entwicklung irgendeiner volkswirtschaftlichen Größe oder sie sind so beschaffen, dass sie ihrem Käufer dabei helfen, Steuern zu sparen oder regulatorische Vorschriften zu umgehen. Manchmal gibt es dafür Ärger mit den Finanzbehörden. So musste sich die Deutsche Bank kürzlich mit 500 Millionen Dollar in den USA von weiterer Strafverfolgung freikaufen, weil sie mit Betrugspapieren und »kriminellem Vorgehen«[27] allzu offen reiche Amerikaner beim Steuerhinterziehen unterstützt hatte.

Neben ihrem Beitrag zur Ruinierung der Staatsfinanzen und zur Außerkraftsetzung von Regeln spielen große Investmentbanken natürlich auch gern Unternehmensmonopoly, finanzieren freundliche wie feindliche Übernahmen oder die Fresszüge der Private-Equity-Heuschrecken. Zum Geschäft gehört außerdem, Gleichgesinnte beim Spekulieren zu unterstützen und daran mitzuverdienen. So zählt die Deutsche Bank heute neben der Credit Suisse zu den bevorzugten Finanzierungsinstituten von Hedge-Fonds.

Mancher Mittelständler oder klamme Stadtkämmerer, der an den Schaltern der Deutschen Bank in den letzten Jahren um einen Kredit nachsuchte, wurde übrigens nicht einfach nur davongejagt, sondern ihm wurde statt eines Kredits ebenfalls ein »innovatives« Finanzprodukt angeboten. Besonders beliebt für diesen Zweck waren im Hause Ackermann sogenannte »Spread Ladder Swaps«. Diese kleinen Giftpapiere sollten angeblich die Zinslast des Käufers reduzieren, erwiesen sich aber oft als böse Kostenfresser, die manchen Inhaber in den Ruin getrieben haben. So ließen sich die Stadtwerke Pforzheim einen solchen Swap aufschwatzen, der Mehrkosten von 3,9 Millionen Euro verursachte und das kleine Werk in größte Schwierigkeiten brachte. Der Prozess gegen die Deutsche Bank zieht sich bis heute zäh durch die Instanzen. Auch einige italienische Kommunen haben das Finanzhaus aus gleichem Grund verklagt.

Der ehemalige US-Notenbankchef Paul Volcker vertritt die Meinung, dass die einzig nützliche »Finanzinnovation« des letzten Vierteljahrhunderts die Erfindung des Geldautomaten war. Alles andere sei Wildwuchs, ohne wirtschaftlichen Sinn und Verstand. Aber natürlich trotzdem hochprofitabel für die Finanzindustrie.

Das Geschäftsmodell der Sparkassen und Genossenschaftsbanken sah über all die Jahre grundlegend anders aus. Bei den Sparkassen machen beispielsweise Interbankenkredite gerade mal ein Viertel aller Kredite aus. Jeder zweite Kredit, der vergeben wurde, ist ein Kredit an Unternehmen oder Privathaushalte mit über fünf Jahren Laufzeit. Und man ist auch deutlich zurückhaltender beim Jonglieren mit Finanzpapieren. Das Wertpapiervolumen in den Büchern der öffentlich-rechtlichen und der Genossenschaftsbanken hat sich gegenüber 1991 nur knapp verdoppelt.

Die Entscheidung der Großbanken, ihr Geld nicht länger in »Fabriken und Kanalbauten« zu versenken und stattdessen auf hochriskante Zockerstrategien zu setzen, war wohlkalkuliert. Mit den üblichen Margen braver Mittelstandskredite wäre man nämlich nie in die hehre Region von 25 Prozent Eigenkapitalrendite vorgestoßen. Und in gewisser Hinsicht hat Blankfein sogar recht: Spekulative Finanzwetten sind nicht nur lukrativer, sondern – für die Bank! – auch weniger »gefährlich« als Firmenkredite: Hat man aufs richtige Pferd gesetzt, winken grandiose Gewinne. Geht es schief, treten die Verluste meist so geballt auf, dass man mit Verweis auf eine »Kettenreaktion« und »Kernschmelze« beim gerade amtierenden Finanzminister vorstellig werden und um Steuerschecks nachsuchen kann. Mit großer Aussicht auf Erfolg, wie die Geschichte zeigt.

Ackermanns Bad-Bank-Idee im Jahr 2003

Im Beanspruchen von Staatsknete waren die Banker noch nie zurückhaltend. Besonders beliebt ist in diesem Zusammenhang die Idee einer staatlich garantierten Bad Bank, also einer öffentlichen Müllverbrennungsanlage, die den privaten Banken den Finanzschrott abnimmt, der aus missglückten Geschäften resultiert und ihnen keine Rendite, sondern nur noch Ärger bringt. Die Idee wurde von dem rührigen Deutsche-Bank-Chef Josef Ackermann zum ersten Mal 2003 in die Debatte gebracht. Also zu einer Zeit, als noch kaum eine deutsche Bank giftige amerikanische Hypothekenpapiere in ihren Büchern hatte und die Investmentbank Lehman Brothers sich noch bester Gesundheit erfreute.

Im Februar besagten Jahres 2003 hatte Ackermann ein Treffen in Berlin arrangiert, wo im Beisein des damaligen Bundeskanzlers Gerhard Schröder und diverser Bankenvertreter erörtert wurde, ob der Staat den privaten Banken nicht Problemkredite im Umfang von 50 bis 100 Milliarden Euro vom Hals schaffen könnte. Hintergrund des Treffens war, dass eine Reihe Banken schon damals erhebliche Probleme hatte. Ganz oben auf der Liste der Sorgenkinder stand die HypoVereinsbank (HVB), die später die HypoRealEstate (HRE) von sich abspaltete und damals einen Jahresverlust von 820 Millionen Euro schrieb. Nicht wirklich gut sah es auch im Portfolio der Dresdner Bank aus, die zu dieser Zeit noch zum Allianz-Konzern gehörte. Als einzige Landesbank saß die WestLB mit am Tisch, die sich ebenfalls einige Fehlinvestitionen geleistet hatte. Und offenbar hatte auch die Deutsche Bank Kummer, denn ganz selbstlos dürfte sich Ackermann kaum an die Spitze der Bewegung gestellt haben.

Nach Einschätzung von Experten lag das Volumen notleidender Kredite deutscher Banken, also solcher Kredite, die bereits mehr als 90 Tage nicht mehr bedient worden waren, 2003 bei rund 300 Milliarden Euro. Das war kein Pappenstiel, denn das Eigenkapital aller Banken zusammen lag nicht wesentlich höher. Das Ungemach war zum einen eine Nachwirkung des Immobilienrauschs der Wiedervereinigungsjahre, als viele Banken Hypotheken für sündhaft überteuerte Häuser im Osten bereitgestellt hatten. Ein Beispiel für solche Finanzierungen waren die

Totentanz der Finanzgiganten **75**

berühmten »Peanuts« von 50 Millionen DM, die die Deutsche Bank in den Baulöwen Jürgen Schneider versenkt hatte. Manch fauler Kredit war ferner durch das Platzen der New-Economy-Blase entstanden. Ab dem Jahr 2000 siechte der Neue Markt seinem frühen Tode entgegen, wobei die zuvor gefeierten Firmen nicht nur das Vermögen ihrer Aktionäre, sondern auch manchen Bankkredit mit ins Grab nahmen.

Obwohl Gerhard Schröder für die Wünsche von Industrievertretern und Bankern immer offene Ohren hatte, war er von Ackermanns Bad-Bank-Idee nicht angetan. Immerhin hatten SPD und Grüne gerade einen rabiaten sozialen Kahlschlag durchgesetzt, hatten die Renten gekürzt und teilprivatisiert und bereiteten augenblicklich die Abschaffung der Arbeitslosen- und Sozialhilfe und deren Ablösung durch Hartz IV vor. All diese Untaten hatten sie mit angeblich unausweichlichen »Sparzwängen« im »Zeitalter der Globalisierung« begründet. In dieser Situation Milliarden öffentlicher Mittel für Banker bereitzustellen, die sich in ihrer Kreditpolitik verrannt hatten, passte schlecht in die politische Landschaft. Was also tun?

Ein Blick über den Ozean brachte Schröders Regierungsmannschaft auf eine grandiose Idee, die Ackermanns Bad-Bank-Plan völlig überflüssig machen sollte. Was machen amerikanische Banken mit Krediten, die sie nicht mehr haben wollen? Genau, sie verbriefen sie und verkaufen sie. Irgendwo in den Weiten des globalen Finanzmarktes gibt es immer einen Dummkopf, der sich so etwas andrehen lässt. Und schwupp! ist die Bilanz wieder sauber.

Verpackungskünstler

2003 lief die Verbriefungsmaschine in den USA bereits auf Hochtouren. Verbrieft wurden Hypotheken, Kreditkartenschulden, Studentenkredite, Unternehmensfinanzierungen, also fast alles, was an Darlehen über die Bankschalter ging. Nur dadurch konnte das Volumen ausgereichter Kredite so ungeniert wachsen und der US-Verbraucher sich bis über die Halskrause verschulden. Hätten die Banken all diese Kredite und Häuserdarlehen in ihren Büchern behalten, hätten sie erstens viel genauer hinsehen müssen, wem sie da eigentlich Kredit gewährten und wie die Chancen auf Rückzahlung standen. Und sie hätten zweitens jeden Kredit mit Eigenkapital unterlegen müssen. Damit hätte sich das mögliche Kreditvolumen in deutlich engeren Grenzen bewegt. Mit dem Verkauf des Kredits indessen wurde das Eigenkapital wieder frei und die Bank konnte sich auf die Suche nach dem nächsten Kreditkunden machen.

Es handelte sich also um ein außerordentlich lukratives Modell für die Banken: Sie verdienten an jedem Darlehen eine schöne und sichere Gebühr und waren nach erfolgreichem Verkauf die Sorge los, ob der Kreditnehmer seine Zahlungen aufrechterhalten konnte. Es ist klar, dass ein solcher Mechanismus massive Anreize setzt, immer mehr Kredite unter die Leute zu bringen, völlig unbekümmert um die Qualität der Kredite, also um die Frage, ob Zins und Tilgung auch aufgebracht werden können.

An dem Geschäft verdienten nicht nur die unmittelbar kreditgebenden Banken. Der ganz große Reibach wurde an der Wall Street gemacht. Denn die Kredite in forderungsbesicherte Wertpapiere, sogenannte »Asset Backed Securities« (ABS) zu verpacken bzw. aus einem ganzen Bündel von ABS nach ausgeklügelten Verfahren eine »Collateralised Debt Obligation« (CDO) zu basteln, war das Geschäft der Investmentbanker. Außerdem platzierten sie auch noch Wetten auf den Zahlungsausfall solcher Kredite – sogenannte »Credit Default Swaps« (CDS) – oder bauten sie in die Papiere selbst ein. Und sie erfanden Indizes, die die Wertentwicklung solcher Papiere abbildeten und auf deren Verlauf man wiederum mit von ihnen gebastelten Papieren Wetten abschließen konnte. Selbstverständlich machten die Banker bei jedem dieser Papiere einen schönen Schnitt, bevor sie es an die Käufer weiterreichten.

Wenn die Bankenaufsicht blind ist

Abnehmer der von den Investmentbanken erzeugten Finanzpapierflut waren zum einen diverse Fonds: Hedge-Fonds, die die Kreditpapiere zur Spekulation benutzten, oder Pensionsfonds, die darin die Rentengelder ihrer Anleger versenkten. Nachfrage kam aber auch von anderen Banken, die die vermeintlichen Vermögenstitel oft in außerbilanziellen Vehikeln unterbrachten, wo sie nicht mit Eigenkapital unterlegt werden mussten. Viele Institute, die entsprechende Papiere kreierten, parkten sie zudem erst einmal in eigenen Fonds oder sogenannten Conduits, bis sie sich weiterverkaufen ließen. So entstand und wucherte mit dem Verbriefungswahn jenes riesige, unübersichtliche und unregulierte System von Schattenbanken, das die Finanzkrise 2007 wesentlich ausgelöst hat.

Der amerikanische Ökonom Nouriel Roubini meint über die Logik dieses Conduit-Wildwuchses:»Das ist ungefähr so, als würde ein Automobilhersteller eine Briefkastenfirma gründen, um seinen Vertragshändlern die nicht verkauften Fahrzeuge abzukaufen.«[28]

Die Conduits emittierten ihrerseits kurzfristige Schuldverschreibungen und »bezahlten« mit diesem Geld das Kreditbündel bei der betreffenden Bank. Die »Autos« schienen damit verkauft zu sein, obwohl sie im Eigentum der Briefkastenfirma auf Halde lagen und die kurzfristigen Schulden, mit denen sie bezahlt worden waren, immer von neuem refinanziert werden mussten. Solange das funktionierte, blieb der Schein gewahrt. Problematisch wurde es, als niemand mehr die vor sich hin rottenden Finanzrostlauben mit seinem Kredit finanzieren wollte. In der Regel haftete dann die Bank für deren Zahlungsfähigkeit.

Die Kreditverbriefungen waren also mit der Ablage in einer Zweckgesellschaft bilanztechnisch zum Verschwinden gebracht, spielten der Bank aber trotzdem schöne Renditen ein – zumindest solange der in ihnen zusammengefasste Kreditpool von den Häuslebauern oder Kreditkartenbesitzern bedient wurde. Diese trickreiche Umgehung der Eigenkapitalvorschriften war natürlich nur möglich, weil die Bankenaufsicht konsequent die Augen vor den mit diesem undurchsichtigen Endlager für toxischen Finanzmüll heraufziehenden Gefahren verschloss.

Und das, obwohl erst 2001 der US-Energieriese Enron just an solchen außerbilanziellen Spekulationsvehikeln zugrunde gegangen war und dabei die Alterssicherung zehntausender Beschäftigter in Luft aufgelöst hatte. Nach der Enron-Pleite gab es eine kurze weltweite Debatte über die Notwendigkeit strafferer Bilanzierungsregeln auch im Finanzbereich, die aber unter den Klagegesängen der Finanzlobby bald wieder versandete.

Der entscheidende Unterschied zwischen einem Kredit in den eigenen Büchern und demselben Kredit, verbrieft und abgelegt in einem bankeigenen Conduit, war also, dass er in letzterem Fall in der Bilanz nicht mehr auftauchte und somit auch nicht mehr mit teurem Eigenkapital unterlegt werden musste. Der Nachteil war, dass die Bank dadurch natürlich auch keinen Puffer für Wertverluste hatte und jede größere Abschreibung ihre Existenz gefährden musste.

Weltweit wurde das Volumen der in solchen Zweckgesellschaften gelagerten Kreditverbriefungen zu Beginn der Krise auf 1,2 Billionen Dollar geschätzt. Ende 2009 waren davon noch 482 Milliarden Dollar übrig. 2003 allerdings lief der Verbriefungsmotor an der Wall Street noch wie geschmiert und die Banken schalteten auf immer höhere Touren. Die Deutsche Bank war da an vorderster Front dabei.

Wenn SPD-Genossen Wall Street spielen

Heureka, riefen Hans Eichel, der damalige SPD-Finanzminister, und seine mit Ackermanns Bad-Bank-Problem betrauten Staatssekretäre und Ministerialdirektoren, als sie sich mit den Finessen dieses Modells vertraut gemacht hatten. 300 Milliarden Euro faule Kredite zum Verschwinden bringen? Und gleichzeitig die Kreditvergabe auch in Deutschland verbessern? Kein Problem. Was die Wall Street kann, können wir schon lange. Wir müssen einfach die Banken motivieren, ihren Müll ebenso fleißig zu verbriefen und weiterzuverkaufen, wie die US-Banken das machen. Und für den Fall, dass nicht jeder verbriefte faule Kredit einen freudigen Abnehmer findet, müssen wir die regulatorischen Vorschriften in Deutschland nach US-Vorbild verwässern, damit das Zeug wenigstens in außerbilanziellen Vehikeln versteckt und unsichtbar gemacht werden kann.

Gesagt, getan. Noch im selben Jahr 2003 wurde ein Gesetz zur »Förderung von Kleinunternehmen und zur Verbesserung der Unternehmensfinanzierung« durch den Bundestag gebracht, das Kleinunternehmen zwar nicht das Geringste nützte, es den Banken aber deutlich erleichterte, Kreditforderungen zu verbriefen. Darüber hinaus wurden Verbriefungszweckgesellschaften, also die Conduits, gewerbesteuerrechtlich Banken gleichgestellt und damit als profitables Modell überhaupt möglich gemacht. Als später die Scherben zusammengelesen wurden und die Mittelstandsbank IKB wegen des Finanzmülls in ihren Conduits mit 10 Milliarden Euro Steuergeld gestützt werden musste, wies Verdi-Chef Frank Bsirske zu Recht darauf hin, dass sich »der Vorstand der IKB legal verhalten [habe], nachdem die rot-grüne Bundesregierung unter Finanzminister Hans Eichel die Einrichtung von nichtbilanzierungspflichtigen Zweckgesellschaften ermöglicht hat«.[29]

Um den Appetit auf Verbriefungen so richtig zu wecken, wurden unter maßgeblicher Mitwirkung der Bundesregierung und bei aktiver Teilnahme der staatlichen KfW noch 2003 eine sogenannte »True Sale Initiative« und im April 2004 das Verbriefungskartell »True Sale International« (TSI) gegründet. »True Sale« steht in der Finanzsprache für das vollständige Übertragen eines Kredits an eine Zweckgesellschaft, also genau das, was die deutschen Banken jetzt massenhaft tun sollten. Gesellschafter der TSI waren dreizehn deutsche Finanzhäuser, darunter die Deutsche, die Dresdner, die Commerzbank und die Hypo-Vereinsbank, also genau jene Kandidaten, die im Februar noch über eine staatliche Bad-Bank-Lösung für ihre faulen Kredite nachgesonnen hatten. Außerdem machten die KfW mit und eine Reihe Landesbanken, die dank ihrer fortan wie Pilze aus dem Boden schießenden Zweckgesellschaften tatsächlich zu den gewünschten staatlichen Bad Banks mutierten.

Der Bundesregierung aus SPD und Grünen lag die Förderung des Verbriefungsirrsinns so sehr am Herzen, dass sie gleich doppelt nähte. Ebenfalls 2003 und mit gleicher Zielrichtung wie die True Sale Initiative wurde die Lobbyorganisation »Initiative Finanzstandort Deutschland« (IFD) ins Leben gerufen, an der sich das Bundesfinanzministerium und die Bundesbank sogar höchstpersönlich beteiligten. Mit von der Partie waren natürlich wieder die deutschen Großbanken, mehrere Landesbanken und die kleine Mittelstandsbank IKB. Internationales Flair erhielt die IFD dadurch, dass auch die großen Wall-Street-Häuser Lehman Brothers, Goldman Sachs, J. P. Morgan und Merrill Lynch der Einladung zur Teilnahme folgten. Offenbar sollten die taffen Investmenthäuser den hinterwäldlerischen Landesbanken beibringen, wie Banking im 21. Jahrhundert funktioniert. Schließlich waren viele Lan-

80 Unproduktiver Kapitalismus

desbanken damals noch damit beschäftigt, wertvolles Geld auf jene den Goldman-Boss Blankfein so anwidernde Art in »Fabriken und Kanalbauten« zu versenken.

Lauter kleine Bad Banks entstehen

Aber die Schüler waren gelehrig. Eine Landesbank nach der anderen gründete ihr Conduit, meist sogar mehrere und in der Regel im Ausland. Im März 2004 hob ein Team der sächsischen Landesbank im regulationsarmen Dublin die Firmen Ormond Quay, Ellis Quay, Merchants Quay und Eden Quay aus der Taufe, benannt nach Straßen der irischen Hauptstadt. Bereits im Juni 2004 sollen sich allein im Finanzvehikel Ormond Quay Kreditverbriefungen im Wert von 5 Milliarden Euro gestapelt haben. Bis 2008 waren daraus 17 Milliarden geworden. In all ihren Conduits hatte die Landesbank des Freistaats Kreditpapiere im Volumen von sagenhaften 45 Milliarden Euro abgelegt, die sie mit Ausbruch der Krise in den Tod und den sächsischen Landeshaushalt in den Ruin treiben sollten.

Die kleine IKB hatte in ihrem Finanzvehikel Rhineland Funding, das über ein stolzes Eigenkapital von 500 Euro verfügte und im US-Staat Delaware gelistet war, laut einem US-Investorenblog vom August 2007 die »unvorstellbar beeindruckende Menge von Marktpositionen in US-Subprimes in Höhe von 17 Mrd. Euro (23 Mrd. Dollar) angehäuft«.[30] Auch die WestLB und die HSH Nordbank stiegen jetzt groß ins Geschäft mit strukturierten Verbriefungen ein. Der Wirtschaftsjournalist Alexander Dill, der diese Vorgänge in seinem Buch *Der große Raubzug* detailliert schildert, resümiert: »Pech, Unerfahrenheit oder Schicksal – es ist nicht zu leugnen, dass der Einstieg in die strukturierten Finanzierungen durch die deutschen Staatsbanken vollkommen in die Amtszeit der rotgrünen Bundesregierung zwischen 1998 und 2005 fällt.«[31]

Für Banken, die mit ungebrochener Lust anderen Banken zweifelhafte Papiere abkauften und die damit verbundenen Risiken nicht durchschauten, gab es in der Londoner City, wie uns die Investmentbankerin Susanne Schmidt verrät, einen bösen Spitznamen: »Stuffees« – Stopfgänse. Bei ihnen wurde abgelegt, was man loswerden wollte. »Es gab eine ganze Reihe von internationalen Banken in der City«, erläutert

Schmidt, »die ein solches unprofessionelles Image hatten, und viele der deutschen Landesbanken gehörten leider dazu.«[32]

Die Euphorie für verbriefte Kreditpapiere blieb auch nach dem Regierungswechsel von Rot-Grün zur Großen Koalition im Jahr 2005 ungebrochen. Das Ziel »Ausbau des Verbriefungsmarktes« wurde jetzt sogar in den Koalitionsvertrag aufgenommen. Wer die so emsig geförderte Verbriefungshysterie in Deutschland rekonstruiert, wird dabei an den verschiedensten Stellen immer wieder auf einen Namen stoßen: Jörg Asmussen. Asmussen wurde 2003 von Hans Eichel zum Ministerialdirektor im Finanzministerium befördert und 2008 von Eichels Nachfolger Peer Steinbrück zum Staatssekretär, in welcher Funktion er auch den Regierungswechsel von der Großen Koalition zu Schwarz-Gelb überlebte.

Asmussen saß im Aufsichtsrat der Mittelstandsbank IKB und setzte sich dort massiv dafür ein, die toxischen Kreditpapiere zu kaufen, an denen die kleine Bank 2007 erstickte. Asmussen war Mitglied im Gesellschafterbeirat der »True Sale International« und er turnte natürlich auch auf den Tagungen der »Initiative Finanzstandort Deutschland« herum. In beiden Funktionen hat er im Auftrag seiner Chefs Eichel und Steinbrück emsig darauf hingewirkt, Landesbanken den Aufkauf verbriefter Kreditpapiere und deren Ablagerung in außerbilanziellen Vehikeln schmackhaft zu machen. Anschließend verwaltete Asmussen als Mitglied im Lenkungsausschuss des Bankenrettungsfonds SoFFin das Erbe der durch ihn mitverursachten Katastrophe und soll als eines von sechs Mitgliedern der Expertengruppe »Neue Finanzmarktarchitektur« Vorschläge für neue Finanzmarktregeln machen. Seit Januar 2012 ist Asmussen Mitglied im Direktorium der Europäischen Zentralbank, wobei er den Kampf um den Sessel des EZB-Chefvolkswirts, den die Bundesregierung eigentlich für ihn vorgesehen hatte, verlor und sich mit dem Ressort Internationales begnügen musste.

Das größte Verbriefungsprogramm

An sich war das Verbriefungsunwesen in Deutschland ja nicht gestartet worden, um sich undurchsichtige US-Papiere ins Portefeuille stopfen zu lassen, sondern um zweifelhafte Kredite aus den eigenen Büchern loszuwerden. Tatsächlich fanden unter der Ägide der KfW mehrere große Verbriefungsaktionen statt. So habe die KfW, röhrte Asmussen in einem Artikel in der *Zeitschrift für das gesamte Kreditwesen* 2006, »seit 2000 in Zusammenarbeit mit den Banken das wohl größte Verbriefungsprogramm (58 Transaktionen) in Euro geschaffen«.[33]

Nur bedeuteten die 58 Transaktionen nicht, dass am Ende auch wieder mehr Geld für Mittelständler bereitstand. Vielmehr dürften sich die Banken damit in erster Linie jener Problemkredite entledigt haben, die sie schon 2003 nicht mehr in ihren Büchern haben wollten. Gegen eine stärkere Ausweitung der inländischen Kreditvergabe sprach indessen unter Renditegesichtspunkten einiges. Ein mit US-Verhältnissen vergleichbarer Verschuldungsrausch privater Verbraucher ließ sich in Deutschland schon deshalb nicht inszenieren, weil Hypotheken- wie Konsumentenkredite hierzulande noch recht gut reguliert sind. Firmenkredite wiederum sind ein kleinteiliges mühsames Geschäft. Es gab keinen Grund, sich damit herumzuschlagen, solange sich dank weltweit wachsender Schulden ein überreichliches Angebot an Kreditpapieren auf dem Markt befand, bei dem man nur noch zugreifen musste.

Außerdem waren sämtliche Investmentbanken, die bei der »Initiative Finanzstandort Deutschland« mitmachten, einschließlich der Deutschen Bank, groß im Verbriefungsgeschäft an der Wall Street engagiert. Wonach sie suchten, waren Käufer für die von ihnen geschaffenen Papiere. Die haben sie gefunden.

Insofern ist es reichlich übertrieben, wenn Asmussen sich in besagtem Artikel dafür lobt, dass »mit der TSI GmbH eine Gesellschaft etabliert wurde, die durch Bereitstellung von deutschen Zweckgesellschaften und Gütesiegeln von Transaktionen die ABS-Aktivitäten an den Standort Deutschland (ABS made in Germany) bindet«. Unter der Rubrik »weitere Handlungsfelder« listet der Ministerialdirektor mit SPD-Parteibuch übrigens die Aufgabe auf, »die Investition in ABS zu erleichtern«, da »insbesondere die Versicherungen, Sozialversicherungsträger und Fonds ... durch zahlreiche staatliche Regulierungen bei ihrem ABS-Investment beschränkt werden«. Es sollten sich also nicht nur die Landesbanken, sondern auch die Versicherungen, ja möglichst sogar die Sozialversicherungen zu Giftmülldeponien für verbriefte Kreditpapiere entwickeln. Man kann also nur dankbar sein, dass ein Jahr später die Finanzkrise ausbrach und der ABS-Markt kollabierte, so dass entsprechende Pläne zunächst nicht umgesetzt werden konnten.

In dem Aufsatz gibt Asmussen im Übrigen ausdrücklich nicht seine Privatmeinung wieder, sondern der Titel lautet:»Verbriefungen aus Sicht des Bundesfinanzministeriums«. Der Finanzminister, dessen »Sicht« so freimütig dargestellt wurde, hieß damals Peer Steinbrück. Abschließend gibt der kurz vor seiner Beförderung zum Staatssekretär stehende Asmussen noch seiner Überzeugung Ausdruck, dass »die Kreditversorgung einer Volkswirtschaft … davon ab[hängt], inwieweit eine moderne Kapitalmarktgesetzgebung eine Integration in die weltweiten Finanzierungskreisläufe … bewirken kann«.

2007/2008 fielen die sorgsam aufgetürmten Kartenhäuser in sich zusammen und es stellte sich heraus, dass die »Integration in die weltweiten Finanzierungskreisläufe« so perfekt gelungen war, dass die Problemaktiva deutscher Banken auf 800 Milliarden Euro angewachsen waren.[34] 800 Milliarden Euro, das war annähernd das Doppelte des damaligen Eigenkapitals aller deutschen Institute und das fast Dreifache der problematischen Kredite, die die deutschen Banken 2003 in ihren Büchern hatten und deren Verringerung das erklärte Ziel der ganzen Verbriefungsaktion gewesen war.

Die Verbriefungseuphorie hat also per Saldo in keiner Weise dazu beigetragen, dass die Banken ihre faulen Kredite an einen Dummkopf am anderen Ende der Welt weiterreichen konnten oder deutsche Mittelständler besseren Zugang zu Krediten erhielten. Die Mästung des Schattenbankensystems hat vielmehr dazu geführt, dass ein milliardenschweres Endlager für globalen Finanzmüll entstanden ist, das dem deutschen Steuerzahler heute schwer auf der Tasche liegt. Die Investmentbanken, einschließlich der deutschen, haben den ihnen mit der »Initiative Finanzstandort Deutschland« gebotenen Zugang zu potentiellen Käufern weidlich ausgenutzt.

Stupid German Money

Es wird wohl nie wirklich rekonstruiert werden können, wie viel von dem Finanzschrott in den Büchern der IKB und der Landesbanken, für den wir alle heute bluten, den Händen smarter Investmentbanker aus dem Hause Ackermann entstammt. Sicher ist, dass es sich um große Beträge handelt. »Neben Goldman war die Deutsche Bank führender Marketmaker für abstruse Hypothekenderivate«,[35] schreibt der Wirtschaftspublizist und ehemalige Investmentbanker Michael Lewis in seinem Buch *The Big Short*. Lewis schildert detailliert, wie die Investmentabteilungen insbesondere von Goldman Sachs und Deutscher Bank sich eine goldene Nase damit verdienten, US-Häuserkredite in entsprechende Papiere zu verpacken und in alle Welt zu verkaufen, obwohl sie bereits seit 2005 davon überzeugt waren, dass diese Kredite faul waren und somit die auf ihrer Grundlage gebastelten Papiere wertlos werden würden.

Teilweise wurden die Verbriefungen sogar extra so konstruiert, dass die Ausfallwahrscheinlichkeit besonders hoch war, weil die Banken dann nicht nur am Weiterverkauf dieses Finanzschrotts verdienen konnten, sondern auch an Wetten auf dessen Wertverfall, die sie ebenfalls anboten und verkauften. Nicht selten wetteten sie auch selbst gegen die eigenen Papiere. Der Leiter der ABS-Sparte der Deutschen Bank an der Wall Street, ein junger Investmentbanker namens Greg Lippmann, fuhr mit solchen Wetten 2007 einen grandiosen Gewinn von 1 Milliarde Dollar für sein Institut ein.

Tatsächlich hatte Lippmann, wie das *Handelsblatt* in Erfahrung brachte, bereits 2005 eine Analyse auf dem Tisch, die den sicheren Absturz der Hypothekenpapiere in den folgenden Jahren prognostizierte. Das war für die Deutsche Bank aber kein Grund, den Verbriefungsmotor auch nur zu verlangsamen. Im Gegenteil, sie drehte ihn 2006 und 2007 erst richtig hoch, achtete allerdings darauf, die Papiere nicht in den eigenen Büchern zu behalten. Lippmann arrangierte zeitgleich jene milliardenschweren Wetten auf den erwarteten Crash, die ihn später zum Star machen sollten. »Damit ist klar«, stellte das *Handelsblatt* fest, »dass die Bank trotz der Warnungen nicht davor zurückschreckte, weiter munter Häuslebauer-Darlehen zu bündeln und unter kräftigen Provisionen zu verbriefen. Hauptsache, das eigene Portfolio bleibt sauber.«[36]

Michael Lewis schildert in seinem Buch ein von Lippmann arrangiertes Treffen mit diversen Hedge-Fonds-Managern, in dessen Verlauf er diese überzeugte, gegen die von der Deutschen Bank kreierten Hypothekenpapiere zu wetten. Die Deutsche Bank wollte an diesen Deals als Vermittler zwischen der Long- und der Short-Seite verdienen, also zwischen denen, die die Papiere gutgläubig kauften, und jenen, die daran verdienen wollten, dass sie sich als wertlos erwiesen. Da die Papiere so konstruiert waren, dass Letzteres relativ offensichtlich war, fragte einer der Hedge-Fonds-Manager Lippmann ungläubig:

»Who is the idiot on the other side? – Wer ist der Idiot auf der anderen Seite?« Die Antwort von Greg Lippmann, die uns für alle Zeit für Josef Ackermanns Finanzhaus einnehmen sollte, lautete: »Düsseldorf. Stupid Germans. They take rating agencies seriously. They believe in the rules. – Düsseldorf. Dumme Deutsche. Die nehmen Rating-Agenturen noch ernst. Sie glauben an die Regeln.«[37] Einer der teilnehmenden Investoren resümierte nach diesem Treffen: »However corrupt you think this industry is, it's worse. Für wie korrupt immer man diese Industrie hält – es ist schlimmer.«[38]

Wer waren die »dummen Deutschen« aus Düsseldorf? In der schönen Rheinmetropole hatten die IKB und die WestLB ihren Sitz. Es spricht vieles dafür, dass beide Großabnehmer der von den Deutschbankern konstruierten Papiere waren. Mehrere Deals der IKB mit den Deutschbankern sind belegbar. Dass die Deutsche Bank freudig auf den Wertverlust von Papieren wettete, die sie zeitgleich der IKB aufschwatzte, kommentiert Ackermann heute zynisch: »Es stimmt, wir hatten zeitweise eine andere Marktauffassung als die IKB.«[39] Die Deutsche Bank verkaufte der IKB allerdings nicht nur ihren Finanzmüll, sondern war gleichzeitig Treuhänder bei der Administration des berüchtigten Rhineland-Funding-Conduits, dem sie auch die Kreditlinien bereitstellte, ohne die die IKB die toxischen Papiere nicht hätte erwerben können.

Ackermann killt die IKB

Der Tragödie letzter Teil bestand darin, dass die Deutsche Bank den Zusammenbruch der IKB auslöste, indem sie ihr ebendiese Kreditlinie sperrte und den Präsidenten der Bundesanstalt für Finanzdienstleistungsaufsicht (BaFin), Jochen Sanio, telefonisch informierte, dass die kleine Bank bald zahlungsunfähig werden würde und überaus zweifelhaftes Zeug in ihren Zweckgesellschaften habe. Gerüchten zufolge soll die Deutsche Bank noch schnell ein Päckchen IKB-Aktien leerverkauft haben, bevor Ackermanns Anruf bei Herrn Sanio selbige auf Talfahrt schickte, womit sie noch ein letztes Mal am IKB-Desaster verdiente.

Der renommierte Wirtschaftsstrafrechtler Walter Perron meint mit Blick auf diese traurige Geschichte: »Das Verhalten von Mitarbeitern der Deutschen Bank gegenüber der IKB kann den Straftatbestand des Betruges verwirklichen.«[40] Perron ist C4-Professor in Freiburg und hat einen Standardkommentar zum Strafgesetzbuch mitverfasst, unter anderem zu Untreue und Betrug. Auch Axel Boetticher, ehemals Richter am Bundesgerichtshof, forderte 2008 eine strafrechtliche Untersuchung der Vorgänge um den Zusammenbruch der IKB. Gleiches sollte eigentlich auch für die meisten Landesbanken gelten, denen von diversen Investmentbanken – und gewiss immer auch von der Deutschen – Schrottpapiere in Milliardenumfang angedreht wurden. Papiere, von deren Wertlosigkeit die Verkäufer oft so überzeugt waren, dass sie mit hohen Summen auf den Einbruch wetteten. Keine der beteiligten Banken wurde dafür bisher in Deutschland rechtlich oder finanziell zur Verantwortung gezogen.

Macht statt Markt

Tatsächlich gibt es kaum einen Markt, der so wenig mit dem zu tun hat, was man normalerweise unter »Markt« versteht, wie der heutige globale Finanzmarkt. Für die ökonomische Theorie ist ein Markt ein Ort, an dem viele Leute irgendwelche Dinge anbieten und wieder andere Leute diese Dinge nachfragen, wodurch sich bestimmte Preise bilden. Die Preise haben dann Rückwirkungen auf die Produktion und das Angebot. Eine Grundbedingung dafür, dass ein Markt funktioniert, besteht darin, dass kein Akteur – kein Anbieter und auch kein Nachfrager – so groß sein darf, dass er den Preis eines Gutes oder die Menge, in der es sich auf dem Markt befindet, nach Lust und Laune bestimmen kann. Genau das aber ist auf den heutigen Finanzmärkten der Fall. Fast alles wird von ganz wenigen Akteuren bestimmt.

Das globale Investmentbanking wird von einem Oligopol von zehn bis zwölf Finanzgiganten beherrscht. Maximal 20 Instituten weltweit ist es erlaubt, auf dem goldenen Parkett des sogenannten Primärmarkts mitzuspielen, also da, wo die billionenschwere Flut der unterschiedlichsten Papiere zusammengebastelt wird, bevor sie über die Sekundärmärkte an die Investoren weitergereicht werden. Dieses Privileg der Investmentbanker auf den ersten Zugriff ist gesetzlich geschützt, und die sogenannten »Primary Dealer« sind von vielen Regulierungen ausgenommen, die für alle anderen Marktteilnehmer gelten.

Wer irgendwo auf dieser Welt eine größere Zahl Aktien oder Unternehmensbonds auf den Markt bringen will, braucht also zwingend eine Dienstleistung, die weltweit nur eine Handvoll Institute anbieten darf. Auch die Verschuldung der Staaten, soweit sie über Anleihen finanziert wird, geht Dollar für Dollar und Euro für Euro durch die Hände dieses Kartells. Aus ihrer Küche kommen alle Arten von Schuldverschreibungen sowie sämtliche Derivate und »Finanzinnovationen«. Selbstverständlich machen die Investmentbanker bei jedem dieser Geschäfte einen satten Schnitt, bevor sie die Papiere weiterreichen, einen Schnitt, der auch deshalb kräftig ausfällt, weil sie keinerlei Konkurrenz von außen fürchten müssen. Wer nicht zum erlauchten Zirkel gehört, hat keinen Zutritt zu diesem Markt, der mit einem Umsatzvolumen von hunderten Billionen der größte Einzelmarkt ist, den es auf diesem Planeten überhaupt gibt.

»Wie passt ein überhöhter Preis mit dem scharfen Wettbewerb zusammen?«, fragt die Investmentbankerin Susanne Schmidt in *Markt ohne Moral* und meint damit den Wettbewerb der Investmentbanken untereinander. Ihre Antwort lautet:

»Das große Investmentbanking wird weltweit von einem Oligopol betrieben, etwa einem Dutzend Banken. So scharf der Wettbewerb innerhalb des Oligopols auch sein mag, die Verkaufspreise werden im

Wesentlichen eingehalten, Preiswettbewerb findet kaum statt, eine Krähe hackt der anderen kein Auge aus.«[41]

Auch der Ulmer Ökonom Dirk Solte, Privatdozent an der Universität St. Gallen und Chefökonom des Bundesverbandes für Wirtschaftsförderung und Außenwirtschaft, schreibt in seiner überaus lesenswerten Studie *Weltfinanzsystem am Limit:* »Akteure des Primärmarktes haben Einfluss auf die Platzierung von Risiko und Ertrag und können dies gezielt steuern.«[42] Das tun sie natürlich so, dass möglichst viel Risiko bei anderen landet und möglichst viel Ertrag auf ihrem eigenen Konto.

So teilen sich seit Jahren sieben Großbanken mehr als 90 Prozent des Derivatehandels mit einem Handelsvolumen von über 200 Billionen Dollar. Der Markt für Kreditausfallversicherungen (CDS), der vor der Krise ein Volumen von 60 Billionen Dollar hatte, wird von nur fünf Giganten beherrscht: J. P. Morgan, Goldman Sachs, Morgan Stanley, die Barclays Group und die Deutsche Bank, die bei jeder Zockerei ganz oben an der Weltspitze mitspielt. Auch bei Futures, Swaps, Optionen und Kreditderivaten tauchen immer wieder die gleichen Finanzriesen in marktbeherrschender Stellung auf.

Sie sind selbstverständlich auch die Einzigen, die einen wirklichen Einblick in den Markt haben, ein Vorsprung, der sich auszahlt, wie wir bei den amerikanischen Hypothekenpapieren gesehen haben. Während das »stupid money« der Außenseiter die Papiere noch kaufte, wussten die Investmentbanker, was sie da verpackt hatten, und wetteten auf den Zusammenbruch des Marktes.

Master of the Universe

Dabei brauchen die Investmentbanker auf manchen Teilmärkten noch nicht einmal viel Geld, um Preisbewegungen nach oben oder unten auszulösen. Dies galt beispielsweise für den Markt der »Collateralised Debt Obligations« (CDOs), der Kreditderivate, die bei der Verbriefung amerikanischer Hauskredite eine so wichtige Rolle spielten. Obwohl die Investmentbanker bereits 2005 anfingen, milliardenschwer auf den Wertverfall der CDOs zu wetten, kam der Verkauf dieser Produkte danach erst richtig auf Touren. Wenn Daimler beginnen würde, Wetten darauf abzuschließen, dass dem Mercedes einer bestimmten Bauserie bald die Bremsen versagen, dürfte der Absatz dieser Wagen vermutlich drastisch zurückgehen. Der CDO-Markt war unübersichtlich genug, um diesen Effekt zwei lange Jahre hinauszuzögern. Außer den Investmentbankern waren es eben nur wenige große Investoren, die das Privileg hatten, sich an diesem Wettspiel überhaupt beteiligen zu können. Denn die Banker entscheiden, wen sie in den Raum mit der Geldmaschine einlassen und wen nicht. Wer mit weniger als 100 Millionen Dollar Einsatz dabei sein wollte, hatte keine Chance.

Auch für Kreditausfallversicherungen (CDS) gibt es keinen öffentlichen Markt. Der Preis dieser Finanzkonstrukte wird ebenfalls individuell zwischen den Vertragsparteien ausgehandelt. Sitzen bei all diesen Deals die immer gleichen fünf bis sieben Finanzhäuser auf mindestens einer Seite, heißt das letztlich: Der Preis entwickelt sich so, wie Goldman oder Deutsche Bank das wollen. Über diesen Preis aber können die Preise anderer Finanzprodukte direkt gesteuert werden. So wird der Wert einer Kreditausfallversicherung auf Anleihen als Indikator dafür aufgefasst, wie sicher diese Anleihen sind. Wenn sie als sicher gelten, verlangen die Anleger weniger Zinsen, also steigt ihr Kurs. Macht sich dagegen der Verdacht breit, es sei irgendwas im Busche, geht der Kurs nach unten. Ein schönes Geschäft besteht also darin, bestimmte Anleihen leerzuverkaufen und zugleich den Wert der CDS auf sie hochzutreiben. Die teureren CDS führen dann meist zu einem tatsächlichen Kursverlust bei den Anleihen, also einem schönen Profit für den Leerverkäufer.

Diese Spielchen finden nun aber nicht in einem Wettbüro statt, sondern haben drastische Auswirkungen auf das wirkliche Leben. Ein Unternehmen, dessen Anleihen im Wert fallen, muss für neue Schulden wesentlich mehr Zinsen zahlen, kann also weniger investieren. Auch ganze Staaten können dadurch – siehe Griechenland – in große Schwierigkeiten gebracht werden. Viele Bewegungen auf den heutigen Anleihemärkten gehen auf derartige Geschäfte einer Handvoll Investmentbanker zurück, die sich daher mit gutem Grund als »Master of the Universe« fühlen. Der Schluss von Michael Lewis mit Blick auf weite Teile des heutigen globalen Finanzmarktes lautet: »Dieser weltgrößte Markt ist gar kein Markt, er ist irgendetwas anderes – aber was?«[43]

Lewis, der selbst im Investmentbanking tätig war, bestätigt in *The Big Short* auch, dass der Markt für Bonds und Kreditpapiere – im Unterschied zum Aktienmarkt – zur Ausnutzung von Insiderinformationen geradezu einlädt: »Bondhändler können Insiderinformationen ausbeuten, ohne Sorge zu haben, erwischt zu werden.« Gerade wegen der »Undurchsichtigkeit und Komplexität des Rentenmarktes« können »astronomische Beträge mit der Angst und der Unwissenheit der Kunden« verdient werden.[44]

Gekaufte Gütesiegel

Überhaupt sind die Nutzung von Insiderinformation und bewusste Manipulation in dem engen Filz der heute auf den großen Finanzplätzen präsenten Akteure gang und gäbe. Eine wichtige Rolle in dem faulen Spiel haben auch die Rating-Agenturen, von denen es weltweit drei gibt: Standard & Poor's, Moody's und Fitch. Ihre Bewertung von Finanzpapieren entscheidet über deren Preis und damit über Milliardengewinne, wobei sich in regelmäßigen Abständen herausstellt, dass die Bewertungen kompletter Nonsens sind. Wenn man wissen möchte, warum das so ist, muss man sich einfach nur das System ansehen, in dem die Ratings entstehen.

Stellen wir uns vor, die Stiftung Warentest wäre eine profitorientierte Organisation, die von den Herstellern dafür bezahlt würde, dass sie ihre Produkte bewertet, ja, es gäbe sogar drei »Stiftungen Warentest«, wobei die Hersteller sich aussuchen könnten, welcher der drei sie den Auftrag geben. Außerdem gäbe es eine gesetzliche Regelung, dass Krankenhäuser, Kindergärten, Schulen und Behörden nur Produkte kaufen dürfen, die das höchste Qualitätssiegel einer dieser Stiftungen erhalten haben. Selbstverständlich wird kein Hersteller eine Stiftung dafür bezahlen, dass sie ihm dieses Geschäft vermasselt. Bezahlt wird dafür, dass sie es ihm verschafft. Würden Sie unter solchen Umständen die Gütesiegel der Stiftung Warentest noch ernst nehmen?

Dabei ist das korrupte Geflecht so noch nicht mal vollständig beschrieben. Denn die Rating-Agenturen werden nicht nur von den Finanzhaien bezahlt. Sie gehören ihnen. Das wäre so, als wenn unsere oben betrachteten drei Stiftungen Warentest etwa der Molkereikette

Quark, dem Papierhersteller Grau und dem Autobauer Friss-Sprit gehören würden. Würden Sie sich dann noch fragen, warum alle Kinder im Kindergarten mit den fad schmeckenden Molkereiprodukten von Quark traktiert werden, alle Schüler auf dem faserigen Papier von Grau schreiben müssen und die Dienstflotte sämtlicher Minister aus Friss-Sprit-Autos besteht?

Natürlich werden in diesem Filz auch jede Menge Insiderinformationen zu Geld gemacht. Die Rating-Agenturen etwa bekommen Einblick in die Bücher eines Unternehmens, bevor sie ihre Note abgeben. Wer vor der Herabstufung erfährt, dass etwas faul ist, ist schnell um ein paar Millionen reicher. Das ist natürlich nicht legal, aber wer kontrolliert schon Gespräche bei der Grill-Party oder im Fitnessraum.

Too big to jail? – Bernie Madoffs große Brüder

Tatsächlich fliegen immer wieder verbotene Insiderdeals von Investmentbankern oder Hedge-Fonds auf, die ihre Informationen aus Rating-Agenturen oder von Freunden an der Spitze von Konzernen zu Geld machen. »Es ist gar kein Geheimnis«, schreibt der Schweizer Wirtschaftsautor Leo Müller in seinem Buch *Bank-Räuber*, »dass viele reiche Investoren jahrelang insgeheim auf diese besondere ›Qualität‹ von Hedge-Fonds-Managern setzten … Sie hofften darauf, dass die Manager mit geheimen internen Informationen über geplante Unternehmenskäufe, drohende Gewinnwarnungen oder ähnliche kursverändernde Daten ausgestattet waren.«[45] Müller meint, »dass illegaler Insiderhandel ein Massenphänomen geworden ist«,[46] und verweist darauf, dass die verdächtigen Handelsaktivitäten bei Fusionen, Käufen und Verkäufen bereits 2006 in den USA auf 49 Prozent angestiegen sind. Das bedeutet: Bei der Hälfte aller Transaktionen gab es Vorabwisser.

Dem Fondsmanager Bernie Madoff wurde vorgeworfen, 50 Milliarden Dollar in einem Schneeballsystem veruntreut zu haben. Er wurde dafür zu 150 Jahren Gefängnis verurteilt und als größter Betrüger aller Zeiten diffamiert. In Wahrheit ist er im Vergleich zu dem, was an den großen Finanzplätzen dieser Welt tägliche Routine ist, nur ein kleiner Vorstadtganove.

Die Billionen, die der Steuerzahler als Erste-Hilfe-Leistung in die Reanimierung des 2008 ins Koma gefallenen Finanzsystems gesteckt hat, sind weg. Weitere Zahlungen werden still und leise dahin geleitet, wo sich erneut ein Loch auftut, das es zu stopfen gilt. Ein Nachschub von 40 Milliarden Euro Garantien für die HypoRealEstate im Herbst 2010 wird von der Öffentlichkeit kaum noch zur Kenntnis genommen. Warum auch, hat jeder doch das ungute Gefühl, dass das ohnehin noch längst nicht alles war.

Die EU-Kommission will herausgefunden haben, dass sich noch Giftpapiere im Gesamtvolumen von 18,2 Billionen Euro in den Tresoren der europäischen Banken befinden.[47] Das würde bedeuten, dass rund 44 Prozent aller Vermögenswerte der EU-Banken entweder faul oder unverkäuflich wären. Der Bericht wurde im britischen Telegraph lanciert, dann allerdings flugs dementiert und seither mit einem Mantel des Schweigens umhüllt. Eine korrigierte Schätzung hat man sicherheitshalber gar nicht erst unternommen. Nichts Genaues weiß man nicht – und will man wohl auch besser nicht wissen.

Die Finanzmafia macht weiter

Aber das Fass ohne Boden wird weiter fleißig mit Jauche gefüllt. Denn nahezu alles, was in diesem Kapitel beschrieben wurde, setzt sich fort. Mit tatkräftiger Unterstützung der Zentralbanken und viel Steuergeld wurde der Verbriefungsmarkt zu neuem Leben erweckt. »Es geht wieder was. Banken ziehen Kreditverbriefungen erfolgreich durch«, meldete die *Financial Times* im September 2010.[48] Im ersten Halbjahr 2010 wurden allein in Europa neue Kreditverbriefungen (eben jene ABS-Papiere) im Volumen von 192 Milliarden Euro von den Investmentbankern zusammengeschnürt, 54 Milliarden davon wurden an Investoren verkauft. Der Rest wurde erst mal bei der EZB abgelegt.

Selbst die Hydra der Private-Equity-Haie hebt erneut ihr Haupt. Erste Deals im Milliardenbereich gehen wieder über die Bühne. Derivate und Spekulationspapiere befinden sich unverändert auf jenem seltsamen Markt, der keiner ist, und neue kommen hinzu. Goldman und Deutsche Bank verdienen und verteilen Dividenden und Boni, sie wetten, manipulieren und profitieren, als hätte es die Krise nie gegeben.

Genauer: Sie profitieren mehr, gerade weil es die Krise gab. Denn die einzige tatsächliche Veränderung seit dem Crash besteht darin, dass die Zahl der Giganten kleiner und diese noch größer geworden sind.

Im Zuge der Krise rollte eine Welle der Fusionen und Zusammenschlüsse durch die Finanzindustrie, die politisch unterstützt, in vielen Fällen sogar mitfinanziert wurde. So war die staatliche Finanzspritze für die Commerzbank in Deutschland in Höhe von über 18 Milliarden Euro vor allem deshalb nötig, weil die Commerzbank die Übernahme der Dresdner sonst nicht hätte stemmen können. Die amerikanische Notenbank Fed hat die Übernahme der Investmentbanken durch die großen Finanzkonzerne nicht nur orchestriert, sondern durch Risikobeteiligungen auch finanziert. So bekam J. P. Morgan die Investmentbank Bear Sterns fast geschenkt und hatte damit genügend Mittel frei, mit Washington Mutual auch noch die größte US-Sparkasse zu schlucken. Die Bank of America, die selbst dem US-Steuerzahler mit Milliarden auf der Tasche lag, kaufte sich Merrill Lynch dazu. Bei allen Deals hatte die Fed ihre Finger im Spiel.

Die Regeln, die den noch größer und mächtiger gewordenen Akteuren gesetzt werden, sind so lasch wie eh und je. Die Korrekturen, die im Rahmen des neuen Regelsystems, Basel III genannt, eingeführt werden, sind minimal und die Banken haben bis 2018 Zeit, sie zu erfüllen. Dass die Bankaktien einen Jubelsprung nach oben machten, als die neuen Regeln veröffentlicht wurden, war daher nicht erstaunlich. Die *Financial Times Deutschland* titelte: »Basel III aus Sandstein gebaut«[49] und zitierte renommierte Ökonomen, die sich beklagen, dass das Regelwerk die Welt kein bisschen sicherer mache. Auch die Reformideen, die Obama unter Beratung des ehemaligen Chefs der Fed Paul Volcker vorgelegt hatte, wurden von der Finanzlobby windelweich gespült. Die ursprünglich geplante Wiedereinführung der Trennung zwischen Geschäfts- und Investmentbanken wäre tatsächlich ein sinnvoller Schritt gewesen. Übrig geblieben ist davon allerdings nur eine »Waschlappen-Reform«,[50] die dank ihrer Lücken und Klauseln fast nichts ändern wird. Der Stern-Kolumnist Hans-Ulrich Jörges bringt es auf den Punkt: »Die Geschichte der größten Finanzkrise seit 80 Jahren ist eine Geschichte gescheiterter Versuche der Politik, gegen diese Märkte, gegen diese Akteure zu regieren ... oder sie auch nur an der Finanzierung der verheerenden Schäden zu beteiligen. ... Wir sind Zeitgenossen einer historischen Erpressung.«[51]

Was tatsächlich getan werden müsste, um wieder zu einem Banken- und Finanzsystem zu kommen, das seine Aufgaben erfüllt, werden wir in dem Kapitel über »Öffentliche Banken als Diener der Realwirtschaft« ausführlich darstellen.

Markt ohne Haftung

Auf freiwilliges Einlenken der Banker jedenfalls kann selbst der naivste Beobachter nicht hoffen. Wem eine Geldmaschine geschenkt wird, der druckt eben Geld. Zumal dann, wenn er sich persönlich vor nichts zu fürchten hat. Denn dem Finanzmarkt fehlt noch ein weiteres wichtiges Prinzip, das eine Voraussetzung für das Funktionieren von Märkten ist: das Prinzip der Haftung. Märkte sollen, so die Theorie, volkswirtschaftlich sinnvolles Verhalten belohnen und den bestrafen, der die falschen Produkte oder die falschen Mengen hergestellt hat.

Wer ständig Erzeugnisse auf einen Markt kippt, die sich als giftig, gefährlich oder im besten Fall einfach nur als nutzlos erweisen, sollte – in der Theorie – durch horrende Verluste dazu gezwungen werden, seine Geschäftsidee zu überdenken. Die Investmentbanker haben keinen Grund, ihre Geschäftsidee zu überdenken. Ebenso wenig wie viele Hedge-Fonds-Manager oder andere Finanzhaie, die an dem großen Gewinnspiel bis 2008 beteiligt waren. Die meisten von ihnen hat die Herstellung von giftigen, gefährlichen oder bestenfalls volkswirtschaftlich nutzlosen Produkten zu Multimillionären oder Milliardären gemacht. Und den größten Teil dieser Millionen oder Milliarden haben sie bis heute.

Ein CDO-Manager etwa, der den Investmentbankern die toxischen Papiere abnahm und sie verwaltete, verdiente um die 26 Millionen Dollar pro Jahr. Als viele CDOs 2007/2008 bankrottgingen, verloren auch deren Manager ihren Job. Das Bitterste, was ihnen passieren konnte, war, dass sie keinen neuen fanden und fortan von ihrem Millionenvermögen leben mussten. Das Geld der Anleger der CDOs hingegen, oft auch Rentengelder der Pensionsfonds, war verbrannt. Auch mancher

Totentanz der Finanzgiganten **95**

Bankboss wurde gefeuert und mit öffentlicher Häme bedacht. Aber mit 100 Millionen auf dem Konto hält man solche Schicksalsschläge aus.

Fazit

Die großen Finanzhäuser haben sich zu Wettbuden gewandelt, deren Geschäftsmodell überwiegend aus Tätigkeiten besteht, die keinerlei realwirtschaftlichen Nutzwert haben. Im Rahmen des Investmentbankings, der größten und gewinnträchtigsten Abteilung dieser Banken, werden nicht Investitionen finanziert, sondern Finanzwetten und Spekulationen platziert sowie krude Finanzpapiere kreiert und aus deren Weiterverkauf Profit gezogen. An die Stelle von Unternehmenskrediten sind Kredite an andere Banken, Hedge-Fonds und Heuschrecken getreten. Zum Kerngeschäft gehört außerdem das Erfinden immer neuer »Finanzinnovationen«, die vor allem der Steuerhinterziehung oder dem Umgehen gesetzlicher Regelungen dienen.

Die großen Banken sind so zu Investitionsverhinderern und Innovationsbremsen geworden, die wesentlich dazu beitragen, dass der zu gewaltiger Größe angeschwollene Finanzsektor heute seine wichtigste Aufgabe nicht mehr erfüllt: die Ersparnisse der Gesellschaft einer möglichst produktiven Verwendung zuzuleiten. Stattdessen werden wirtschaftliche Ressourcen und menschliche Kreativität und Erfindungsgabe auf vollkommen sinnlose Betätigungsfelder abgelenkt, die den allgemeinen Wohlstand nicht nur nicht fördern, sondern ihm schweren Schaden zufügen können.

Dieses Geschäftsmodell funktioniert nur deshalb, weil der Finanzmarkt kein Markt ist, sondern ein im Zuge der Deregulierung legalisierter Großbetrug, der einer geschlossenen Gesellschaft von Insidern erlaubt, die Welt auszuplündern und dabei steinreich zu werden, ohne jemals für den angerichteten Schaden haften zu müssen.

2. Schaum statt Wert

> »Was die Finanzwirtschaft tatsächlich in der zweiten
> Hälfte der neunziger Jahre angetrieben und die Höhen-
> flüge an den Börsen ausgelöst hat, waren also weder
> echte Produktivitätszuwächse noch echte Gewinne noch
> echtes Wachstum. Es waren Illusionen, die das Handeln
> der sogenannten Investoren bestimmt haben.«
>
> Fredmund Malik, Managementtheoretiker

Eine wichtige Frage wurde bisher nicht beantwortet. Woher kam das
viele Geld, mit dem die explodierende Verschuldung der amerikanischen und europäischen Verbraucher, die wachsende Verschuldung der
Staaten und die steigenden Unternehmensschulden finanziert wurden?

Wir haben gezeigt, dass der Verbriefungstrick es den Banken ermöglicht, immer neue Kredite zu vergeben, weil die alten in Papiere verpackt und verkauft werden können. Aber das funktioniert natürlich nur,
solange auf der anderen Seite des Deals jeweils ein Käufer steht, der nicht
nur den Willen, sondern auch die Finanzen hat, die billionenschwere
Papierflut zu bezahlen. Er muss also entweder über entsprechende
Anlagegelder verfügen oder jemanden finden, der ihm den nötigen Kredit gewährt. Selbst wenn die Banken die Kreditverbriefungen in ihre
eigenen Schattenvehikel verschieben, stellt sich das Zahlungsproblem.
Denn auch die Zweckgesellschaften müssen ja die Kredite bei der Bank
bezahlen. Sie emittieren dafür kurzfristige Schuldverschreibungen, die
irgendjemand in der großen weiten Welt kaufen muss.

Woher kommt das Geld?

Zwischen 2001 und 2007 wurden verbriefte Kreditpakete im Wert von 27 Billionen Dollar von den USA an den Rest der Welt verkauft. Zusätzlich wurden allein 2007 europäische ABS-Papiere im Wert von 453 Milliarden Euro zusammengebastelt und an Investoren weitergereicht. Hinzu kommen die normalen Unternehmensanleihen, die ebenfalls im Zuge des Übernahme- und Aktienrückkauffiebers immer voluminöser wurden. Nicht zu vergessen schließlich die Staatsanleihen, von denen Jahr für Jahr einige Billionen auf den globalen Markt geworfen werden und deren Volumen seit Beginn der Krise explodiert ist. Wie ein nimmersatter Schwamm hat der Finanzmarkt all diese Schulden aufgesogen und hat noch nicht einmal mit steigenden Zinsen reagiert. Wie war das möglich?

Als ein Faktor ist hier natürlich die Umverteilung zulasten der Löhne und zugunsten des Kapitals zu nennen, die mit der neoliberalen Wende zu Beginn der achtziger Jahre einsetzte und sich seit Beginn der neunziger Jahre massiv verstärkt hat. Seither landet der überwiegende Teil des gesellschaftlichen Einkommenszuwachses der Industrieländer in den Taschen der Oberschicht. Die Einkommensverteilung wird damit immer ungleicher und die Vermögensbildung nimmt zu, weil Reiche eben mehr sparen können als Ärmere. Mehr Ersparnis heißt natürlich auch: mehr Geld, das nach Anlage sucht beziehungsweise von den Banken weiterverliehen werden kann.

Ein zweiter Faktor ist der weltweite Trend zur Privatisierung der Altersvorsorge, der immer mehr Menschen, die es sonst nicht täten, zwingt, ihre Spargroschen auf die Kapitalmärkte zu schieben. Die riesigen amerikanischen und britischen Pensionsfonds treten auf den Finanzmärkten seit Jahren als Großeinkäufer auf, die sich immer neue Papiere ins Depot packen, um die eingehenden Rentengelder renditeträchtig zu investieren. Die deutschen Riester-Fonds sind zwar kleiner, aber auch sie verkörpern wachsenden Hunger auf Finanzpapiere.

Die Umverteilung der Einkommen und die Rentenprivatisierung erklären die Herkunft des Geldes, das die billionenschwere Kreditflut finanziert hat und weiterfinanziert, aber nur zum Teil. Um die historisch beispiellose Explosion des Kreditvolumens in den zurückliegenden zehn, fünfzehn Jahren wirklich zu verstehen, muss man sich anschauen, wie Kreditgeld im modernen Finanzsystem entsteht und wie sich dieser Mechanismus im Zuge der Deregulierung und Globalisierung der Finanzmärkte verändert hat.

In meinem Buch *Wahnsinn mit Methode. Finanzcrash und Weltwirtschaft* habe ich ausführlich dargestellt, wie die Regierungen den großen Finanzinstituten durch Abbau von nationalen wie internationalen Regeln die faktische Lizenz zum unbegrenzten Gelddrucken in die Hand gegeben haben. An dieser Stelle soll der Mechanismus nur kurz umrissen werden. Wer nicht in die Finessen der modernen Geldschöpfung eindringen möchte, kann dieses Kapitel auch ohne Verständnisverlust für den Rest des Buches überblättern und direkt in Kapitel 3 weiterlesen.

Geld aus dem Nichts

Wie entsteht heute Geld? Im Grunde aus dem Nichts, einfach dadurch, dass eine Bank einem Kunden Kredit gewährt. Dieser Kunde kann ein Unternehmer sein, der investieren möchte, ein Häuslebauer, der eine Hypothek aufnimmt, oder ein Hedge-Fonds, der seine Geschäfte mit Kreditgeld hebeln möchte. Der Kredit steht auf der Aktivseite der Bilanz einer Bank. Auf der Passivseite stehen unter anderem die Spareinlagen. In dem Augenblick, in dem die Bank einen Kredit vergibt, schafft sie zeitgleich eine Einlage auf der Passivseite, nämlich auf dem Girokonto des Kreditnehmers. Damit ist die Bilanz wieder ausgeglichen. Die Bank braucht also keine zusätzlichen Ersparnisse zur Kreditvergabe, sondern durch die Kreditvergabe schafft sie »Ersparnis«. Zumindest kurzfristig.

Natürlich will der Kreditnehmer das Geld in der Regel nicht sparen, sondern irgendetwas damit bezahlen, beispielsweise eine neue Maschine. Hat der Maschinenbauer sein Konto bei einer anderen Bank, muss die kreditgebende Bank den Saldo ausgleichen, braucht also Liquidität. Dafür kann sie einen Kredit am Interbankenmarkt aufnehmen, etwa bei jener Bank, bei der die Einnahme des Maschinenbauers eingeht und die also gerade Geld überschüssig hat. Mit einem solchen Interbankenkredit wäre die Bilanz der ersten Bank ebenfalls wieder ausgeglichen und der nächste Kredit kann vergeben werden. Jede Bank kann sich zusätzlich auch bei der Zentralbank Geld leihen und dieses Geld zur Kreditvergabe verwenden. Sie muss dafür Wertpapiere mit einem gewissen Rating bei der Zentralbank hinterlegen, auf die sie als Sicherheit dann Zentralbankgeld erhält. Derzeit funktioniert das in Europa wie in den USA zu Zinsen nahe null, die Banken bekommen das Geld von den Zentralbanken also fast geschenkt.

Oft wird der Eindruck erweckt, die niedrigen Zinsen der Zentralbanken seien schuld an der Kreditexplosion. Aber das stimmt nicht, auch wenn niedrige Zinsen wachsende Verschuldung natürlich begünstigen und dazu beitragen, dass die Kreditpyramiden nicht so schnell zusammenbrechen. Wichtiger ist: Das globale Finanzsystem ist nach Jahrzehnten der Deregulierung heute so beschaffen, dass es sogar ohne Rückgriff auf zusätzliches Zentralbankgeld immer neues Kreditgeld schaffen kann – theoretisch unendlich viel davon.

Zur Veranschaulichung kann man sich die internationale Bankenwelt wie ein System kommunizierender Röhren vorstellen, in denen eine gewisse Menge Wasser zirkuliert. Dieses Wasser ist die verfügbare Liquidität: Geld, mit dem man aktuell etwas bezahlen kann. Jedes Mal wenn Liquidität von einer Röhre in eine andere fließt, entsteht eine neuer Kredit. Das Wasser, die Liquidität, wird durch die Kreditvergabe aber nicht weniger, sondern zirkuliert weiter. Je schneller es von einer Röhre zur nächsten fließt, desto mehr Kredite entstehen in einer bestimmten Zeit.

Die Zentralbanken sind die einzigen, die das System mit zusätzlichem Wasser von außen versorgen können. Sie werden vor allem gebraucht, wenn es irgendwo stockt, die Banken sich also nicht mehr vertrauen, wie das seit 2007 immer wieder der Fall war. Aber wenn die Liquidität ungestört zirkuliert, kann theoretisch mit einer bestimmten Menge Liquidität eine unendliche Menge an Kredit und damit an Schulden geschaffen werden. Und da die Schulden des einen immer auch das Vermögen eines anderen sind, also auch eine unendliche Menge an Geldvermögen.

Kredite ohne Reserven

Volkswirtschaftlich ist eine unbegrenzte Geldschöpfung natürlich nicht wünschenswert. Denn damit entstehen entweder Inflation oder

Berge ungedeckter Geldvermögen, die mit ihren wachsenden Zins- und Dividendenansprüchen den Einkommenskreislauf immer stärker belasten, indem sie immer größere Teile davon auf sich konzentrieren.

Deshalb hatte die Politik dem Bankensystem einst feste Regeln gesetzt, die dessen Kreditpotential limitieren sollten und dies lange Zeit auch taten. Beispielsweise gab es in der Nachkriegszeit in allen Industrieländern eine gesetzlich festgelegte Mindestreservepflicht auf kurzfristige Bankguthaben. Wenn die Bank eine Einzahlung auf einem Girokonto verbuchte, durfte sie diese nicht vollständig weiterverleihen, sondern nur einen gewissen Teil davon. Der Kredit war also mit dem durch ihn geschaffenen Guthaben auch nicht ausgeglichen, sondern die Bank brauchte zusätzliches Geld.

Solange es keinen globalen Interbankenmarkt gab, auf dem man sich jederzeit Liquidität beschaffen oder auch jedes Wertpapier in Liquidität verwandeln konnte, waren die Banken an einer bestimmten Reservehaltung selbst interessiert, um nicht zahlungsunfähig zu werden. Immerhin mussten sie bei kurzfristigen Anlagen immer damit rechnen, dass sie auf ein Konto bei einer anderen Bank überwiesen oder auch bar abgehoben wurden. Hatte die Bank dann nicht genügend Geld flüssig, war sie auf teure Diskontkredite der Notenbank angewiesen, eine Situation, die jede Bank zu vermeiden suchte. Also wurde das kurzfristig angelegte Geld nicht vollständig weiterverliehen, sondern es wurde eine gewisse Reserve auf einem Konto bei der Notenbank gehalten.

Um im Röhrenbild zu bleiben: Jede Röhre hat in einem solchen System einen Reservekanister, und sie leitet immer nur einen Teil des Wassers weiter, während der Rest gespeichert wird. Nach einer gewissen Zeit wird sich dann das gesamte Wasser in den Speichern befinden. Die Kreditzirkulation geht nur weiter, wenn neues Wasser ins System fließt, wenn also die Zentralbanken den Wasserhahn betätigen. Unter solchen Bedingungen haben die Zentralbanken die Kontrolle über den Umfang der Kreditvergabe, und eine Kreditexplosion wie in den letzten anderthalb Jahrzehnten ist ausgeschlossen.

Mit der Entstehung des internationalen Finanzmarktes allerdings wurden immer größere Teile des Bankensystems aus der Mindestreservepflicht entlassen. Das begann mit den Euromärkten, auf denen

Fremdwährungen ohne Reservepflicht gehandelt wurden, und setzte sich mit Deregulierungen auf nationaler Ebene fort. Großbritannien hat die Mindestreservepflicht mittlerweile ganz abgeschafft, in den USA gilt sie nur noch für bestimmte Einlagen, die bei den großen Banken fast bedeutungslos geworden sind. Die EZB verlangt zwar nach wie vor eine Mindestreserve von 2 Prozent, aber auch die gilt nur für einige Guthaben, und es gibt viele kreative Möglichkeiten, sie zu umgehen. Gerade die wuchernden Investmentbanking-Abteilungen der Banken berührt die Mindestreservepflicht überhaupt nicht.

Zugleich besteht der wesentliche Zweck vieler »Finanzinnovationen« darin, die nötige Liquidität selbst bei großen Transaktionen immer mehr zu verringern, also das Zirkulieren des Wassers in den Röhren extrem zu beschleunigen. Auf diese Weise können mit immer weniger Zentralbankgeld immer größere Schulden finanziert und damit zugleich immer größere Vermögen – besser: Scheinvermögen – geschaffen werden. Die gesetzliche Mindestreserve ist also im heutigen Finanzsystem kein Hebel mehr, der die Fähigkeit der Banken, immer neue Kredite auf den Markt zu werfen, ernsthaft reduzieren würde.

Die Polster schwinden

Bleibt die gesetzlich vorgeschriebene Eigenkapitalunterlegung von Krediten und anderen Aktiva. Der Sinn des Eigenkapitals einer Bank besteht von jeher darin, Risikopuffer für mögliche Verluste zu sein. Denn eben weil die Bank jede Spareinlage, die sie bekommt, auf die eine oder andere Art weiterverleiht, ist das Geld, über das sich der Sparer beim Betrachten seines Kontoauszuges freut, streng genommen gar nicht mehr da. Es wurde weitergegeben an einen Häuslebauer, der eine Hypothek aufgenommen hat, oder an den Finanzminister, wenn die Bank eine Staatsanleihe kauft. Vielleicht auch an einen Hedge-Fonds, der damit seine Währungsspekulation hebelt. Der Sparer wird natürlich nicht gefragt, welche dieser Verwendungen ihm besser gefällt, und in der Regel weiß er gar nicht, welche verschlungenen Wege seine Spargroschen genommen haben. Damit die Leute den Banken trotzdem ihr Geld anvertrauen, sahen sich diese früher von selbst gezwungen, ausreichend eigenes Kapital vorzuhalten, mit dem sie mögliche Verluste ausgleichen konnten.

In neuerer Zeit sind die Anreize der Banken zur Bildung von Eigenkapital rapide gesunken. Da Bankbilanzen sowieso kaum noch einer durchschaut, haben die wenigsten Sparer eine Vorstellung davon, wie groß der Risikopuffer der Bank ist, auf deren Konten sie für die nächste Urlaubsreise oder den Enkel sparen. Außerdem gibt es Einlagensicherungssysteme, die Sicherheit simulieren. Und nicht zuletzt gibt es die Staaten, die einen Bank-Run wie in den dreißiger Jahren nicht noch einmal zulassen werden, also den Banken im Notfall das fehlende Eigenkapital ersetzen und die Guthaben garantieren werden. Genau das haben sie zu Beginn der Finanzkrise ja auch getan. Die Banken haben dank dieser staatlichen Rückversicherung also jeden Anreiz, mit möglichst wenig Eigenkapital ein möglichst großes Rad zu drehen.

Denn je kleiner das Eigenkapital, desto größer bei gleichem Gewinn die Eigenkapitalrendite.

Der Baseler Selbstbetrug

Nach internationalen Vorschriften, die seit Ende der achtziger Jahre gelten, müssen die Banken ihre Kredite mit 8 Prozent Eigenkapital unterlegen. Die Regeln, die das festschreiben, nennen sich Basel I beziehungsweise Basel II. 2010 ist noch Basel III dazugekommen. Eine Eigenkapitalunterlegung von 8 Prozent würde ein naiver Beobachter so interpretieren, dass eine Bank mit einem Euro Eigenkapital 12,5 Euro Kredit schaffen kann. Wenn die Bank ein Eigenkapital von 30 Milliarden Euro hat, kann sie also für genau 375 Milliarden Euro Kredite vergeben oder Finanzpapiere kaufen. Mehr geht nicht, es sei denn, sie behält Gewinne ein oder gibt neue Aktien aus. Irgendetwas scheint an dieser Rechnung aber nicht zu stimmen. Denn die Deutsche Bank verfügte im Jahr 2007 über ein Eigenkapital von unter 30 Milliarden Euro und bewegte damit Aktiva von über 2000 Milliarden Euro. Wie haben die Deutschbanker das fertiggebracht?

Wir haben bereits gesehen, wie die Banken mittels außerbilanzieller Finanzvehikel ihre Eigenkapitalanforderungen verringerten. Aber das ist es nicht, worum es hier geht. Hier geht es um die Positionen, die in der Bilanz erfasst werden. Auch hier öffnen die Regeln nämlich ganze Scheunentore an Gestaltungsmöglichkeiten. Erstens gelten die

8 Prozent Eigenkapitalunterlegung nicht für jeden Kredit und für jedes Wertpapier, sondern für die »risikogewichteten Aktiva«. Je nach Risiko muss nur ein bestimmter Anteil der Kreditsumme mit 8 Prozent Eigenkapital unterlegt werden. Für Banken aus OECD-Ländern und erstklassig benotete Investmentgesellschaften gilt eine Risikogewichtung von 20 Prozent.

Wenn also die selige Investmentbank Lehman Brothers sich einen Kredit von 1 Million Euro bei einer anderen Bank besorgte, schlug dieser bei der kreditgewährenden Bank nur als Risikoaktiva von 200 000 Euro zu Buche. Diese Summe musste die Bank dann mit 8 Prozent Eigenkapital unterlegen, also mit 16 000 Euro. Gerade 1,6 Prozent der Verluste im Pleitefall waren so bei den Gläubigerbanken durch eigenes Kapital gedeckt. Angesichts dessen sind die Verwerfungen, die der Kollaps von Lehman in der internationalen Finanzwelt anrichtete, nicht verwunderlich. Rechnet man umgekehrt, kommt man auf einen Multiplikator von 62,5: Mit einem Euro Eigenkapital können zwischen Banken und anderen Finanzinstitutionen also ganz legal 62,5 Euro Kredit geschaffen werden.

Kredite an Unternehmen waren dagegen nach Basel I mit 100 Prozent zu gewichten, also für die Bank wesentlich teurer und entsprechend weniger lukrativ. 1996 gab es allerdings eine Neuregelung zu sogenannten »Marktrisiken«, die darauf hinauslief, dass Kredite, die die Bank in Form verbriefter Papiere hielt, selbst wenn sie nicht in Schattenvehikeln versteckt waren, mit deutlich weniger Eigenkapital zu unterlegen sind als unverbriefte Kredite. Obwohl es absurd ist, anzunehmen, dass das Ausfallrisiko von Krediten sich dadurch verändert, dass sie in einem handelbaren Papier zusammengefasst werden, wurde damit natürlich ein massiver gesetzlicher Anreiz zum Anheizen des Verbriefungsmotors geschaffen. Und damit den Investmentsparten der Banken hochprofitables Geschäft verschafft, denn in diesen Abteilungen sitzen ja die Verpackungskünstler.

Manche Kredite sind auch gesetzlich von jeder Eigenkapitalunterlegung befreit. Dazu gehören etwa Kredite an OECD-Staaten. Als die HRE 2007 den Dubliner Staatsfinanzierer Depfa übernahm, der sie (und den deutschen Steuerzahler) später so teuer zu stehen kam, erhöhten sich die gesamten Aktiva der HRE um fast 240 Milliarden Euro. Die sogenannten risikogewichteten Aktiva dagegen stiegen nur um 34 Milliarden Euro. Und nur für diese musste die HRE Eigenkapital vorhalten.

Keinerlei Eigenkapital erfordern auch Kredite und Kreditpapiere, auf die eine Kreditausfallversicherung (CDS) abgeschlossen wird. Egal ob der Sicherungsgeber diese am Ende auch einlösen kann, was in der Regel nicht der Fall ist. Denn zur Unterlegung des Swaps sind eben auch keine angemessenen Kapitalpolster zu bilden.

Wenn zwei Banken sich gegenseitig ihre Papiere versichern, stehen sie am Ende beide besser da, das heißt mit weniger Eigenkapitalbedarf. Obwohl sich das Risiko in den Büchern der beiden dadurch natürlich nicht verändert hat. Solche Cross-Geschäfte waren daher bei den Banken sehr beliebt und haben zur Aufblähung des CDS-Marktes im Vorfeld der Krise beträchtlich beigetragen. Dabei war die absurde Situation nicht selten, dass eine Bank auch die eigenen Schuldverschreibungen bei einer anderen Bank versicherte, sich also verpflichtet hat, im Falle des eigenen Konkurses der anderen Bank den Ausfall zu ersetzen.

»Es ist so, als würde man eine Versicherung für die Titanic kaufen von jemandem auf der Titanic«,[52] schreibt der amerikanische Autor Nassim Taleb über dieses absurde Theater. Aber diese Absurdität liegt den heutigen Finanzmärkten in ihrem tiefsten Wesen zugrunde.

Neben den CDS, die natürlich auch als Wettinstrument und als Hebel für die Beeinflussung von Kursentwicklungen für die Finanzindustrie von Interesse sind, gibt es noch eine Reihe weiterer »innovativer« Finanzprodukte, die nur für den Zweck geschaffen werden, die Eigenkapitalerfordernisse der Banken zu minimieren.

Auch was die Banken alles als Eigenkapital zählen dürfen, ist verblüffend. Denn auch hier haben die Investmentbanker ihre Kreativität spielen lassen und »innovative« Eigenkapitalinstrumente erfunden. So besteht das Eigenkapital längst nicht mehr nur aus Aktienkapital und einbehaltenen Gewinnen, wie ein unbedarfter Mensch sich das vorstellen würde. Als Eigenkapital zählen auch Genussscheine, unrealisierte Gewinne auf Wertpapiere, nachrangige Anleihen und vieles mehr, was als Risikopuffer überhaupt nicht taugt. An wirklich »hartem« Kernkapital musste die Bank nach Basel II nur 2 Prozent vorhalten, nach Basel III 4 Prozent.

Die Geldmaschine der Banken

Es gibt also zwei Gründe, warum sich das globale Bankensystem früher noch nicht als jene wildgewordene Geldschleuder betätigte, zu der es heute geworden ist. Zum einen musste jede Bank auf ihre Zahlungsfähigkeit achten und war daher gehalten, einen gewissen Prozentsatz ihrer Guthaben bei ihrer Zentralbank als Reserve zu parken. Wollte sie ihre Kreditvergabe ausweiten, ging das somit nur in dem Rahmen, in dem sie zusätzliches Geld von der Zentralbank bekam. Zum anderen mussten die Banken, um ihre Solvenz sicherzustellen, ihr Kredit- und sonstiges Engagement mit einem angemessenen Polster an Eigenkapital unterlegen. Die Kreditvergabe konnte so nur im Gleichschritt mit dem Eigenkapital wachsen. Weitgehend nach diesem althergebrachten Muster arbeiten viele kleinere Banken auch heute noch

Die Global Player im Finanzgeschäft tanzen auf einem anderen Parkett. Ihre Investmentbanking-Abteilungen versorgen sie in unversieglicher Kreativität mit immer neuen »Innovationen«, die ihnen dabei helfen, mit geringstem Liquiditätsbedarf größte Volumina an allen möglichen Papieren zu kaufen, umzustricken und weiterzuverkaufen. Zudem können sie sich über den Interbankenmarkt oder internationale Wertpapier-Settlement-Systeme unter normalen Bedingungen Cash in beliebiger Höhe besorgen, was größere Reserven obsolet macht. Die reinen Investmentbanken hatten früher gar kein Reservekonto bei der Zentralbank und brauchten es auch nicht. Die Sorge um ihre Solvenz wiederum haben den Banken die Staaten abgenommen. Wieso teures Eigenkapital stapeln, wenn klar ist, dass der Steuerzahler jede »systemrelevante« Bank in brenzliger Lage herauskaufen wird.

Das bestehende Regelwerk bedeutet also für die Finanzindustrie die Lizenz zum Gelddrucken. Und zwar theoretisch unbegrenzt. Denn die Banken können sich gegenseitig zu mehr oder minder »innovativem« Eigenkapital verhelfen, mit diesem Eigenkapital neues Kreditgeld schaffen, mit dem Kreditgeld, wenn nötig, wieder Eigenkapital und so noch mehr Kredit. Ein großer Bankkonzern kann dieses Spiel sogar ganz allein mit sich selbst spielen. Wie das funktioniert, erläutert der Ulmer Ökonom Dirk Solte in seinem bereits zitierten Buch *Weltfinanzsystem am Limit*.

Nehmen wir an, eine Investmentfirma, die zu einem Bankkonzern gehört, legt bei einer Tochterbank desselben Konzerns 1 Millionen Dollar als Eigenkapital an. Die Bank gewährt der Investmentfirma auf dieser Grundlage einen Kredit von 62,5 Millionen Dollar zum Zinssatz für Interbankenkredite, sagen wir 3 Prozent. Um den Zinsdienst abzusichern, kauft die Investmentfirma jetzt für 32,5 Millionen Dollar US-Staatsanleihen, die mit 5 Prozent rentieren. Übrig bleiben 30 Millionen Dollar zum Nulltarif, geschenktes Geld, mit dem die Investmentfirma machen kann, was sie will. Die Rendite auf dieses Geld stellt ihren garantierten, risikolosen Gewinn dar.

Möchten Sie nicht auch jemanden kennen, der Ihnen mal eben 30 Millionen Dollar zinsfrei auf ihr Konto überweist? Selbst wenn Ihnen nichts Kreativeres einfällt, als diesen Betrag auf Ihr Sparbuch mit 2 Prozent Verzinsung umzubuchen, heißt das: ein Geschenk von 600 000 Euro in einem Jahr. Einfach so. Völlig legal. Natürlich besteht für die Teilnehmer dieses Geschäfts der größte Anreiz, es vielleicht auch mit dem zehn- oder hundertfachen Volumen abzuwickeln. Dann wächst das Geschenk auf 6 Millionen oder auch 60 Millionen Dollar. Solange man irgendjemanden findet, der einem den ersten Einsatz leiht, also im angegebenen Beispiel die erste 1 Million, gibt es praktisch keine obere Grenze für dieses Spiel. Und da alle großen Finanzhaie nach den gleichen Regeln spielen, findet sich immer ein freudiger Kreditgeber, und zwar für immer größere Einsätze.

Virtuelle Einkommen

Dank dieser Geldmaschine können Banken und andere Finanzinstitute problemlos eine immer größere Kreditflut finanzieren und aus diesen Krediten immer neue Wertpapiere basteln. Außerdem können sie sich die gleichen Wertpapiere zu immer höheren Preisen gegenseitig abkaufen. Man stelle sich vor, dass zwei Banken auf die oben geschilderte Art immer mehr Kreditgeld schaffen und mit diesem Geld mit ein und derselben Daimler-Aktie handeln. Hat Bank Alpha die Aktie der Bank Beta gestern für 100 Dollar verkauft, kauft sie Bank Alpha heute für 150 Dollar zurück. Bank Beta hat damit einen Gewinn von 50 Dollar realisiert und kann alle anderen Daimler-Aktien, die sich in ihrem Depot befinden, um 50 Dollar aufwerten. Nehmen wir an, sie hat 1000 davon, verbucht sie zusätzlich unrealisierte Gewinne von 50 000 Dollar. So wundersam reich geworden, schlägt Bank Beta wieder zu und kauft Bank Alpha die gleiche Aktie für 250 Dollar ab. Bank Alpha hat jetzt 100 Dollar Gewinn realisiert und, so sie auch 1000 Daimler-Aktien besitzt, unrealisierte Gewinne von 100 000 Dollar.

Dieses volkswirtschaftlich komplett sinnlose Spiel können die Banken, wenn sie dabei auch ihr Eigenkapital aufwerten, theoretisch endlos weiterspielen. Sie können immer größer und reicher und mächtiger dabei werden und wachsende Gewinne realisieren, die sie dann in Form üppiger Dividenden an ihre Aktionäre und großzügiger Boni an ihr Management weitergeben können. Hier werden also nicht nur virtuelle Summen hin- und hergebucht, sondern es entstehen Einkommen. Einkommen, die in der Statistik als Wertschöpfung gelten, obwohl ihnen kein einziger Euro geschaffener Wert zugrundeliegt. Einkommen, die ausschließlich in Bankcomputern entstanden sind und trotzdem die von ihnen profitierende Schicht zu Multimillionären und Milliardären machen.

Wer diese Mechanismen kennt, wundert sich eigentlich über nichts mehr. Weder über die ungeheure Kreditschwemme der letzten 15 Jahre noch über die beispiellose Gewinnexplosion in der Finanzindustrie. Auch nicht über die sagenhaften Boni und Gehälter, die die großen Banken zahlen können. Und noch weniger über die endlosen Billionen, die täglich über die Finanzmärkte wuseln, oder über die Flut an seltsamen Papieren, die mit diesen Billionen gekauft und verkauft werden.

Wer eine Geldmaschine im Keller hat, kann eben auf großem Fuße leben. Vor allem dann, wenn er noch nicht einmal befürchten muss, dass irgendwann die Polizei vorbeikommt und der ganze Traum böse endet. Denn wenn Staatsbedienstete bei den großen Gelddruckern vorbeischauen, dann allenfalls, um die Maschine zu reparieren, weil sie gerade Papierstau hat, wie in der letzten Finanzkrise geschehen.

108 Unproduktiver Kapitalismus

Natürlich wäre das System längst zusammengebrochen, wenn diese Geldmaschine bei jeder Kreissparkasse im Keller stünde. Die Lizenz zum Gelddrucken haben nur die großen global tätigen Finanzhäuser mit Investmentbanking-Abteilung. Aber das von ihnen geschaffene Geld ergießt sich auch über andere Teile der Finanzindustrie. Über Versicherungen und Finanzinvestoren, die die Aktien und Anleihen und sonstigen Papiere kaufen und von ihrer Wertsteigerung mitprofitieren. Über die Hedge-Fonds, deren Geschäftsmodell auf den hohen Krediten beruht, die sie von den Großbanken bekommen, um ihre Spekulation immer höher zu hebeln. Über die Private-Equity-Haie, die ebenso kreditabhängig sind, weil sie nur so immer größere Unternehmen schlucken, filetieren und anschließend weiterverkaufen können. Über die Vermögensverwaltungsgesellschaften und die Wealth Departments auch kleinerer Banken, die die Produkte der Geldmaschine, soweit sie ausgeschüttet wurden, wieder einsammeln und ihr Geschäft mit ihnen machen. Last but not least natürlich auch über die Rating-Agenturen, deren Lügennoten die Investmentbanken brauchen, um selbst die kuriosesten Papiere am Ende noch unter die Leute zu bringen. Sie alle gehören zur heutigen Finanzindustrie und sind ein wichtiger Teil derselben. Aber an der Spitze der Pyramide stehen die Investmentbanker von einem Dutzend großer Finanzpaläste.

Geld drucken ohne Inflation

Nach den gängigen Wirtschaftstheorien hätte ein System, das auf diese Weise unüberschaubare Mengen an Kredit und damit an Geld produziert, längst zu einer globalen Hyperinflation führen müssen. Warum es das nicht tat, ist aber leicht zu verstehen: Nur ein Bruchteil des so geschaffenen Geldes kommt am Ende tatsächlich als Nachfrage auf den Gütermärkten an. Und nur dort werden die Preissteigerungen gemessen, die in die Berechnung der Inflationsrate einfließen. Die Dividenden und Boni der Finanzindustrie regnen überwiegend auf die oberen Zehntausend herab, also auf Leute, die einen großen Teil davon wiederum sparen. Selbst wenn sie sich Armani-Anzüge, Golduhren von Richemont oder Motoryachten kaufen, treiben sie mit ihrem zusätzlichen Einkommen eben nicht den Butter- oder Brotpreis und auch nicht den von H&M-Klamotten nach oben. Auch haben wir gesehen, dass die unversiegliche Geldproduktion der Großbanken längst nicht bedeutet, dass brave Mittelständler dadurch größere Chancen haben, Investitionskredite zu erhalten. Nur hier aber würde Nachfrage nach realen Gütern, etwa neuen Maschinen, entstehen. Bekommt dagegen der Private-Equity-Hai den Kredit, um den Erben des Firmengründers den Betrieb abzukaufen, fließt das Geld auf deren Bankkonten und von da zur nächsten Vermögensverwaltung.

Natürlich gibt es auch Kreditgeld, das in die Taschen von Menschen fließt, die damit reale Käufe finanzieren und es dazu auch brauchen. Das ist bei Konsumentenkrediten der Fall und natürlich bei Hypotheken, betrifft also auch die Billionen, die in die amerikanische Hypothekenblase geflossen sind. Aber dieses Geld diente vor allem zum Ausgleich von Nachfrageeinbrüchen, die durch sinkende Löhne und die Umverteilung der Einkommen von unten nach oben entstanden waren. Mit realen Löhnen auf dem Niveau der sechziger Jahre, wie sie in den USA nach der Jahrtausendwende gezahlt wurden, hätte das Land niemals mit seinem Konsum zum globalen Konjunkturmotor werden können. Das funktionierte nur, weil die Leute ihre Einkommen durch massive Verschuldung aufbessern konnten. Aber es genügte nicht, um die Preise nach oben zu treiben.

Auch die steigenden Staatsschulden sind nur selten mit einer tatsächlichen Erhöhung der Staatsausgaben verbunden. Die Konjunkturprogramme in der Wirtschaftskrise waren eine Ausnahme und hier kam es schon deshalb zu keiner Inflation, weil der Rest der Wirtschaft am Boden lag. Seit Jahren aber steigen die staatlichen Schulden vor allem deshalb, weil die Einnahmen der öffentlichen Haushalte aufgrund des Steuerdumpings der großen Konzerne immer spärlicher fließen. Ein erheblicher Teil der Neuverschuldung wird auch dafür verpulvert, Zinszahlungen zu finanzieren. In diesem Fall kommt das Geld gar nicht erst beim Finanzminister an, sondern wird bei der Bank nur von einem Konto auf ein anderes umgebucht.

Der Irrtum der Geldmengenmesser

Eine intuitiv eingängige, aber im Kern dennoch falsche Geldtheorie, die bis heute in der Wirtschaftswissenschaft und auch bei einigen Zentralbanken Wertschätzung genießt, ist die Quantitätstheorie. Diese Theorie besagt, dass der Wert einer Geldeinheit bei Papierwährungen (also solchen, die ihren Wert nicht von einem Edelmetall wie Gold oder Silber ableiten) von der Menge der Geldeinheiten und ihrer Umlaufgeschwindigkeit in Relation zur Warenmenge abhängt.

Unmittelbar scheint das plausibel zu sein. Nehmen wir an, alles, was sich auf dem Markt befindet, sind tausend Brote. Außerdem verfügen die Menschen, die gar nichts anderes kaufen können als diese Brote, zusammen über 1000 Euro. Dann schließt der Quantitätstheoretiker messerscharf, dass ein Brot 1 Euro kosten wird. Nehmen wir jetzt an, es kommt ein Helikopter und wirft über den Menschen noch einmal 1000 Euro ab, sie haben also jetzt in der Summe 2000 Euro. Befinden sich unverändert 1000 Brote auf dem Markt, geht der Quantitätstheoretiker davon aus, dass der Brotpreis sich verdoppelt.

Das Modell funktioniert allerdings nur deshalb so gut, weil man in ihm mit dem Geld nichts anderes machen kann, als Brote zu kaufen. Gäbe es neben dem Brot- etwa auch einen Finanzmarkt, könnten die Leute die vom Helikopter abgeworfenen Euros auch dazu benutzen, Aktien des brotproduzierenden Unternehmens am Markt zu erwerben. Das ist besonders wahrscheinlich, wenn die zusätzlichen Euros des Helikopters von einem einzigen Menschen abgefangen werden. Nach der Logik der Quantitätstheorie müsste der dann nämlich allein 500 Brote kaufen. Aber was soll er mit so viel Brot? Wenn durch den Aktienkauf die Kurse des brotproduzierenden Unternehmens steigen, könnte das sogar noch mehr Menschen verführen, statt Brote Aktien zu kaufen. Dann steigen die Brotaktien weiter, aber der Brotpreis muss jetzt trotz verdoppelter Geldmenge sogar fallen, wenn alle 1000 Brote noch einen Käufer finden sollen.

Im Kern ist das genau die Entwicklung der zurückliegenden Jahrzehnte:

Die Banken fluten als Geld-Helikopter den Markt, aber da dieses Geld überwiegend Leute erreicht, die ohnehin schon sehr viel davon haben, berührt es die Gütermärkte kaum. Stattdessen kauft dieses Geld Aktien, Anleihen oder verbriefte Kreditpapiere und treibt hier tatsäch-

lich die Preise nach oben. **Aber steigende Preise auf den Finanzmärkten heißen nicht Inflation, sondern »Wertsteigerung« und gelten als Ausdruck einer erfolgreichen Wirtschaftsentwicklung.**

In Wahrheit beruhen die Billionen an Geldvermögen, die sich im Ergebnis dieses Prozesses heute auf den Finanzmärkten türmen, auf nichts als solchen Schneeballsystemen, die in dem Augenblick in sich zusammenbrechen müssen, wo der Geld-Helikopter nicht mehr für Nachschub sorgt, also der Kreditmotor stottert.

Der Schneeball wird zur Lawine

Beispielsweise beruhte die Zahlungsfähigkeit der amerikanischen Subprime-Kreditnehmer von Beginn an darauf, dass sie immer neue, höhere Kredite erhalten konnten, um damit Zins und Tilgung der alten Kredite zu bezahlen. Solange das funktionierte, wurde kein Einziger dieser abstrusen Kredite faul. Es gibt auch kaum einen Staat, der zahlungsfähig bliebe, wenn ihm die Refinanzierung alter Kredite sowie die Zahlung zumindest eines Teils der Zinsen durch neue Kredite versagt bliebe. Das Gleiche gilt für nahezu alle Finanzinstitute und die meisten großen Unternehmen. Der heutige globale Finanzmarkt ist ein großes Schneeballsystem. Irgendwann allerdings kommt jedes Schneeballsystem an einen Punkt, an dem es zusammenbricht.

Dass der nicht längst erreicht wurde, liegt einfach daran, dass die Kreditschöpfung unter heutigen Bedingungen eben keine objektive Grenze mehr hat. Das Geld, das aus dem virtuellen Off der Festplatten hervorquillt, braucht keine reale Wirtschaftsaktivität, um zu wachsen. Ihm liegen kein realer Kauf und Verkauf irgendeines nützlichen Gutes zugrunde, sondern der Mouseclick eines Bankangestellten. Deshalb kann es auch sehr viel schneller wachsen als die Umsätze von Maschinenbauern oder Textilproduzenten.

Das Volumen der globalen Finanztransaktionen ist heute 73,5-mal höher als das der Wirtschaftsleistung der Welt. 1990 hatte diese Relation noch bei 15,3 gelegen. Wohin der aktuelle Trend führen kann, umreißt der Ulmer Betriebswirt Dirk Solte mit folgender Berechnung:

112   Unproduktiver Kapitalismus

**Wenn die Weltwirtschaftsleistung und der Weltfinanzmarkt so weiter-
wachsen wie in den vergangenen 15 Jahren, sich also immer weiter
auseinanderbewegen, haben wir es in 50 Jahren mit einem globalen
Geldvermögen und zugleich einem Schuldenberg zu tun, der 20-mal
so groß wäre wie die Summe aller Güter und Leistungen, die weltweit
produziert werden. Das bedeutet: Bei einer Durchschnittsverzinsung von
5 Prozent würde in 50 Jahren das gesamte Weltbruttoinlandsprodukt für
Zinszahlungen gebraucht. Die Welt insgesamt wäre überschuldet.[53]**

Natürlich spricht viel dafür, dass die Geldmaschine der Banker bei steigender Verschuldung schon vorher immer wieder ins Stocken gerät. Werden dann allerdings erneut die gesamten Reparaturkosten auf Otto Normalverbraucher abgewälzt und alles geht fröhlich weiter, beschreibt Solltes
Bild einen realen Trend. Einen, der nur in einer Katastrophe enden kann.

Schon heute hat die Geldflut massive Rückwirkungen auf die sogenannte reale Wirtschaft, also jenen Teil der Ökonomie, der sich mit der
Herstellung von Dingen befasst, die das Leben angenehmer und leichter
machen sollen. Weil ungleich mehr virtuelle Dollars und Euros über die
Devisenmärkte floaten, als zur Abwicklung des Welthandels gebraucht
werden, sind es auch nicht mehr die Leistungsbilanzen der Länder, die
die Kursentwicklung der Währungen bestimmen, sondern die Entscheidungen der Devisentrader in den Handelsräumen der großen
Finanzinstitute. Nur dank ihrer omnipotenten Geldmaschine kann die
Finanzindustrie auch die Mittel bereitstellen, die Übernahmeschlachten um milliardenschwere Weltkonzerne erst möglich machen. Noch
Anfang der achtziger Jahre wäre ein solches Unternehmensmonopoly
undenkbar gewesen: einfach, weil niemand über die nötigen Summen
verfügte, um etwa Mannesmann oder Chrysler zu schlucken.

Wer hunderte Milliarden per Knopfdruck bewegt, ist natürlich auch
in der Lage, die Mais- oder Reispreise an den Weltbörsen zu manipulieren. Das von institutionellen Anlegern in die Bereiche Index Trading
und Termingeschäfte mit elementaren Grundnahrungsmitteln wie
Soja, Reis und Mais eingebrachte Kapital ist von 13 Milliarden Dollar 2003 auf 260 Milliarden Dollar 2008 angestiegen. Der Frankfurter Börsenhändler Dirk Müller, der als »Mister DAX« bekannt wurde,

beschreibt die Funktionsweise dieser Lebensmittelspekulation mit folgendem Bild: Man stelle sich vor, es gäbe in einer bestimmten Gegend nur einen einzigen Nahrungsmittelstand, der Reis verkauft, und vor dem Stand wartet eine Schlange hungriger Menschen. Plötzlich kommt ein reicher Mann daher, der den ganzen Stand mit allem Reis auf einmal kauft und daraufhin die Preise um 50 Prozent erhöht. Er macht damit entsprechend Profit auf sein Investment, denn die Leute müssen die Nahrungsmittel ja trotzdem kaufen.

Finanzspekulation hat es immer gegeben. Aber nie gab es so wenige Spieler, die allein derart riesige Beträge bewegen und damit den Markt in die eine oder andere Richtung drücken konnten. Oder, um im Bild zu bleiben: Es gab früher niemanden, der den ganzen Stand hätte kaufen und bezahlen können. Bald kaufen sie die ganze Welt.

Fazit

Die Deregulierung der Finanzmärkte, die Entwicklung des globalen Interbankenmarktes und die Erfindung diverser »Finanzinnovationen« haben dazu geführt, dass die großen Finanzhäuser mit immer weniger belastbarem Eigenkapital immer mehr Geld bewegen und eine tendenziell unendliche Menge an Kreditgeld schaffen können.

Diese Geldmaschine der Banken ist die wichtigste Ursache für das beispiellose Wachstum des Finanzsektors in den zurückliegenden Jahrzehnten. Auf ihr beruht seine Fähigkeit, die explosive Ausweitung der privaten und öffentlichen Verschuldung problemlos zu finanzieren.

Die nahezu unbegrenzte Schöpfung von Kreditgeld hatte keine inflationären Wirkungen, weil das so geschaffene Geld sich überwiegend in der Verfügung von Leuten konzentrierte, die es nicht für Güterkäufe nutzten, sondern im Finanzkreislauf zirkulieren ließen. Dort trug es zu fiktiver Wertschöpfung und virtuellen Einkommen in erheblicher Größenordnung bei. Relevante Teile des Bruttoinlandsprodukts und Wirtschaftswachstums in Ländern mit großem Finanzsektor beruhen heute auf reinen Luftbuchungen. Als ihr Ergebnis sind gigantische Geldvermögen entstanden, denen keinerlei reale Wirtschaftsaktivität zugrunde liegt, die aber mit ihren wachsenden Zins- und Renditeansprüchen ebendiese Wirtschaftsaktivität zunehmend hemmen.

3. Die ausgezehrte Welt-AG

>»Wenn die Kapitalentwicklung eines Landes das Neben-
erzeugnis der Tätigkeit des Spielsaals wird, wird die Arbeit
voraussichtlich schlecht getan werden.«
John M. Keynes

>»Einer meiner früheren Chefs meinte, wir seien nicht hier,
um Geld zu sparen, sondern um Geld zu verdienen. Er war
eine Ausnahme.«
Katharina Weinberger, Managerin

Es läuft ziemlich schief. Nicht nur bei den Banken, auch in der sogenannten Realwirtschaft. Vor allem große börsennotierte Unternehmen
pflegen seit Jahren, in den USA und Großbritannien seit Jahrzehnten
ein Geschäftsmodell, das nicht nur den sozialen Zusammenhalt der
Gesellschaften untergräbt, sondern in zunehmendem Maße auch ihre
wirtschaftliche Basis. Nicht genug, dass Rekordprofite mit rücksichtsloser Lohndrückerei einhergehen und Entlassungswellen von steigenden Aktienkursen oder Dividendenerhöhungen belohnt werden. Die
Weltkonzerne haben sichtlich auch immer weniger Interesse an den
Kernaufgaben eines Wirtschaftsunternehmens: an Forschung und
Innovation, an langfristigen Investitionen, an höchster Qualität, an
den Kundenwünschen, sofern es sich nicht gleich um Großkunden
handelt.

Gewinngebadete Investitionsmuffel

Obwohl die Gewinne der Unternehmen heute einen größeren Teil der globalen Wertschöpfung abgreifen als jemals seit Ende des Zweiten Weltkriegs, ist die Investitionstätigkeit matt wie nie zuvor. Wurden in den siebziger Jahren weltweit noch 24 Prozent der Wirtschaftsleistung investiert, ist dieser Anteil auf 23 Prozent in den Neunzigern und 21 bis 22 Prozent seit der Jahrtausendwende gesunken. Rechnet man China und andere Schwellenländer, in denen unverändert fleißig investiert wird, heraus, ist der Niedergang noch dramatischer.

So hatte die deutsche Wirtschaft mit einem Anteil der Bruttoinvestitionen am Bruttoinlandsprodukt (BIP) von 25 Prozent im Jahr 1970 noch einen Spitzenplatz unter den OECD-Ländern. 2008 waren es gerade noch 18,2 Prozent.

Noch tiefer gefallen ist der BIP-Anteil der Nettoanlageinvestitionen, also jener Investitionen, die tatsächlich in eine Erweiterung oder Verbesserung der Produktionskapazitäten fließen. Der Anteil dieser Investitionen an der Wertschöpfung lag 2010 in Deutschland bei jämmerlichen 2,9 Prozent. Selbst 2007, auf der Spitze des »Booms«, waren es nur 4 Prozent. Zum Vergleich: In den Siebzigern lag dieser Wert bei gut 15 Prozent, in den frühen Neunzigern zumindest noch bei 10 Prozent.

Und Deutschland ist kein Einzelfall. Laut EZB haben sich die Nettoanlageinvestitionen der Kapitalgesellschaften im Euroraum in den vier Quartalen bis zum zweiten Quartal 2010 gerade mal auf 149 Milliarden Euro belaufen – oder auf 1,6 Prozent des BIP. In Amerika hat der Unternehmenssektor im dritten Quartal 2010 Nettoanlageinvestitionen von 0,9 Prozent des BIP vorgenommen. Kläglicher geht's bald nicht mehr.

»Es ist viel die Rede von der Gier der Banken«, kommentierte die *Financial Times Deutschland* kürzlich. »Aber in den nichtfinanziellen Firmen hat sich längst die gleiche Geisteshaltung durchgesetzt. Es geht um kurzfristigen Gewinn – auf Kosten von Forschung, Investitionen und Allgemeinheit. Auf Betreiben der Firmen sind in Deutschland seit den 90ern die Unternehmenssteuersätze in etwa halbiert worden. Doch was haben die Firmen – außer Ausschüttungen und Übernahmen – mit ihren Reichtümern gemacht?«[54]

Weggesparte Professionalität

Höhere Profite durch niedrigere Kosten, lautet das Mantra der Konzernlenker. Statt den Unternehmenserfolg langfristig durch überlegene Produktqualität oder innovative Spitzenleistungen zu sichern, geht es um kurzfristige Rendite, von Quartal zu Quartal. Um diese auf das von den Börsenanalysten erwartete Maximum zu heben, werden leistungsfähige Unternehmen so lange durch die Kostensparmangel gedreht, bis von ihnen nur noch ein ausgezehrtes, ideenloses Gebilde übrig bleibt. Ein besonders trauriges Beispiel dafür, wohin eine solche Strategie führt, bieten die US-Autobauer. Aber die dahinterstehende Managementphilosophie hat sich in den letzten 15 Jahren in den meisten börsennotierten Konzernen durchgesetzt, auch in Europa. Die firmeninterne Kreativität konzentriert sich in solchen Unternehmen nicht mehr auf die Entdeckung neuer Marktchancen oder verbesserter Produkte, sondern darauf, Sparpotentiale aufzudecken.

Der erste und wichtigste »Kostenfaktor«, der bei dieser Strategie unter die Räder kommt, sind natürlich die Mitarbeiter. Mit tausend Tricks und Kniffen wird die Lohnsumme im Unternehmen auf ein Minimum reduziert. Entlassungswellen verringern die Zahl der Beschäftigten, bis die verbliebenen die anstehenden Aufgaben kaum mehr bewältigen können und der massive Leistungsdruck sie in wachsender Zahl krank und kaputt macht. Zeitgleich werden reguläre Mitarbeiter durch Leiharbeiter, Scheinselbständige, Praktikanten und Teilzeitjobber ersetzt. Immer mehr ehemals selbst erbrachte Leistungen werden an externe Anbieter ausgelagert. Auch die dadurch erzielte Kostenersparnis geht in erster Linie auf Lohndumping zurück.

Katharina Weinberger, selbst lange Jahre auf mittlerer Managementebene in großen internationalen Konzernen tätig, beschreibt in ihrem Buch *Kopfzahl-Paranoia* plastisch und eindringlich die Folgen einer solchen Strategie. Nicht nur für die Beschäftigten, auch für die Produktqualität, die Innovationsfähigkeit und die Kundenorientierung der Unternehmen. Denn Ergebnis des hartnäckigen Wegsparens anständig bezahlter Fachkräfte sind immer größere »weiße Zonen« in den Konzernen, »die sich vor allem durch den Mangel an Fachwissen und Erfahrung auszeichnen. ... Die Belegschaft setzt sich zunehmend

aus zeitweiligen Agenturmitarbeitern, externen temporären Arbeitskräften, ›PermaTemps‹, also permanent temporären Mitarbeitern,
geleasten Mitarbeitern, neuen Selbständigen, freien Dienstleistern und
Vertragspartnern, Dauerpraktikanten und ausgelagerten Mitarbeitern
zusammen.«[55] Und die verbliebenen festangestellten Mitarbeiter arbeiten unter dem Damoklesschwert, womöglich die Nächsten zu sein, die
es trifft.

Das rächt sich. Eingespielte Arbeitsabläufe werden dadurch ebenso
zerstört wie die Motivation von Beschäftigten, die ohne Zukunft und
Sicherheit, oft zu schlechten Löhnen und unter immensem Druck ihre
Arbeit verrichten müssen. Viele Beschäftigungsverhältnisse in großen
börsennotierten Unternehmen dauern heute weniger als ein Jahr. Das
ist eine Zumutung für die Betroffenen, aber auch für die wirtschaftliche Substanz, denn wer ständig woanders eingesetzt wird, wird kaum
wirkliche Professionalität entwickeln.

Sachverstand und Professionalität werden allerdings nicht nur
durch die hohe Fluktuation ausgedünnt. In die gleiche Richtung wirkt
die zunehmende Besetzung von Leitungsfunktionen mit fachfremden
Finanzleuten. Gerade in den großen Konzernen konnte »der Typus
des geldgetriebenen und ausschließlich in Geldkategorien denkenden
Managers in oberste Führungsfunktionen kommen«, kritisiert der
konservative Managementtheoretiker Fredmund Malik.[56] Solche Personalentscheidungen tragen dazu bei, die Unternehmensführung auf
jene Finanzkennziffern auszurichten, die die Herzen der Börsianer
höherschlagen lassen, die als Maßstab für den produktiven Unternehmenserfolg allerdings vollkommen untauglich sind.

Weggesparte Kunden- und Gemeinwohlinteressen

Gespart wird freilich nicht nur an Fachwissen und Sachverstand.
Kleingespart werden auch ganze Abteilungen, die für eine reibungs-
lose Abwicklung von Produktion und Vertrieb unerlässlich sind. »Ein
populäres Ziel der eilfertigen Konzernzertrümmerer«, schreibt Katharina Weinberger, »ist die Logistik, die mit Lagerhaltung und Transport
einen wesentlichen Kostenfaktor, aber auch einen wichtigen Faktor für
die zeitgerechte Belieferung der Kunden darstellt.«[57] Wen stört's, dass

der Empfänger länger auf die Lieferung warten muss oder beim Service endlos in der Warteschleife hängt. Hauptsache, die Rendite stimmt. Auch die Produktqualität selbst ist ein begehrtes Ziel der Kostenjäger. »Qualität so gut wie nötig«, sei das interne Motto des Vorstandsvorsitzenden eines großen Fertigungsunternehmens gewesen, berichtet Weinberger.[58] Zu hohe Qualitätsstandards seien schlicht zu teuer.

Schlicht zu teuer ist es natürlich auch, Steuern zu zahlen. Oder all die renditestörenden Umwelt- oder Verbraucherschutzregeln einzuhalten, die die Staaten sich so einfallen lassen. Um die aus solchen Regeln und der Steuergesetzgebung folgenden Kosten radikal zu killen, leisten sich alle großen Konzerne eigens mit diesem Zweck befasste und bestens ausgestattete Abteilungen. Hier findet sich all das, was in Produktion und Entwicklung immer mehr ausgedünnt wird: Know-how, Sachverstand und hochbezahlte Professionalität. Hier wird nicht gespart, sondern der Kreativität und Erfindungsgabe freier Lauf gelassen, schließlich geht es um milliardenschwere Zahlungen an die Allgemeinheit, die es möglichst auf null zu drücken gilt.

Unterstützung erhalten die konzerninternen Steuervermeider, wie wir gesehen haben, von den Investmentbankern, die ihnen immer effektivere und wirkungsvollere »Finanzinnovationen« verkaufen, um den Konzerngewinn dem Zugriff der nationalen Steuerbehörden möglichst vollständig zu entziehen. Etwa die Hälfte des Welthandels wird infolge solcher Instrumente heute auf dem Papier über Steueroasen abgewickelt, schätzt John Christensen, Direktor des Tax Justice Network. Leidtragende sind die Gemeinwesen weltweit, aus deren Finanzierung sich die Global Player nahezu vollständig zurückgezogen haben. Die von der öffentlichen Hand bereitgestellte Infrastruktur wird natürlich mit ebenso großer Selbstverständlichkeit genutzt, wie öffentliche Subventionen oft geradezu erpresst werden.

Billig, billig, billig

Das wichtigste Erpressungsmittel zu diesem Zweck haben die Regierungen den Konzernen mit dem Niederreißen aller Schranken für freien Kapitalverkehr und globale Investitionstätigkeit in die Hand gegeben. So gehört zum Kostendrücken natürlich auch die Verlagerung

Die ausgezehrte Welt-AG **119**

von Betriebsteilen in Länder mit den jeweils billigsten Arbeitskräften, den niedrigsten Steuern und den üppigsten Subventionen. Steigen auch dort irgendwann die Löhne oder fallen staatliche Subventionen und Steuervergünstigungen weg, zieht die Karawane weiter.

Die globale Spielwarenindustrie etwa ist in den letzten 20 Jahren von Kontinent zu Kontinent gewandert. Noch vor 40 Jahren waren die USA der größte Spielwarenhersteller der Welt. In den siebziger Jahren begannen die US-Konzerne, ihre Produktion nach Hongkong, Taiwan und Südkorea zu verlagern. Als dort die Löhne zu steigen und Gewerkschaften sich zu formieren begannen, zogen sie nach Malaysia, Thailand, Indonesien und auf die Philippinen weiter. Schließlich vor allem nach China. Erhöht ein Land die Sozialstandards, riskiert es also, dass die Karawane aufbricht und ihre Produktionsstätten ins Nachbarland verlegt.

Noch leichter fällt der Länderwechsel jenen Konzernen, die gar keine eigene Produktion mehr betreiben, sondern ihre Waren vom jeweils günstigsten Anbieter auf dem globalen Markt beziehen. Diesem Geschäftsmodell folgen etwa die großen Bekleidungs- und Sportartikelfirmen. Die Fertigung erfolgt hier durch mittelgroße selbständige Unternehmen, die in den Freihandelszonen in China, Südostasien, Mittelamerika und Osteuropa ansässig sind und dort unter oft grauenvollen Arbeitsbedingungen produzieren. Die Konzerne, die sich selbst auf Design und Werbung beschränken, können ihren Anbieter jederzeit wechseln und nutzen das, um die Einkaufspreise auf ein Minimum zu drücken. Rund 12 Prozent der 100 Euro, die ein neues Sportschuhmodell kostet, bekommen die Hersteller. Der Lohnkostenanteil liegt bei unter 1 Prozent.

Weggesparte Innovation und Investition

Es versteht sich, dass auch Forschungs- und Entwicklungsausgaben, insbesondere solche für Grundlagenforschung, dem Rotstift der Kostensparer zum Opfer fallen. Das Gleiche gilt für Investitionsprojekte, die sich zwar auf längere Frist auszahlen würden, aber kurzfristig die Rendite stören. Schon Walter Eucken hatte auf die Gefahr aufmerksam gemacht, dass in einer privatwirtschaftlichen Ökonomie Investitionen unterbleiben, wenn mit einer längeren Amortisationsdauer als drei oder fünf Jahre zu rechnen ist. Die heutigen quartalsfixierten Konzerne haben einen noch kürzeren Atem.

Nach einer Untersuchung der Schweizer Bank UBS ist der Anteil der Forschungs- und Entwicklungsausgaben sowie der Investitionen am Umsatz der 500 größten US-Unternehmen in den letzten Jahren deutlich gesunken.[59] Eine Studie des IMK über »Tendenzen in den USA und in Deutschland aus makroökonomischer Perspektive« aus dem Jahr 2007 bestätigt diesen Trend auch für Deutschland und belegt, »dass Manager börsennotierter Unternehmen in der Tat in großem Umfang Investitionsprojekte mit sehr hohem diskontierten Nettonutzen unterlassen, weil sie eine negative Reaktion des Aktienmarktes ... befürchten«.[60]

»Sie hatten erkannt«, schreibt Katharina Weinberger über die Manager großer Konzerne, »dass ein verlässlicher Partner bei der Jagd nach der kurzfristigen Rendite der Verzicht auf Investitionen ist.«[61]

Marktmacht statt Leistung

Wie macht ein Konzern, der kaum noch in die Verbesserung seiner Produkte investiert, trotzdem weiterhin Profit? Er spielt Unternehmensmonopoly. »Mit Kassen, die dank Personalabbau und Innovationsunwillen voll waren, begaben sich die Konzerne auf Einkaufstour, um Marktanteile und Innovation, die auf den eigenen Friedhöfen der Kreativität nicht mehr gedieh, zuzukaufen oder einfach die lästige Konkurrenz auszuschalten.«[62] Statt also Neuheiten in einem mühsamen und risikoreichen Prozess selbst zu erfinden, greift man zu, sobald eine vielversprechende Idee am Markt erscheint. Aber nicht nur Innovation wird aufgekauft, sondern auch und vor allem andere Unternehmen mit ähnlichem Produktprofil wie das eigene. Der bei solchen Übernahmen und Fusionen gefeierte »Synergieeffekt« beruht in aller Regel darauf, dass nach der Übernahme Betriebsteile geschlossen und Beschäftigte entlassen werden und so am Ende mit weniger Kapazitäten ein größerer Markt bedient werden kann. Die mit dem Marktanteil gestiegene Marktmacht trägt das ihre dazu bei, dass ein solches Vorgehen sich auszahlt.

Eine der bekanntesten empirischen Untersuchungen über Faktoren, die die Gewinnentwicklung von Unternehmen beeinflussen, ist die sogenannte PIMS-Studie. PIMS steht für: Profit Impact of Market Strategies. Daten für diese Studie werden seit den siebziger Jahren erhoben, in ihrem Rahmen wurden die Geschäftsmodelle mehrerer hundert Unternehmen durchleuchtet. Im Ergebnis identifiziert die PIMS-Studie etwa acht Schlüsselgrößen, deren »Profit Impact« besonders hoch ist. An erster Stelle dieser Faktoren, die zu hoher Profitabilität führen, steht der Marktanteil des Unternehmens in Relation zum Marktanteil seiner wichtigsten Konkurrenten. Je größer ein Anbieter und je kleiner seine Wettbewerber, desto profitabler ist das Geschäft.

Für die Rendite ist der relative Marktanteil nach den Ergebnissen der PIMS-Studie deutlich wichtiger als beispielsweise die Kundenzufriedenheit. Ist der Marktanteil klein, kann das nur durch überlegene Qualität ausgeglichen werden. Geschäfte mit hohen Marktanteilen dagegen erzielen sogar bei bescheidener Qualität immer noch ansehnliche Renditen.

Wer einen Markt dominiert, kann eben seine Lieferanten wie auch seine Kunden auspressen. Also investiert man lieber in Marktanteile als in teure Qualität oder kreative Ideen.

In den USA begann die Umstellung auf dieses Geschäftsmodell bereits in den achtziger Jahren. Zwischen 1984 und 1989 haben amerikanische Produktionsunternehmen im Schnitt 184 Milliarden Dollar jährlich für die Übernahme anderer Firmen ausgegeben, aber weniger als die Hälfte dessen, nämlich 84 Milliarden Dollar, für Investitionen in ihr Anlagevermögen. Nur 21 Prozent der Neuverschuldung der Unternehmen wurden für investive Zwecke verwandt. Eine weitere Fusionswelle folgte in der zweiten Hälfte der neunziger Jahre, flaute nach der Jahrtausendwende leicht ab und erlebte ab 2005 noch einmal einen beispiellosen Aufschwung.

In Europa waren nationale und multinationale Großfusionen vor allem das – politisch erwünschte und ausdrücklich geförderte – Resultat des mit dem Maastricht-Vertrag geschaffenen EU-Binnenmarkts. So wurden allein zwischen 2003 und 2007 in der EU für grenzüberschrei-

122   Unproduktiver Kapitalismus

tende Übernahmen mehr als 2,3 Billionen Dollar ausgegeben. Weltweit wechselten seit der Jahrtausendwende Unternehmen im Wert von über 10 Billionen Dollar den Besitzer. Sie wurden geschluckt, integriert, umstrukturiert, filetiert. An 80 Prozent dieser Deals waren Konzerne aus den USA oder Europa beteiligt.

Natürlich konnte kein Unternehmen die gewaltigen Summen, die es für seine globalen Einkaufszüge brauchte, aus dem laufenden Cashflow bezahlen. Die bereits zitierte Studie des IMK zeigt, »dass die nichtfinanziellen Kapitalgesellschaften in den letzten Jahren ihre Kreditnachfrage zur Finanzierung von Fusionen, Übernahmen und Unternehmensumstrukturierungen stärker ausgedehnt haben als ihre Kreditnachfrage zur Finanzierung von realen Anlage- und Vorratsinvestitionen.«[63]

Wer schwächelt, wird gefressen

Auf Shoppingtour gehen die Global Player auch immer dann, wenn eine Finanzkrise irgendwo auf der Welt die Wirtschaft schüttelt und die Währung eines Landes kollabieren lässt. Denn dann sind die wirtschaftlichen Kapazitäten der betreffenden Region besonders billig zu haben. Auf diese Weise haben sich große amerikanische und europäische Unternehmen während der Schuldenkrise der Achtziger in die Wirtschaft der lateinamerikanischen Länder eingekauft und sie in dauerhafte Abhängigkeit gebracht.

Ein ähnlicher Prozess wiederholte sich nach der Südostasienkrise 1997. Zwei Monate nachdem sich Südkorea den IWF-Diktaten gebeugt und unter dem gleichen Druck auch andere Länder Südostasiens ihre Wirtschaft bedingungslos für ausländische Investoren geöffnet hatten, titelte das *Wall Street Journal:* »Wall-Street-Kehraus im asiatisch-pazifischen Raum«. *Die New York Times* sprach vom »weltweit größten Ausverkauf wegen Geschäftsaufgabe« und die *Businessweek* von einem »Basar für Firmenkäufe«.[64] Die Global Player gingen nicht nach Südostasien, um gleichberechtigt auf einem freien Markt mit den örtlichen Firmen zu konkurrieren, sondern sie übernahmen sie, zerlegten sie, verkleinerten sie oder schlossen sie sogar ganz, um sich lästiger Konkurrenz zu entledigen. Auch Osteuropa hat nach dem Fall der Mauer die »Segnungen« solcher Konzernstrategien erlebt.

Die ausgezehrte Welt-AG **123**

Größe statt Kreativität

Der Konzentrationsprozess in der globalen Wirtschaft lässt sich auch an der Umsatz- und Gewinnentwicklung der 500 größten Unternehmen der Welt ablesen, die einmal jährlich vom Magazin *Fortune* veröffentlicht wird. Der Umsatz dieser Global 500 hat sich zwischen 1999 und 2008 nahezu verdoppelt und ist damit deutlich schneller gewachsen als die Weltwirtschaft. Die Summe der von diesen Unternehmen erzielten Profite hat sich von 250 Milliarden Dollar 1994 auf 1592 Milliarden Dollar 2007 sogar mehr als versechsfacht.

Die 500 größten Weltkonzerne kontrollieren mittlerweile etwa die Hälfte der globalen Wirtschaftsleistung. Zwei Drittel des Welthandels werden von diesen Konzernen und zwischen ihnen abgewickelt.

Die wachsende Konzentration lässt sich auch an der Entwicklung einzelner Branchen ablesen. In den dreißiger Jahren etwa gab es weltweit noch rund 50 relevante Automobilhersteller. In den Siebzigern konkurrierten international immerhin noch 25 relevante Autobauer miteinander. 2007 waren davon noch 13 übrig. Die globale IT-Branche wird heute von knapp zwei Dutzend global agierenden Konzernen dominiert. Auch das wirtschaftliche Gesicht der EU hat sich infolge dieser Konzentrationswelle verändert. Fast jeder Markt in der EU wird heute von den fünf größten Unternehmensgiganten der Branche gesteuert. Unzählige kleinere und mittlere lokale Firmen sind im Zuge der Binnenmarktliberalisierung unter die Räder gekommen. Und mit der Marktmacht wachsen der Profit und die politischen Einflussmöglichkeiten.

Im Ergebnis gibt es diesseits und jenseits des Atlantiks immer weniger Wirtschaftsgiganten, die immer größere Teile des Weltmarktes mit ihren Erzeugnissen beliefern, durch geschickte Steuerarbitrage, Lohndumping und Produktionsverlagerungen an Billiglohnstandorte ihre Kosten drücken und so trotz weggesparter Ausgaben für Innovation und Anlageinvestitionen hohe Renditen einfahren.

Fix it, sell it or close it

Selbstverständlich gibt es im Rahmen der globalen Einkaufsstrategie auch immer wieder spektakuläre Pleiten, also Übernahmen, die sich nicht auszahlen, sondern den Aufkäufer sehr viel Geld kosten, bis er sich am Ende von der ungeliebten Beteiligung wieder trennt. Bekanntestes Beispiel einer solchen Pleite ist die Übernahme von Chrysler durch den Daimler-Konzern 1998, eine Story der verbrannten Milliarden, die knapp zehn Jahre später mit dem Verkauf von Chrysler an die Heuschrecke Cerberus abgeschlossen wurde. Weniger spektakulär, aber dafür wahrscheinlich noch häufiger sind jene Fälle, in denen kleinere innovative Firmen in Weltkonzerne integriert werden und dann verkümmern. »Wenn große Konzerne kleinere, innovative Unternehmen kaufen, die gerade ein lohnenswertes Produkt entwickeln, ist es mit der Innovationskraft meist vorbei. Die kreativen Innovatoren vertragen das strenge Regiment im großen Konzern nicht und fliehen bei erstbester Gelegenheit.«[65]

Zu diesem strengen Regiment gehört eben auch, dass nicht nur der Gesamtkonzern, sondern jede einzelne Einheit auf Maximalrendite getrimmt wird. Deshalb wird im Rahmen des globalen Unternehmensmonopoly nicht nur eingekauft. Was sich nicht optimal rentiert, wird ebenso gnadenlos wieder abgestoßen oder ganz geschlossen. »Fix it, sell it or close it«, lautet das Motto, erfunden von Jack Welch, CEO von General Electric in den Achtzigern und Vorbild ganzer Managergenerationen. Bei Siemens beträgt die Mindestrendite, die ein Investitionsprojekt oder ein Geschäftsteil erzielen muss, 19 Prozent. Nokia hat in Bochum gutes Geld verdient und das Werk dennoch geschlossen, weil die in Aussicht stehende Rendite in Rumänien höher war.

Zockerprofite

Die Billionen, die im Finanzsektor umgesetzt und verdient werden, üben auch auf Großunternehmen der sogenannten Realwirtschaft einen wachsenden Reiz aus. Weshalb investieren, wenn man zocken kann. Und zwar zocken nicht nur im Handel mit Unternehmen oder Unternehmensteilen, sondern auch schlicht in Finanzpapieren, wo immerhin die Geldmaschine der Banken für die schönsten und flottesten Renditen sorgt. Aus dieser Erkenntnis heraus haben amerikanische Großunternehmen bereits in den achtziger Jahren begonnen, sich in immer größerem Umfang Finanzportfolios zusammenzukaufen, deren

Zinsen, Dividenden und Kursgewinne seither zum Unternehmensgewinn beitragen. Viele Unternehmen legten sich auch reine Finanztöchter zu. Nicht nur solche, die als Autobanken oder Leasinggesellschaften ihr Kerngeschäft unterstützen, sondern auch spekulationsfreudige Finanzvehikel, die mit dem eigentlichen Geschäftsfeld des Konzerns nicht das Geringste zu tun haben.

Hatte die Relation von Sachkapital zu Finanzvermögen amerikanischer Produktionsunternehmen in den fünfziger Jahren noch bei vier zu eins gelegen, war im Jahr 2000 ein Gleichstand zwischen beiden erreicht.

Auch in Europa haben viele Konzerne wachsende Teile ihres Profits statt mit der Erzeugung realer Güter mit Luftbuchungen in der Schaumwelt der Finanzpapiere gemacht. Immerhin ist man in diesen Sphären endlich nicht mehr von der Kaufkraft realer Kunden abhängig. Denn bei aller Marktmacht und Freiheit zur Preisgestaltung: Am Ende ist auf realen Märkten immer ein Käufer nötig, der das Produkt sowohl braucht als auch das Geld hat, um es zu bezahlen. Je mehr sich das Geld bei denen konzentriert, die längst haben, was sie brauchen, desto schwieriger wird das. Ein Ausweg war, dem Käufer Kredit zu geben. Aber warum den Umweg über Kunden machen, wenn man auf den Finanzmärkten prächtige Renditen auch ohne diesen Störfaktor verdienen kann. Und dafür weder teure Maschinen noch Facharbeiter braucht, sondern nur eine Handvoll Finanzjongleure.

Ein spektakuläres deutsches Beispiel für Finanzakrobatik waren die Geschäfte der Porsche AG im Vorfeld der angestrebten Übernahme von Volkswagen. So verdiente Porsche im Geschäftsjahr 2006/2007 mit Finanzoperationen beinahe viermal so viel Geld wie mit dem Verkauf seiner schmissigen Sportwagen. Im Geschäftsjahr 2008/2009 dagegen wandelten sich die schönen Spekulationsgewinne in einen Verlust von 4,4 Milliarden Euro. Damit waren auch alle Übernahmeträume geplatzt und Porsche endet als zehnte Marke im VW-Konzern.

Statistisch spiegelt sich die zunehmende Betätigung der Konzerne auf dem Finanzparkett im Anstieg des Verhältnisses von empfangenen zu geleisteten Zinsen im Unternehmenssektor wider. In Europa wie in den USA stehen immer höhere Zinsen auf beiden Seiten der Bilanz.

Die Unternehmen machen mehr Schulden, aber sie nehmen auch mehr Zinsen auf ihre wachsenden Finanzanlagen ein. Dass große Konzerne dazu übergehen, selbst Finanzhai zu spielen, wird in der Literatur mit dem Begriff der *Finanzialisierung* beschrieben.

Finanzialisierung heißt also, dass auch die Realwirtschaft mittels der Geldmaschine der Banken ihre Bilanzen aufpoliert und der Öffentlichkeit Schaum für Wert verkauft.

Ausschüttungen aus der Substanz

Die Konzerne tun allerdings nicht nur alles, um ihre Rendite zu erhöhen: auf Investitionen und Professionalität verzichten, Marktmacht einkaufen und Hedge-Fonds spielen. Sie legen auch größten Wert darauf, dass ihre Anleger die so erwirtschafteten Renditen genießen können. Um die Aktionäre reich zu machen, gibt es prinzipiell zwei Möglichkeiten: die Zahlung hoher Dividenden oder der Rückkauf eigener Aktien durch das Unternehmen. Beide werden ausgiebig genutzt.

Nicht selten wird sogar mehr verteilt, als verdient wurde, besonders in Jahren, in denen der Gewinn etwas spärlicher ausfällt. Ein Beispiel für diesen Irrsinn ist, dass die im deutschen Aktienindex DAX gelisteten Konzerne 2009 22 Milliarden Euro und im Frühjahr 2010 noch einmal 20 Milliarden an Dividenden ausgeschüttet und so in den tiefsten Krisenmonaten ihre Reserven empfindlich geschmälert haben. Selbst im Frühjahr 2008, am Ende des Booms, hatten die Ausschüttungen mit 28 Milliarden Euro nur unwesentlich höher gelegen. In den USA sind die Dividenden der Konzerne bereits seit Mitte der achtziger Jahre steil angestiegen. Die Praxis wiederum, eigene Aktien zurückzukaufen und so den Anleger steuersparend mit Cash und Kursgewinnen zu verwöhnen, hat dazu geführt, dass der US-Aktienmarkt seit etwa dreißig Jahren keinen müden Dollar mehr zur Finanzierung von Investitionen beiträgt: Seitdem nämlich werden per Saldo mehr Aktien von den Unternehmen zurückgekauft als neue ausgegeben, eine völlige Pervertierung der Funktion, die die Aktienmärkte eigentlich erfüllen sollten. In Deutschland und auch in vielen anderen europäischen Ländern (außer Großbritannien) fing dieses gespenstische Treiben erst Mitte der neunziger Jahre an. Dann allerdings legten die Konzerne richtig los. Während die Investitionsausgaben deutscher Firmen zwischen 1993 und 1999 von 75,6 Prozent des Cashflow auf 60,4 Prozent zusammenschrumpften, stiegen die Ausgaben für Aktien, Investmentzertifikate und Beteiligungen von bescheidenen 1,9 Prozent auf 27,6 Prozent. Als 1998 auch der Rückkauf eigener Aktien legalisiert wurde, der seit 1931 in Deutschland verboten war, starteten viele DAX-Konzerne große Aktienrückkaufprogramme.

Während Aktienrückkäufe und Dividendenerhöhungen dazu beitrugen, die Börsen zum Brummen zu bringen, verblieb immer weniger Geld im Unternehmen, mit dem man Investitionen hätte finanzieren können. In einer Studie aus dem Jahr 2007 weist die Europäische Zentralbank nach, dass europäische Unternehmen, die in den Jahren zuvor eigene Aktien zurückgekauft hatten, im Schnitt deutlich weniger investierten als andere Firmen. Die Konzerne werden damit selbst Teil jenes fragilen Schneeballsystems, das wir bereits im Finanzsektor kennengelernt haben. Weil die versprochenen Renditen mit dem normalen Geschäft trotz Lohndumping, Kostendruck und Steuerarbitrage kaum erwirtschaftet werden können, muss ständig frisches Geld ins System fließen, um die Kurse und Ausschüttungen weiter nach oben zu treiben. Dieses Geld fließt auch über die Kreditaufnahme der Unternehmen, die damit ihre Dividenden und Aktienrückkaufprogramme finanzieren.

Allerdings bildet sich dabei eine gefährliche Schleife: Je höher die Kurse, desto üppiger muss auch die Dividende sein, um die Dividendenrendite wenigstens konstant zu halten. Desto stärker wird somit der Druck, erneut Ausschüttungen aus der Substanz vorzunehmen bzw. über Kredite zu finanzieren. Dass hoch verschuldete Unternehmen auch viel schneller pleite sind, wenn sie einen zeitweiligen Umsatzeinbruch überstehen müssen, oder dann eben Vater Staat auf der Tasche liegen, versteht sich.

Unternehmen als Cash-Kühe – Die Shareholder-Value-Doktrin

Die in den vorangegangenen Abschnitten beschriebene Strategie der Unternehmensführung lässt sich auf einen kurzen Nenner bringen: Investiere wenig, minimiere die Zahl der Mitarbeiter und drücke deren

Löhne, zocke, statt zu produzieren, verschulde dich hoch und schütte alles Geld, das du hast, an die Eigentümer aus. Es ist offensichtlich, dass man auf dieser Grundlage kein Unternehmen dauerhaft erfolgreich führen kann. Auch ist klar, dass diese Ausrichtung bei einer gewissen Verbreitung katastrophale Folgen für die wirtschaftliche Substanz der Gesellschaft haben muss. Peter Drucker, der wohl bedeutendste Managementdenker des 20. Jahrhunderts, hat immer wieder darauf hingewiesen, dass Gewinne eine »Residualgröße« sind, etwas, was sich einstellt, wenn man seinen Job gut macht, aber niemals ein Selbstzweck und Ziel. Ziel unternehmerischen Handelns könnten nur Innovation und Marketing sein.[66]

Dennoch haben wir es beim Shareholder-Value-Gedanken durchaus nicht mit den Fieberphantasien ausgebrannter oder überforderter Manager zu tun, die dem Stress nicht gewachsen waren, sondern mit einer hochgeachteten Theorie der Unternehmensführung, die der amerikanische Wirtschaftswissenschaftler Alfred Rappaport 1986 in seinem Buch *Creating Shareholder Value* entwickelt hat. Kernthese dieses Konzepts ist, dass der Wert eines Unternehmens nicht darin liegt, welchen Nutzen es seinen Kunden oder welche Qualität an Arbeitsplätzen es seinen Mitarbeitern bietet, sondern ausschließlich in seiner Eigenschaft als Cash-Kuh für die Eigentümer. Und selbst das nicht langfristig, sondern jetzt sofort, hier und heute.

Konkrete Produkte, Kunden und erst recht Mitarbeiter sind nach diesem Ansatz nur lästige Mittel, die man notgedrungen braucht, um als Unternehmen Profit zu machen und diesen dann auch ausschütten zu können. Aber eigentlich stören sie nur. Rappaports Kernsatz lautet: »In einer Marktwirtschaft, die die Rechte des Privateigentums hochhält, besteht die einzige soziale Verantwortung des Wirtschaftens darin, *Shareholder Value* zu schaffen.«[67] Und Shareholder-Value ist das, was als Dividende oder in Form steigender Aktienkurse unmittelbar bei den Anteilseignern ankommt. Ein perfektes Unternehmen wäre nach dieser Theorie eines, das gar nicht mehr produziert, sondern nur noch Geld ausschüttet, etwa weil es Patente ausbeutet und Lizenzgebühren einstreicht oder auch einfach weil es eine unbegrenzte Kreditlinie hat und dieses Geld eins zu eins an seine Anteilseigner weitergibt. Ganz so

Die ausgezehrte Welt-AG **129**

extrem ist die Situation in den großen börsennotierten Gesellschaften noch nicht, aber man nähert sich.

Der Shareholder-Value-Ansatz ist »kapitalzerstörend, investitions- und innovationsfeindlich und führt zu einer Fehlallokation von Ressourcen«, argumentiert der St. Gallener Ökonom und Managementtheoretiker Fredmund Malik.[68] Wie konnte eine derart durchgeknallte Managementphilosophie die Führungsetagen der meisten großen Weltkonzerne erobern?

Ungeduldiges Kapital

Tatsächlich hat der Siegeszug der Shareholder-Value-Maximierer wenig mit der Geistesverfassung der Manager und viel mit wirtschaftlichen Eigentumsverhältnissen zu tun. Dieses Managementkonzept konnte sich durchsetzen, weil es exakt den Interessen eines bestimmten Typs von Aktionär entspricht – denen des kurzfristig orientierten Anlegers, der viele Aktien im Portfolio hat und dieses immer wieder umschichtet, der heute diese Anteilsscheine kauft und morgen jene und der nur ein Ziel hat: aus jeder Anlage möglichst kurzfristig ein Maximum an Rendite herauszuholen.

Diesen Anlegertypus in Reinform verkörpern die sogenannten »Finanzinvestoren« oder auch »institutionellen Investoren«, wobei man sich unbedingt davon lösen muss, den Begriff »Investor« mit »Investitionen« zu assoziieren. Der Finanzinvestor ist eher der Anti-Investitions-Anleger, denn er strebt danach, die Mittel, die das Unternehmen eigentlich für Investitionen bräuchte, möglichst umfassend aus ihm herauszuziehen, weil er an der langfristigen Unternehmensentwicklung ohnehin nicht interessiert ist.

Die institutionellen Investoren sind in den letzten Jahrzehnten auf den Aktienmärkten immer dominanter geworden, weil die Vermögensexplosion infolge der Geldmaschine der Banken und der Einkommensumverteilung zugunsten der Reichen sowie die weltweite Privatisierung der Rente zunehmend gewaltigere Summen anlagesuchender Gelder in ihrer Verfügung konzentriert haben. Finanzinvestoren sind die Investmentbanker, die Hedge-Fonds, die Vermögensverwaltungen und alle anderen Kapitalsammelstellen, bei denen reiche, manchmal auch weniger reiche Leute ihr Geld abliefern, um mit deren professioneller Unterstützung maximale Erträge einzustreichen. Zu ihnen gehören auch die Pensionsfonds und Versicherungen, selbst wenn sie teils etwas längerfristige Anlagestrategien verfolgen als die reinen Spekulationsvehikel.

Für einen kurzfristig kalkulierenden Anleger zahlen sich Aktienrückkäufe oft tatsächlich mehr aus als die Investition des gleichen Betrags in neue Anlagen und Sachkapital. Nüchtern vorgerechnet hat das schon in den achtziger Jahren der damalige Chef des Unternehmens General DataCom Industries:

»Wenn ich zehn Prozent der Aktien zurückkaufe und damit den Gewinn-Anteil um zehn Prozent erhöhe, kostet das zur Zeit 6,7 Millionen Dollar. Um den gleichen Effekt durch Investitionen zu erzielen, müsste ich 10 bis 15 Millionen Dollar ausgeben.«[69] Und was interessiert den kurzfristigen Investor, was aus dem Unternehmen in fünf oder zehn Jahren wird, wenn er dessen Aktien längst wieder verkauft hat.

Der Wandel in der Motivation der Anleger lässt sich an Zahlen ablesen. In den sechziger Jahren lag die Umschlaghäufigkeit von Aktien in den USA bei nur 12 Prozent. Im Schnitt hielt ein Anleger seine Aktien also 8,3 Jahre. Bereits 1987 war diese Rate auf 73 Prozent gestiegen, eine durchschnittliche Aktie wurde also schon nach 1,4 Jahren wieder verkauft. Seit Beginn der Neunziger ist die Umschlaghäufigkeit auf über 90 Prozent geklettert. Die Entwicklung an der deutschen Börse verlief ähnlich, nur setzte sie hier deutlich später ein. Das Management eines börsennotierten Konzerns, der keinen stabilen Großaktionär hat, muss also davon ausgehen, dass ein Großteil der Aktien seines Unternehmens mehrmals im Jahr gekauft und wieder verkauft wird.

In Deutschland waren es früher vor allem die Banken, die große Unternehmensanteile besaßen und festhielten. Zum einen, weil sie damals noch keine Investmentbanken waren. Zum anderen aber auch, weil der Anreiz zum Verkauf größerer Aktienpakete in der Bundesrepublik ausgesprochen gering war, da der Verkäufer über die Hälfte seines Gewinns an den Fiskus weiterreichen musste.

Die Finanzhaie brauchten auch hier die SPD-Grüne-Regierung, die diese gute alte Regelung aufhob und Veräußerungsgewinne ab 2002 von jeder Steuer befreite. Erst jetzt konnte der große Reibach im Spiel mit den Aktien beginnen, ebenso wie der beim Kaufen, Filetieren und Weiterveräußern ganzer Unternehmen. In der Folgezeit trennten sich die Banken von ihren festgefrorenen Aktienpaketen und machten damit steuerfrei Milliardengewinne. An ihre Stelle traten die Investmentbanker, die die Aktien jetzt allerdings nicht mehr festhielten, sondern mit ihnen handelten, sowie die mit Billionen gewappnete Phalanx der institutionellen Investoren. »Hedge-Fonds stürmen Deutschland AG« titelte die *Financial Times Deutschland* Anfang 2005.[70]

Heute besitzen institutionelle Anleger auch in Deutschland einen großen Teil der Aktien.

Ihr Interesse ist klar, denn es resultiert aus ihrem Auftrag: maximale Rendite auf das eingesetzte Kapital. Ein Unternehmen, dessen Geschäftspraxis ihren Ansprüchen nicht genügt, das etwa Geld für Langfristinvestitionen verbrät, statt die Dividende zu erhöhen, oder teure Mitarbeiter in Deutschland hält, wo es in China doch viel billigere gibt, wird gnadenlos aus dem Portfolio entfernt. Fredmund Malik hat recht, wenn er darauf hinweist, dass die Shareholder-Value-Doktrin eigentlich eine Share*turner*-Value-Doktrin ist: Ihr Hauptprofiteur ist der Aktienhändler, jener, der Aktien kauft und verkauft und dabei möglichst viel verdienen will.

In der Konsequenz gerieten die Unternehmen, wie der amerikanische Soziologe Richard Sennett es ausdrückt, »unter einen gewaltigen Druck, in den Augen vorbeischlendernder Betrachter schön auszusehen«.[71]

Quartalsirre

Es ist das Machtgeflecht der großen Fonds, Investmentbanken, Analysten und Rating-Agenturen, das über den Marktwert der börsennotierten Gesellschaften entscheidet. Und zwar nicht nur einmal jährlich, sondern von Quartal zu Quartal. Eine Aktiengesellschaft, die in einem der großen Indizes wie DAX oder MDAX in Deutschland gelistet ist oder an der amerikanischen Börse zugelassen werden will, ist verpflichtet, vierteljährlich ihre Ergebnisse zu publizieren. Angeblich dient diese Veröffentlichungspflicht der Transparenz. Tatsächlich hat sie jedoch vor allem den Effekt, die Quartalsfixierung der Analysten, Investmentbanker und vieler Fonds auf die Unternehmen zu übertragen. Kurzfristige Managementorientierung heißt damit nicht etwa nur: von Jahr zu Jahr, sondern: von Quartal zu Quartal.

»Die Konzerne ticken im Drei-Monats-Rhythmus und blicken nur in bescheidenem Ausmaß über diese Spanne hinaus«,[72] schreibt Katharina Weinberger.

Unter dem Druck von Finanzanalysten und Fondsmanagern muss möglichst jedes Quartal besser sein als das vorangegangene. Zumindest darf es nie schlechter laufen als in vergleichbaren Unternehmen.

Ein solches Regime verführt fast zwangsläufig zu kreativer Buchhaltung und zur Bilanzierung von Scheingewinnen. General Electric, dessen Chef Jack Welch »predictable earnings« wünschte, schaffte das zum Beispiel, indem pro Jahr mehrere Dutzend Unternehmen ge- und verkauft wurden. Da gab es den nötigen kreativen Bilanzierungsspielraum.

Werden keine Spitzenergebnisse ausgewiesen, fällt der Kurs. Wohlgemerkt, Spitzenergebnisse im Sinne der Analysten und Fondsmanager, die sich nur für bestimmte Kennziffern interessieren. Sie messen die Performance eines Unternehmens nicht an der Zahl seiner Produktinnovationen oder seiner Umsatzentwicklung. Sie messen sie an Finanz- und Börsenparametern, die seine kurzfristige Ertragskraft widerspiegeln.

Katharina Weinberger zitiert in ihrem Buch den CEO eines global operierenden Unternehmens: »Er sagte, er müsse zur Zeit einen Riesenspagat machen, und er wisse nicht, wie lange er das durchhalten könne. Am Morgen müsse er zur Financial Community das sagen, was diese hören will, und am Nachmittag müsse er dafür sorgen, dass man in der Firma das Gegenteil davon mache, ohne dass sie es draußen merkten.«[73] Das Zitat stammt von 1998. Ob er den Spagat angesichts eines immer drückenderen Übergewichts der Finanzsphäre in den Folgejahren noch durchhalten konnte, ist fraglich.

Freie Manager, verarmte Aktionäre?

Es gibt Theorien, die so gründlich danebenliegen, dass sie zu Recht vergessen werden. Eine dieser Theorien ist die vom »Managerkapitalismus«, die auf der These beruhte, dass mit der Entstehung der Publikumsgesellschaft in Streubesitz das Management erhebliche Freiräume für sein Handeln erhält. Den Gegensatz zur Publikumsgesellschaft bilden Unternehmen mit dominantem Eigentümer, also in der Regel Familienclans, die auch nach dem Börsengang mindestens noch eine Sperrminorität, vielleicht auch die Mehrheit der Aktien halten.

Während in solchen Unternehmen die Prioritäten und Renditeziele von den dominierenden Eigentümern vorgegeben werden und die Manager diese bei Strafe ihres Arbeitsplatzverlusts auch einhalten müssen, wurde von der Theorie des »Managerkapitalismus« eine Abschwächung der Renditeorientierung in Unternehmen mit unsteten, breit verstreuten Aktionären erwartet. Angstvoll wurde damals erörtert, ob denn die Interessen der Anleger in den Unternehmen der Zukunft noch angemessen gewahrt sein werden. Oder ob gierige Manager nicht versucht sein könnten, primär in die eigene Tasche zu wirtschaften oder – schlimmer! – sich die Beute mit den Belegschaften zu teilen, während der arme Aktionär seine ausgedörrten Depots beweint.

Es ist offensichtlich anders gekommen. Und das, obwohl die großen börsennotierten Gesellschaften sich heute tatsächlich überwiegend in Streubesitz befinden, das heißt nur noch in wenigen Fällen ein einzelner Aktionär allein eine Mehrheit hält. Auch die institutionellen Investoren sind einzeln normalerweise nur mit zwei bis drei Prozent, fast nie mit mehr als zehn Prozent beteiligt. Immerhin können nur relativ kleine Anteile jederzeit wieder abgestoßen werden, ohne extreme Kursbewegungen auszulösen.

Woher dann aber das Druck- und Drohpotential, das die ökonomisch fatalen Interessen dieser Anlegergruppe zur herrschenden Managementphilosophie werden lässt? Woher der Zwang, die Unternehmensführung den Launen der Aktienmärkte zu unterwerfen, obwohl diese bereits seit Jahrzehnten keinen müden Dollar oder Euro mehr zur Unternehmensfinanzierung beitragen? Weshalb müssen sich Unternehmen unter solchen Umständen überhaupt um ihren Marktwert an der Börse kümmern? Kann es dem Management nicht egal sein, ob der Kurs gerade überschießt oder in die Tiefe rauscht? Und sollte es sich nicht besser mit den Themen beschäftigen, die für Wachstum und Produktivität des Unternehmens relevant sind?

Zuckerbrot und Peitsche

Oder ist es gar kein Zwang, sondern Lust? Tatsächlich gibt es ein Mittel, dank dessen die Börsenlogik den Managern in Leib und Blut eingeimpft werden kann: die Vergütung mit Aktienoptionen. Je größer der Anteil solcher Optionen an den Gesamtbezügen, desto perfekter verschmilzt das Eigeninteresse des Managers mit dem des Finanzinvestors. Denn solche Optionen machen ihren Inhaber umso reicher, je mehr die Unternehmensführung den Vorlieben der Fonds und Analysten schmeichelt. Mit Aktienoptionen wird der Shareholder-Value-Wahn dem Manager zur Herzensangelegenheit. Und da Menschen nun einmal so gestrickt sind, dass sie aus Eigeninteresse viel engagierter handeln als unter Zwang, war und ist der Köder Aktienoptionen in den großen Weltkonzernen seit vielen Jahren ein, in der Regel sogar *der* entscheidende Vergütungsbestandteil des oberen Managements. In deutschen Aktiengesellschaften kamen Aktienoptionsprogramme erst in der zweiten Hälfte der neunziger Jahre in Mode. Seit der Jahrtausendwende haben sie sich allerdings auch hier nahezu vollständig durchgesetzt.

Es gibt aber nicht nur das Zuckerbrot. Es gibt auch die Peitsche. Seit den neunziger Jahren häufen sich die Beispiele, in denen Hedge-Fonds und andere aggressive Finanzinvestoren in koordinierter Aktion den CEO oder gleich den ganzen Vorstand zum Teufel jagen, weil diese sich nicht bedingungslos genug der Förderung des Shareholder-Value verschrieben haben. Ein Beispiel in Deutschland ist ausgerechnet die Deutsche Börse AG selbst, deren ehemaliger Vorstandsvorsitzender Werner Seifert gehen musste, weil er sich weigerte, den investierten Hedge-Fonds die Kriegskasse des Unternehmens auszuschütten. Jeder Topmanager weiß, dass seine Tage gezählt sind, wenn er die Erwartungen seiner Anleger nicht erfüllt, egal, an welchen absurden Parametern sich diese Erwartungen festmachen.

»Wissen Sie, was passiert wäre, wenn ich in den guten Zeiten gesagt hätte, diese Papiere sind gefährlich?«, rechtfertigte der ehemalige

Kapitalmarktchef der Dresdner Bank, Jens-Peter Neumann, nach Ausbruch der Krise seine Spekulationsorgien: »Man hätte mich rausgeschmissen.«[74]

Generell haben die Finanzinvestoren zwei Optionen, wenn die Rendite in einem Unternehmen nicht stimmt: Sie können Krach schlagen und das Management austauschen. Oder sie können ihre Aktien verkaufen. Letzteres ist aber für die betroffenen Führungskräfte nicht unbedingt angenehmer, vor allem dann nicht, wenn mehrere größere Anleger das Gleiche tun. Denn dann fällt der Kurs und das Unternehmen wird zum lukrativen Übernahmeobjekt. Allein schon aus diesem Grund kann die Börsenbewertung dem Management nie gleichgültig sein. Wer nicht frisst, wird gefressen. Auch wenn die Manager – anders als die Beschäftigten – nach feindlichen Übernahmen in der Regel mit einem goldenen Handschlag verabschiedet werden – ihren Job sind sie los.

Es gibt eine interessante Studie aus dem Jahr 1997, die für den Zeitraum von 1991 bis 1994 die Unternehmensführung in westeuropäischen und angelsächsischen Aktiengesellschaften vergleicht. Damals befanden sich nur die Letzteren in der Situation, jederzeit Objekt einer feindlichen Übernahme werden zu können. In Kontinentaleuropa spielten solche Angriffe noch kaum eine Rolle, weil ihnen in vielen Ländern nationale Regulierungen entgegenstanden, die erst später im Zuge der europäischen Binnenmarktpolitik zerstört wurden. Die Studie zeigt anhand einer Analyse von Bilanzdaten, dass die damaligen westeuropäischen Unternehmen im Schnitt einen höheren Teil der Nettowertschöpfung einbehielten oder als Löhne an die Beschäftigten weitergaben, während die Ausschüttungen an die Anteilseigner etwas bescheidener ausfielen. Typisch für die Verteilungsrelationen der angelsächsischen Unternehmen waren dagegen niedrige Rückstellungen, niedrige Personalkosten und hohe Dividenden.[75] Heute gelten die angelsächsischen Standards auch auf dem Kontinent.

Dass es einen Markt gibt, auf dem nicht nur Aktien, sondern ganze Unternehmen gehandelt werden und selbst große Konzerne zum Objekt feindlicher Angreifer werden können, ist wahrscheinlich das gravierendste Disziplinierungsmittel für das Management und der entscheidende Faktor für den Durchbruch der Shareholder-Value-Doktrin. Malik weist zu Recht darauf hin, dass der Shareholder-Value im Grunde gar nicht für das Handeln *in* Unternehmen entwickelt wurde, sondern für den Handel *mit* Unternehmen. Das Erscheinungsjahr von Rappaports Buch, 1986, fällt insofern nicht zufällig mit der ersten großen Fusions- und Übernahmewelle zusammen. Tatsächlich ist der Marktwert eines Unternehmens »nur interessant für Leute, die das Unternehmen gar nicht betreiben wollen, sondern die es als Ganzes oder in Teilen kaufen beziehungsweise verkaufen wollen. Für die unternehmerische Tätigkeit des Unternehmens selbst, für das eigentliche Wirtschaften also, stellt sich die Frage nach dem Unternehmenswert überhaupt nicht …«[76]

Problematisch wird es eben nur, wenn in der Wirtschaft Leute den Ton angeben, die Unternehmen gar nicht betreiben, sondern kaufen und verkaufen wollen. Und wenn diese Leute den Ton angeben können, weil sie dank der Geldmaschine der Banken über das dazu nötige Spielgeld verfügen und täglich neu mit ihm ausgestattet werden. Dann wird auch die sogenannte Realwirtschaft zur Spielbank in einem großen Finanzcasino, und dieses Casino zwingt ihr seine Logik und seine Ziele auf.

Kreative Inseln unter Druck

Niemand behauptet, dass die gesamte Wirtschaft nach den in diesem Kapitel beschriebenen Prinzipien tickt. 99,8 Prozent aller Unternehmen in Europa sind kleine und mittlere, die in der Regel andere Sorgen haben, als Konkurrenten in Südostasien aufzukaufen, auf den Finanzmärkten zu zocken oder die Eigentümer mit kreditfinanzierten Ausschüttungen zu beglücken. Meist sind sie froh, wenn sie einen Bankkredit für die Dinge bekommen, die sie dringend zum wirtschaftlichen Überleben brauchen.

Selbst eine Reihe größerer Unternehmen wirtschaftet anders als hier beschrieben. Es gibt die vor allem von dem deutschen Unternehmensberater und Wirtschaftsprofessor Hermann Simon bekannt gemachten Hidden Champions, die verborgenen Weltmarktführer auf Nischenmärkten für bestimmte Qualitätsprodukte. Die Hidden Champions investieren viel, sind sehr innovativ, halten ihre Mitarbeiter in der Regel langfristig und erobern ihre Märkte mit überlegener Qualität. Sie verfolgen damit ein grundsätzlich anderes Geschäftsmodell als das in den letzten Abschnitten geschilderte. Ein Unterschied der deutschen Wirtschaft im Vergleich etwa zur amerikanischen besteht darin, dass solche Firmen hier noch keine absolute Ausnahmeerscheinung geworden sind.

Die wirtschaftliche Szenerie sähe anders aus, wenn nur noch gezockt, manipuliert und abgestaubt würde. In vielen Unternehmen werden unverändert Spitzenleistungen erbracht, Millionen Beschäftigte arbeiten trotz teilweise mieser Löhne mit höchstem Einsatz, sie sind kreativ und haben Ideen, sie setzen sich für beste Qualität und Kundennähe ein. Gerade in den unzähligen kleinen und mittleren Firmen.

Aber das Investitions- und Innovationsklima der Wirtschaft wird von den Großen bestimmt und hier geht der Trend eindeutig in Richtung der Shareholder-Value-Apologeten. Zwar sind nur ein Prozent aller Betriebe in der Industrie und in der Gesamtwirtschaft sogar nur 0,2 Prozent aller Unternehmen Großunternehmen. Aber in diesen Großunternehmen werden gut 60 Prozent des gesamten Produktionswertes geschaffen. Wenn in einer immer größeren Zahl dieser Großunternehmen extreme Renditeansprüche und investitionsfeindliche Managementmethoden Einzug halten, hat das gravierende Folgen für die gesamte Wirtschaft. Und es macht jenen, die andere Prioritäten setzen, das Leben schwer.

Denn die Global Player führen nicht allein vor, wie man seine Kreativität renditesteigernd dafür verausgaben kann, nach überschüssigen Kosten zu suchen, statt neue Ideen zu entwickeln. Sie geben diesen Druck auch an ihre Zulieferer weiter. In einer empirischen Studie der Böckler-Stiftung über »Innovationsfähigkeit im globalen Hyperwettbewerb«[77] wird detailliert aufgezeigt, wie beispielsweise die Automobilkonzerne ihre Zulieferer unter zunehmenden Preisdruck setzen und Innovationsleistungen immer seltener bezahlen. Auch Lohndumping und Produktionsverlagerungen an Billiglohnstandorte werden ausdrücklich verlangt bzw. schlicht eingepreist. Die Studie kommt zu dem Schluss: »Die Kombination dieser Maßnahmen ist eine der großen Innovationsbremsen für Automobilzulieferer. Dadurch dauert es für Zulieferer nicht nur länger, mit Innovationen Geld zu verdienen. Viele Innovationen werden aus diesem Grunde erst gar nicht weiter verfolgt.«[78] Die gesamte Wirtschaft wird so weniger kreativ, weniger ideenreich und weniger produktiv.

Renditehungrige Familienclans

Zudem setzen die vom Shareholder-Value-Wahn ausgezehrten Welt-AGs eine Art Rendite-Benchmark, entscheiden also mit darüber, welcher Rücklauf auf das eingesetzte Kapital für normal gehalten wird. Diese Zielrendite steigt seit Jahren, nicht nur in den börsengelisteten Global Playern, sondern auch in den großen Familienkonzernen. Hier orientiert sich ein Unternehmen am anderen, immerhin kann man sein Geld prinzipiell immer auch woanders anlegen.

Seit Auftauchen der Private-Equity-Heuschrecken besteht diese Option für größere Familienunternehmen sogar ganz real, und nicht wenige Ex-Eigentümer und Firmenerben haben sie genutzt. Übernahmen im Gesamtwert von 1,5 Billionen Dollar weltweit haben die Heuschrecken zwischen 2003 und 2008 gestemmt. In Unternehmen, die diese aggressiven Finanzvehikel in ihren Krallen halten, sind kreditfinanzierte Ausschüttungen die Norm und fester Bestandteil des Geschäftsmodells. Ebenso das Trimmen auf Maximalrendite, das Zerschlagen, Filetieren, Schließen und Entlassen, so lange, bis der ausgehungerte Unternehmensrest rentabel weiterverkauft werden kann. Während der akuten Finanzkrise hatten auch die Heuschrecken Probleme, Kredit zu bekommen. Längst aber fressen sie weiter und tragen so dazu bei, dass wirtschaftliche Substanz zerstört, wertvolle Innovationsfähigkeit vernichtet und Know-how und Professionalität in alle Winde verstreut werden.

Volkswirtschaftlich desaströse Unternehmensführung findet also keineswegs nur in den börsengelisteten Global Playern statt. Selbst eine Heuschrecke im Nacken ist nicht nötig. Die Shareholder-Value-Doktrin entspricht zwar in besonderer Weise den Interessen der Hedge-Fonds, Investmentfonds und Private-Equity-Gesellschaften, die selbst in jedem Quartal hohe Renditen ausweisen müssen und diesen Druck auf die Unternehmen übertragen. Das bedeutet aber nicht, dass nur

Unternehmen, bei denen solche Eigentümer dominieren, sich die entsprechende Managementphilosophie zu eigen gemacht haben. Ihr Beispiel hat Schule gemacht.

Aktienrückkaufprogramme und Ausschüttungsdruck gab es jahrelang auch bei großen Konzernen mit dominantem Familieneigentum wie etwa BMW, das zu fast 50 Prozent den Quandts und Klattens gehört. Finanzakrobatik auf dem Hochseil betrieb im Kontext der geplanten VW-Übernahme auch die Porsche AG, obgleich 100 Prozent der Stammaktien und 13 Prozent der Vorzugsaktien des Unternehmens bei zwei Familienclans, dem der Porsches und der Piëchs, liegen. Auch die Praxis, höhere Schulden aufzuhäufen, als die eigene Firma Umsatz macht, um mit dem geliehenen Geld Monopoly zu spielen, ist keineswegs Börsengesellschaften vorbehalten. Das zeigt der Familienkonzern Schaeffler, der mit einem Bankkredit von 11 Milliarden Euro den DAX-Konzern Conti geschluckt hat und an seiner Beute beinahe erstickt wäre. Unter die Zocker gegangen war auch der schwäbische Milliardär und Eigentümer eines Firmenimperiums mit 100 000 Mitarbeitern Adolf Merckle, der mit riskanten Spekulationsgeschäften 1 Milliarde Euro verlor und dadurch seine Unternehmen in eine ernste Schieflage brachte. Auch Ausschüttungen aus der Substanz sind durchaus nicht nur bei Publikumsgesellschaften oder unter dem Diktat von Private-Equity-Haien angesagt. Der hungrige Milliardärs-Clan der Haniels ließ sich 2009 mit 60 Millionen Euro das Zehnfache dessen als Dividende ausschütten, was die familieneigene Konzernholding im selben Jahr verdient hatte. Und von Siemens über Conti bis zu Henkel und BMW sind sie alle freudig dabei, selbst in Jahren mit Spitzengewinnen Beschäftigte zu tausenden auf die Straße setzen.

Natürlich gibt es Nuancen und auch Unterschiede. Die extreme Kurzfristorientierung, die Fixierung auf Quartalszahlen und Finanzkennziffern wird man in der Regel nur bei Unternehmen finden, die unter der Aufsicht von Finanzinvestoren und Kapitalmarkt stehen. Auch Ausschüttungen unter Auszehrung der Unternehmenssubstanz dürften bei Familienunternehmen zumindest nicht so oft vorkommen wie in den großen Aktiengesellschaften. Aber der Druck, maximale Renditen zu erwirtschaften und an die Eigentümer weiterzugeben, nimmt in familieneigenen Konzernen ebenso zu wie in den börsennotierten Gesellschaften.

Eine an der Privatuniversität Witten-Herdecke entstandene Studie über große Unternehmen, die sich seit mehreren Generationen im Besitz reicher Familienclans befinden, belegt das. In dieser Studie werden die Entwicklung und die Firmenphilosophie einiger Unternehmensimperien in Familienbesitz, unter anderem das der Haniels, der Oetkers, der Brenninkmeyers (C&A) und der Mercks, unter die Lupe genommen. Die Studie kommt zu dem Schluss:»Angesichts einer sich verstärkenden Kapitalmarktkultur ist ... die ansonsten bei Familienunternehmen zu findende Geduld gegenüber Nicht-Performern [d. h. Geschäftsbereichen mit geringerer Rendite] überhaupt keine Selbstverständlichkeit mehr.«[79] Denn: »Warum sollte sich jemand, der Unternehmensanteile besitzt, nicht auch wie ein normaler Investor fühlen, der danach trachtet, mit diesem Investment so umzugehen, dass für ihn die höchstmögliche Rendite in möglichst kurzer Zeit herausspringt? Je größer die emotionale Distanz zum eigenen Unternehmen und je loser der Familienzusammenhalt geworden ist, um so wahrscheinlicher ist dieser ›Wertewandel‹.«[80]

Der Milliardär August von Oetker, einer der Chefs des gleichnamigen Firmenimperiums, dessen Reichweite von Backpulvern über Finanzdienstleistungen bis zu Schifffahrt und Hotellerie reicht, weist ausdrücklich darauf hin:»Die Rendite muss in jeder Firma stimmen.«[81] Auch bei den Haniels werden Betriebsteile mit unterdurchschnittlicher Rendite rabiat umstrukturiert oder abgestoßen.

Im Grunde lauert die Fratze der Shareholder-Value-Doktrin überall, wo Unternehmen als bloße Anlageobjekte für privates Kapital betrachtet werden. Sie lauert überall, wo Produktion, Innovation und Kundennutzen nur Mittel zum Zweck der Geldvermehrung sind. Ganz gleich, ob es sich bei den Eigentümern dieses Geldes um große institutionelle Investoren, private Aktionäre, giftige Heuschrecken oder der Arbeit im Unternehmen entfremdete Familienclans handelt. In all diesen Fällen ist der erwartete Profit und nicht der wirtschaftliche Nutzen eines Geschäftsprojekts die entscheidende Größe, und Investitionen finden nur statt, wenn sie die angepeilte Zielrendite in Aussicht stellen. Die

Messlatte dafür wiederum wird von der Geldmaschine der Banken immer höher geschraubt. In all diesen Fällen ist somit nicht damit zu rechnen, dass mit den wirtschaftlichen Ressourcen sinn- und verantwortungsvoll umgegangen wird.

Fazit

Nicht nur das Geschäftsmodell der großen Banken, auch das vieler Großunternehmen ist heute produktivitäts-, innovations- und damit wohlstandsfeindlich. Statt die verfügbaren Ressourcen für Forschung, Neuerungen und Investitionen zu verwenden, wird die Unternehmensführung am kurzfristigen Shareholder-Value ausgerichtet und die Unternehmenssubstanz durch hohe Dividendenausschüttungen und Aktienrückkäufe ausgezehrt. Ständige Kostensparprogramme gehen zulasten von Qualität, Service und Professionalität. Das Streben nach Größe und Marktmacht tritt an die Stelle von Leistung, neuen Ideen und Kreativität. Der Druck wird an die Zulieferer weitergegeben.

Hintergrund dieser Entwicklung ist zum einen das wachsende Gewicht institutioneller Anleger als Eigentümer großer börsennotierter Gesellschaften. In die gleiche Richtung wirkt die stets präsente Gefahr einer feindlichen Übernahme im Falle sinkender Aktienkurse. Zum anderen orientieren sich aber auch große Familienkonzerne an der Rendite-Benchmark des Kapitalmarktes, die sie oft sogar übertreffen, und wirtschaften nach ähnlichen Prioritäten wie die großen Börsengesellschaften.

Im Ergebnis wird die Innovationsfähigkeit der Wirtschaft verringert; die technologische Entwicklung gebremst, wirtschaftliche Substanz zerstört und die soziale Spaltung der Gesellschaft durch Lohndumping immer weiter vergrößert.

4. Schaffe, schaffe, Häusle baue? – Mythos Leistungsgesellschaft

> »Wir haben feststellen müssen, dass ein sehr großer, ja der stark überwiegende Teil der wirtschaftlichen Macht in der heutigen Bundesrepublik bei einigen hundert Familien verblieben ist, die bereits vor achtzig, hundert und oft noch weit mehr Jahren maßgeblichen Einfluss hatten, ohne dass sich sagen ließe, sie wären damit stets so umgegangen, dass man die ungebrochene Kontinuität ihrer Macht begrüßen und als verdient bezeichnen könnte.«
>
> Bernt Engelmann in *Das Reich zerfiel,*
> *die Reichen blieben*

Nichts ist verlogener als die These, wir lebten in einer »Leistungsgesellschaft«. Wer viel leistet, verdient deshalb noch lange nicht viel und mit großer Wahrscheinlichkeit weniger, als er noch vor zwanzig oder dreißig Jahren für eine ähnliche Arbeit bekommen hätte. Wem dagegen ein mehrfaches Millionenvermögen in die Wiege gelegt wurde, der muss seinen Lebtag nichts mehr leisten und wird trotzdem blendend leben.

Unterbezahlte Leistungsträger

Wir leben in einer Gesellschaft, in der Leistung nicht belohnt wird. Dass allerdings ausgerechnet Parteien wie die FDP, deren ganze Politik darauf gerichtet ist, den Anteil leistungsloser Profit- und Vermögenseinkommen am Volkswirtschaftskuchen nach oben zu treiben, sich den Leistungsgedanken auf die Fahne schreiben, ist blanke Heuchelei und ein Hohn gegenüber den wirklichen Leistungsträgern. Der Kabarettist Volker Pispers stellte seinen Zuschauern kürzlich die Frage: Wenn morgen entweder alle Unternehmensberater, Investmentbanker und Aktienanalysten tot umfielen oder aber alle Krankenschwestern, Polizisten, Feuerwehrleute und Altenpfleger – wen würden Sie mehr vermissen?

Eine Gesellschaft, die unnützes Tun so ungleich viel höher honoriert als sinnvolles und nützliches, beruht offensichtlich nicht auf leistungsgerechter Bezahlung, sondern auf dem genauen Gegenteil. Der Fehler des heutigen Kapitalismus ist nicht, dass er eine Leistungsgesellschaft wäre, sondern dass er keine Leistungsgesellschaft ist. Dass er Leistung demotiviert, indem er die Bedingungen, unter denen Menschen leistungsfähig und kreativ sind, mehr und mehr zerstört.

Die Bundesrepublik der Nachkriegsjahrzehnte bot den Arbeitenden, neben wachsendem Konsum, ein weitgehend gesichertes Lebensmodell. Das ist vorbei. Heute grassieren Befristungen, Endlospraktika, Leiharbeit und Teilzeitjobs, erzwungene Mobilität und Flexibilität. Das Gefühl, nie zu wissen, wie man in wenigen Jahren leben wird, in welcher Stadt, mit welchem Einkommen, in welcher Firma, wird zum Lebensbegleiter. Nichts ist sicher. Die Angst vor Jobverlust und Absturz ist immer da. Damit aber verlieren Menschen die Planungshoheit über ihr Leben. Solche Bedingungen sind nicht dazu angetan, Höchstleistungen zu ermutigen, sondern Menschen zu stressen, zu verschleißen, auszubrennen. Je älter sie werden, desto mehr. Nicht nur auf volkswirtschaftlicher, auch auf individueller Ebene wird so Kreativität vernichtet.

Herkunft statt Leistung

Studien belegen: Je größer die soziale Ungleichheit in einer Gesellschaft, desto geringer ist auch die soziale Mobilität, also die Chance, seine soziale Schicht zu wechseln und besser zu leben als die Eltern. Solche Aufstiegschancen gab es in den fünfziger, sechziger und siebziger Jahren, als viele Kinder aus Arbeiterfamilien studierten und am Ende als Angestellte oder auch Selbständige deutlich wohlhabender waren als ihre Eltern. Zwar sind auch damals aus einstigen Teller-wäschern in der Regel keine Millionäre geworden, aber man konnte sich hocharbeiten. Diese Chance ist heute vielfach versperrt. Am schlechtesten steht dabei im Ländervergleich das Land der angeblich unbegrenzten Möglichkeiten da, die Vereinigten Staaten. Hier ist der soziale Status der Kinder am stärksten durch den Status der Eltern vor-herbestimmt. Wer von unten kommt, bleibt auch unten. Ähnlich mies sind die Aufstiegschancen in Großbritannien und nur wenig besser in Deutschland.

Die Gründe dafür liegen auf der Hand. Je größer die Ungleichheit, desto stärker ist in der Regel auch die Ghettoisierung von Armut. In den Wohnvierteln, wo die perspektivlosen Angehörigen der »Unter-schicht« wohnen, verfallen die Schulen, das Bildungsniveau ist schlecht, das Wohnumfeld hässlich, die Kriminalität hoch. Besonders Haupt-schulen sind in Deutschland solche Orte, in denen das Leben, ehe es richtig begonnen hat, aufs Abstellgleis gelenkt wird. Das unwürdige Dasein unter der Knute von Hartz IV hat den Prozess früher Ausgren-zung und Chancenlosigkeit verstärkt. Nur ganz wenige Kinder, die mit schlechten Startbedingungen ins Leben gehen, schaffen den Ausbruch.

Anders als der Mythos von der Leistungsgesellschaft nahelegt, ist der soziale Aufstieg heute also großenteils eine Frage der Herkunft. Ulrike Herrmann führt in ihrem exzellenten Buch über den »Selbst-betrug der Mittelschicht«[82] als ein Exempel für die Besetzung oberer Posten mit Mitgliedern von Familiendynastien das Beispiel des mitei-nander verwandten und verschwägerten Topmanagements deutscher Banken an. So war der Großvater von Commerzbank-Chef Martin Blessing Präsident der Bundesbank, der Vater war Vorstandsmitglied der Deutschen Bank, der Sohn hat es immerhin an die Spitze der Com-merzbank geschafft. Auch Blessings Ehefrau entstammt einer Banker-dynastie. Sie selbst ist Managing Director bei Goldman Sachs, ihr Vater, Paul Wieand, sanierte einst die Bank für Gemeinwirtschaft, Bruder Carl ist Partner bei McKinsey und Bruder Axel war Bereichsvorstand der Deutschen Bank, wurde auf deren Drängen 2008 zum neuen Chef der maroden HRE berufen und ging nach 18 Monaten wieder in die Chefetage der Deutschen Bank zurück.

Ulrike Herrmann weist darauf hin, dass die Chefs der 100 größten deutschen Firmen fast ohne Ausnahme dem Großbürgertum oder dem gehobenen Bürgertum entstammen, obwohl diese Schicht insgesamt gerade 3,5 Prozent der Bevölkerung ausmacht. Und das Prinzip Vererbung gilt nicht nur für die Spitzenpositionen. Wer der sogenannten »oberen Dienstklasse« angehört, also leitender Angestellter ist, Arzt oder Anwalt, hat zu 43 Prozent einen Vater, der bereits in der gleichen beruflichen Position tätig war.

»Geborene Unternehmer« – Die Eigentümerdynastien hinter den Märkten

Aber während die Karriere vom Kind ungelernter Arbeiter zum Oberstudienrat noch irgendwie machbar ist, schafft den Wechsel der Klasse so gut wie niemand: den Wechsel also von jener sozialen Schicht, die ihren Lebensunterhalt mit eigener Arbeit bestreitet, zu jener, die wesentlich von Profit- und Vermögenseinkommen lebt. Nicht dass nicht mancher Arbeitslose oder auch vormals abhängig Beschäftigte, der ewigen Jobwechsel und schlechten Löhne leid, sein Glück damit versuchen würde, ein eigenes Unternehmen auf die Beine zu stellen. Manchmal ist es nur ein Ausweg aus Verzweiflung, manchmal steht auch eine neue Idee dahinter. Aber selbst wenn die Geschäftsidee trägt und den Lebensunterhalt sichert, ist das erzielte Einkommen in der Regel kaum höher als bei abhängiger Arbeit und vor allem: Es beruht auf Arbeit. Eigener Arbeit, oft sogar extremer Selbstausbeutung. Von einem Zugriff auf Profiteinkommen kann hier keine Rede sein.

Im Sommer 2010 wurde vom Wirtschaftsmagazin *impulse* und der Stiftung Familienunternehmen eine Studie über »Deutschlands nächste Unternehmergeneration«[83] vorgestellt. Diese Studie bestätigt auf ihre Art, dass die Zugehörigkeit zur Klasse derer, die die Profit- und Vermögenseinkommen unter sich aufteilen, auf Vererbung beruht. Es geht also zu wie beim alten Adel, und zumindest die Verfasser dieser Studie finden das auch ganz normal.

Denn die »nächste Unternehmergeneration«, die hier betrachtet wird, sind mit völliger Selbstverständlichkeit: die Kinder der heutigen Unternehmer. Man stelle sich eine Studie über »Deutschlands nächste Forschergeneration« vor, die nicht junge Leute mit auffälligen naturwissenschaftlichen oder anderen Begabungen, die man mit dem Berufsbild des Forschers in Verbindung bringt, porträtieren würde, sondern: die Kinder der heutigen Forscher. Jedem normalen Menschen würde das absurd vorkommen.

Bei Unternehmern dagegen wird das Erblichkeitsprinzip nicht einmal hinterfragt. »Diese Generation ist eine Leistungs-Elite«, erklärt einer der Autoren.[84] Nach diesem Verständnis ist die Zugehörigkeit zur »Leistungs-Elite« offenbar davon abhängig, an welchem Ort ein Kind krabbeln lernte: Eine mondäne Unternehmervilla muss es schon sein, kein Reihenhaus oder gar eine Sozialwohnung.

Die Studie zeige, berichtet die *Financial Times Deutschland:* »Wer als Unternehmer geboren wird, bleibt in der Unternehmertradition. Der Wunsch nach Freiheit und Selbständigkeit ist extrem stark ausgeprägt.«[85] Nur 6 Prozent der Unternehmenserben könnten sich vorstellen, im öffentlichen Dienst angestellt zu sein. Pietätvollerweise hat die Studie gar nicht erst gefragt, wie viele der »geborenen Unternehmer« sich vorstellen könnten, einen Job im Niedriglohnsektor anzunehmen, etwa als Pflegekraft oder im Reinigungsgewerbe. Oder vielleicht gar einen Ein-Euro-Job. Solche Fragen müssen sich die in der Studie Befragten tatsächlich nicht stellen. Der öffentliche Dienst ist schon das Maximum an Abstieg, das denkbar ist.

Im Kopf von Journalisten, die solche Artikel hinschludern, wird man also – dank eines Gens? – »als Unternehmer geboren« und auch der »Wunsch nach Freiheit und Selbständigkeit« ist einem in die Wiege gelegt, wohingegen sich Kinder von Lehrern, Kassiererinnen oder Arbeitslosen offenbar durch den *Wunsch nach Unfreiheit und Unselbständigkeit* auszeichnen, weshalb aus ihnen auch nie ordentliche Unternehmer werden können. Dass selbst in einer seriösen Zeitung wie der *FTD* solcher Humbug geschrieben werden kann, zeigt, wie unreflektiert die Erblichkeits-Ideologie sich in den Köpfen eingenistet hat. Setzt die Führung eines Unternehmens etwa keine besonderen Fähigkeiten voraus, Führungsstärke, Durchsetzungsfähigkeit, Kreativität, um nur einige zu nennen? Und kann man im Ernst davon ausgehen, dass diese Fähigkeiten einfach weitervererbt werden beziehungsweise von jedem Spross einer Unternehmerdynastie auf dem Eliteinternat erlernt werden können?

Aber die »Leistungs-Elite« muss über diese Fähigkeiten auch gar nicht verfügen. Dafür gibt es ja bezahlte Manager, die man ins Unternehmen holen kann. Die Studie findet heraus, dass etwa die Hälfte der Unternehmenserben »offen für Fremdmanager« ist. Dessen ungeachtet gilt für die meisten: Folgen sie nicht in den Elternbetrieb, wollen sie in der Regel ein eigenes Unternehmen gründen. Mit oder ohne Fremdmanager. Die Söhne und Töchter von Unternehmenseigentümern werden also fast immer selbst wieder Unternehmer. Zwar nicht unbedingt im Schumpeter'schen Sinne, aber zumindest in dem, dass sie, wie ihre Eltern, vom großen *Profitstück* im Volkswirtschaftskuchen leben können und sich nie ins Gedränge um das kleiner werdende Lohnstück begeben müssen.

1972 stellte der *Spiegel*, der damals noch eine kritische Zeitschrift mit journalistischem Anspruch war, in einer Titelgeschichte fest: »Die Zeit, in der ein tüchtiger Unternehmer, mit nichts als einer Idee und einem Firmenschild, anfangen und nach ein paar Jahren einen großen Fabrikkomplex sein Eigen nennen konnte, ist längst vorbei. Selbst in den ersten Jahren nach dem Zweiten Weltkrieg gelang es nur in jenen Branchen, die, wie etwa die Presse, von den Besatzern zerschlagen waren oder neue Märkte fanden wie die Radio-Industrie oder die Versandhäuser, einigen wenigen Westdeutschen, mit ein bisschen Glück ein großes Unternehmen aufzubauen. Heute könnte niemand mehr so einfach wie damals Axel Springer, dem die englischen Besatzer zwei Zeitungslizenzen schenkten, oder wie Max Grundig, der zunächst Bastelradios vertrieb, und Werner Otto, der sein Versandhaus als Familienbetrieb begann, in die Reihen der Reichen emporklettern.

Weil allein die Einführung eines neuen Produktes wie etwa eine Waschmittel- oder eine Zigarettenmarke auf einem gesättigten Konsu-

mentenmarkt schon Millionen verschlingt, ist der Kreis der Besitzenden eine strikt geschlossene Gesellschaft. Es ist eine Gesellschaft der Erben, die, wie die Tabaksippen Ritter (Brinkmann AG) und Reemtsma oder der Gemischtwarenhändler Herbert Quandt, ihre über Generationen in der Familie weitergereichten Unternehmen durch kräftige Expansion und Firmenaufkäufe vergrößerten.«[86]

Was unterscheidet die »geborenen Unternehmer« tatsächlich von jenen, die sich aus einer abhängigen Beschäftigung heraus, ohne Erbschaft und Familiendynastie, selbständig gemacht haben? Nicht die Gene, sondern das Startkapital. Weil der verfügbare Kapitalstock für die Entwicklung eines Unternehmens eine entscheidende Rolle spielt, sind die Erben so ungleich viel öfter erfolgreich als jene, die weitgehend aus dem Nichts, mit einer guten Idee und viel Kraft, ein Unternehmen aufzubauen suchen. Wer klein anfängt, wird nur in wenigen Ausnahmefällen groß. Eigentlich nur, wenn er das Glück hat, einen neuen und daher noch offenen Markt mit großem Wachstumspotential zu entdecken und als einer der Ersten am Platz zu sein. Der Neueinsteiger muss den Mount Everest immer von ganz unten erklettern. Der Unternehmenserbe dagegen wird mit dem Helikopter auf 4000 Meter Höhe geflogen und fängt seine Bergtour erst hier überhaupt an. Es ist sehr unwahrscheinlich, dass der schwitzende Kletterer von ganz unten ihn einholt.

»Vermögensbildung in Arbeitnehmerhand«

Eigentum oder Nichteigentum an Produktivvermögen – also Gesellschafteranteile oder Aktien – ist der entscheidende Unterschied zwischen jenen vielen, die von Löhnen und Gehältern leben, und den sehr wenigen, denen das große Kuchenstück der Profit- und Vermögenseinkommen zur Verfügung steht.

1960 besaßen 1,7 Prozent aller Haushalte in der Bundesrepublik 70 Prozent des gesamten gewerblichen Produktivvermögens. Ende der Sechziger waren es bereits 74 Prozent. Mindestens so viel sind es bis heute geblieben, wobei entsprechende Statistiken kaum noch erhoben werden. Nur 4 Prozent aller Bundesbürger haben Zugriff auf irgendeine Form von Betriebsvermögen, Klein- und Kleinstgewerbler

eingerechnet. Trotz aller Volksaktien-Trommelei besitzen auch heute noch gut 90 Prozent aller Haushalte in Deutschland keine Aktien: weder direkt noch indirekt über Fonds.

Die großen Aktienpakete, soweit sie privat gehalten werden, konzentrieren sich in den Depots ganz weniger. Wiederum ist es das reichste Prozent, das 70 Prozent aller privat gehaltenen Aktien sein Eigen nennt. Das Geldvermögen von derzeit 4,9 Billionen Euro ist zwar etwas breiter verteilt; aber auch hier haben wenige die dicksten Brocken. Das reichste Prozent allein besitzt nach den Zahlen von Merrill Lynch etwa die Hälfte dieses Vermögensberges. Insgesamt befindet er sich zum größten Teil auf den Konten der oberen 25 Prozent.

Alle anderen haben Kleckerbeträge oder gar nichts. Ähnlich sind die Verhältnisse in anderen Industriestaaten. Das reichste Prozent der US-Bevölkerung hat Anfang der achtziger Jahre 40 Prozent aller Firmengewinne, Dividenden und Zinsen eingestrichen. Inzwischen ist sein Anteil auf 60 Prozent angeschwollen. 90 Prozent dieser Einkommen, also fast alles, fließen auf die Konten der oberen 20 Prozent.

Da es mit Blick auf Demokratie und Gerechtigkeit schwer zu begründen ist, dass in den heutigen Gesellschaften eine winzige Minderheit der Bevölkerung über das nahezu gesamte produktive Vermögen verfügt und dieses Privileg jeweils an ihre Erben weitergibt, wurde und wird immer wieder vorgeschlagen, die »Vermögensbildung in Arbeitnehmerhand« zu unterstützen. Die Vorschläge reichen von den vermögenswirksamen Leistungen, die der Staat mit Zulagen fördert, über die penetrante Bewerbung sogenannter »Volksaktien« bis zu »Investivlöhnen«, also der obligatorischen Verwandlung von Teilen des Lohns in Mitarbeiteraktien. All diese Konzepte haben miteinander gemein, dass sie die Bildung von Vermögen – und zwar möglichst Produktivvermögen – in den Händen der abhängig Beschäftigten stärken sollen. Sie alle sollten dazu beitragen, dass die Konzentration der Vermögen in wenigen Händen überwunden und das Profitstück am Kuchen breiter verteilt wird. Und sie alle sind, gemessen an diesem Ziel, grandios gescheitert.

Es gibt einen einfachen Grund, warum der ganze Rummel um die »Vermögensbildung in Arbeitnehmerhand« an der extremen Konzentration von Vermögen, zumal von Produktivvermögen, nicht das Geringste geändert hat und auch in Zukunft nichts ändern wird: Der Normalverdiener hat einfach nicht genug Einkommen, um so viele Ersparnisse zu bilden, dass die Zinsen oder Dividenden auf diese Ersparnisse ein relevantes Zubrot zu seinem Einkommen bilden. Weil das aber so ist, spart er auch nicht mit dem Ziel, die Ersparnisse stehen zu lassen und nur ihre Erträge aufzuessen, sondern er spart dafür, das Geld irgendwann für einen konkreten Zweck wieder auszugeben: eine größere Anschaffung, eine schöne Urlaubsreise, die Ausbildung der Kinder oder auch die eigene Sicherheit im Alter. In all diesen Fällen werden Ersparnisse also in der Absicht gebildet, sie früher oder später wieder zu verbrauchen.

Genau das ist auch mit einem Großteil der geförderten »Vermögensbildung« oder der mit großem Pomp beworbenen »Volksaktien« geschehen. So durften bei der Privatisierung des Volkswagenkonzerns in den sechziger Jahren zunächst nur Leute mit einem Einkommen unterhalb einer bestimmten Grenze Aktien kaufen. Das Gleiche galt bei der Privatisierung der VEBA 1965. Dem »Volkskapitalismus« wurde dadurch allerdings nicht zum Durchbruch verholfen. Im Gegenteil, ein erheblicher Teil der Neuaktionäre hatte sich bereits nach einem Jahr wieder von seiner »Volksaktie« verabschiedet. Bei der Telekom wiederholte sich 40 Jahre später das gleiche Spiel.

Im Gegensatz zum Zwecksparen des Durchschnittsverdieners beruht die Kapitalbildung einer Gesellschaft darauf, dass Ersparnisse angesammelt werden, die nicht zum späteren Verbrauch bestimmt sind. Sparen muss also Selbstzweck sein. Eine solche Ersparnisbildung kann natürlich auch gesellschaftlich organisiert werden. Erfolgt sie aber auf privater Ebene, können ihre Träger eigentlich nur Leute sein, die von ihren Ersparnissen leben wollen und können. Denn nur für sie ergibt Sparen als Selbstzweck einen Sinn. Tatsächlich geht der überwiegende Teil der volkswirtschaftlichen Vermögensbildung auf ein solches Selbstzweckmotiv und nicht auf Konsummotive zurück.[87] Verantwortlich dafür ist eine extrem kleine Schicht von Leuten, die über derart hohe Einkünfte verfügen, dass sie ein Vermögen aufbauen können, von dessen Erträgen man leben kann. Genauer gesagt: dass sie ein vorhandenes Vermögen, von dem man bereits lebt, immer weiter ausbauen können.

Tatsächlich speist sich die Vermögensbildung zum übergroßen Teil aus den Einkünften aus bereits vorhandenem Vermögen. Immerhin 80 Prozent des neugebildeten Geldvermögens entstehen in der Bundesrepublik aus Zinsen und Dividenden. Das ist kein Zufall, sondern hat einfach damit zu tun, dass die wirklich großen Einkommen, die umfangreiche Ersparnisse erst ermöglichen, eben nicht aus Arbeit stammen, sondern aus wirtschaftlichem Eigentum. Allenfalls Topmanager und wenige andere Spitzenverdiener können da vielleicht noch mithalten.

Aber selbst die vielgescholtenen Manager gehören nicht zu den wirklich Reichen in der heutigen Gesellschaft. Ulrike Herrmann weist zu Recht darauf hin, dass die Managergehälter in der Regel nur 1,48 Prozent des Gewinns in einem Konzern ausmachen und die Hysterie über hohe Boni wohl auch von der Frage ablenken soll, wo die restlichen 98,52 Prozent bleiben. Sie schreibt über die endlose Boni-Debatte:

»Über die Gewinne der Kapitaleigner wird nicht diskutiert, die Erträge der Vermögenden sind tabu. Statt über den Cappuccino als solchen redet man nur über den Milchschaum oben drauf.«[88] In einem Eliteclub, in dem selbst der Deutsche-Bank-Chef Ackermann ein armer Hund ist, sollte niemand glauben, mit den Ersparnissen aus seinen Arbeitseinkommen mithalten zu können.

Bereits der österreichische Ökonom Joseph Schumpeter hatte übrigens darauf hingewiesen, dass man den Stand eines Kapitalisten nicht dadurch erreichen kann, dass man aus seinem Arbeitslohn spart: »Die Masse der Akkumulation stammt aus Profiten und setzt darum Profite voraus, – dies ist in Wirklichkeit der *vernünftige* Grund für die Unterscheidung von Sparen und Akkumulieren.«[89] Die hohe Konzentration von Produktivvermögen ist also kein Zufall, sondern liegt im System. Einen Volkskapitalismus gibt es nicht und kann es nicht geben.

Geld stinkt nicht? Vermögen aus dunklen Zeiten

Gerade weil normale Einkommen nicht ausreichen, um sich aus ihnen ein relevantes Vermögen zusammenzusparen, geht ein überwiegender Teil der vorhandenen Vermögen auf Erbschaften zurück. Die US-Ökonomen Kotlikoff und Summers kommen nach einer gründlichen Analyse der amerikanischen Daten über Ersparnisse und Vermögensverteilung zu dem Schluss, dass mindestens 80 Prozent aller amerikanischen Vermögenswerte aus Erbschaften resultieren.[90] Dabei ist die Vermögensbildung aus Einkünften aus ererbtem Vermögen eingerechnet, was ja auch sinnvoll ist. Immerhin sind solche Vermögen ebenso wenig auf die eigene Lebensleistung der Erben zurückzuführen wie der Grundstock, den die Elterngeneration an sie weitergegeben hat. Andere Studien zu anderen Zeitperioden und Ländern kommen zu ähnlichen Schlüssen.[91]

Bernt Engelmann weist in seinem immer wieder lesenswerten Klassiker *Das Reich zerfiel, die Reichen blieben* mittels einer akribischen Untersuchung nach, dass sich im Deutschland der siebziger Jahre etwa zwei Drittel aller großen Industrieunternehmen, Handelsfirmen und Banken im Eigentum einer Gruppe von etwa 500 untereinander verwandten und verschwägerten Familien befanden, die bereits 1913 zur Oberschicht und Geldaristokratie gehörten und schon damals über ähnliche wirtschaftliche Machtbastionen verfügten wie sechzig Jahre später.

Die Beantwortung der Frage, wem die Bundesrepublik eigentlich gehört, führt uns, schreibt Engelmann, zu den »heute noch steinreichen und mächtigen Erben der Geld- und Machtelite des Kaiserreichs, deren Vermögen zumeist schon in früheren Jahrhunderten gebildet wurde – durch Bauernlegen, Menschenschinderei, Wucher und Geldfälschung, mittels Bestechung erschlichene Monopole, Soldatenverkauf, Straßenraub und Erpressung oder mit den verfeinerten Methoden frühkapitalistischer Ausbeutung ...«[92] Nicht zu reden von den gigantischen Zugewinnen, die im 20. Jahrhundert noch hinzukamen: aus der Kriegsproduktion für zwei Weltkriege, aus der Naziherrschaft, der Arisierung jüdischen Vermögens und dem Todschinden zehntausender Zwangsarbeiter. Trotz verlorener Kriege, Inflation und zwei Währungsreformen blieb den von Engelmann beschriebenen Familiendynastien nahezu alles: »Großgrundbesitz und Warenlager, Kohlenfelder, Flöze und Halden, Maschinen und Patente, Kunstschätze und Auslandsguthaben, vor allem aber Ansprüche sowie die Macht und der Reichtum, diese auch durchzusetzen«.[93]

Vielleicht ist die dunkle Herkunft eines Großteils des Reichtums der wirklich Reichen einer der Gründe dafür, weshalb dieser Reichtum gern unsichtbar bleibt und es so schwer ist, zuverlässige Statistiken darüber zu finden, wie es am oberen Ende der Vermögenshierarchie tatsächlich aussieht.

Kein »Kapitalismus der kleinen Leute«

Was Bernt Engelmann für die Bundesrepublik der siebziger Jahre nachgewiesen hat, hat sich bis heute nicht verändert. Die Eigentumsverhältnisse sind nur etwas versteckter, umwegiger und vermittelter geworden. Teils wurden Gesellschafteranteile durch Aktien oder Aktien durch Fondsanteile ersetzt. Teils wurden aus den Einkünften aus Familienkonzernen zusätzlich große Geldvermögen aufgebaut, die weltweit angelegt werden. Eine knappe Mehrheit der Aktien der DAX-Konzerne befindet sich heute in der Hand ausländischer Anleger, zum erheblichen Teil institutioneller. Aber das heißt nicht, dass in diesen ausländischen Fonds nicht auch Milliarden aus den weiten Taschen der deutschen Oberschicht stecken können.

Das Entscheidende hat sich nicht verändert: Wenigen reichen Dynastien gehört ein großer Teil der Wirtschaft. Inzwischen nicht mehr nur der nationalen, sondern der Weltwirtschaft. Angesichts dessen ist es kompletter Unfug oder bewusste Irreführung, wenn das Unwesen, das die institutionellen Investoren heute als Unternehmenseigentümer treiben, als eine Art Kapitalismus »der kleinen Leute« bezeichnet wird, wie das gern geschieht. Nicht nur, weil die »kleinen Leute« als Beschäftigte die Letzten sind, die von dem Regime der renditehungrigen Finanzvehikel einen Vorteil haben, sondern auch, weil ihnen das Geld, mit dem die Fonds spielen, schlicht nicht gehört. Vielmehr befinden sich die von den Hedge- und Investmentfonds verwalteten Billionen zum großen Teil in den Händen derselben alteingesessenen Familiendynastien, denen auch die familieneigenen Konzerne gehören oder deren Vorväter ihr Geld als Unternehmenseigentümer gemacht haben. Das gilt nicht nur für Deutschland. Das ist weltweit so.

154 Unproduktiver Kapitalismus

Das Machtgefälle zwischen den verschiedenen Typen von Sparern spiegelt sich auch in der Struktur der Fonds wider: Besonders wohlhabende Anleger investieren nicht in sogenannte Publikumsfonds, sondern in exklusive Spezialfonds, die eine hohe Mindestanlagesumme als Eintrittsbillett vorsehen. Dabei überschreitet das Anlagevolumen der Spezialfonds das der Publikumsfonds bei weitem, wie der Ökonom und Finanzmarktanalytiker Jörg Huffschmid gezeigt hat.[94] Es gibt eigentlich nur eine Ausnahme: die Pensionsfonds. Hier dominieren tatsächlich die Spargelder normal verdienender Angehöriger der Mittelschicht. Aber diese Spargelder wurden nicht aus freiwilliger Entscheidung den Fonds zugeschoben, sondern aus nacktem Zwang, eben wegen nichtvorhandener beziehungsweise zerstörter gesetzlicher Rentensysteme. Darauf, wer von diesem System profitiert, werden wir noch zu sprechen kommen. Es sind jedenfalls nicht die, die ihre angesparten Ruhestandsgelder ins Feuer der Finanzmärkte werfen.

In der Verfügung oder Nichtverfügung über Kapital liegt also, wie Schumpeter und vor ihm Marx hervorgehoben haben, der Kern der sozialen Spaltung in der heutigen Gesellschaft. Diese Spaltung wird von Generation zu Generation weitergegeben und ist durch Fleiß oder eifrige Spartätigkeit nicht zu überwinden. Ebenso wenig wie durch Investivlöhne oder Volksaktien, die sowieso vor allem dazu da sind, den Beschäftigten die Renditelogik nahezubringen und die tatsächliche Verteilung von Eigentum und Vermögen zu vernebeln.

Fazit

Wir leben nicht in einer Leistungsgesellschaft. Lebensperspektiven und individuelle Aufstiegschancen werden heute entscheidend von der Herkunft vorherbestimmt. Wirklicher Reichtum ist nicht über Arbeitseinkommen zu erwerben, sondern nur über Profit- und Vermögenseinkommen. Der Zugriff auf diese Einkommen konzentriert sich in den Händen von kaum mehr als einem Prozent der Bevölkerung, das über die wichtigsten Wirtschaftsgüter, über Ländereien und große Geldvermögen verfügt und dieses Eigentum großenteils von seinen Vorvätern ererbt hat. Nur in ganz wenigen Ausnahmefällen beruht es auf eigener Leistung.

Die soziale Klasse der Unternehmenseigentümer und Vermögenden ist somit eine weitgehend geschlossene Gesellschaft, deren Eintrittsbillett durch Geburt erworben wird. Die Kontinuität der Eigentümerdynastien ist so ausgeprägt, dass die großen deutschen Industrieunternehmen, Handelsfirmen und Banken sich zum erheblichen Teil noch heute im Eigentum von Familien befinden, die bereits im Kaiserreich zur Geld- und Machtaristokratie gehörten.

5. Zerstörte Kreativität statt »kreative Zerstörung«

> »Der Kapitalismus wird durch seine eigenen
> Errungenschaften umgebracht.«
>
> Joseph A. Schumpeter, österreichischer Ökonom (1942)

Es war der österreichische Ökonom Joseph Alois Schumpeter, der Anfang des 20. Jahrhunderts die Theorie der »kreativen Zerstörung« entwickelte. Anders als die Mainstream-Ökonomie noch heute interessierte sich Schumpeter nicht für blutleere imaginäre Marktgleichgewichte, sondern gerade für den Prozess von Ungleichgewicht, Innovation, Fortschritt und Krise. Ein echter Wettbewerbsmarkt, so Schumpeters Theorie, befindet sich niemals im Gleichgewicht. Im Gegenteil, er zwingt die konkurrierenden Unternehmen zu ständigen Neuerungen und Veränderungen, zur Entwicklung neuer Produkte, zur Umstellung auf neue, produktivere Technologien, also auch immer wieder zur Vernichtung alter Anlagen und zur Entwertung ihres bereits investierten Kapitals. Jedes Unternehmen muss sich diesem Wettkampf stellen, denn wer nicht mithält, geht unter.

Der Begriff »kreative Zerstörung« beschreibt diesen Prozess: Das Neue setzt sich immer auch um den Preis der Zerstörung durch, der Zerstörung bereits vorhandener Kapazitäten, des Untergangs ganzer Unternehmen, ja von Massenpleiten im Zuge einer größeren Wirtschaftskrise. Aber die Zerstörung ist »kreativ«, weil sie die Beteiligten zur Innovation zwingt, weil sie Erfindungsgeist und Forschung anstachelt und weil sie so die Wirtschaft insgesamt produktiver und die Gesellschaft reicher macht.

Mehr Wohlstand für viele

Tatsächlich hat der Kapitalismus in mehreren Phasen seiner Entwicklung nach der von Schumpeter beschriebenen Logik funktioniert. Er hat die Produktionstechnologien von Grund auf revolutioniert, und das gleich mehrfach: von der Handmanufaktur zur Dampfmaschine, von der Dampfmaschine zur elektrischen Fließbandfertigung, vom Fließband zur softwaregesteuerten, weitgehend automatisierten Produktion im Zeitalter von Internet und Halbleitertechnologie. Er hat so die Lebensverhältnisse der Menschen in einer Weise verändert und den materiellen Wohlstand in einem Grade gesteigert wie keine Gesellschaft vor ihm. Walter Eucken hat recht, wenn er darauf hinweist, dass »die Umwelten Goethes und Platons ... einander ähnlicher [waren] als die Umwelten Goethes und eines heute lebenden Menschen«.[95]

Stellt der Kapitalismus dadurch nicht seit zwei Jahrhunderten unter Beweis, dass er wie keine andere Wirtschaftsordnung in der Lage ist, den produzierten Reichtum zu erhöhen und die menschlichen Konsummöglichkeiten auszuweiten? Dass er dabei zwar größte soziale Ungerechtigkeiten in Kauf nimmt, am Ende aber doch alle reicher macht? Dass er die natürlichen Lebensgrundlagen des Menschen zwar verschlissen und teilweise irreversibel zerstört hat, aber auch hier bald neue Lösungen finden wird? Denn sind nicht der Druck der Konkurrenz und der Stachel des Profitinteresses unerlässliche Vorbedingungen, um Menschen dazu zu bringen, immer neue Ideen zu entwickeln und sie auch umzusetzen? Sind die in den vorangegangenen Kapiteln geschilderten Verfallsprozesse vielleicht nur kurzfristige Fehlentwicklungen, verursacht durch falsche Regeln, korrigierbar durch bessere Gesetze, ohne die Grundlagen der heutigen Wirtschaftsordnung – privatkapitalistisches Eigentum und Profitstreben – anzutasten?

Diese Fragen müssen verneint werden. Und im Folgenden wird gezeigt, warum die »kreative Zerstörung« sich im Laufe der Zeit mehr und mehr in eine Zerstörung von Kreativität und Produktivität verwandelt hat und weshalb sich diese Entwicklung auch nicht einfach zurückdrehen lässt.

Innovatoren auf offenen Märkten

Schumpeter selbst hat sehr bewusst den Unternehmer vom bloßen Kapitalisten unterschieden. Kapitalist ist der Kuponabschneider, der das Unternehmen als reines Anlageobjekt betrachtet und nur daran interessiert ist, möglichst viel Rendite herauszuholen. Für den Prozess des technologischen Fortschritts und der »kreativen Zerstörung« ist er bedeutungslos. Unternehmer dagegen ist für Schumpeter derjenige, der auf Grundlage einer neuen Idee – sei es einer entdeckten Marktlücke, eines neu erfundenen Produkts oder einer pfiffigen neuen Produktionsmethode – ein Unternehmen gründet und aufbaut. Natürlich geht es dem Unternehmer dabei auch nicht um hehre Menschheitsinteressen, sondern nicht zuletzt um den erwarteten Gewinn. Aber er wird nur Gewinn machen, wenn seine Idee trägt, und dann wird er den größten Teil des erzielten Gewinns wieder investieren, weil sein Unternehmen wächst. Ein solcher Unternehmer treibt die »kreative Zerstörung« bei seinen Wettbewerbern voran, deren Produkte jetzt möglicherweise nicht mehr konkurrenzfähig sind. Er wird Nachahmer finden, die seine Idee kopieren und ebenfalls investieren.

Viele Firmen sind irgendwann einmal von solchen Unternehmern mit einer neuen Idee und der Power, sie umzusetzen, gegründet worden. Manchmal war der Ideengeber auch ein anderer und der Unternehmensgründer war nur der Erste, der über die nötigen finanziellen Mittel verfügte, um sie zu realisieren. Das spielt in diesem Zusammenhang aber keine Rolle. Wichtig ist: Neue Ideen gibt es zwar nicht nur in neuen Firmen, aber Unternehmer gibt es nur auf Märkten, die offen genug sind, um neuen Firmen mit neuen Ideen eine Chance zu geben.

Nur dann gibt es keine Versuchung der alteingesessenen Anbieter zum Technologie-Konservatismus, sondern Technologien und Produkte sind einer ständigen »kreativen Zerstörung« ausgesetzt: Entweder bereits durch das Auftreten von Innovatoren oder spätestens in der nächsten Krise, die im 19. Jahrhundert zuverlässig alle zehn bis zwölf Jahre die Wirtschaft durchschüttelte und zu einer Bereinigung der Produktionskapazitäten führte. Was nach der Krise übrig blieb, war produktiver, moderner, leistungsfähiger als das durchschnittliche Unternehmen vor der Krise. Dann begann das Spiel von neuem.

Auf Märkten, auf denen keiner groß genug ist, um die Preise oder den Umfang des Angebots zu bestimmen, und jederzeit neue Anbieter mit besseren Technologien auftauchen können, kann ein Unternehmen nur durch überlegene Leistung bestehen. Wer hohe Profite machen will, muss investieren, innovieren, kreativ sein. Und er braucht seinen Gewinn zum großen Teil dafür. Solange diese Marktform dominiert, treibt der Kapitalismus die technologische Entwicklung wahrscheinlich schneller voran, als jede andere Ordnung es könnte. Im 19. Jahrhundert funktionierten große Teile der Wirtschaft nach dieser Logik. Die harte Konkurrenz erzwang ständige Leistungssteigerung, und die wiederkehrende Entwertung bereits investierten Kapitals trug zusätzlich dazu bei, die Investitionen auf hohem Niveau zu halten.

Bei aller Begeisterung für die »kreative Zerstörung« im damaligen Kapitalismus sollte man allerdings nie vergessen: Die hohen Investitionen setzten jene hohen Profite voraus, die beim damaligen Stand der Technik ohne das Elend und die brutale Ausbeutung der Arbeitenden nicht erzielbar gewesen wären. Das Los der großen Mehrheit der Bevölkerung hatte sich mit der Industrialisierung zunächst durchaus nicht verbessert, sondern gravierend verschlechtert, wie auch Adam Smith einräumen musste.

Ein Kuchen mit drei Stücken

Das hohe Investitionsniveau setzte die hohen Profite allerdings nicht nur voraus. Es ermöglichte sie auch. Dieser Zusammenhang wird oft vergessen. Um ihn zu verstehen, muss man die betriebliche Ebene verlassen und die Volkswirtschaft als Ganzes betrachten. An dieser Stelle wird daher ein kleiner volkswirtschaftlicher Exkurs eingeschoben, der für das Verständnis der tieferen Gründe der nachlassenden Investitions- und Innovationsdynamik im Kapitalismus wichtig ist. Wir machen es so kurz und einfach wie möglich.

Also: Im einzelnen Unternehmen entstehen Profite durch den Verkauf der Produkte, sofern der Verkaufspreis höher als die Kosten ist.

Wer der Käufer ist, ist egal. Volkswirtschaftlich dagegen entstehen keine Profite, wenn Beschäftigte mit ihren Löhnen einkaufen gehen. Es entstehen auch keine Profite, wenn der Staat mit seinen Steuereinnahmen Produkte nachfragt, zumindest wenn es sich um Steuern handelt, die zuvor direkt (Unternehmenssteuern) oder indirekt (Lohnsteuer, Mehrwertsteuer) bei den Firmen als Kosten zu Buche geschlagen waren.

Das versteht man, wenn man sich die Volkswirtschaft wie einen großen Kuchen vorstellt. Dieser Kuchen besteht zunächst aus zwei großen Hälften, den Einkommen aus Löhnen und Gehältern auf der einen Seite, also dem Geld, von dem die übergroße Mehrheit der Menschen ihren Lebensunterhalt bestreitet, und den Einkommen aus Profit und Vermögen auf der anderen Seite, also den Bezügen jener Minderheit, die Produktivvermögen oder große Geldvermögen besitzt und von Dividenden, Zinsen und ausgeschütteten Gewinnen lebt. (Natürlich beziehen neben Gewinnausschüttungen viele auch noch ein Gehalt als Chef der betreffenden Firma, aber wir wollen es hier bewusst einfach halten.) Von den beiden Hälften schneidet sich jetzt der Staat seinerseits ein kräftiges Stück ab, weit mehr natürlich von den Löhnen als von den Gewinnen. Von dem Staatsstück leben keineswegs nur die Staatsdiener und Politiker, sondern auch die Rentner und die Bezieher sozialer Leistungen. Außerdem kauft der Staat natürlich auch Dinge am Markt und gibt dafür Geld aus. Am Ende hat der Kuchen, der das Volkseinkommen ausmacht, also drei große Teile, die wir der Einfachheit halber das *Lohnstück*, das *Staatsstück* und das *Profitstück* nennen wollen.

Da die Einkommen wertlos wären, wenn ihnen nicht entsprechende Güter und Leistungen gegenüberstünden, kann man sich die drei Kuchenstücke auch als Bündel solcher Güter und Leistungen vorstellen. In dem *Lohnstück* befindet sich also alles, wofür der Normalbürger im Jahresverlauf sein Geld ausgibt, von der Aldi-Milch bis zum H&M-Pulli, von der Stromrechnung bis zu den Bankgebühren. In dem zweiten Stück, dem *Staatsstück*, befindet sich alles, wofür der Staat seine Einnahmen verwendet: Da finden wir also teilweise die gleichen Gebrauchsgüter wie im Lohnstück, nämlich das, was Lehrer, Rentner oder Arbeitslosengeldempfänger kaufen. Außerdem befinden sich darin Straßen- und Kanalbauten, Panzer und Satelliten und manchmal

Zerstörte Kreativität statt »kreative Zerstörung« **161**

auch marode Banken, sofern sie gerade vom Staat gerettet werden. Im dritten großen Stück, dem *Profitstück*, befindet sich alles, was mit ausgeschütteten oder nichtausgeschütteten Gewinnen gekauft wird. Zum einen all jene Luxusgüter, mit denen die Oberschicht ihr Leben versüßt, zum anderen die Investitionsgüter.

Der Kuchen ist natürlich nicht statisch. Er kann wachsen oder schrumpfen. Wenn er wächst, können alle drei Teile mitwachsen, es können sich aber auch die Proportionen verschieben. Ob und wie stark der Kuchen wächst, hängt von zwei Faktoren ab. Erstens von den Investitionen, die darüber entscheiden, wie viel Teig in einem Jahr aufs Backblech kommt und wie viel Kuchen also maximal gegessen werden kann. Zum anderen aber haben sich am Jahresende nur die Teile des Kuchens tatsächlich in Einkommen verwandelt, die auch wirklich von irgendwem gegessen wurden. Bleibt etwas übrig, ist die Summe von *Lohnstück*, *Profitstück* und *Staatsstück* kleiner als der gebackene Kuchen, und im nächsten Jahr wird dann wahrscheinlich auch weniger Teig aufs Blech gepackt.

Warum sollte der mühsam gebackene Kuchen nicht aufgegessen werden? Bei dem *Lohnstück* und dem *Staatsstück* bleibt normalerweise kein Krümel übrig. Ein durchschnittlich verdienender Beschäftigter hat viel zu wenig Geld, um üppige Ersparnisse anzulegen. Die Mehrheit der Menschen gibt ihr Einkommen aus und würde gern noch mehr ausgeben, wenn sie es hätte. Ähnlich sieht es beim *Staatsstück* aus. Es gibt auf dieser Welt kaum einen Staat, der mehr einnimmt, als er ausgibt, in der Regel ist es umgekehrt. Das *Staatsstück* und das *Lohnstück* werden also aufgegessen und würden dies auch, wenn sie deutlich größer wären.

Anders sieht es beim *Profitstück* aus. Sind die Investitionen hoch wie im 19. Jahrhundert oder in den Jahren unmittelbar nach dem Zweiten Weltkrieg, wird das Profitstück schon allein durch diese weitgehend aufgezehrt. Es bleibt noch ein Rest für den Luxuskonsum der Reichsten, und dann ist alles weg. Was aber, wenn die Investitionen niedrig sind? Was dann tun mit den endlosen Milliarden, die den Firmeneignern, den Aktionären und Geldvermögensbesitzern so unbarmherzig aufs Konto gepackt werden?

Wohin mit dem vielen Geld?

Um zu verstehen, wie groß das Problem ist, muss man sich die Relationen vergegenwärtigen. In Deutschland hat das *Profitstück* derzeit ein Volumen von gut 600 Milliarden Euro, das ist etwa ein Drittel des Volkseinkommens. Zugriff auf dieses Drittel haben aber nur relativ wenige Leute, wie wir im letzten Kapitel gesehen haben. Der größte Batzen davon fließt an etwa ein Prozent der Bevölkerung, also an rund 800 000 Multimillionäre. Unter diesen 800 000 gibt es noch einmal eine kleine Minderheit von etwa 7500, die die ganz großen Vermögen ihr Eigen nennen: die großen Familienkonzerne und die dicksten Geldvermögen. 79 Millionen von 80 Millionen Menschen in Deutschland haben also so gut wie keinen Zugriff auf immerhin ein Drittel des Volkseinkommens. (Von den Micker-Zinsen auf Sparbuch oder Lebensversicherung oder der Dividende auf drei Telekom-Aktien reden wir hier nicht.)

Wie soll nun aber diese Handvoll Leute, denen ein Drittel der Wirtschaftsleistung zu Füßen gelegt wird, dieses ganze viele Geld ausgeben? Zumal sie großenteils längst Villen und Schlösser, Wälder und Seen, Yachten und Maseratis, Nerze und Diamantenkolliers in ausreichender Zahl ihr Eigen nennen. Was sollen diese armen Seelen denn noch kaufen?

Das wissen sie auch nicht, und deshalb geben sie einen Großteil ihres Geldes auch nicht aus, sondern sparen es. Das heißt aber: Die vielen schönen Güter im *Profitstück* werden von ihnen gar nicht gekauft, sondern nur ein kleiner Teil davon. Was passiert mit dem Rest? Eine Lösung besteht darin, dass die Beschäftigten, zumal bei schlechter Lohnentwicklung, sich das viele Geld, das die Superreichen so fleißig sparen, ausleihen und es für ihren Konsum verwenden. Das ist das Modell USA, das aber auch in vielen europäischen Ländern praktiziert wurde. Eine andere Variante ist, dass der Staat sich verschuldet und seinerseits die Nachfrage nach Gütern aus dem *Profitstück* erhöht. Das ist seit Jahren weltweit üblich.

Die Besitzer des *Profitstücks* essen den ihnen zustehenden Kuchen also nicht selbst auf, sondern die anderen helfen ihnen dabei. Dafür können ihnen die Profitbezieher sehr dankbar sein, denn, wie gesagt, nur was aufgegessen wurde, ist am Ende auch erneut Einkommen.

Bliebe das *Profitstück* einfach liegen, wären auch die schönen Profite futsch. Dann könnten die Bezieher von Profiteinkommen zwar wenigstens nicht mehr so viel sparen, aber mit hoher Wahrscheinlichkeit würden sie noch weniger investieren, gar keine Steuern mehr zahlen und Beschäftigte entlassen und so den ganzen Kuchen zum Schrumpfen bringen.

Ist das Profitstück zu groß?

Nun könnte man meinen, dass es für die ganze Misere eigentlich eine viel einfachere Lösung gäbe. Wenn die Investitionen das *Profitstück* nicht mehr ausschöpfen und die Bezieher von Profiteinkommen auch sonst mit ihrem Geld nichts anzufangen wissen, ist deren Anteil am Kuchen offensichtlich zu groß. Die Nettoanlageinvestitionen in Deutschland liegen seit Jahren bei unter 100 Milliarden Euro, also bei weniger als einem Sechstel des *Profitstücks*. Was also liegt näher, als einfach den Anteil dieses Stücks am Kuchen radikal zu verkleinern und stattdessen den des *Staatsstücks* und des *Lohnstücks* zu erhöhen? Eine solche Minimierung des *Profitstücks* wäre durch hohe Lohnsteigerungen und eine kräftige Besteuerung von Firmengewinnen, Kapitalerträgen oder auch großen Vermögen möglich. Auch die Streichung eines Teils der Staatsschulden, und damit der Zinszahlungen, hätte diesen Effekt.

Staat und Normalbürger mögen viele Sorgen haben, aber die Sorge, nicht zu wissen, was sie mit ihrem vielen Geld anfangen sollen, gehört nicht dazu. Würde das *Profitstück* auf die Größe der Nettoinvestitionen zurückgestutzt, könnten die anderen beiden Stücke in Deutschland um zusammen 500 Milliarden Euro wachsen, und alles wäre eigentlich im Lot.

Der Staat könnte dann mehr in Bildung und Infrastruktur investieren und bessere Renten und Sozialleistungen zahlen, ohne sich verschulden zu müssen. Die Beschäftigten könnten mehr für ihren Konsum ausgeben, ohne jeden Euro dreimal umzudrehen. Und der Kuchen müsste nicht langsamer wachsen als bisher, denn das *Profitstück* wäre ja immer noch groß genug, um die privaten Investitionen zu finanzieren.

Das Dilemma des Kapitalismus

Das Problem ist, dass diese überaus plausible Lösung unter kapitalistischen Bedingungen keine ist. Denn:

Ob der Kuchen im Zeitverlauf überhaupt noch wächst oder ob er schrumpft, hängt in einer kapitalistischen Ökonomie ausgerechnet von der für die Zukunft erwarteten Größe des *Profitstücks* ab. Es sind die Bezieher von Profiteinkommen, die in einer privaten Wirtschaft über die Investitionen entscheiden, niemand sonst. Und sie entscheiden nicht unter dem Gesichtspunkt, ob die gegenwärtigen Gewinne zur Finanzierung der Investitionen ausreichen, sondern ob die Investitionen in Zukunft die gewünschte Rendite erwarten lassen. Ganz egal, ob es für diese Rendite dann wieder eine sinnvolle Verwendung gibt.

Wir haben oben gesehen, dass die Zielrendite privater Investitionen im Shareholder-Value-Wahn der letzten Jahre deutlich gestiegen ist und ihr ausdrücklicher Zweck nicht darin besteht, sie zu reinvestieren, sondern sie auszuschütten. Wenn Unternehmen wie Siemens heute eine Rendite von 19 Prozent anpeilen, dann bedeutet das, eine Investition mit Eigenmitteln von 10 Millionen Euro muss die Erwartung rechtfertigen, jedes Jahr etwa 2 Millionen Euro zusätzlich auf die Konten der Bezieher von Profiteinkommen zu spülen. Nur dann wird diese Investition getätigt. Ob die Profiteure am Ende etwas Sinnvolles mit dem vielen Geld anzufangen wissen, spielt keine Rolle.

Das *Profitstück* muss also nicht nur groß sein, sondern immer weiter wachsen. Und zwar, wenn das gesamtwirtschaftliche Wachstum niedriger liegt als die angepeilten Renditen, zulasten des *Lohnstücks* und des *Staatsstücks*. Damit werden nicht nur die Lebensverhältnisse der großen Mehrheit der Bevölkerung schlechter. Das Problem, was mit dem vielen Geld im Eigentum weniger geschehen soll, wird ständig größer. Darin liegt die Crux der heutigen Wirtschaftsordnung. Nur in Phasen, in denen es eine selbsttragende Investitionsdynamik gibt, die den Renditen immer wieder neue rentable Anlagemöglichkeiten verschafft, tritt das Problem nicht auf.

Ansonsten bleibt es eine Wahl zwischen Pest und Cholera. Wird das *Profitstück* beschnitten, brechen die privaten Investitionen ein. Dass sie seit Jahren niedrig sind, heißt ja nicht, dass es nicht noch sehr viel schlimmer kommen könnte. Das Jahr 2009 hat einen Vorgeschmack darauf gegeben. Wird dagegen zugelassen, dass das *Profitstück* nach Herzenslust wächst, sind die Investitionen trotzdem dürftig, weil es in einer Wirtschaft mit schrumpfendem *Lohnstück* und *Staatsstück* wenig Grund für eine rege Investitionstätigkeit gibt. Und noch weniger gibt es Investitionsgelegenheiten, die die erwünschte Zielrendite in Aussicht stellen. Nur eine wachsende Verschuldung des Staates und/ oder der Konsumenten kann unter diesen Bedingungen überhaupt noch eine gewisse volkswirtschaftliche Dynamik gewährleisten. Oder eben wachsende Exportüberschüsse, die in anderen Teilen der Welt zu immer höherer Verschuldung führen.

Immer mehr Einkommen aus dem *Profitstück* fließt in einem solchen Umfeld in den virtuellen Kreislauf der Finanzsphäre. Das gilt vor allem, seit die Geldmaschine der Banken die gewünschten Renditen über längere Zeit vorgaukeln kann. Der Finanzmarkt wird so zur Möglichkeit, ohne den Umweg über die lästige Güterwelt und ohne reale Käufe und Verkäufe Profiteinkommen zu beziehen. Hier muss also gar niemand mehr Kuchen essen. Vielmehr wird das *Profitstück* auch deshalb immer voluminöser, weil der Kuchen an dieser Stelle immer größere Blasen schlägt, in denen sich nichts als heiße Luft befindet: virtuelle Buchungen in Bankcomputern, die den Umfang des *Profitstücks* aufblähen und zur Bildung immer größerer Geldvermögen bei den Begünstigten führen.

Das hier skizzierte Modell trägt den globalen Kapitalismus jetzt seit fast drei Jahrzehnten. Seit dieser Zeit werden also Profite in immer geringerem Maße reinvestiert, sondern im besten Fall weiterverliehen und aufgegessen, im schlechteren verspekuliert und im schlechtesten von den Staaten in Raketen, Panzer und Kriege gesteckt. Ergebnis dieses Modells sind eine gigantisch aufgeblähte Finanzsphäre sowie die Existenz riesiger Geldvermögen auf der einen und ebenso riesiger Schulden auf der Gegenseite. Das bedeutet ein ständig wachsendes Ungleichgewicht, zumal sich die Schuldenberge über einer weitgehend stagnierenden Produktionsbasis auftürmen.

Beides – die Verschuldung und das Gelddrucken – muss zudem immer weiterlaufen, damit die unter heutigen Bedingungen einzige

Triebkraft der Wirtschaft, der Profit, nicht kollabiert. Mit Blick auf diese Zusammenhänge wird verständlicher, warum die Politik seit Beginn der Krise 2007 in den USA alles dafür getan hat, den alten Irrsinnskreislauf, koste es, was es wolle, wiederzubeleben. Solange die Wirtschaftsordnung als sakrosankt gilt, gibt es kein anderes Konzept. Deshalb haben die Staaten die Banken in Steuergeld gebadet und werfen ungerührt immer neue Milliarden ins Feuer. Deshalb haben die Zentralbanken Billionen gedruckt und auf die Finanzmärkte gepumpt und tun es noch. Deshalb verzichtet die Politik auf jede vernünftige Regulierung des Finanzsektors, die die Geldmaschine der Banken außer Betrieb setzen könnte. Tatsächlich hat dieser ganze Hokuspokus kurzfristig dazu geführt, dass – auf den Finanzmärkten und bei den Profiten! – wieder so etwas wie ein Aufschwung eingetreten ist. Es spricht nur wenig dafür, dass ihm ein langes Leben beschieden sein wird.

Schon 1922 hatte der österreichische Ökonom Ludwig von Mises gewarnt:

»Durch Kunstgriffe der Bank- und Währungspolitik kann man nur vorübergehende Scheinbesserung erzielen, die dann zu umso schwererer Katastrophe führen muss. Denn der Schaden, der durch Anwendung solcher Mittel dem Volkswohlstand zugefügt wird, ist umso größer, je länger es gelungen ist, die Scheinblüte durch Schaffung zusätzlicher Kredite vorzutäuschen.«[96]

Profit: Vom Wachstumstreiber zum Wohlstandskiller

Fassen wir zusammen: Ist der Investitionsbedarf einer Gesellschaft hoch und sind die Märkte offen, treibt das Profitstreben privater Unternehmen das Wachstum an und voran und leitet das Kapital tatsächlich in die wachstumsträchtigsten Bereiche. Die angepeilten Profite werden in einer solchen Situation überwiegend reinvestiert und halten dadurch das hohe Investitionsniveau ebenso aufrecht wie dieses ein hohes Profitniveau. Um im oben beschriebenen Bild zu bleiben: Die Investitionen sorgen dafür, dass das *Profitstück* immer wieder aufgegessen wird.

Die entscheidende Frage ist also, ob für die angepeilten Renditen jeweils wieder volkswirtschaftlich sinnvolle und zugleich rentable

Anlagemöglichkeiten bereitstehen. Solange das so bleibt, ist eine kapitalistische Ökonomie dynamisch, produktiv, innovativ. Bei steigender Produktivität können dann auch die Löhne mitwachsen, ohne dass es zu extremen Verteilungskonflikten kommt. Lohnwachstum kann sogar eine wichtige Rolle dabei spielen, dass der hohe Investitionsbedarf und die Dynamik erhalten bleiben.

Aber je größer das in den vorhandenen Maschinen und Anlagen investierte Kapital, desto größer sind die sich hinter einer bestimmten Zielrendite verbergenden Profite und desto unwahrscheinlicher wird es, dass es für all diese Profite wiederum eine investive Verwendung gibt. Zumal eine, die erneut die erwartete Zielrendite in Aussicht stellt. Anders als die sogenannten Angebotstheoretiker seit dem französischen Ökonomen Jean-Baptiste Say meinen, entstehen rentable Investitionsgelegenheiten eben nicht aus den Profiten oder mit ihnen. Sie setzen vielmehr zahlungskräftigen gesellschaftlichen Bedarf voraus, immerhin müssen die mit den neuen Kapazitäten erzeugten neuen, zusätzlichen Produkte auch verkauft werden. Hält der Investitionsmotor nicht mehr mit den Profiten Schritt, ist die Dynamik zu Ende.

Dann gibt es entweder eine tiefe Krise, die so viel Kapital vernichtet, dass der Investitionsbedarf wieder hochschnellt und der ganze Prozess von neuem beginnen kann. Oder die Marktmacht der Unternehmen ist bereits groß genug, um die Entwertung ihres Kapitals zu verhindern. Dann treibt das fortbestehende Streben nach einem möglichst großen *Profitstück* im Volkswirtschaftskuchen die ökonomische Entwicklung nicht mehr an, sondern zieht sie nach unten. Das Profitprinzip ist aus einem Wachstumstreiber zu einem Killer von Wohlstand, Entwicklung und Produktivität geworden.

Platzhirschökonomie

Es gibt also einen engen Zusammenhang zwischen der Möglichkeit einer selbsttragenden Investitionsdynamik und der »kreativen Zerstörung« auf offenen Wettbewerbsmärkten. Denn es ist nicht zuletzt diese Zerstörung bereits investierten Kapitals durch Innovation, die die Basis für immer neue Investitionen bereitet. Je größer und teurer allerdings die existierenden Anlagen, desto vehementer auch der Widerstand gegen Kapitalentwertung und desto größer die Macht der kleiner gewordenen Zahl von Anbietern, sie zu verhindern.

Zum ersten Mal trat dieses Problem schon zu Beginn des 20. Jahrhunderts auf. Aus hunderten kleinen Wettbewerbern waren große marktbeherrschende Konzerne geworden, die sich mehr und mehr arrangierten. Neueinsteiger hatten kaum noch eine Chance. Unter solchen Bedingungen wird das Kapital konservativ und »kreative Zerstörung« findet kaum noch statt: Neue Technologien setzen sich nur noch durch, wenn die Großen sie übernehmen. Und das tun sie erst, wenn die alten Anlagen abgeschrieben sind.

Dabei war die Entwicklung hin zu immer größeren Konzernen und geschlossenen Märkten nicht allein die Folge bewusster Kartellbildung. Was man politisch hätte bekämpfen können, waren die Preis- und Mengenabsprachen zwischen den Anbietern. Aber die Herausbildung von Oligopolen, also die Beherrschung der Branchen durch wenige Großunternehmen, wäre auch durch eine vernünftige Kartellaufsicht kaum zu verhindern gewesen. Denn es waren die technologischen Erfordernisse selbst, gerade im Bereich der Schwerindustrie, doch ebenso in der damals entstehenden chemischen und elektrotechnischen Industrie, die ein immer größeres Kapitalminimum voraussetzten, um überhaupt auf modernstem Stand produzieren zu können. Es ging nur noch groß oder gar nicht.

Damit konnte es aber auch kein Newcomer mehr mit den am Markt bereits vertretenen Platzhirschen aufnehmen. Denn ein Markt, der bei den Anbietern ein hohes Kapitalminimum voraussetzt, ist kein offener Markt mehr. Neueinsteiger, die ja zunächst klein anfangen müssen, haben dort keine Chance. Dieses Problem wird durchaus gesehen und unter dem Titel »Markteintrittsbarrieren« behandelt. Mit etwas Anstrengung kann man dann sogar zeigen, dass es Spezialfälle gibt, in denen solche Barrieren sinnvoll sein können. Grundsätzlich aber wird dadurch der Kapitalismus sozusagen an seiner entzündeten Wurzel schmerzhaft berührt.

Die Kartelle und ihre erste große Blase

Schon Anfang des 20. Jahrhunderts führte die wachsende Marktmacht weniger Anbieter zu den gleichen Ausweichreaktionen, die wir aus jüngster Zeit kennen: Die Investitionsdynamik und der Prozess technologischer Neuerungen ließen nach. Stattdessen floss immer mehr Geld auf die Finanz- und Aktienmärkte. Der Marktwert amerikanischer Aktien vervielfachte sich zwischen 1924 und 1929, während der Sachkapitalstock nur noch langsam wuchs. Eine Steigerung der Profite, die realwirtschaftlich nicht mehr erzielbar war, wurde durch Spekulationsgewinne vorgetäuscht. Das *Profitstück* im Kuchen bekam Blasen. Aber da die Banken damals noch keine Geldmaschine im Keller hatten, mit der sie endlos viel Kreditgeld aus dem Nichts schaffen konnten, kam das Schneeballsystem bald an seine Grenze. 1929 platzte die Finanzblase und das *Profitstück* fiel in sich zusammen wie ein Hefeteig bei Zugluft. Das wurde zum Auslöser für die bis dahin schlimmste Wirtschaftskrise der kapitalistischen Geschichte.

New Deal und Wirtschaftswunder

Nach dem Zweiten Weltkrieg konnte der Kapitalismus in den Industrieländern noch einmal für etwa zwei Jahrzehnte seine alte Dynamik zurückgewinnen. Der entscheidende Grund dafür war, dass der Investitionsbedarf über eine historisch einmalig lange Phase sehr hoch blieb und die Profite somit immer wieder rentabel investiert werden konnten. Es gab eine Reihe von Faktoren, die dafür verantwortlich waren.

Zu diesen Faktoren gehörte erstens, dass der Weltkrieg in Europa zerstörte Wirtschaften und zerbombte Maschinen und Anlagen mit immensem Wiederaufbaubedarf hinterlassen hatte. Zweitens war der Kapitalismus wegen der finsteren Kapriolen, die er in den vorangegangenen Jahrzehnten geschlagen hatte, so schwer diskreditiert, dass er sich jetzt, um des eigenen Fortbestands willen, eine Reihe sozialer Regelungen abzwingen ließ. Dazu gehörte eine Lohnentwicklung, die der Produktivität folgte, und ein relativ dichtes soziales Netz, das die Kaufkraft stabilisierte. Steigende Löhne und soziale Leistungen konnten allerdings nur deshalb zur wirtschaftlichen Dynamik beitragen, weil ein dritter Faktor hinzukam: der Umbruch in den Konsumgüterindustrien, die sich gerade anschickten, die Welt mit einer unvorstellbaren Menge an Kühlschränken, Fernsehern, Waschmaschinen und Automobilen vollzustellen. Die steigenden Löhne ermöglichten, dass immer größere Teile der Bevölkerung Zugang zu diesem neuen Konsumstandard erhielten, und der Schwung der ungesättigten, rasch wachsenden Nachfrage verlangte sehr hohe Investitionen, um die nötigen Kapazitäten aufzubauen. Das trug die Wirtschaft in den Industrieländern etwa zwei Jahrzehnte lang.

Schließlich aber waren die modernen Produktionsanlagen aufgebaut, in jedem Haushalt standen ein Fernseher und ein Kühlschrank und vor der Tür der meisten auch ein Automobil. Die Nachfragekurve flachte sich ab und der Investitionsbedarf damit um so mehr. In vielen Bereichen stellte sich heraus, dass die Kapazitäten größer waren als zum Abdecken der verbleibenden Nachfrage nötig. So schwanden die rentablen Investitionsmöglichkeiten und mit ihnen die Profite.

Diese Situation – nicht der Ölpreisschock – war der Ausgangspunkt für die Weltwirtschaftskrise der siebziger Jahre, der bis dahin schwersten nach dem Zweiten Weltkrieg. In der Folgezeit setzten sich in den meisten Ländern neoliberale Konzepte durch, deren Diagnose der Krisenursachen sich darauf reduzierte, dass das *Profitstück* im Einkommenskuchen zu klein geworden war. Und deren zentrales Ziel darin bestand, es wieder zu vergrößern. Daraufhin setzten all die fragwürdigen Entwicklungen ein, die wir betrachtet haben.

Kochen wie zu Kriegszeiten?

Zunächst wurden die Reichen dadurch reicher gemacht, dass man die Armen ärmer machte. In nahezu allen Industrieländern entstand eine neue Unterschicht, zu einem Leben in bitterer Armut verdammt. Mit ihr kehrten die Suppenküchen zurück, die Tafeln, die karitativen Organisationen, die Obdachlosenasyle. Natürlich hatte es in den Industrieländern auch in den Nachkriegsjahrzehnten immer Menschen gegeben, die in Armut lebten, die gestrandet und aus allen sozialen Netzen herausgefallen waren. Aber das betraf eine kleine Randgruppe. Jetzt wurde daraus eine stabile Schicht von, je nach Land, bis zu 30 Prozent der Bevölkerung. Das untere Drittel der Zweidrittelgesellschaft.

Aber das genügte nicht. Das *Profitstück* wollte weiter wachsen. Also ging der Kapitalismus ab Mitte der Neunziger dazu über, Mehrheiten

ärmer zu machen. Er trieb das durchschnittliche Lohnniveau nach unten, verwüstete die Existenzgrundlage der Mittelschichten, zerfledderte soziale Leistungen.

Obwohl das Grundgesetz der Bundesrepublik Sozialstaatlichkeit gebietet, sind heute die sozialen Kontraste größer als im Kaiserreich. Lag der Anteil der unteren Hälfte der Bevölkerung am Einkommenskuchen 1913 immerhin bei 24 Prozent, fallen heute für diese Hälfte nur noch 14,9 Prozent der gesamten Einkünfte ab. Kassierten 1913 in Deutschland die reichsten 10 Prozent der Bevölkerung etwa 40 Prozent des Gesamteinkommens, waren es nach der Einkommenssteuerstatistik von 2004 35,8 Prozent.[97] Da große Einkommen aber zu erheblichen Teilen nicht versteuert werden, dürften sich dahinter sogar mehr als 40 Prozent verbergen. Auch in den USA haben die reichsten 10 Prozent der Bevölkerung heute Zugriff auf etwa 40 Prozent des Gesamteinkommens. Allein das reichste Prozent schafft es, mehr als die Hälfte davon, nämlich 23,5 Prozent der gesamten Einkommen, auf seine Konten zu leiten. Von jedem Dollar, um den das Einkommen in den USA zwischen 1976 und 2007 gewachsen ist, flossen 58 Cent in die Taschen dieser Superreichen.

Aber nicht nur relativ, auch absolut werden die Lebensverhältnisse von Mehrheiten schlechter. Der durchschnittliche reale Nettoverdienst eines Beschäftigten in Deutschland lag 2006, mitten im Aufschwung, auf dem Niveau von 1986. Zwanzig Jahre Wirtschaftsentwicklung sind an den Beschäftigten ohne den geringsten Wohlstandseffekt vorbeigegangen. Genauer: Sie haben ihn wieder verloren. Im unteren Bereich, in den Hungerlohnsektoren, werden Reallöhne gezahlt, wie es sie in der Geschichte der Bundesrepublik allenfalls in den ersten Trümmerjahren gab. Wer von Hartz IV leben muss, wird auf ein Lebensniveau zurückgezwungen, das eines Industrielandes unwürdig ist.

Inzwischen gibt es Kochbücher extra für Hartz-IV-Empfänger, in denen alte Rezepte aus der Kriegszeit ausgegraben werden, um den Betroffenen Anregungen zu geben, wie man extrem billig immer noch einigermaßen schmackhaft kochen kann. Nichts gegen die Bewahrung alter Kochkultur, aber wo leben wir eigentlich? Kommunen stehen unter Haushaltssperre, schließen Theater, Bibliotheken und Schulen. Das alles in einem der reichsten Länder der Welt, dessen Oberschicht über 4000 Milliarden Euro Geldvermögen auf ihren Konten bunkert.

Europaweit grassiert der Sparwahn: Renten, Löhne, Bildungsausgaben werden zusammengestrichen. Es ist die Lebensqualität der großen Mehrheit der Menschen, die diesen Kürzungen zum Opfer fällt. In den USA sind über 30 Millionen Menschen auf Lebensmittelmarken angewiesen. Die durchschnittlichen Löhne befinden sich auf dem Stand der fünfziger Jahre. Die Zeltstädte am Rande der Citys, in denen die Obdachlosen und Gestrandeten hausen, aber auch immer mehr Familien, die ihr Haus durch Zwangsversteigerung verloren haben, wachsen. Und viele US-Kommunen stehen vor der Pleite. Sie entlassen Lehrer, Busfahrer und Polizisten, schalten Straßenlaternen ab, in den ersten wird aus Spargründen in der Schule die Vier-Tage-Woche eingeführt. Aussicht auf Verbesserung: keine.

In der Wirtschaft findet eine schleichende De-Industrialisierung statt. Der Anteil des Verarbeitenden Gewerbes an der Gesamtbeschäftigung in den USA lag 1989 noch bei 17 Prozent. 2009 arbeiteten gerade noch 9 Prozent der Menschen in Industriebetrieben. Ähnliches findet in Großbritannien statt. 1997, als New Labour mit Tony Blair an die Regierung kam, trug die Industrie noch 20 Prozent zur britischen Wirtschaftsleistung bei. Ende 2009 war dieser Anteil auf 11 Prozent abgesackt. Im Gegenzug boomte der Finanzsektor. Diese Verschiebung der Gewichte ist keineswegs nur die Folge automatisierter Produktion und technologischen Fortschritts. Sie ist vor allem das Ergebnis einer seit Jahren ungenügenden industriellen Investitionstätigkeit. Hintergrund sind auch hier die schrumpfenden Konsummöglichkeiten der großen Mehrheit der Menschen und die damit sinkende Auslastung der Kapazitäten in den Industrien, die Gebrauchsgüter für den Bedarf der großen Mehrheit vom Möbelstück bis zum Küchengerät oder Kinderspielzeug herstellen.

Das letzte Kapitel in der Geschichte des Kapitalismus zeichnet sich also dadurch aus, dass er die Industrie, die die Basis des materiellen Wohlstands ist und die er groß gemacht hat (wie sie ihn groß gemacht hat), Schritt für Schritt wieder zerstört. Je ungehemmter und unregulierter der Profittrieb wirkt, desto deutlicher wird das. Die angelsächsischen Länder sind den kontinentaleuropäischen in diesem Niedergang weit voraus, aber die Entwicklung geht überall in die gleiche Richtung.

Die Globalisierungslüge

Es ist auch nicht so, dass der schwindende Wohlstand von Mehrheiten in den Industrieländern wenigstens durch einen steigenden Wohlstand großer Teile der Bevölkerung in den Entwicklungs- und Schwellenländern ausgeglichen würde. Das ist die Behauptung der Globalisierungsideologen, deren Lehrgebäude der Schweizer Soziologe und frühere UN-Sonderberichterstatter Jean Ziegler zu Recht als »ein einziges großes Täuschungsmanöver« bezeichnet.[98] Denn auch in den Entwicklungs- und Schwellenländern geht es in erster Linie für die oberen Zehntausend bergauf. Eine im Vergleich zur Bevölkerungszahl schmale Mittelschicht profitiert zuweilen mit – wenn nicht gerade eine Krise wie 1997 in Südostasien alles wieder zerstört, was sie sich über Jahre aufgebaut hat. Die große Mehrheit der Bevölkerung ist und bleibt abgehängt.

Ein Großteil des Kapitals, das in diese Länder fließt, ist kurzfristig angelegt und kann jederzeit wieder abgezogen werden. Es zerstört dann regelmäßig mehr, als es vorher gefördert hat. Selbst die Direktinvestitionen der großen Konzerne, die Übernahmen und Betriebsverlagerungen in die Billiglohnzonen schaffen vor Ort kaum Wohlstand. Eben wegen dieser Billiglöhne und meist erpresster Steuerfreiheit. Oft zerstören sie gewachsene Strukturen und ruinieren kleinere ortsansässige Anbieter. John Perkins, der jahrelang als »Economic Hit Man« im Dienste großer Konzerne daran mitgewirkt hat, weniger entwickelten Ländern technische Großprojekte aufzuschwatzen, die ihnen vor allem mehr Schulden, den beauftragten Unternehmen aus den Industrieländern aber dicke Profite brachten, kommt aus eigener Erfahrung zu dem Schluss, dass sich manches Land heute in einer viel schlechteren Verfassung befindet, als »bevor wir dem Land die Wunder der modernen Wirtschaftslehre, der Banken und der Ingenieurskunst beschert haben«.[99]

Eine wirkliche Globalisierung der Weltwirtschaft hat nie stattgefunden. Stattdessen gibt es, quer über den Globus verstreut, eng abgegrenzte Geschäftsviertel, in denen die großen Unternehmen, Banken,

174 Unproduktiver Kapitalismus

Versicherungen, Vermarktungs- und Vertriebsdienstleister angesiedelt sind. Hier entsteht Wohlstand für die, die es schaffen, dabei zu sein. Für die Mehrheit ringsum wird das Leben oft noch ärmlicher.

»So überzieht die Globalisierung den Planeten mit einem gerippeartigen Netz, das einige große Agglomerationen miteinander verbindet, zwischen denen ›die Wüste wächst‹«, schreibt Jean Ziegler. »Die Realität der globalisierten Welt besteht in einer Kette von Inseln des Wohlstands und des Reichtums, die aus einem Meer des Völkerelends herausragen.«[100]

Dieses Meer ist durch die »Globalisierung« größer, nicht kleiner geworden. In 81 Ländern dieser Welt ist zwischen 1992 und 2002 das durchschnittliche Pro-Kopf-Einkommen zurückgegangen und die durchschnittliche Lebenserwartung gesunken. Die Unterschiede zwischen den reicheren und den ärmeren Regionen werden ebenfalls größer. Hatten die ärmsten 20 Prozent der Erdbevölkerung vor zwanzig Jahren noch einen Anteil von 2,3 Prozent am Welteinkommen, sind es heute nur noch 1,4 Prozent. 2009 litt weltweit erstmals eine Milliarde Menschen Hunger, das sind so viele wie noch nie. Seit 1945 sind 600 Millionen Menschen verhungert, zehnmal mehr als der Zweite Weltkrieg an Toten gefordert hat. Das alles unter dem Regime einer Wirtschaftsordnung, zu deren Selbstrechtfertigung gehört, wie keine andere auf wechselnde Konsumbedürfnisse reagieren zu können. Aber ist das Bedürfnis, sich satt zu essen, nicht das elementarste aller menschlichen Konsumbedürfnisse? Was ist eine Ordnung wert, die dieses Bedürfnis für eine Milliarde Menschen mit Füßen tritt?

Eine Welt für die Reichen

Das Einzige, was in der ganzen Misere ungebrochen boomt, ist der Absatz der Luxusgüter und Edelmarken. Der sogenannte »World Luxury Index«, also ein Aktienindex für Unternehmen, die ihren Umsatz mit der Oberschicht der Schönen und Reichen machen, erzielt seit Jahren – 2009 ausgenommen – weit überdurchschnittliche Renditen. Keine Branche hat in den letzten Jahrzehnten einen so steilen Anstieg ihrer Jahresumsätze erlebt wie die Luxusbranche.

Zerstörte Kreativität statt »kreative Zerstörung« **175**

Es gibt eine interessante volkswirtschaftliche Theorie, deren Kernthese ist, dass in vielen Ländern heute das Wachstum der Gesamtwirtschaft von der Konsumneigung einer kleinen Schicht superreicher Familien bestimmt wird. Der Ökonom und frühere Aktienstratege der Citigroup, Ajay Kapur, nennt solche Gesellschaften »Plutonomien«.

Mit Verweis auf die Verteilungsverhältnisse rät er, sich zur Prognose der Wirtschaftsentwicklung solcher Länder weniger mit den Arbeitslosenzahlen als mit der Entwicklung von Börsen, Dividenden und Boni zu befassen. Kapur argumentiert:

»US-Bürger mit Durchschnittseinkommen haben als Gruppe im Vergleich zu den Vermögenden nicht genügend Geld, um aus ihrem Konsumverhalten die Trends für das Wachstum einer Plutonomy-Wirtschaft zu bestimmen. Die hohen Boni, die an der Wall Street jetzt bezahlt werden, sind in diesem Zusammenhang wesentlich aussagekräftiger.«[101]

Das *Profitstück* ist in den »Plutonomien« so stark gewachsen, dass der aus ihm finanzierte Luxuskonsum zum entscheidenden Faktor der volkswirtschaftlichen Entwicklung geworden ist. Das gilt nicht nur für die USA, sondern ebenfalls für viele Schwellenländer. Allerdings löst selbst der exzessivste und dekadenteste Luxuskonsum der oberen Zehntausend nie so viele Investitionen aus, dass damit das *Profitstück* auch nur annähernd ausgeschöpft würde. Schon deshalb nicht, weil die Luxussektoren im Vergleich zu den Massengüterindustrien weniger kapitalintensiv produzieren und die Investitionserfordernisse entsprechend niedriger sind. Eine stabile wirtschaftliche Dynamik kann es in »Plutonomien« also nicht geben. Ganz abgesehen von der Frage, was von einer Gesellschaft zu halten ist, in der 60 bis 80 Prozent der Menschen einen so geringen Anteil am Wohlstand haben, dass die Veränderung ihrer Konsumausgaben volkswirtschaftlich vernachlässigbar geworden ist. Das Ideal vom »Wohlstand für alle« sah jedenfalls anders aus.

Aus Unternehmern werden Kapitalisten

Schumpeter selbst war bekanntlich wenig optimistisch, was die Perspektive des Kapitalismus anbetrifft. Er ging davon aus, dass in dem

Augenblick, in dem die technologische Entwicklung den Übergang zu immer größeren Unternehmen erzwingt, der Unternehmer in seiner ursprünglichen Bedeutung – als Eigentümer, Ideengeber und Führungskraft – mehr und mehr zurücktritt und irgendwann ganz verschwindet. Mit der Aktiengesellschaft ist für Schumpeter »die Gestalt des Eigentümers und mit ihr das spezifische Eigentumsinteresse von der Bildfläche verschwunden. Es gibt die bezahlten Vollzugsorgane und all die bezahlten Direktoren und Unterdirektoren.«[102] Das Großunternehmen funktioniert so gut oder so schlecht wie die Anreize, die das Entlohnungssystem für seine Mitarbeiter bis hin zum Topmanagement setzt. Den Eigentümern kommt keine produktive Rolle mehr zu. Schumpeter fasst zusammen: »Indem der kapitalistische Prozess ein bloßes Aktienpaket den Mauern und den Maschinen einer Fabrik substituiert, entfernt er das Leben aus der Idee des Eigentums.«[103]

Nach der alten liberalen Tradition waren Eigentum und produktive Arbeit unmittelbar verbunden: Die Möglichkeit zum Eigentumserwerb sollte den Erfindungsgeist und die Leistungsbereitschaft motivieren und so die Wirtschaft insgesamt voranbringen. Dessen ungeachtet war die Trennung von Arbeit und Eigentum und damit die Entwicklung hin zum Diktat nackter Renditekennziffern in der »Idee« des kapitalistischen Wirtschaftseigentums bereits angelegt. Deshalb konnten die heutigen Verhältnisse auch schon zu einer Zeit vorhergesehen werden, als die Wirtschaft oberflächlich betrachtet noch ganz anders funktionierte. Der Historiker Eric Hobsbawm schreibt 1998 in einem Vorwort zum *Kommunistischen Manifest,* dass Marx eigentlich erst seit Ende des 20. Jahrhunderts wirklich aktuell ist, weil die Welt, die er 1848 »mit düsterer, lakonischer Eloquenz beschreibt, unübersehbar die Welt ist, in der wir 150 Jahre später leben«.[104] Auch der Soziologe Oskar Negt weist in seiner Abschiedsvorlesung von 2003 darauf hin, dass das Kapital »erstmalig in der modernen Welt genauso funktioniert, wie Marx es in seinem ›Kapital‹ beschrieben hat«.[105]

Im heutigen Kapitalismus gilt uneingeschränkt, was Marx die »Herrschaft des Tauschwertes über den Gebrauchswert« nennt. Zahlen gelten mehr als Sachen, Bereicherung steht vor Bedarf und Genuss. Nur so ist der extreme Druck in Richtung hoher Renditen verständlich, die immerhin zum größten Teil einer sozialen Schicht zugutekommen, die sich längst alle denk- und vorstellbaren Bedürfnisse erfüllen kann. Wer bereits 100 Millionen hat, lebt nicht dadurch besser, dass er noch einmal 10 Millionen dazubekommt, von Leuten, deren Vermögen in die Milliarden geht, ganz zu schweigen. Ob die Rendite auf ihr Vermögen 0 Prozent beträgt oder 5 oder 20, spielt für den Lebensstandard eines Multimillionärs oder Milliardärs keine Rolle. Trotzdem:

Wenn sich auch nur ein Renditepunkt zusätzlich herauspressen lässt, werden tausende entlassen, wird der Leistungsdruck bis zum gesundheitlichen Ruin erhöht, werden Hungerlöhne gezahlt, werden Landschaften in ihrer Schönheit für immer vernichtet, Kriege begonnen, Familien zerrissen und Kindern die Zukunft verbaut. Im Unterschied zu Marxens Zeit treiben diese Untaten heute die technologische Entwicklung allerdings nicht mehr voran und steigern auch nicht den gesellschaftlichen Reichtum, sondern bewirken das Gegenteil.

Moral im Haifischbecken

Es gibt keine Moral, die die im privaten Wirtschaftseigentum verankerte Profitlogik ausbremsen kann. So ignorant es klingt, die *Financial Times Deutschland* hatte recht, als sie den Boss des Ölkonzerns BP, der mit seiner missglückten Bohrung im Golf von Mexiko ein ökologisches Desaster angerichtet und sich dafür massive öffentliche Kritik zugezogen hatte, mit den Worten rechtfertigte: »Selbst wenn er wollte, der Chef von BP könnte gar nicht einfach auf die umstrittenen Tiefwasserbohrungen verzichten. Er ist in seiner Funktion nicht der Gesellschaft verpflichtet, sondern seinen Arbeitgebern: den Eignern des Ölkonzerns. … Wenn ein Unternehmen eine moralische Entscheidung trifft, die Rendite kostet, wird es langfristig nicht wettbewerbsfähig sein und von skrupelloseren Rivalen aus dem Markt gedrängt.«[106] Wahrscheinlicher noch ist, dass der Chef von den Anteilseignern einfach ausgetauscht würde.

Der Marktradikale Milton Friedman meint: »Es gibt wenige Entwicklungstendenzen, die so gründlich das Fundament unserer freien Gesellschaft untergraben können, wie die Annahme einer anderen sozialen Verantwortung durch Unternehmer als die, für die Aktionäre ihrer Gesellschaften soviel Gewinn wie möglich zu erwirtschaften. Alles andere ist eine zutiefst subversive Doktrin.«[107] Ersetzen wir den angesichts der hier vertretenen Verhältnisse zynischen Begriff »freie Gesellschaft« durch »Kapitalismus«, ist diese Aussage durchaus zutreffend.

Wer im Haifischbecken schwimmen will, muss selbst ein Hai sein. Oder er wird gefressen. Der Ausweg besteht nicht in der Zähmung der Haie durch Moral und gutes Zureden. Der Ausweg besteht darin, an ihrer Stelle Karpfen zu züchten.

Weltweit ist das *Profitstück* am Einkommenskuchen heute so groß wie nie. Die Staaten, in vielen Ländern auch die Privathaushalte, sind an der Grenze zur Überschuldung. Alles, was die Politik tut, um die Wirtschaft wiederzubeleben, verschärft letztlich die Probleme. Denn alles läuft darauf hinaus, die Profite zu stützen, damit die Investitionstätigkeit wieder anspringt. Auch der stimulierende Effekt von Konjunkturpaketen besteht im Wesentlichen darin, die Profiterwartungen zu erhöhen, also noch mehr Geld in die Taschen von Leuten zu spülen, die schon heute nicht wissen, was sie mit all ihrem Einkommen anfangen sollen. Der Nobelpreisträger Joseph Stiglitz hat völlig recht, wenn er die Konjunkturprogramme mit dem Argument kritisiert: »Um den amerikanischen Gesamtkonsum nachhaltig anzuregen, müsste es zu einer großen Einkommensumverteilung kommen, von denjenigen an der Spitze, die es sich leisten können zu sparen, zu denjenigen an der Basis, die jeden Cent, den sie bekommen, ausgeben.«[108]

Aber damit eine solche Umverteilung tatsächlich die Wirtschaft beleben kann, muss ein Prinzip aufgehoben werden, das in den heutigen Gesellschaften für unantastbar gilt: Es dürfen nicht länger die erwarteten Profite sein, die über das Ja oder Nein zu einer Investition entscheiden. Das setzt voraus, dass diejenigen, die die Investitionsentscheidungen für ein Unternehmen treffen, nicht mehr im Auftrag und unter dem Druck von Leuten arbeiten, deren erstes und wichtigstes Ziel darin besteht, ihr im Unternehmen angelegtes Vermögen möglichst schnell zu vermehren. Voraussetzung sind also andere Eigentumsverhältnisse überall dort, wo nicht mehr Unternehmer im Schumpeter'schen Sinne, sondern Kapitalisten das Wirtschaftsgeschehen dominieren.

Fazit

Das entscheidende Motiv der kapitalistischen Produktion ist die Erzielung von Profit. Der Kapitalismus entwickelt sich nur so lange dynamisch, solange es für die erwirtschafteten Profite stets wieder ausreichende Investitionsgelegenheiten mit entsprechenden Renditeaussichten gibt. Unter diesen Umständen lassen sich die dem Profitanteil am Volkseinkommen entsprechenden Güter verkaufen und die Profiterwartungen werden erfüllt.

Bis zum Beginn des 20. Jahrhunderts wurde der hohe Investitionsbedarf durch den technologischen Fortschritt und den Prozess der »schöpferischen Zerstörung« gewährleistet, also durch die wiederholte krisenhafte Entwertung bereits investierten Kapitals, die immer wieder neuen Wachstumszyklen mit neuer Investitionsdynamik den Weg bereitete.

Mit dem steigenden Kapitalminimum in vielen Zweigen der Produktion wuchsen allerdings auch die Größe und die Marktmacht der Anbieter und damit ihre Fähigkeit, den Markteintritt von Neueinsteigern ebenso zu verhindern wie die vorfristige Entwertung ihrer Investitionen. Der Kapitalismus wurde technologiekonservativ.

In der Nachkriegszeit konnte der Kapitalismus dank extrem hoher Investitionserfordernisse noch einmal für zwei Jahrzehnte seine Dynamik zurückgewinnen. Grund waren die Kriegszerstörungen und der Investitionsbedarf in den entstehenden Massengüterindustrien. In den siebziger Jahren kehrte das Problem mangelnder Nachfrage nach den dem Profitanteil am Volkseinkommen entsprechenden Gütern in akuter Form zurück.

Das neoliberale Programm bestand darin, die Profite, die sich nicht mehr aus einer selbsttragenden Wachstumsdynamik ergaben, durch Umverteilung zulasten der Löhne und Gehälter sowie des Staates und der Sozialleistungen zu erhöhen. Zugleich wurde die Nachfrage durch eine wachsende Kreditaufnahme der Staaten und der Konsumenten erhöht. Außerdem wurde das *Profitstück* – dank der Geldmaschine der

Banken – durch finanzielle Luftbuchungen aufgebläht. Im Ergebnis entstand eine historisch beispiellose Vermögens- und Schuldenblase, die heute die Grenze ihrer Wachstumsmöglichkeiten zu erreichen scheint. Ein neues Modell, das für wirtschaftliche Dynamik sorgen könnte, ist im Rahmen der bestehenden Wirtschaftsordnung nicht in Sicht.

Der Kapitalismus kann ohne Wachstum nicht funktionieren, er kann aber nur wachsen, wenn dies ausreichend Profite abwirft, und an dieser Stelle tappt er in seine selbst gestellte Falle.

Im Ergebnis dieser Entwicklungen sinkt der Lebensstandard der Mehrheit der Menschen. Armut in einem lange überwundenen Ausmaß ist in die Industrieländer zurückgekehrt. Infrastruktur, Kultur und Bildung verrotten, weil ausgepowerte Städte und Gemeinden ihre Aufgaben nicht mehr wahrnehmen können. Das der kapitalistischen Produktion zugrunde liegende Streben nach Profit ist von einem Wachstumsmotor zu einem aggressiven Wohlstandskiller geworden.

6. Blockierter Wandel: Warum es keinen »Green Capitalism« gibt

> »Die hochkonzentrierte und großenteils monopolisierte fossile Ressourcenwirtschaft ist zum Dreh- und Angelpunkt der Entstehung und Zementierung von sektorübergreifenden Wirtschaftskartellen geworden, die die Gesamtwirtschaft gegen die ökologische Herausforderung immunisierten.«
>
> **Hermann Scheer, Träger des alternativen Nobelpreises**

Auch der überfällige ökologische Wandel setzt andere Kriterien des Wirtschaftens voraus als die, die heute die ökonomischen Entscheidungen bestimmen. Wir haben gesehen, dass die entscheidende Voraussetzung wirtschaftlicher Dynamik unter kapitalistischen Bedingungen darin besteht, dass für die angepeilten Renditen immer wieder Investitionsmöglichkeiten bereitstehen, die erneut hinreichende Renditen in Aussicht stellen. Dieses Modell extensiven volkswirtschaftlichen Wachstums funktioniert heute nicht mehr. Und es ist sehr unwahrscheinlich, dass es jemals wieder funktionieren wird.

Das heißt durchaus nicht, dass uns die Investitionsgelegenheiten ausgegangen sind. Es gibt etwa einen riesigen unerledigten Investitionsbedarf im Zusammenhang mit der nötigen Umstellung der Wirtschaft auf umweltschonende, gesunde und naturverträgliche Produktionsmethoden: vom Übergang zu erneuerbaren Energien über eine nachhaltige chemische Industrie bis zur Mobilität ohne Klimagase. Nahezu jeder erkennt heute an, dass diese Veränderungen notwendig sind und dass wir nicht mehr viel Zeit haben, wenn die natürlichen Grundlagen des menschlichen Lebens nicht irreversibel geschädigt werden sollen. Aber trotzdem läuft das meiste weiter wie bisher. Der überfällige Wandel wird verzögert und verschleppt und findet allenfalls in winzigen Schritten statt. Denn den dringend nötigen Ökoinvestitionen stehen zwei massive Hemmnisse entgegen.

Umbau erst nach Abschreibung

Erster Hinderungsgrund ist das Interesse der Konzerne, den Wandel so lange hinauszuzögern, bis ihr in den alten Technologien investiertes Kapital endgültig abgeschrieben ist. Ihre dominante Marktstellung gibt ihnen die Macht dazu.

Natürlich ist es niemandem verboten, in der Bundesrepublik einen neuen Energieerzeuger zu gründen. Im Bereich der erneuerbaren Energien wird das sogar staatlich gefördert. Und doch wird keiner der neuen Solar- oder Windstromanbieter dem Oligopol der vier Riesen RWE, E.ON, Vattenfall und EnBW, die allein 80 Prozent der Stromerzeugung auf sich konzentrieren, eine »kreative Zerstörung« ihrer Atomanlagen und Kohlekraftwerke aufzwingen können. Im Gegenteil, ohne Einspeisezwang und Preissubventionen gäbe es die Neuen gar nicht. Obwohl deren Technologien den alten in jeder Hinsicht – unter Einbeziehung aller Kosten auch preislich! – überlegen sind. Aber die Einzigen, die über hinreichend Kapital verfügen würden, um den Erneuerbaren zum Durchbruch zu verhelfen, sind die alten Stromgiganten. Und die haben ein großes Interesse, den Wandel so lange zu blockieren, bis der letzte Atommeiler abgeschrieben ist. Der Markt kann den überfälligen Umbruch also nicht erzwingen. Das könnte nur die Politik, die sich aber stattdessen der Macht der Atom- und Kohlelobby beugt. Denn auch der jetzt beschlossene Atomausstieg beugt sich einem Zeitplan, der den Atomkonzernen den Rückfluss ihres in die Meiler investierten Geldes mit beträchtlicher Rendite garantiert. Unter rein technologischen Gesichtspunkten wäre das Kernkraft-Aus wesentlich schneller umsetzbar gewesen.

Ähnlich sieht es in anderen Branchen aus. Ganz sicher gibt es chemische Verfahren, die Materialien mit ähnlichen Eigenschaften erzeugen könnten wie die petrochemische Industrie, aber nicht auf fossiler Basis, sondern auf erneuerbarer und kreislauftauglich. Aber welcher Newcomer hätte das Kapital, um es mit den Chemieriesen BASF und Bayer aufzunehmen? Wer hätte auch nur die Kapazität, ausreichend Forschungsgelder dafür zu investieren? Allein die Großen, und die haben wenig Interesse, ihre Anlagen, in denen Milliarden stecken und die ihnen Milliardenprofite bringen, vorfristig zu entwerten.

Es spricht viel dafür, dass wir längst in Gefährten durch die Lande fahren könnten, die – mit welchem Antrieb immer – kaum noch klimafeindliche Abgase ausstoßen würden. Forscher haben das menschliche Genom entziffert und das Gasgemisch in der Atmosphäre von Planeten analysiert, die sich Millionen Lichtjahre von der Milchstraße entfernt befinden. Da soll menschliche Erfindungsgabe nicht fähig sein, einen praktikablen umweltgerechten Mobilitätsantrieb jenseits der fossilen Brennstoffe zu finden, sei es auf Elektrobasis oder auch einer anderen? Sie würde alles finden und längst gefunden haben, wenn die Richtung der Forschung nicht hauptsächlich von denen bestimmt würde, die gar kein Interesse an einem schnellen Wandel haben. Zumal ein neuer Mobilitätstyp auch eine ganz neue Infrastruktur voraussetzen würde. Die gute alte Tankstelle hätte ausgedient. Das ist teuer und ein Grund mehr, weshalb ein einzelner Hersteller mit einer neuen Mobilitätsidee den Markt kaum erobern könnte. Also wird die Welt weiter mit Autos alten Typs zugemüllt, obwohl alle wissen, dass das Klima das nicht aushält.

Unprofitable Umweltrenditen

Der zweite Hinderungsgrund für den überfälligen Ökoumbau der Wirtschaft besteht in der ungeklärten Frage, wer die erwarteten Renditen auf derart umfangreiche Investitionen bezahlen soll. Der Kapitalismus ist, wie wir gesehen haben, nur in Wachstumszyklen dynamisch, in denen der Investitionsbedarf so hoch ist, dass die mit einer Investition gemachten Renditen sofort wieder in die nächste Investition fließen.

Die Umstellung der Wirtschaft auf umweltverträgliche Technologien taugt dazu nicht. Denn anders als in der Nachkriegszeit geht es bei diesem Wandel nicht um die Durchsetzung eines neuen Konsummodells, an dem mit wachsenden Einkommen immer mehr Menschen partizipieren, sondern es geht darum, das heutige Wohlstandsniveau auf eine neue, solidere Grundlage zu stellen. Die Investitionen in den ökologischen Umbau als solche bedeuten also zunächst gar kein Wachstum. Werden sie von einer privaten Wirtschaft getätigt, die damit Profite machen will, müssen diese Profite durch Umverteilung aus einem vorhandenen Kuchen bezahlt werden.

Werden sie dem Verbraucher aufgeladen oder vom Staat übernommen, wäre das mit einem nochmaligen gravierenden Wohlstandsverlust für die Mehrheit der Menschen verbunden. Denn dann würde das *Profitstück* im Volkswirtschaftskuchen gänzlich aus dem Leim gehen und alle im letzten Kapitel betrachteten Probleme würden sich verschärfen. Auch dürfte das auf halbwegs demokratischem Wege kaum durchzusetzen sein. Steht hingegen niemand mit offener Brieftasche bereit, um die Renditen zu bezahlen, werden die Investitionen nicht stattfinden. Egal wie dringend der Bedarf und wie hoch die Umwelt*rendite* ist. Mit der heutigen Förderung und Subventionierung wird es also im besten Fall zu einem langsamen – viel zu langsamen! – Wandel kommen. Ein dynamischer »Green Capitalism« ist nicht in Sicht.

Denkbar wäre eine neue Dynamik allenfalls, wenn – auf welche Art immer – die derzeitige unkreative Zerstörung produktiver Kapazitäten so weit getrieben wird, dass die Wirtschaft noch einmal von ganz unten neu starten muss, wie sie das nach dem Zweiten Weltkrieg getan hat. In einer solchen Situation wären im Zuge des Wiederaufbaus einer dann umweltverträglicheren Industrie ein, zwei dynamische Jahrzehnte denkbar. Einer solchen Situation würde allerdings – wie der Nachkriegszeit – so unendlich viel Leid, Armut und Not vorhergehen, dass die Menschheit schlecht beraten wäre, lammfromm abzuwarten, ob dem Kapitalismus im tiefsten Tal der Tränen irgendwann ein dynamischer Neustart gelingt. Zumal auch dann nach einem überschaubaren Zeitraum die ganze Malaise von vorn beginnen würde. Diese Variante ist also in keiner Weise wünschenswert.

Öko für Besserverdiener

Die andere, ebenso wenig wünschenswerte Variante, dem ökologischen Wandel unter kapitalistischen Bedingungen zum Durchbruch zu verhelfen, ist die Ökodiktatur. Diese würde, weit rabiater als das unter demokratischen Verhältnissen möglich ist, Mehrheiten zwingen, die Ökoinvestitionen und die auf sie beanspruchten Renditen mit Wohlstandsverlusten zu bezahlen. Die Ökonomie würde so tatsächlich »grüner«. Nicht zuletzt dadurch, dass unter solchen Bedingungen immer größere Teile der Bevölkerung von dem im letzten Jahrhundert durchgesetzten Konsummodell wieder ausgeschlossen würden. Im Umfeld der Partei Die Grünen scheinen solche Ideen immer wieder auf, wenn auch meist hintergründig und selten offen.

Der Vorschlag etwa, Mobilität oder privaten Energieverbrauch noch stärker zu verteuern, als es sowieso schon der Fall ist, hätte genau diesen Effekt: Der Normalverdiener müsste seine Heizung drosseln und im nächsten Urlaub zu Hause bleiben. Auch die oft mit großem Pathos vorgetragene Verachtung von Discounter-Lebensmitteln und Lobpreisung von Bio- und Ökoprodukten ist, sofern sie mit der Akzeptanz heutiger Verteilungsverhältnisse einhergeht, durchaus nicht so edel, wie sie sich gibt. Natürlich schmecken Bioprodukte besser und sind gesünder als die mit Herbiziden verseuchte, mit Hormonen aufgepumpte oder gar genetisch manipulierte Standardware. Aber eine flächendeckende Durchsetzung der Bioprodukte und Verdrängung der Billiglebensmittel würde bei heutiger Einkommensverteilung schlicht bedeuten, dass sich noch mehr Menschen noch weniger elementare Konsumbedürfnisse erfüllen können. Einen Hartz-IV-Empfänger zu belehren, dass er etwas für sich und die Natur tut, wenn er im Bioladen statt bei Aldi kauft, ist ignorantes Geschwätz von Besserverdiener-Ideologen. Auch die schleichende De-Industrialisierung ganzer Regionen – mit allen schlimmen sozialen Folgen – erscheint denen, die es nicht trifft, gern als ökologischer Fortschritt.

Wer den Ökowandel will und den Kapitalismus nicht infrage stellt, landet letztlich bei solchen Konzepten. Allerdings dürfte selbst diese inhumanste Form der Umsetzung des ökologischen Umbaus keine besondere wirtschaftliche Dynamik auslösen. Irgendwann wäre der

Investitionsbedarf erschöpft und das völlig überdimensionierte *Profit-stück* würde den ganzen Kuchen erdrücken.

Keine neue »lange Welle«

Der Kapitalismus wird, wie wir gesehen haben, seine Dynamik nur zurückgewinnen, wenn ein neuer extensiver Wachstumszyklus in Gang gesetzt werden kann. Der ökologische Umbau schließt natürlich künftiges Wachstum der Wirtschaft nicht aus, sondern würde es – auf nachhaltiger Basis – überhaupt erst ermöglichen. Aber auch das wird sehr wahrscheinlich kein Wachstum nach dem alten Muster sein, in dem die Investitionserfordernisse im Gleichschritt mit den stetig steigenden Produktionsmengen wachsen. Viele moderne Produkte und Technologien zeichnen sich dadurch aus, dass sie eine steigende Nachfrage ohne hohen zusätzlichen Investitionsbedarf abdecken können.

Ist ein Softwareprogramm erst mal geschrieben, kann es beliebig oft kopiert werden. Steht der Funkmast einmal in der Landschaft, können fast beliebig viele Nutzer über das entsprechende Netz telefonieren. Auch die Herstellung vieler moderner elektronischer Geräte ist weit weniger kapitalintensiv als die der klassischen Massenkonsumgüter. Um die Kapazitäten einer sprunghaft steigenden Nachfrage nach Notebooks oder Mobiltelefonen anzupassen, bedarf es viel geringerer Investitionen als im Falle einer Ausweitung der Automobilproduktion.

Aus diesem Grund hat selbst die starke Veränderung der Wirtschaft, die mit dem Durchbruch der neuen Informationstechnologien verbunden war, keinen selbsttragenden Investitionszyklus ausgelöst. Die neue »lange Welle«, die von manchem erwartet worden war, kam nicht. Die neuen Technologien haben sich vielmehr in einem Umfeld relativ niedriger Investitionen durchgesetzt. Deshalb haben sie dem Kapitalismus auch keine neue Dynamik gebracht. Natürlich kann niemand die Erfindungen und Neuentdeckungen der Zukunft vorhersehen. Aber es spricht wenig dafür, dass es in Zukunft noch einmal jene extensiven Wachstumszyklen geben wird, die der Kapitalismus braucht, um seine Dynamik zu entfalten.

Fazit

Der Umbau der Ökonomie in Richtung einer Kreislaufwirtschaft, die auf erneuerbaren Ressourcen und recycelbaren Produkten basiert, ist dringend notwendig. Der Kapitalismus blockiert die überfälligen Veränderungen. Erstens, weil der Energiesektor ebenso wie die chemische Industrie oder auch die Automobilproduktion von Konzernen mit geballter Markt- und Kapitalmacht beherrscht wird, die kein Interesse an einem Wandel haben, solange ihre alten Anlagen noch nicht vollständig abgeschrieben bzw. noch technisch funktionsfähig sind. Zweitens, weil der Umbau gewaltige Investitionen erfordert, die unter kapitalistischen Bedingungen nur stattfinden, wenn angemessene Renditen in Aussicht stehen. Da es sich in diesem Fall nicht um Investitionen in Wachstum handelt, können die Renditen nur durch Umverteilung bezahlt werden. Sie würden das Wohlstandsniveau der großen Mehrheit so gravierend absenken, dass die Durchsetzbarkeit unter demokratischen Bedingungen fraglich ist.

Generell gerät das Wachstumsmuster einer auf modernen Technologien beruhenden Produktion immer stärker in Widerspruch zur extensiven Rendite-Logik des Kapitalismus. Wer eine umweltverträgliche Wirtschaft will, muss den Kapitalismus hinter sich lassen.

7. Sterbende Demokratie: Wenn Wirtschaft Politik macht

> »Die Freiheit einer Demokratie ist nicht sicher, wenn die Menschen das Wachstum privater Macht bis zu dem Punkt tolerieren, da sie stärker wird als der demokratische Staat selbst.«
>
> Franklin D. Roosevelt, US-Präsident

Der gekaufte Staat heißt ein 2008 in erster Auflage erschienenes Buch der Journalisten Sascha Adamek und Kim Otto. Darin wird faktenkundig und detailliert ein von der SPD-Grünen-Regierung initiiertes »Personalaustauschprogramm« zwischen Staat und Wirtschaft geschildert, das alle Beteiligten offenbar als so nutzbringend erachteten, dass es bis dato sämtliche Regierungswechsel überdauert hat. Die Idee dazu soll der damalige Innenminister Otto Schily gemeinsam mit dem Personalvorstand der Deutschen Bank, Tessen von Heydebreck, ausgeheckt haben.

Smarte Gesetzschreiber mit Profitinteresse

Zumindest für eine der beiden Seiten, nämlich die Wirtschaft, liegt der Nutzen des Projekts auf der Hand. Immerhin besteht der »Personalaustausch« im Wesentlichen darin, dass Konzern- und Verbandslobbyisten ein Büro in einem Ministerium ihrer Wahl zur Verfügung gestellt wird und sie dort nach Herzenslust an Gesetzesprojekten mitarbeiten können, die ihre Geschäftsinteressen berühren. Mehr als 300 solcher von den Konzernen bezahlten und selbstverständlich den Interessen ihrer Arbeitgeber verpflichteten »Leihbeamten« sollen nach einer Prüfung des Bundesrechnungshofes allein zwischen 2004 und 2006 ihre Schreibtische in diversen Ministerien bezogen haben. Von einer ähnlich großen Schar von Staatsbeamten, die in den Vorstandsetagen der Deutschen Bank oder des Daimler-Konzerns ihr Unwesen trieben, ist nichts bekannt. Der »Austausch« scheint also eher einseitig gewesen zu sein.

Nachdem das im Geheimen ausgekungelte Programm durch Medienberichte öffentlich geworden war und auch der Bundesrechnungshof harsche Kritik formuliert hatte, wurden 2008 die Regeln etwas verschärft. An der Praxis, Mitarbeitern von Konzernen die Möglichkeit zu geben, sich in Behörden einzunisten und dort Einfluss auf den Gesetzgebungsprozess zu nehmen, hat sich aber nichts geändert. Adamek und Otto führen konkrete Beispiele an.

So schrieb die Flughafenlobby an Gesetzen zur Fluglärmbegrenzung mit und die Energiekonzerne lieferten die entscheidenden Textbausteine für das rot-grüne Energiewirtschaftsgesetz, das sie von jeder ernsthaften Regulierung freistellte. Die Pharmalobby sitzt mit am Tisch, wenn Gesundheitsreformen auf den Weg gebracht werden, die – von Ulla Schmidt bis Philipp Rösler – das drängendste Problem seltsamerweise nie anpacken: die explodierenden Arzneimittelpreise. Die Banker- und Heuschreckenlobby genehmigte sich 2002 per Gesetz die Steuerfreiheit für Veräußerungsgewinne. Sechs Jahre später, als das ganze Kartenhaus zusammengebrochen war, waren es wiederum die Banker und ihnen nahestehende Anwälte, die das Bankenrettungsgesetz verfassten, das sie mit milliardenschwerem Steuergeld vor den Konsequenzen ihrer Zockerei bewahrte.

Aber nicht nur die »Leihbeamten« sind ein Weg für die Wirtschaftslobbys, sich Staatsgesetze nach Wunsch zu basteln. In die gleiche Richtung wirkt der ebenfalls seit Kanzler Schröders Zeiten immer stärker in Mode gekommene Trend, die Erarbeitung von Gesetzentwürfen gleich ganz aus den zuständigen Ministerien auszulagern. Statt der Beamten, deren Job eigentlich darin bestünde, solche Vorlagen zu verfassen, werden mit dieser Aufgabe große Wirtschaftskanzleien wie Freshfield oder Linklaters betraut. Im Unterschied zum Outsourcing in Unternehmen, das in der Regel mit Lohndumping verbunden ist und sich deshalb wenigstens rentiert, lässt sich das staatliche Outsourcing noch nicht einmal mit Spareffekten begründen. Im Gegenteil: Die Wirtschaftsanwälte verdienen das x-Fache eines normalen Staatsbeamten. Aber nicht nur deshalb kommt diese Art der Gesetzschreibung den Steuerzahler teuer zu stehen. Das Hauptproblem ist, dass auf diesem Wege, wie bei dem über »Leihbeamte«, eine sehr spezifische Art von Gesetzen herauskommt. Denn unabhängig davon, ob sie ab und an auch der Staat mit einem Auftrag belästigt, leben die Wirtschaftskanzleien in erster Linie von den Aufträgen großer Unternehmen. Geht es diesen gut, geht es ihnen auch gut. Wenn solche Kanzleien Gesetze verfassen, werden sie diesen Aspekt aufmerksam im Auge haben.

Dass Gesetze, an denen smarte »Leihbeamte« oder gewiefte Wirtschaftsanwälte mitgewirkt haben, so beschaffen sind, wie Gesetze heute beschaffen sind, muss also niemanden verblüffen. Verblüffend ist höchstens, mit welcher Ungeniertheit in Gemeinwesen, die einmal als Demokratien und Rechtsstaaten konzipiert waren, privaten Wirtschaftslobbys die Hoheit über das Gesetzgebungsverfahren, und damit über einen Kernbereich der öffentlichen Gewalt, übertragen wird. Denn liegt ein Gesetzentwurf erst einmal vor, ist die letztliche Abstimmung im Parlament dank Fraktionszwang und Koalitionsdisziplin fast nur noch Formsache.

Zuweilen wird zur Rechtfertigung solcher Methoden vorgetragen, es ginge ja nur darum, Sachverstand und Expertise einzuholen. Als ob es eine *neutrale* Expertise gäbe! Öffentlicher Auftrag ist es, Gesetze mit Sachverstand im Interesse des Allgemeinwohls zu schreiben. Fehlt der Sachverstand, muss man ihn sich aneignen. Mangelnde öffentliche Kompetenz durch kompetente Privatinteressen zu ersetzen ist wohl kaum eine adäquate Alternative dazu.

Der ERT formt sich seine EU

Auch in der Brüsseler Bürokratie ist das Engagement privater Wirtschaftsvertreter fest institutionalisiert. Die über 10 000 Lobbyisten, die derzeit die belgische Hauptstadt bevölkern, wissen, warum sie da sind, und werden jedenfalls nicht dafür bezahlt, sich in schicken Restaurants im Brüsseler Europaviertel die Zeit zu vertreiben. Vielmehr haben ebenso in Brüssel die Abgesandten von Konzernen und Verbänden offizielle Schreibtische in öffentlichen Behörden, vor allem in der EU-Kommission. Auch dafür führen Adamek und Otto Beispiele an. So wurde die Wirtschaftsberatung KPMG, deren Geschäft darin besteht, Unternehmen beim Steuersparen zu helfen, von EU-Beamten zur Mitarbeit an einer Richtlinie zur Unternehmensbesteuerung eingeladen. Und ein Lobbyist des Chemie-Multis BASF durfte von seinem schönen Büro im Brüsseler Berlaymont-Gebäude[109] aus an der Verwässerung der Chemikalienrichtlinie REACH mitarbeiten.

Die gewaltige Brüsseler Lobbyindustrie begann sich in den späten achtziger, frühen neunziger Jahren zu etablieren, just zu der Zeit, als die Europäische Kommission sich anschickte, mit rund dreihundert Gesetzen das Grundgerüst des gemeinsamen europäischen Marktes auszuarbeiten. Eine der mächtigsten Brüsseler Lobbys, die an der Ausgestaltung dieses Projekts besonders erfolgreich mitgewirkt hat, ist der 1983 gegründete European Roundtable of Industrialists (ERT). Dabei handelt es sich um den exklusiven Club der Vorstandsvorsitzenden der 45 größten europäischen Industriekonzerne, die zusammen für eine Wirtschaftsleistung von über 1600 Milliarden Euro stehen und allein in der EU 4,5 Millionen Menschen beschäftigen.

Bereits während des Prozesses, der 1987 zur Einheitlichen Europäischen Akte und damit zum Gesetzesrahmen für den Gemeinsamen Markt führte, spielte der ERT eine wichtige Rolle. 1985 lancierte der damalige Vorsitzende des Industriellenclubs und gleichzeitige Boss des Philips-Konzerns, Wisse Dekker, einen sorgfältig ausgearbeiteten Fünfjahresplan zum Abbau aller Handelsschranken und zur Abschaffung aller fiskalischen Handelshemmnisse im europäischen Wirtschaftsraum. Aus dieser ERT-Vorlage wurde per Copy-and-Paste wenige Monate später ein offizielles Dokument der Kommission, nämlich das Weißbuch des Industriekommissars Cockfield, dessen Kerninhalte sich schließlich in der Einheitlichen Europäischen Akte wiederfanden. Die einzige Differenz zum Plan des ERT bestand darin, dass der Termin zur

Vollendung des Binnenmarktes um zwei Jahre nach hinten verschoben wurde: von 1990 auf 1992.

Nach Inkrafttreten der Einheitlichen Europäischen Akte gründete der ERT ein Internal Market Support Commitee, dessen Vertreter zwischen 1987 und 1992 in nimmermüder Beständigkeit mit Regierungs- und Kommissionsvertretern konferierten. Ergebnis dieser Bemühungen war der Maastricht-Vertrag, der deutlich erkennen ließ, dass die Industriellenlobby Zeit und Geld nicht umsonst investiert hatte. Die EU wurde mit den Vorgaben von Maastricht auf einen Kurs festgelegt, der gänzlich den Interessen der großen Wirtschaftsunternehmen entsprach und ihnen eine Phase der Expansion und beispielloser Profitmöglichkeiten eröffnete, ihre wirtschaftliche Machtstellung auf den europäischen Märkten erheblich stärkte und damit auch ihre Fähigkeit zum Diktat des politischen Geschehens für die nächsten Jahrzehnte zementierte. In einem Fernsehinterview von 1993 räumte der damalige Kommissionspräsident, der französische Sozialdemokrat Jacques Delors, einen »ständigen Druck« des ERT auf die Vertragsgestaltung ein und bestätigte, dass dieser Club der Großindustriellen »eine der Haupttriebkräfte hinter dem Binnenmarkt« gewesen ist.[110]

Zum Dank für so viel Mitgestaltungsfreude wurde 1995 der informelle Zugang des European Roundtable of Industrialists zu den EU-Behörden institutionalisiert: durch die Schaffung einer Competitiveness Advisory Group, die seither in regelmäßigen Abständen Berichte über die »Wettbewerbslage« in der EU verfasst. Dass in diesen »Wettbewerbsberichten« die wachsende Marktmacht weniger Anbieter kein Thema ist, wohl aber profitstörende staatliche Regeln in einzelnen Mitgliedstaaten, versteht sich.

Legale Korruption

Die Kanäle, mit denen sich Wirtschaftsinteressen ihren Weg in die Politik bahnen, sind mit den geschilderten allerdings noch längst nicht erschöpft. Eine wichtige Rolle spielt auch die völlig legale Korruption nach dem Motto: Bezahlt wird später. Ehemalige Minister, Staatssekretäre und Abteilungsleiter, die sich besondere Verdienste um die Profitinteressen einer oder mehrerer Wirtschaftslobbys erworben haben, fallen weich, wenn die politische Laufbahn einmal endet. Manche wechseln an einem bestimmten Punkt ihrer Biographie auch aus freien Stücken in die Wirtschaft. Die einst begünstigten Branchen stellen dann gern Vorstands- oder Beraterpöstchen zur Verfügung, auf denen die Betreffenden einmal im Leben richtig Geld verdienen können.

Die Beispiele für solche Politik-Nachfolgekarrieren sind Legion. Am höchsten ist ihre Quote interessanterweise bei ehemaligen Mitgliedern der rot-grünen Schröder-Fischer-Regierung. Das betrifft nicht nur den Kanzler und seinen Außenminister, die sich heute bei konkurrierenden Gaspipeline-Projekten goldene Nasen verdienen. Es betrifft auch den ehemaligen Bundesminister für Wirtschaft und Arbeit, Wolfgang Clement, der sich für die Profitinteressen der Industrie durch Förderung der Leiharbeit und für die Profitinteressen der Energiekonzerne durch Hinausschieben des überfälligen Atomausstiegs ins Zeug gelegt hatte. Heute verdient der Mann seine Brötchen unter anderem als Aufsichtsrat des Energieunternehmens RWE Power AG und bei Adecco, einem der größten Leiharbeitsanbieter. Auch der ehemalige SPD-Arbeitsminister Walter Riester, der der Finanzbranche mit der Zerschlagung der gesetzlichen Rente und der öffentlich geförderten »Riester«-Rente den großen Reibach verschafft hatte, ist nicht leer ausgegangen. Nach seinem Ende als Arbeitsminister ist Riester durch honorarverwöhnte Auftritte bei diversen Finanzdienstleistern mit Zusatzeinkünften von fast einer halben Million Euro zum bestbezahlten Abgeordneten der Legislatur aufgestiegen. Seit dem 1. Oktober 2009 lebt Riester als Aufsichtsrat des Finanzdienstleisters Union Asset Management Holding ganz von den Einkünften der Branche, die er als Minister am meisten gemästet hatte.

Eine Ebene tiefer werden Verdienste nicht minder großzügig belohnt. Hans Eichels Staatssekretär für Finanzen, Caio Koch-Weser, handelte 2001 in Brüssel den von der privaten Bankenlobby gewünschten Wegfall der Staatshaftung für die Landesbanken aus. 2005 revanchierte sich die Deutsche Bank mit einem gut dotierten Vorstandsposten. Auch Bert Rürup, der als Vorsitzender des Sachverständigenrates kräftig die Werbetrommel für die private Rentenversicherung gerührt hatte, wurde anschließend als »Sonderberater« des Finanzdienstleisters

AWD mit goldenen Löffeln gefüttert, bis er schließlich 2009 mit AWD-Gründer Maschmeyer zusammen einen eigenen Finanzdienst auf die Füße stellte. Wir wollen es mit diesen Beispielen bewenden lassen. Sie alle zeigen: Wenn Politiker der Wirtschaftslobby in den Allerwertesten kriechen, mag das vielleicht ihrem öffentlichen Ansehen auf Dauer nicht guttun, ihrer Brieftasche aber allemal.

Minister von Goldmans Gnaden

Es versteht sich, dass Drehtüren von der Politik in die Wirtschaft und die diversen Varianten legaler und halblegaler Korruption kein spezifisch deutsches Phänomen sind. In der heutigen Hemmungslosigkeit und Offenheit hat sich diese Unkultur in der Bundesrepublik vielmehr erst in den letzten zwanzig Jahren herausgebildet. Eines der Länder, in denen die Verfilzung zwischen Politik und Wirtschaft von jeher ungeniert zur Schau getragen wird, sind die USA. Hier gibt es besagte Drehtür in geschmeidigster Form: Man geht aus der Wirtschaft in die Politik und kehrt nach getaner Lobbyarbeit in die Wirtschaft zurück.

Der indische Ökonom Jagdish Bhagwati, der heute an der Columbia University lehrt, hat darauf hingewiesen, dass man in jedem Falle von der Wall Street kommen muss, um das US-Finanzministerium zu führen. Meist ist es die Investmentbank Goldman Sachs, die dem Staat aus ihrem Personaltableau den Finanzminister leiht. Im Unterschied zu deutschen Leihbeamten wird der Minister zwar für die Dauer seiner Amtszeit vom Staat bezahlt. Aber nicht zuletzt, weil das Gehalt eines Finanzministers im Vergleich zur Banker-Gage jämmerlich gering ist, dürfte der Betreffende nie vergessen, wo er herkommt und wo er wieder hinwill. Man sollte sich über mangelnden Regulierungswillen und weichgewaschene Finanzmarktgesetze also nicht wundern. Oder wie Joseph Stiglitz es höflich ausdrückt: »Personen, deren Vermögen oder zukünftige Beschäftigungsaussichten vom Leistungsvermögen der Banken abhängig sind, werden eher der Meinung sein, dass das, was gut für die Wall Street ist, auch gut für Amerika ist.«[111] Zumindest wissen sie, was gut ist für ihre eigene Zukunft.

Eine wichtige Rolle spielen auch andere mächtige Wirtschaftsgruppen. Die Familie Bush und die wichtigsten Führungskräfte der Bush-

Regierung entstammten der texanischen Erdölindustrie und haben in diesem Business – im Falle der Familie Bush: seit Generationen – Milliarden verdient. Auch die Rüstungslobby ist unverändert stark und einflussreich. Stiglitz fasst das Machtkartell folgendermaßen zusammen: »Präsident Eisenhower warnte vor den Gefahren des militärisch-industriellen Komplexes. Aber in den letzten 50 Jahren hat sich dieser Komplex erweitert: Zu den Interessengruppen, die maßgeblichen Einfluss auf die amerikanische Wirtschafts- und Sozialpolitik nehmen, gehören die Finanz-, die Pharma-, die Mineralöl- und die Bergbauindustrie. Ihr politischer Einfluss macht eine rationale Politikgestaltung praktisch unmöglich.«[112]

Das gilt für Demokraten wie Republikaner gleichermaßen. Zumal es mit dem Zwang, Wahlkampfspenden einzutreiben, ein zusätzliches Disziplinierungsmittel für Politiker gibt. Wem der Geldtopf austrocknet, der hat keine Chance mehr. Auch Obama wäre nicht Präsident geworden, wenn nur die Spenden der kleinen Leute und nicht auch die Großspenden der Wall-Street-Häuser und der Großindustriellen auf seinem Wahlkampfkonto eingegangen wären.

Corporate Welfare

Es ist also nicht nur ein schlechtes Gefühl oder ein böser Verdacht, es ist tatsächlich so: Die herrschende Politik ist heute zu weiten Teilen von der Wirtschaft gekauft. Die Fähigkeit der einzelnen Interessengruppen, ihren Wünschen Geltung zu verschaffen, lässt sich dabei an den politischen Entscheidungen ablesen. Wenige Euro mehr für Hartz-IV-Empfänger, die ihnen mit der anderen Hand schon wieder aus der Tasche gezogen werden, und 31 Milliarden Euro mehr – nach Brennelementesteuer! – für die Atomkraftwerksbetreiber, solche Relationen sind ein Spiegelbild realer Kräfteverhältnisse. Natürlich gibt es ungleich mehr Hartz-IV-Empfänger als Aktionäre der Energiekonzerne. Natürlich bräuchten Erstere das Geld sehr viel dringender als Letztere. Aber das spielt keine Rolle.

Die Hartz-IV-Lobby hat nicht das Geld, Leihbeamte in Ministerien zu platzieren, die dort an Sozialgesetzen mitschreiben. Sie hat nicht das

Geld, ausscheidenden Politikern mit schönen Posten den Lebensabend zu vergolden. Sie hat keinen Zugang zu Wirtschaftskanzleien und keine Mittel für Parteispenden. Sie kann auch nicht mit Abwanderung drohen oder damit, ihre Steuern demnächst auf den Bahamas oder den Kanalinseln zu bezahlen. Die Hartz-IV-Empfänger, wie auch der Normalverdiener, haben nahezu nichts von dem, was man heutzutage braucht, um seinen Interessen Gehör zu verschaffen.

Die Verfilzung von Wirtschaftseigentum, Wirtschaftsmacht, öffentlicher Verwaltung und Gesetzgebung ist längst viel enger, als das mit dem verfassungsrechtlichen Anspruch einer Demokratie noch irgendwie vereinbar wäre. Die politische Macht ist auf dem Wege, erneut zum Zubehör privater Eigentumstitel zu verkommen. Der soziale Wohlfahrtsstaat wurde abgelöst durch den *Corporate Welfare State*, wie Stiglitz ihn nennt: den Konzernwohlfahrtsstaat.

Feudale Moderne

Das hat mit den Ideen der Väter einer sozialen Marktwirtschaft nichts mehr zu tun, sondern erinnert eher an Verhältnisse aus grauen Vorzeiten. Was beispielsweise den Feudalismus auszeichnete, war ebendiese Identität von Dominium und Imperium, von wirtschaftlichem Eigentum und öffentlicher Gewalt. Der feudale Grundherr war kraft seiner ererbten Stellung nicht nur berechtigt, den Bauern regelmäßige Fronleistungen abzuverlangen, sondern er stand untrennbar davon auch an der Spitze der öffentlichen Verwaltung und war für Rechtsprechung, Polizei und Heeresdienste in seinem Landflecken zuständig. Es bedurfte mehrerer Jahrhunderte und einiger Revolutionen, ehe sich die Menschheit aus diesem Zustand der Knechtschaft und Unterdrückung befreite. Die Grundherren der Moderne, die Eigentümer der großen Industrie- und Dienstleistungskonzerne und der Hochfinanz, scheinen ihren ererbten Anspruch auf Ausbeutung der Arbeitsleistung von Millionen Menschen allerdings ebenso selbstverständlich mit dem Anspruch zu verbinden, auch den politischen Rahmen nach Gusto gestalten zu können.

Demokratie scheint zwar alle vier Jahre stattzufinden, wenn das Wahlvolk zur Urne gerufen wird. Aber das Votum der Wähler entscheidet offenkundig nur darüber, welche der im Parlament vertretenen Parteien sich in der folgenden Legislatur der Aufgabe annehmen darf, Politik gegen die Mehrheit ihrer Wähler zu machen. Denn genau darin liegt die auffällige Kontinuität, die mindestens die letzten drei Bundesregierungen – ungeachtet aller Farbwechsel von rot-grün über schwarz-rot zu schwarz-gelb – miteinander verbindet.

Die Hintergründe dieser fatalen Entwicklung liegen tiefer als nur in der Käuflichkeit einzelner Politiker, im üblichen Opportunismus oder in der Unterwürfigkeit parteipolitischer Parvenüs gegenüber den Wirtschaftsmächtigen, die so sehr viel reicher sind und so ungleich viel mehr Geld bewegen als sie. Hintergrund sind die realen wirtschaftlichen Machtverhältnisse, wie sie sich in den letzten Jahrzehnten herausgebildet haben.

Regulatory Capture

»Die Banken waren nicht nur so groß geworden, dass der Staat sie vor dem Zusammenbruch retten musste, sie besaßen auch so viel politische Macht, dass die Regierung ihnen keine Beschränkung mehr auferlegen konnte,«[113] schreibt Stiglitz. Im Englischen gibt es einen speziellen Terminus für die Fähigkeit der Wirtschaft, die ökonomische Regulierung durch den Staat zu ihren Gunsten zu gestalten: *regulatory capture*. Regulatorische Gefangennahme. Womit können private Institutionen den Staat gefangen nehmen? Ganz einfach: mit ihrer Fähigkeit, durch privatwirtschaftliche Entscheidungen das ökonomische Leben großer Regionen, ja ganzer Volkswirtschaften zu verändern und im schlimmsten Fall zu zerstören.

Wenn der Handwerksmeister mit fünf Angestellten bei dem Kämmerer seiner Kommune vorstellig wird und droht, ohne staatliche Hilfsgelder keine defekte Wasserleitung in der Gemeinde mehr zu reparieren, erntet er bestenfalls ein müdes Lächeln und im schlechtesten Fall den sofortigen Rauswurf. Seine Erpressungsmacht ist gleich null, denn es gibt genügend andere Handwerksmeister, die seinen Job mit Freude übernehmen. Wenn eine der größten Banken eines Landes droht, ohne Steuermilliarden und ohne Befreiung von jeder ernsthaften Regulierung noch weniger Kredit an die örtliche Wirtschaft zu vergeben, lächelt kein Finanzminister und auch kein Regierungschef mehr. Denn die Folgen können von keiner anderen Bank aufgefangen werden. Das ist der Unterschied. Und das gilt nicht nur für Banken.

Wenn ein Bäcker droht, ohne Subventionierung der Brötchenpreise keinen neuen Backofen anzuschaffen und zwei Bäckerlehrlinge auf die Straße zu werfen, wird er deshalb längst noch keinen Cent bekommen. Wenn ein Konzern mit Milliardenumsätzen und mehreren hunderttausend Beschäftigten droht, einen Betriebsteil stillzulegen, von dem eine ganze Region direkt oder indirekt lebt, kriegt er alles oder zumindest fast alles, was er haben will.

Die deutsche Automobilindustrie etwa besteht aus vier großen Autobauern: Daimler, BMW, VW, zu dem jetzt auch Porsche gehört, und Opel, der Tochter des General-Motors-Konzerns. Wenn in diesen vier Großunternehmen die Produktion um ein paar Prozentpunkte sinkt, hat das wegen der weitverzweigten Abhängigkeiten ihrer Zulieferer und deren Zulieferer dramatische Konsequenzen für die gesamte Volkswirtschaft: Nach Berechnungen des Hamburgischen WeltWirtschaftsInstitut genügt ein 15-prozentiger Produktionseinbruch bei den Autoherstellern, um die deutsche Wirtschaftsleistung um 2 Prozent nach unten zu drücken, etwa 2 Millionen Menschen um ihren Arbeitsplatz zu bringen und die Steuereinnahmen um 20 Milliarden Euro abzusenken.

Gesellschaften in Geiselhaft

Wenn vier private Unternehmen mit ihren Investitions- und Produktionsentscheidungen über die Leistung einer ganzen Volkswirtschaft, über Millionen Arbeitsplätze und Milliarden an Steuereinnahmen entscheiden, sollte sich niemand wundern, wenn die, die in diesen Unternehmen das Sagen haben, die Politik nach ihrer Pfeife tanzen lassen können. Insofern war es kein Zufall, dass die Krise von 2009 kaum mit zusätzlichen öffentlichen Investitionen und gar nicht mit mehr öffentlicher Beschäftigung bekämpft wurde, sondern vor allem mit gezielter Absatzförderung für diese vier Konzerne. Ganze 5 Milliarden Euro ließ sich der deutsche Staat die Abwrackprämie kosten, die zur massenhaften Verschrottung fahrtüchtiger Automobile führte.

Aber wen kümmert die (sehr unkreative!) Zerstörung solider volkswirtschaftlicher Werte, solange das Ziel, die Profite der Autogiganten in einer Situation wegbrechender Exportnachfrage zu stabilisieren und so die Produktion hochzuhalten, erreicht wird?

Nur bei VW hat die öffentliche Hand dank Landesanteil und VW-Gesetz ein Minimum mitzureden. Ansonsten befindet sich dieser Machtblock der vier Autobauer ausnahmslos in privater oder ausländischer Hand. Neben institutionellen Investoren, die vor allem bei Daimler und jetzt auch wieder bei GM dominieren, gehören zu den Eigentümern mehrere steinreiche Familienclans: die Quandts und die Klattens sowie die Porsches und die Piëchs. Verhältnisse, in denen vier Familien und einige spekulationsfreudige Finanzvehikel die Macht besitzen, das Auf und Ab des Bruttoinlandsprodukts eines großen und reichen Industrielandes zu dirigieren, sollte eigentlich niemand für demokratisch halten.

Macht über Meinung und Leben als Familieneigentum

Wirtschaftseigentum gebiert Macht, hochkonzentriertes Wirtschaftseigentum gebiert Übermacht. Die 50 größten Familienkonzerne der Bundesrepublik beschäftigten 2005 zusammen etwa 2,4 Millionen Menschen und stehen für knapp 500 Milliarden Euro Umsatz. Rechnen wir jedem Beschäftigten noch mindestens ein abhängiges Familienmitglied zu, gebieten also 50 Familien über das Schicksal von etwa 5 Millionen Menschen: über ihre Löhne, die Sicherheit ihrer Arbeitsplätze, ihre Lebensperspektive. In der Liste der größten deutschen Familienunternehmen tauchen auch die vier großen deutschen Medienkonzerne auf: Bertelsmann, Springer, Holtzbrinck und die WAZ-Mediengruppe. Ein Großteil der Zeitungs- und Zeitschriftenlandschaft dieses Landes gehört zu einem dieser Medienimperien. Darüber hinaus haben sie Anteile an mehreren Fernsehsendern und bestimmen über Verlagshäuser mit tausenden Buchpublikationen. Fast die gesamte mediale Meinungsmacht im Privatbesitz einiger Familienclans – was für eine Demokratie!

In anderen Ländern ist das ähnlich. Ohne eigene private Medienmacht hätte es einen Premier Silvio Berlusconi in Italien nie gegeben. Auch die großen Medien in den angelsächsischen Ländern stehen vielfach in direkter Abhängigkeit von privaten Wirtschaftskonzernen. Darauf weist John Perkins hin: »Der Fernsehsender NBC beispielsweise gehört General Electric, ABC gehört zu Disney, CBS zu Viacom, und CNN ist Teil des riesigen AOL/Time Warner Konglomerats. Die meisten amerikanischen Zeitungen, Zeitschriften und Verlage befinden sich im Besitz großer internationaler Konzerne und werden von ihnen manipuliert. Unsere Medien sind Teil der Korpokratie«,[114] also der institutionalisierten Herrschaft der Konzerne. Eine Demokratie ohne unabhängige Medienöffentlichkeit aber kann es nicht geben.

Die alte Adam Smith'sche Idee, dass der Egoismus des einzelnen Produzenten durch den Markt und die Konkurrenz in eine Richtung umgebogen wird, die ihn zum Vorteil aller wirken lässt, setzt voraus, dass der einzelne Anbieter klein und jederzeit durch andere ersetzbar ist. Sie setzt voraus, dass die Folgen von Fehlentscheidungen und Fehlinvestitionen Einzelner für die Gesamtwirtschaft vernachlässigbar gering sind und daher ohne dramatische Konsequenzen vom Markt bestraft werden können. Auf Unternehmen, von deren Personal- und Investitionspolitik die Lebensperspektive hunderttausender Menschen abhängt, die über das Investitionsklima einer ganzen Volkswirtschaft oder über die öffentliche Meinung entscheiden, treffen all diese Kriterien nicht zu. Sie sind längst nicht mehr der »unsichtbaren Hand« des Marktes unterworfen, sondern diktieren mit ihrer äußerst sichtbaren Hand den Staaten die Konditionen. Auch die ihrer eigenen Rettung, wenn es nötig ist.

Wir haben also, um das berühmte Zitat von Michel Foucault abzuwandeln, heute nicht mehr einen Markt unter der Aufsicht des Staates, sondern einen Staat unter der Aufsicht des Marktes. Genauer: unter der Aufsicht jener Unternehmen, die dank ihrer Größe und Reichweite den vielbeschworenen »Markt« beherrschen und auf ihm den Ton angeben. Für diese privaten Wirtschaftsgiganten setzt nicht mehr die Politik die Rahmenbedingungen, sondern sie zwingen staatlichem Handeln den von ihnen gewünschten Rahmen auf und schaffen sich so das ihnen genehme und für ihre Profite optimale Umfeld. Sie kaufen sich die Politik, die sie brauchen und die ihnen nützt.

Politik unter der Kontrolle der Finanzmärkte

Diese Verkehrung der Sachlage, die jeden demokratischen Anspruch mit Füßen tritt, wird von der neoliberalen Politik offen anerkannt und zuweilen sogar als zivilisatorischer Fortschritt gefeiert. Der Klassiker solcher Unterwürfigkeit stammt von dem Ex-Bundesbankchef Hans Tietmeyer, der bereits 1996 auf dem Weltwirtschaftsforum in Davos beklagte, »dass sich die meisten Politiker immer noch nicht darüber im Klaren sind, wie sehr sie bereits heute unter der Kontrolle der Finanzmärkte stehen und sogar von diesen beherrscht werden«.[115]

Wir haben im Kapitel über die Banken gesehen, dass sich hinter dem scheinbar anonymen Finanzmarkt in Wahrheit die Anlageentscheidungen einer Handvoll großer Investmentbanken verbergen. Was Tietmeyer also in Wahrheit kritisiert, ist, dass viele Politiker damals noch nicht bereit waren, sich bedingungslos der Kontrolle von einem Dutzend Finanzhaien zu unterwerfen und ihren verfassungsmäßigen sowie den Wählerauftrag aus ihrem Denken und Handeln zu verbannen. In diesem Sinne hat die Politik der westlichen Welt in den zurückliegenden fünfzehn Jahren deutliche »Fortschritte« gemacht. Es gibt kaum noch einen Staatsmann oder eine Staatsfrau, die Tietmeyers Kritik heute noch treffen würde.

Das mag auch daran liegen, dass die Finanzindustrie genügend Möglichkeiten hat, den Staaten die Unterwerfung einzutrimmen. Wer hunderte Milliarden per Knopfdruck von einem Ende der Welt zu einem anderen schicken kann, entscheidet nicht nur über die Entwicklung der Wechselkurse, sondern auch über die Zinsen, die die einzelnen Staaten für ihre Anleihen zahlen müssen. Angesichts horrende wachsender Staatsverschuldung bedeutet ein Zinsaufschlag von ein oder zwei Prozentpunkten für das betreffende Land schnell Mehrausgaben von mehreren Milliarden im Jahr. Griechenland wurde auf diese Weise – nicht wegen der absoluten Höhe seiner Schulden – im Mai 2010 an den Rand der Zahlungsunfähigkeit gebracht und musste von den anderen Eurostaaten aufgefangen werden. Mit Irland wiederholte sich das gleiche Spiel im November 2010. Portugal, Spanien oder Italien könnten die Nächsten sein.

Selbst Länder wie Deutschland sind nicht davor gefeit, den Missmut der Finanzgiganten monetär zu spüren zu bekommen. Es geschah zuletzt im Jahr 2005, als die Rating-Agentur Standard & Poor's damit drohte, die Kreditwürdigkeit der Bundesrepublik herabzustufen, falls die Bundestagswahl einen falschen Ausgang nimmt und das Regierungsprogramm nicht den Wünschen der Wirtschafts- und Finanzlobby entspricht. Eine solche Herabstufung hätte den Bundeshaushalt mit mehreren Milliarden zusätzlicher Zinszahlungen für alle neuen und refinanzierten Schulden belastet. Dazu kam es nicht, weil die schwarz-rote Koalition in ihrem Koalitionsvertrag die Wünsche der Finanzhaie brav berücksichtigte. Nur, wozu hält man dann eigentlich noch Wahlen ab?

Neoliberale Zauberlehrlinge

Auch bei der Gestaltung der Steuer- oder Lohnpolitik haben die einzelnen Staaten weitgehend ihre Souveränität verloren. Seit Abbau aller Investitions- und Handelsschranken kennen die Konzernsteuern in den EU-Mitgliedstaaten nur noch eine Richtung: steil nach unten. Das Gleiche gilt für Spitzensteuersätze und Vermögenssteuern. So sind die Steuersätze auf Gewinne von Kapitalgesellschaften in der Eurozone zwischen 1995 und 2009 im Schnitt von 37,5 auf 25,9 Prozent abgesenkt worden. Die Spitzensteuersätze bei der Einkommensteuer fielen von 50,4 auf 42,1 Prozent.

Die Gründe liegen auf der Hand: Mit dem gemeinsamen Binnenmarkt sind die einzelnen Länder zu konkurrierenden »Standorten« geworden, die das Kapital und seine Inhaber und Verwalter hätscheln und mästen müssen, damit es bei ihnen bleibt: durch Steuervergünstigungen, Subventionen, sinkende Löhne. Die sogenannte »Globalisierung« bewirkt Ähnliches auf internationaler Ebene. Wenn Unternehmen sich aussuchen können, wo sie Steuern zahlen, wo sie investieren und wo sie Arbeitsplätze schaffen, dann entsteht ein Wettlauf der Länder um die lukrativsten Standortbedingungen. Wohlgemerkt: lukrativ für die Konzerne, nicht für die dort lebenden Menschen. Unter dem Druck dieses Dumpingwettlaufs stirbt jede Demokratie.

Diese Verhältnisse sind nicht die unvermeidbare Konsequenz internationaler Arbeitsteilung oder verbesserter Transport- und Kommunikationstechnologien. Es war die Politik selbst, die die Weichen gestellt hat. Die sich mit jeder Finanzmarktregel, die sie abgeschafft, mit jeder Kapitalverkehrskontrolle, auf die sie verzichtet hat, und mit jeder Handelsschranke, die ohne zureichende Harmonisierung der Standards gefallen ist, ein Stück mehr entmachtete. Es waren die großen Industriestaaten, die über die EU, die WTO, die Weltbank und den IWF dafür gesorgt haben, den Konzernen eine beispiellose internationale Expansion zu ermöglichen. Die diesen Unternehmen den optimalen Rahmen geboten haben für ihre Investitionen in Billiglohnzonen, für ihre Übernahmeschlachten, für ihr Steuerdumping, für ihre Umgehung von Sozial- und Umweltstandards. Die »Globalisierung« war kein naturwüchsiger Prozess, sondern ein politisch gestalteter. So lange, bis die Politik jede Gestaltungsmacht verlor.

Der französische Soziologe Pierre Bourdieu hat das schön zusammengefasst:

»Alles, was man mit dem zugleich deskriptiven wie normativen Namen ›Globalisierung‹ belegt, ist Ausfluss nicht eines ökonomischen Fatums, sondern einer bewussten und vorsätzlichen Politik, welche die … Regierungen einer ganzen Gruppe von wirtschaftlich fortgeschrittenen Ländern verfolgt haben, um sich selbst ihrer Macht zur Kontrolle der ökonomischen Kräfte zu entschlagen …«[116]

Es waren die Zauberlehrlinge der neoliberalen Politik, die die multinationalen Wirtschaftsmonster, mit denen wir es heute zu tun haben, aus der Flasche gelassen haben. Und sie wussten, was sie tun. Zumindest hätten sie es wissen können. Ein Blick in die Standardwerke des Ordoliberalismus, auf den sie sich so gern berufen, hätte genügt. Walter Eucken gehörte, wie wir am Anfang dieses Buches gesehen haben, zu den lautesten Warnern vor den gefährlichen Konsequenzen von Wirtschaftsmacht. Bereits mehrere Jahrzehnte vor der neoliberalen »Globalisierung« hatte er darauf hingewiesen, dass wirtschaftliche Macht, einmal entstanden, politisch nicht mehr zu kontrollieren ist. Die zentrale Aufgabe der Politik bestehe somit darin, zu verhindern, dass solche Macht sich herausbilden kann. Andernfalls, so Eucken, hätten Demokratie und soziale Marktwirtschaft keine Chance. Und bei diesen Warnungen hatte der Freiburger Wirtschaftsprofessor deutlich kleinere Träger von Wirtschaftsmacht im Auge als die Global Player unserer Tage mit ihren zwei- bis dreistelligen Milliardenumsätzen und hunderttausenden Beschäftigten.

Koch und Kellner – Wer zahlt, bestimmt das Menü

In Ignoranz solcher Mahnungen wurden die Bedingungen geschaffen für das »strukturelle Primat der Wirtschaft über die Politik«, von dem der Schweizer Publizist Roger de Weck spricht und das er als »noch toxischer als manches ›strukturierte Produkt‹« bezeichnet.[117] Toxisch ist dieses Primat vor allem deshalb, weil es sich ständig selbst verstärkt: Je erfolgreicher das Kartell der Wirtschaftsmächtigen bei der Durchsetzung seiner Interessen, desto mehr wachsen die Geldmittel, über die es verfügen kann. Und mit dem Geld wächst seine Macht, die eigenen Interessen den Gesellschaften auch in Zukunft aufzuzwingen.

Je ärmer und handlungsunfähiger wiederum die Staaten werden, desto weniger haben sie den Konzernen entgegenzusetzen und desto weniger werden sie ihren elementaren Auftrag einlösen: das Allgemeinwohl gegen wirtschaftliche Partikularinteressen zu verteidigen. Wer zahlt, bestimmt das Menü. Wer viel zahlen kann, bestimmt auch viel und hat es besonders leicht, jene zu beeindrucken, die sich all die wunderbaren Dinge aus eigener Kraft niemals leisten könnten. Wer das große Geld bewegt, dirigiert auch die, die auf dieses Geld letztlich angewiesen sind.

Die 20 bestbezahlten Männer und Frauen in US-Unternehmen erhalten vierzigmal so viel wie die 20 höchstbezahlten Führungskräfte im Nonprofit-Sektor und das 200-Fache dessen, was die 20 höchstbezahlten Generäle oder Kabinettssekretäre der US-Bundesregierung beziehen.[118] Selbst der US-Finanzminister verdient nur 200 000 Dollar im Jahr. Die deutsche Bundeskanzlerin geht mit weniger als 250 000 Euro im Jahr nach Hause.

Als den staatlich kontrollierten Banken in Deutschland eine Deckelung der Bezüge in Höhe des mehr als Doppelten eines Kanzlergehalts, nämlich von 500 000 Euro im Jahr, aufgezwungen werden sollte, gab es einen hysterischen Aufschrei der Bankerlobby, mit solchen Hungerlöhnen würden die »besten Talente« vergrault und an die Konkurrenz verloren. Folgerichtig wurde die Regelung großflächig unterlaufen. Politik dagegen kann es sich offenbar leisten, die »besten Talente« zu vergraulen. Für die Wirtschaft ist das von Vorteil: Je borniertet das politische Gegenüber, desto leichter ist es zu steuern.

Diese Passagen sind definitiv kein Plädoyer dafür, in die Politik die gleichen irren Gehälter einzuführen, die an den Spitzen der Privatwirtschaft gezahlt werden. Sie sollen vielmehr darauf hinweisen, dass exorbitante Vergütungen in der Wirtschaft keineswegs nur ein Problem der sozialen Gerechtigkeit sind. Sie sind auch ein Problem für die Demokratie. Wenn diejenigen, die aufgrund allgemeiner Wahlen in ihre Ämter gewählt und mit dem Auftrag versehen werden, die Interessen der Mehrheit der Menschen zu vertreten, ungleich viel schlechter bezahlt werden als die Krösusse der privaten Wirtschaft, ist auch das ein Ausweis für die reale Hierarchie. Das »Primat der Wirtschaft über die Politik« wird einmal mehr zementiert.

Auch die Fähigkeit zu Aufsicht und Regulierung kostet Geld und schwindet mit schwindenden Staatseinnahmen. Die Auszehrung der Staaten durch das Steuerdumping hat seinerseits einen herben Verlust an Kompetenz in den unterbezahlten Staatsbehörden zur Folge. Damit stehen die Chancen noch schlechter, wenigstens die ausstehenden Steuern auch wirklich einzutreiben. Ähnliches gilt für die Aufsichtsbehörden. Die Investmentbankerin Susanne Schmidt erklärt trocken, warum ihrer Ansicht nach die Finanzaufsicht nicht funktioniert: »Die Aufsichtsbehörden bezahlen ihre Angestellten mittelmäßig, also werden auch nur mittelmäßige Talente angeheuert. Clevere gehen lieber in die City oder an die Wall Street.«[119] Auch der US-Ökonom Nouriel Roubini verweist auf die Problematik, dass »die Börsenaufsicht der Vereinigten Staaten zu den am schlechtesten bezahlten Behörden [gehört]. Noch heute verdient kaum ein Mitarbeiter mehr als 100 000 Dollar pro Jahr.«[120] Mies bezahlte Beamte werden glänzend bezahlte Banker kaum sehr wirkungsvoll überwachen.

Der geplünderte Staat und die Privatisierung der Welt

Auch die Kompetenz öffentlicher Verwaltungen ist letztlich eine Geldfrage. Politische Kompetenz verlangt, dass eine genügend große Zahl von Beamten erstens genügend Fachwissen besitzt und zweitens genügend Zeit hat, sich in ein bestimmtes Problem einzuarbeiten. Werden unter Spardruck die öffentlichen Verwaltungen immer mehr ausgedünnt, bleibt zwangsläufig die Kompetenz auf der Strecke. Ehe man in den populären Schlachtruf »Bürokratieabbau!« einstimmt, sollte man daher sehr genau hinsehen, was im konkreten Fall gemeint ist. Wenn die EU-Kommission weniger Mitarbeiter hat, als smarte Lobbyisten auf sie angesetzt sind, muss man sich nicht wundern, wenn am Ende Letztere die EU-Richtlinien verfassen.

Das Gleiche gilt für die parlamentarische Ebene. Wenn Abgeordnete nicht genügend Personal haben, um die Menge der Gesetzesprojekte sachkundig zu durchdringen, wird Parlamentarismus hohl und manipulierbar. Dazu bedarf es dann gar nicht der Käuflichkeit. Die mangelnde Fähigkeit des durchschnittlichen Abgeordneten zu einer fundierten eigenen Meinung genügt. »Wie praktisch«, schreiben die Verfasser des *Schwarzbuchs der Markenfirmen*, »wenn Institutionen mit tausenden von Beschäftigten dann fix und fertige Papiere vorlegen, durch selbstbezahlte ›wissenschaftliche‹ Studien untermauert, die es nur noch abzusegnen gilt. Und wenn diese Institutionen auch noch mit hohem Kapitaleinsatz mediale Begleitkampagnen inszenieren, um den öffentlichen Widerstand gegen die Beschlussfassung konzernfreundlicher Gesetzgebung gering zu halten.«[121] So wird die öffentliche Gesetzgebungskompetenz mehr und mehr zur Farce.

Im Ergebnis werden, wie der Börsenhändler Dirk Müller zusammenfasst, »unser Wirtschaftssystem und das politische System der westlichen Welt … von einigen überschaubaren Gruppen geplant, überwacht und gelenkt. Ob Sie diese Gruppierungen jetzt als Finanzelite, Wirtschaftsaristokratie oder Finanzmafia bezeichnen, überlasse ich Ihrer Phantasie. Ich bezeichne sie als Finanz- und Machthydra.«[122]

Dass sich unter diesen Umständen immer mehr Menschen von der Politik abwenden, ist kaum erstaunlich. »Von vielen Menschen wird der Staat nur noch als ein Monster wahrgenommen, von dem sie schamlos ausgenommen werden«, schreibt der Ökonom und Wirtschaftsweise Peter Bofinger. Das Vertrauen in die Politik ist auf dem Tiefstand, eine wachsende Zahl von Menschen hat sich aus dem demokratischen Prozess verabschiedet und nimmt an keiner Wahl mehr teil. Natürlich trägt das zu einer weiteren Schwächung und Delegitimierung der politischen Institutionen bei. Demokratie, die in den Entscheidungen nicht mehr erlebt wird, wird auch nicht mehr gelebt. Und stirbt damit umso schneller. Die Geschichte der Weimarer Republik ist ein Beispiel dafür, wohin die abgrundtiefe Enttäuschung über demokratische Institutionen führen kann. So verständlich sie ist, ist sie zugleich hochgefährlich. Denn selbst die morbiden Demokratien unserer Zeit sind unbedingt verteidigenswert, sollten die Wirtschaftsmächtigen ein zweites Mal nach der offenen Diktatur zu greifen suchen.

Der Unterschied zwischen der vermittelten, immer noch an gewisse Regeln gebundenen Diktatur des Profits, in der wir heute leben, und der offenen, unmittelbaren und ungebundenen ist gravierend, denn er bemisst sich in Menschenleben. Wer aber verhindern will, dass schwache, ausgehöhlte und ihrer Substanz beraubte Demokratien irgendwann ganz weggeworfen werden wie ein alter Mantel, dessen Nutzen zweifelhaft geworden ist, der muss Bedingungen dafür schaffen, dass Demokratie wieder leben kann.

Fazit

Der Kapitalismus zerstört die Fundamente der Demokratie. Die wachsende Konzentration von Wirtschaftsmacht in den Händen global agierender Großunternehmen macht Staaten erpressbar und Politikgestaltung im Interesse der Mehrheit der Menschen unmöglich. Gesellschaft und Politik sind in Geiselhaft mächtiger Wirtschaftslobbys geraten, die ihnen ihre Interessen diktieren. Selbst elementare Bereiche des öffentlichen Raums wie Meinungshoheit und Medienmacht befinden sich im erblichen Eigentum einer Handvoll reicher Familien.

In der Folge stehen die Staaten heute unter der Aufsicht der Märkte bzw. der sie beherrschenden Konzerne und ihrer Eigentümer. Wer das Geld hat, bestimmt das Menü und kauft sich die Politik, die er braucht. Dieses strukturelle Primat der Wirtschaft über die Politik ist selbstverstärkend. Mit den öffentlichen Einnahmen schwindet auch die Kompetenz der staatlichen Behörden und wächst ihre Korrumpierbarkeit.

Damit verlieren sie zunehmend die Fähigkeit, den öffentlichen Auftrag zur Gesetzgebung, Aufsicht oder Steuererhebung gegenüber den Wirtschaftsmächtigen überhaupt noch wahrzunehmen.

KREATIVER SOZIALISMUS:

EINFACH.
PRODUKTIV.
GERECHT.

KREATIVER SOZIALISMUS:

EINFACH.
PRODUKTIV.
GERECHT.

1. Schuldenberge bis zum Mars?
Auswege aus der Staatsschuldenfalle

»Es gibt das Gerücht, dass Staaten nicht pleitegehen
können ... dieses Gerücht stimmt nicht.«

Angela Merkel, Bundeskanzlerin, Januar 2009

Hilfe, die Staaten sind bankrott! Zumindest haben immer mehr von
ihnen ernstliche Probleme, Zins und Tilgung auf ihre steil angestie-
gene Staatsschuld korrekt zu bedienen. Nicht Entwicklungsländer, wie
in früheren Jahren, sondern entwickelte Industrieländer. Im Frühjahr
2010 musste die Zahlungsfähigkeit Griechenlands in einer konzertierten Aktion von den anderen Euroländern gestützt und abgesichert
werden. In Erwartung weiterer Problemkandidaten wurde der mit insgesamt 750 Milliarden ausgestattete Eurorettungsschirm ins Leben
gerufen. Im November beantragte Irland Finanzhilfen aus dem Schirm,
Portugal folgte wenig später. Über die Perspektive von Spanien und Italien wird seither fleißig spekuliert. Da der 750-Milliarden-Euroschirm
bei der Pleite auch nur eines dieser beiden Länder hoffnungslos über-
fordert gewesen wäre, wurde im Herbst 2011 eine Hebelung des Schirms
auf ein Volumen von mindestens 1 Billion Euro beschlossen. Ab Sommer 2012 wird zusätzlich noch der dauerhafte Europäische Stabilisie-
rungsmechanismus ESM mit einer Ausleihekapazität von mindestens
500 Milliarden Euro hinzukommen. Mit diesen gigantischen Summen
soll suggeriert werden, dass es unkontrollierte Staatspleiten im Euro-

raum nicht geben wird. Tatsache ist allerdings, dass spätestens, wenn Italien mit seinen rund 2 Billionen Euro Staatsschulden in ernsthafte Schwierigkeiten kommt, das ganze fragile Rettungsgebilde auseinanderbrechen wird. Auch ein möglicher Staatsbankrott der USA war im Sommer 2011 bereits ein öffentlich diskutiertes Thema.

Diese Vorgänge haben das Problem der Staatsverschuldung in den Fokus der öffentlichen Aufmerksamkeit gerückt. Viele Staaten müssen seit einiger Zeit erheblich höhere Zinsen auf ihre Anleihen zahlen, um das vermeintliche Risiko einer Zahlungsunfähigkeit abzudecken. In internationalen Gremien wird laut über Regeln für Staatsinsolvenzen nachgedacht. Selbst Deutschland hatte im November 2011 einmal ernste Probleme, seine Anleihen niedrig verzinst auf den internationalen Märkten abzusetzen. Immerhin hat auch hierzulande die Neuverschuldung von Bund, Ländern und Kommunen einsame Rekorde erreicht.

Viele Gemeinden leben mittlerweile mit Nothaushalten. Sie schließen Schwimmbäder, Theater und Schulen, während die Zinsverpflichtungen auf ihre Schulden sakrosankt sind. Die Frage drängt sich auf: Wie lange kann das noch gutgehen? Kann der Staat seine Schulden unbegrenzt erhöhen? Und wenn nicht, wo ist die Grenze und was passiert, wenn sie erreicht ist?

Gute Schulden, schlechte Schulden

Wie hältst du's mit der Staatsverschuldung? Wer auf diese Frage einfach nur mit hektischen Abwehrritualen reagiert, hat grundlegende volkswirtschaftliche Zusammenhänge nicht verstanden. In einem konjunkturellen Abschwung ist die kreditfinanzierte Ausweitung der öffentlichen Ausgaben ein sinnvolles, kurzfristig wirksames Mittel, um die gesamtwirtschaftliche Nachfrage zu erhöhen und so dem wirtschaftlichen Abwärtstrend entgegenzuwirken. So blödsinnig es wäre, Unternehmen dafür zu kritisieren, dass sie Investitionen mit Krediten finanzieren, so falsch ist die generelle Verächtlichmachung öffentlicher Kreditaufnahme als Ausdruck »schlechten Wirtschaftens«.

Eigentliches Ziel solcher Spardebatten ist in der Regel auch gar nicht, die Schulden zu reduzieren, sondern die öffentlichen Ausgaben. Auf diesem Wege wurde beispielsweise in Deutschland zwischen 1998 und 2008 die Staatsquote um 5 Prozentpunkte abgesenkt. Die Staatsschulden sind im Zuge dessen kontinuierlich weitergewachsen, aber der öffentlichen Hand standen plötzlich gut 100 Milliarden Euro weniger für Bildung, Investitionen und Krankenhäuser zur Verfügung. Die Profiteure einer solchen Politik liegen auf der Hand. Sozialabbau heißt immer auch: Absenkung des Lohnniveaus, und Kaputtsparen des öffentlichen Bereichs heißt untrennbar: Privatisierungen, also Überlassung immer größerer Teile des öffentlichen Lebens an das private Kapital.

Fehlkonstruktion »Schuldenbremse«

Eines solchen Geistes Kind ist auch die 2009 von der Großen Koalition eingeführte und sogar im Grundgesetz verankerte »Schuldenbremse«. Die »Schuldenbremse« begrenzt die Möglichkeit der öffentlichen Hand in Bund und Ländern, zusätzliche Kredite aufzunehmen. Nun kann sich niemand eine endlos ausufernde Staatsverschuldung wünschen. Würde die »Schuldenbremse« als Auftrag an die Bundesregierung verstanden, durch eine hinreichende steuerliche Belastung hoher Einkommen und Vermögen die staatliche Einnahmebasis zu konsolidieren und auf diesem Wege die Neuverschuldung abzubauen, wäre nichts dagegen einzuwenden. Die Wiedereinführung einer kraftvollen Vermögenssteuer etwa wäre eine außerordentlich wirksame »Schuldenbremse«. Nur, von solchen Maßnahmen kann keine Rede sein. Stattdessen wurden nach Einführung der »Schuldenbremse« die öffentlichen Einnahmen durch ein ganzes Bündel zusätzlicher Steuergeschenke, die wieder in erster Linie den Reicheren und Reichsten zugutegekommen sind, weiter reduziert. Als da wären: eine erneute Reduzierung der Einkommenssteuer, die faktische Abschaffung der Erbschaftssteuer, eine weitere Entlastung großer Unternehmen bei der Körperschaftssteuer und die grandiose Mehrwertsteuersenkung für das Hotelgewerbe.

Auf einer solchen Basis bedeutet die »Schuldenbremse« schlicht: rabiate Streichkonzerte und Totsparen der Fähigkeit zu demokratischer Politikgestaltung. Auf Ebene der Bundesländer, deren Regierungen keine Steuerhoheit besitzen und daher kaum für zusätzliche Einnahmen sorgen können, sind die Konsequenzen besonders dramatisch.

Eine Landesregierung, die auch nur einen Rest an politischer Gestaltungsmacht behalten will, wird die Vorgaben der »Schuldenbremse« daher mit allen Mitteln unterlaufen müssen. Anders ist verantwortbare Politik nicht mehr durchführbar.

Ein generelles Verteufeln öffentlicher Schulden und ein Kniefall vor dem Altar der Haushaltskonsolidierung sind daher so unsinnig wie würdelos. Genauso wenig allerdings darf jede unbekümmerte Schuldenmacherei gleich für fortschrittliche Politik gehalten werden. Eine kreditfinanzierte Senkung der Steuern für Besserverdienende beispielsweise hat keinen positiven volkswirtschaftlichen Effekt. Sie führt lediglich zu verstärkter Vermögensbildung und erhöht den Druck in Richtung künftiger Ausgabenkürzungen. Die jahrelange steuerliche Mästung der Reichen und der Konzerne in Deutschland hat weder die konsumtive noch die investive Nachfrage auf dem Binnenmarkt erhöht, die öffentlichen Einnahmen allerdings massiv schrumpfen lassen. Mit Verweis darauf wurde im Herbst 2010 ein rüdes 80-Milliarden-Sparpaket beschlossen, das den Konsum noch weiter strangulieren wird.

Verteilungsfrage statt Kredit

Überhaupt ist die Gleichsetzung von »expansiv« und »kreditfinanziert« nicht zulässig. Die öffentliche Hand kann ohne zusätzliche Kreditaufnahme eine expansive (d. h. auf Nachfragesteigerung gerichtete) Politik betreiben: durch Umverteilung von oben nach unten. Wer 1000 Euro im Monat verdient, wird jeden zusätzlichen Euro, den er bekommt, dafür nutzen, sich ein etwas weniger beengtes Leben zu gönnen. Wer 1 Million Euro im Jahr nach Hause trägt, merkt dagegen kaum, ob er noch mal 10 000 Euro obendrauf bekommt; er wird das Geld zum großen Teil sparen, weil er sich auch so schon das meiste leisten kann, was er mag. Es ist eine für nahezu alle Volkswirtschaften und Zeiten bestätigte Tatsache: Je stärker sich Einkommen am oberen Ende konzentriert, desto weniger von diesem Einkommen fließt als Nachfrage nach Äpfeln, Lammfilets, iPhones, Turnschuhen oder Friseurdienstleistungen in den volkswirtschaftlichen Kreislauf zurück. Aus diesem Grund würde ein Einkommensteuerkonzept, das am unteren Ende entlastet und am oberen draufschlägt, die Konsumnachfrage erhöhen, obwohl die staatlichen Einnahmen insgesamt unverändert bleiben könnten. Noch wirkungsvoller zur Erhöhung der Konsumnachfrage wäre es, beispielsweise die Besteuerung von Zinsen und Dividenden auf 70 Prozent zu erhöhen und damit eine Erhöhung des Arbeitslosengeldes und der Renten zu finanzieren.

Die letztlich entscheidende Frage für die Höhe der gesamtwirtschaftlichen Nachfrage ist also die Verteilungsfrage, nicht die öffentliche Kreditaufnahme. Eine Eigentumsordnung, die eine ausgeglichenere Einkommensverteilung ermöglicht als die heutige, würde insofern auch zu mehr wirtschaftlicher Stabilität beitragen.

Der Schuldenstaat als Profitgarant

Die öffentliche Verschuldung ist in allen Industrieländern seit Mitte der siebziger Jahre kontinuierlich gestiegen. Das zeigt, dass die Staatsschulden nicht in erster Linie als Folge keynesianischen Gegensteuerns in konjunkturellen Schwächephasen entstanden sind. Wie wir im Kapitel über die »schöpferische Zerstörung« gesehen haben, ist die horrende Schuldenlast vielmehr gerade Ergebnis jener neoliberalen Wende, die sich durch eine ausdrückliche Abkehr von Keynes und die Ideologie des schwachen Staates à la Milton Friedman auszeichnete. Diese neoliberale Wende hatte in allen Ländern ähnliche Auswirkungen: Die Löhne wurden von der Steigerung der Produktivität abgekoppelt, die sozialen Leistungen verschlechterten sich und infolge üppiger Steuergeschenke an die Oberklasse schrumpften die staatlichen Einnahmen. Im Ergebnis sank die Massenkaufkraft und damit eine zentrale Komponente der gesamtwirtschaftlichen Nachfrage.

Ohne ausreichenden Absatz allerdings auch keine steigenden Kapitalrenditen, ganz gleich, wie generös die Unternehmen auf der Kostenseite entlastet werden. Kreditfinanzierte Staatsausgaben waren in dieser Situation Teil der neoliberalen Lösung des Nachfrageproblems.

Der Schuldenstaat als Ergebnis sinkender Konzernsteuern

Darüber hinaus haben sich die großen Konzerne im Zuge der sogenannten »Globalisierung« immer stärker aus der Finanzierung der Gemeinwesen verabschiedet. Auch dieser Wegbruch an Steuereinnahmen wurde durch höhere Verschuldung ausgeglichen. Dirk Solte macht in seinem Buch eine interessante Beispielrechnung auf.

So lag die Wirtschaftsleistung der Welt 2005 bei 44,5 Billionen Dollar. Angenommen, der Bruttobetriebsüberschuss der großen Unternehmen läge bei 25 Prozent davon, so wären das 11 Billionen Dollar. Nehmen wir an, dass die erweiterten Steuersparmöglichkeiten infolge der »Globalisierung« es den Unternehmen ermöglicht haben, ihre Steuerlast von 40 auf 20 Prozent zu halbieren, so würde das einen weltweiten Steuerausfall von ca. 2,2 Billionen Dollar zur Folge haben. Interessanterweise sind die öffentlichen Verbindlichkeiten aller Staaten in jenem Jahr 2005 just um 2,14 Billionen Dollar angewachsen.[123]

Dabei ist die Annahme einer Reduzierung der Konzernsteuern auf 20 Prozent sehr moderat. Die Belastung der Konzerngewinne durch Körperschaftssteuern lag in Deutschland 2008 gerade noch bei 14 Prozent, nachdem es im Jahr 2000 noch 22 Prozent waren und in den Achtzigern fast das Doppelte.

Private Schuldentürme: Kredite statt Löhne

Als Mitte der neunziger Jahre die staatlichen Spielräume zur Stabilisierung der Nachfrage wegen der anwachsenden Schuldenlast ausgeschöpft schienen, rückte insbesondere in den USA eine andere Strategie in den Vordergrund: die Verschuldung der privaten Haushalte. Passend zum Privatisierungstrend handelt es sich im Grunde um eine Art »Privat-Keynesianismus«: Nicht der Staat nimmt rote Zahlen in Kauf, um der Wirtschaft mehr Nachfrage zu verschaffen, sondern die Verbraucher selbst halsen sich einen wachsenden Berg Schulden auf, um ein Konsumniveau zu finanzieren, das sie sich mit ihren Löhnen und Gehältern bei weitem nicht leisten könnten.

Darin lag letztlich der Kern des Hypothekenbooms in den USA, denn die Hauskredite dienten in Wahrheit nur zu geringen Teilen tatsächlich dem Bau und Kauf neuer Häuser. Mehrheitlich wurden vorhandene Häuser mit Blick auf ihre fiktiven Wertsteigerungen mit immer größeren Summen beliehen, die entweder in den Konsum flossen oder der Refinanzierung alter Schulden (beispielsweise von höher verzinsten Kreditkartenschulden) dienten. Ohne diesen Mechanismus sähe es auf dem amerikanischen Binnenmarkt schon seit vielen Jahren ähnlich trübe aus wie auf dem deutschen.

Der Trick, Löhne durch Schulden zu ersetzen, war keine US-amerikanische Besonderheit, auch wenn er in den USA am exzessivsten ausgelebt wurde. Aber auch in Großbritannien, Irland oder Spanien (und mit Abstrichen in vielen anderen EU-Staaten) war die Verschuldung der privaten Haushalte in den vergangenen zehn bis zwanzig Jahren die wichtigste Stütze des Binnenmarktes und des privaten Konsums. Das Wachstum in den osteuropäischen Ländern beruhte ebenfalls zu erheblichen Teilen auf zinsgünstigen Eurokrediten, die den Tschechen, Polen und Esten von westlichen Banken geradezu aufgedrängt wurden. Ohne diesen »Konjunkturmotor« wäre das neoliberale Modell viel schneller an seine Grenze gekommen und die Weltwirtschaftskrise von 2009 hätte viel früher begonnen.

Die Vermögen hinter den Schulden

Drei Jahrzehnte Neoliberalismus haben einerseits die privaten Geldvermögen ungleich schneller anschwellen lassen als die reale Wirtschaft und so eine riesige Vermögensblase produziert. Das war aber überhaupt nur möglich, weil sich gleichzeitig eine ebenso große Schuldenblase aufzublähen begann, die die Ersparnis wieder in wirtschaftliche Nachfrage verwandelte. Diese Schuldenblase wurde zunächst hauptsächlich von den Staaten getragen, seit Mitte der neunziger Jahre übernahmen die privaten Schulden von Verbrauchern und Unternehmen diesen Part. Von 1980 bis 2006 sind die globalen Anlagen in Unternehmensbonds und Kreditpapiere um das mehr als Zwanzigfache angeschwollen. Das ist ein fast doppelt so schnelles Wachstum im Vergleich zu den Staatsschulden, die sich im selben Zeitraum »nur« verdreizehnfacht haben.

Ein Großteil dieser privaten Schulden ist »faul« in dem Sinne, dass er niemals zurückgezahlt werden kann. Nicht nur, weil die volkswirtschaftlichen Auswirkungen verheerend wären, wenn die verschuldeten Familien jetzt tatsächlich über Jahrzehnte ihren Konsum so stark minimieren würden, dass sie Zins und Tilgung ihrer übermäßigen Schulden zahlen könnten. Sondern auch, weil ein Großteil von ihnen dazu gar nicht in der Lage wäre. Das gilt für amerikanische Subprime-Hypothekenschuldner ebenso wie für die Besitzer überteuert gekaufter und oft zu 120 Prozent beliehener Eigenheime in Irland oder die in Euro verschuldeten Familien in Osteuropa, deren Schuldenstand mit jeder Abwertung ihrer regionalen Währung eskaliert. Es gilt auch für einen nicht geringen Teil der verschuldeten Unternehmen, zumal in einem wirtschaftlichen Umfeld von Stagnation oder gar Rezession.

All diese endlosen Kredite, die sich großenteils im Besitz von Versicherungen, Banken und allerlei dubiosen Finanzvehikeln befinden, müssen also irgendwann abgeschrieben werden. Kredite können aber nur abgeschrieben werden, wenn in gleicher Höhe auch Vermögenswerte vernichtet werden: entweder jene Vermögen, die mit den Schulden entstanden sind und auf ihnen basieren, oder die anderer Leute.

Sofern die wertlos gewordenen Schrottpapiere privaten Anlegern gehören, ist das einfach. Ist das Papier nichts mehr wert, ist auch das Vermögen des Anlegers weg. Auch bei Hedge-Fonds und anderen selbständigen Finanzinvestoren sind die Konsequenzen noch überschaubar, auch wenn Zusammenbrüche der größeren von ihnen das Finanzsystem durchaus erschüttern können. Wenn dagegen große amerikanische Pensionsfonds mit der Abschreibung der Kreditpapiere auch die Rentenzahlungen zusammenstreichen, bluten definitiv die Falschen und die Konsequenzen sind nicht nur sozial, sondern auch ökonomisch fatal.

Richtig kompliziert wird es in dem Augenblick, wo Großbanken und große Versicherungen betroffen sind. Ein Durchgriff auf private Vermögen würde im Falle von Bankenpleiten geschehen, weil dann deren Aktionäre und Gläubiger ebenfalls ihr Geld verlieren. Das träfe sicher überwiegend die Richtigen, die Herausforderung ist nur, in einem solchen Fall einen Flächenbrand zu verhindern, der am Ende auch die Spareinlagen der kleinen Leute mit erfasst. Unter diesem Vorwand wurden Bankenpleiten – mit Ausnahme von Lehman Brothers – bisher weitgehend von der Politik verhindert, selbst dann, wenn Banken wie die IKB oder die HRE betroffen waren, bei denen gar kein Kleinsparer seine Groschen angelegt hatte.

Aus faulen privaten Krediten werden öffentliche Schulden

Seit Beginn der Krise tun die Staaten alles, um das Platzen der Schuldenblase – und damit auch der Vermögensblase! – zu verhindern. Sie erreichen das, indem sie die privaten Schulden übernehmen, sie also in Staatsschulden verwandeln.

»Anstelle der Bankchefs«, schreibt Roger de Weck, »wurden die Regierungschefs zu Croupiers im Kasino.«[124]

Die über 1 Billion Euro, die diese staatlichen Croupiers allein in Europa zwischen 2007 und 2010 in die Bankenrettung gesteckt haben, bedeuten die Übertragung von über 1 Billion Euro fauler privater Schulden auf die öffentliche Hand. Es spielt dabei keine Rolle, ob die Staaten für toxische Papiere garantieren oder die größten Müllhalden gleich ganz verstaatlichen, wie im Falle der HRE. Oder ob sie die Banken mit Kapitalhilfen am Leben erhalten und ihnen so ermöglichen, einen Teil der faulen Kredite abzuschreiben. Der Sache nach geschieht immer das Gleiche: Aus privaten Schulden werden öffentliche Schulden. Die privaten Vermögen bleiben unangetastet.

Die Schulden- und Vermögensblase wird allerdings auf diese Weise nicht kleiner, sie wird nur verlagert und das Problem wird aufgeschoben. Man kauft sehr teuer Zeit, aber man kauft keine Lösung. Wenn man bedenkt, dass sich allein die privaten Anlagen in Kreditpapiere und Unternehmensbonds 2006 auf weltweit 43 Billionen Dollar beliefen, fast so viel wie die gesamte Weltwirtschaftsleistung, lässt sich ahnen, welche Dimension das notwendige Abschreibungsvolumen hat. Und damit die Einschnitte in private Vermögen, die irgendjemand am Ende tragen muss und tragen wird.

Ponzi-Games for ever?

Mit Beginn der Krise wurden die Staaten der Industrieländer mit einer doppelten Aufgabe konfrontiert: Sie mussten einerseits versuchen, die mit der Stagnation der privaten Schuldenblase wegbrechende Nachfrage durch öffentliche Ausgaben zu ersetzen. Und sie übernahmen und übernehmen andererseits die faulen Schulden der Vergangenheit, um den Finanzsektor vor dem Zusammenbruch zu bewahren. Diese

Situation konnte nur in eine eskalierenden Staatsverschuldung münden.

In der EU stiegen die Staatsschulden allein zwischen 2007 und 2009 um 1,4 Billionen Euro. Das war eine Steigerung um 20 Prozent in zwei Jahren. Die Schuldenstandsquote erhöhte sich von 59 Prozent auf 74 Prozent des Bruttoinlandsproduktes. Und in den Kellern der Banken lagert immer noch billionenschwerer Müll.

Angesichts dessen steht der staatliche Ausgleich privater Nachfrageeinbrüche in Europa inzwischen nicht mehr auf der Agenda. Im Gegenteil: Von Athen bis London und von Dublin bis Madrid werden rabiate Sparprogramme durchgepeitscht, die den nächsten wirtschaftlichen Einbruch auslösen dürften und die Gefahr einer Deflation, also eines Absinkens des allgemeinen Preisniveaus, heraufbeschwören. In einer Deflation allerdings werden Schulden, die ja ihren Nominalwert behalten, umso drückender und die Zinslast steigt, selbst wenn die Nominalzinsen niedrig bleiben. Zudem ist es nicht unwahrscheinlich – und für mehrere Euroländer längst Realität –, dass unabhängig von den Leitzinsen der EZB die Kapitalmärkte den Staaten aufgrund ihrer wachsenden Defizite höhere Zinsen abverlangen. Das würde das weitere Schuldenwachstum zusätzlich beschleunigen. Selbst wenn wir also von weiteren Bankenrettungen und einer fortgesetzten Übertragung fauler privater Schulden auf die öffentliche Hand absehen, ist die staatliche Finanzsituation explosiv.

Je düsterer die Wirtschaftslage wieder wird, desto wahrscheinlicher sind aber auch neue Probleme bei Banken oder Versicherungen. Irland etwa hatte jahrelang Haushaltsüberschüsse. Die Misere des irischen Staatshaushalts resultiert ausschließlich aus der Verstaatlichung der missglückten Hypothekenzockerei der irischen Banken. Auch Spaniens Staatsanleihen stehen vor allem wegen der Probleme der spanischen Banken unter Druck, die in erheblicher Größenordnung faule Kredite aus der vorangegangenen Immobilienblase in ihren Bilanzen haben. Wie selbstverständlich wird im Handel mit spanischen Anleihen eingepreist, dass der Staat im Notfall seine Banken stützen wird.

Luft aus der Vermögensblase herauslassen

Es braucht also keine prophetischen Fähigkeiten, um vorherzusagen, dass es ein »Weiter so« in der Frage der Staatsverschuldung nicht geben kann. Die Geldmaschine der Banken und drei Jahrzehnte Umverteilung von unten nach oben haben eine globale Vermögens- und Schuldenblase von historisch beispielloser Dimension erzeugt. Die entscheidende Aufgabe der Zukunft besteht darin, aus dieser Vermögens- und Schuldenblase geordnet die Luft wieder herauszulassen. Und zwar so, dass es möglichst genau jene Vermögen trifft, deren enormer Zuwachs tatsächlich auf die Blasenökonomie der letzten drei Jahrzehnte zurückgeht, also auf Dividenden, Zinseszins und Spekulation.

In Deutschland beispielsweise sind die privaten Geldvermögen von 1998 bis 2010 von 3,1 auf 4,9 Billionen Euro angeschwollen. Diese zusätzlichen fast 2 Billionen Euro befinden sich nahezu ausnahmslos auf den Konten der oberen Zehntausend, also der Millionäre und Multimillionäre, während die Spareinlagen der Mehrheit der Bevölkerung sogar geschrumpft sind. Diese Billionen sind ein Beispiel für das, was hier mit Vermögensblase gemeint ist.

Die faulen Schulden müssen also abgeschrieben werden. Aber sie müssen so abgeschrieben werden, dass in der Gegenbuchung die aus der Schuldenblase entstandenen Vermögen verschwinden und nicht die Spargroschen der Mittelschicht. Im Folgenden wollen wir uns die verschiedenen Varianten, die zur Entwertung von Schulden und Vermögen in Zukunft denkbar sind, genauer anschauen. Irgendwann wird die Schuldenblase platzen. Die Frage ist, auf welche Weise, zu wessen Lasten und mit welchen volkswirtschaftlichen Folgewirkungen.

Erste Variante: Weiter so bis zum Crash

Eine denkbare (und verheerende) Variante ist die, die sich zurzeit in Europa andeutet: Die Staaten versuchen, durch irrwitzige Sparprogramme ihrer eskalierenden Defizite Herr zu werden. In der Folge erlebt die Wirtschaft einen erneuten Einbruch, verstärkt eventuell durch eine Deflation. Mit den Preisen sinken dann aber auch die Einkommen der Privaten wie die Steuereinnahmen des Staates. Beides macht die Last der Schulden – der privaten und der öffentlichen – umso drückender und erhöht die Wahrscheinlichkeit von Zahlungsausfällen. Spätestens das dürfte bald wieder größere Finanzinstitute ins Wanken bringen, die dann erneut mit Staatsgeld gerettet werden müssen. Mehrere Euroländer, die das besonders betrifft und deren Defizite besonders schnell steigen, werden von den Kapitalmärkten mit steigenden Zinsen abgestraft und können sich womöglich bald gar nicht mehr zu vernünftigen Bedingungen refinanzieren.

Dann greift erst einmal der Eurorettungsschirm. Das hat aber nur zur Folge, dass die Schulden nun nicht mehr von der privaten auf die öffentliche Hand, sondern von den schwächeren auf die stärkeren Staaten abgewälzt werden. Auch das kann nicht auf Dauer funktionieren. Spätestens wenn Länder wie Spanien mit derzeit etwa 700 Milliarden Euro an Schulden oder gar Italien mit knapp 2 Billionen staatlicher Außenstände in Probleme geraten, ist irgendwann auch der größte Schirm nicht mehr in der Lage, das Desaster aufzuhalten. Fast keiner bezweifelt, dass der Schuldenschnitt in Griechenland vom März 2012 völlig unzureichend war und die Schuldenlast kaum verringert hat. Es wird also in absehbarer Zeit eine weitere Umschuldung geben müssen – oder Griechenland wird tatsächlich zahlungsunfähig werden. Dass ein Schuldenschnitt auch für Portugal bevorsteht, ist ein offenes Geheimnis. Wenn sich irgendwann der Eindruck verfestigt, dass auch andere Problemländer ihren Schuldendienst nicht dauerhaft leisten können, werden auch deren Kreditzinsen erneut explodieren, was als selbsterfüllende Prophezeiung sehr schnell die tatsächliche Zahlungsunfähigkeit herbeiführen dürfte. Während die griechischen Banken mit sehr viel Steuergeld der Eurostaaten vor dem Bankrott bewahrt wurden, dürfte es dann auch handfeste Bankencrashs geben, sicher auch einen Run auf bestimmte Banken mit besonders hohen Beständen an den betreffenden Staatsanleihen. Dass italienische und spanische Banken – ganz ähnlich wie die griechischen und portugiesischen Institute – bereits seit längerem kaum noch Kredit über den privaten Interbankenmarkt bekommen, ist ein Indikator dafür, dass die Finanzwelt sich auf ein solches Szenario durchaus vorbereitet. Am Ende dieser Entwicklung kann eigentlich nur der Zusammenbruch der Währung und des gesamten Euro-Finanzsystems stehen.

Dabei werden zwar auch die Reichen verlieren, aber am schlimmsten getroffen werden die Mittelschichten, so wie es bei Währungsreformen bisher immer der Fall war. Letztlich ist das ein Szenario mit unabsehbaren politischen Folgen und eines, das man sich nicht wünschen sollte. Es ist, dessen ungeachtet, derzeit das wahrscheinlichste.

Zweite Variante: Können wir aus den Schulden »herauswachsen«?

Was wäre die Alternative? Kurzfristig ist die Forderung vollkommen richtig, dass die öffentliche Hand im Angesicht schlechter Wirtschaftsdaten nicht sparen darf, sondern die öffentlichen Defizite sogar ausweiten muss. Mehr öffentliche Investitionen und verbesserte Sozialleistungen sind nötig, nicht der Raubbau daran. Mittelfristig ist aber ebenso klar, dass es nicht darum gehen kann, den Wegbruch an Nachfrage wegen des Ausfalls schuldenfinanzierten Privatkonsums (der für Deutschland einen Ausfall entsprechender Exporte bedeutet) auf Dauer durch riesige öffentliche Defizite auszugleichen.

Näher liegt da schon, die volkswirtschaftliche Nachfrage durch eine radikale Umverteilung der Einkommen zu stabilisieren. Das bedeutet: Mindestlöhne, Stärkung der Gewerkschaften, Re-Regulierung des Arbeitsmarktes zur Veränderung der primären Einkommensverteilung, ein fundamental verändertes Steuersystem sowie einen Ausbau des Sozialstaates und höhere Renten zur Veränderung der sekundären Einkommensverteilung. Eine solche Konzeption, auf Deutschland angewandt, würde zugleich dazu beitragen, die außenwirtschaftlichen Ungleichgewichte zu verringern. Wir haben im Kapitel über die »schöpferische Zerstörung« die Schwierigkeit besprochen, ein solches Programm in zureichender Radikalität unter kapitalistischen Bedingungen durchzusetzen. In Verbindung mit einer Neugestaltung der Eigentumsordnung, auf die wir im letzten Teil dieses Buches ausführlich eingehen werden, wäre es allerdings durchführbar.

Wenn eine derart radikale Einkommensumverteilung und Stabilisierung der Einnahmebasis des Staates sich umsetzen lässt, kann die staatliche Neuverschuldung ohne wirtschaftlichen Schaden auf null zurückgefahren werden. Aber selbst dann bleibt immer noch das Problem der Altschulden, der staatlichen und der privaten. Dabei muss man davon ausgehen, dass selbst im Falle eines grandiosen wirtschaftlichen Aufschwungs aus faulen Schulden keine guten Schulden mehr werden. Viele amerikanische Hypothekenbesitzer werden ihre Hypothek auch dann nicht mehr bedienen können, wenn die Wirtschaft wieder wächst. Auch die spanische Immobilienblase ist unwiderruflich geplatzt, und es sollte in niemandes Interesse liegen, solche Blasen künstlich wieder-zubeleben. Damit lagern unverändert Billionen an toxischen Krediten (verbrieft oder unverbrieft, ausgewiesen oder versteckt) in den Bilanzen der Banken und sie werden sich auch im Falle einer wirtschaftlichen Erholung störend bemerkbar machen.

Hinzu kommen die Altschulden der Staaten. Als Faustregel gilt, dass Staaten dann aus ihren Schulden »hinauswachsen« können, wenn der Realzins um mindestens 2 Prozent niedriger als das wirtschaftliche Wachstum ist. Zurzeit bezahlt selbst die Bundesrepublik durchschnitt-lich 3,6 Prozent Zinsen auf ihre Anleihen. Bei einer Preissteigerung von 2 Prozent müsste das Wachstum bei knapp 4 Prozent liegen, um ein »Herauswachsen« aus den Schulden zu ermöglichen. Mit solchen Wachstumsraten ist auf absehbare Zeit nicht zu rechnen. Es ist also in der heutigen Situation völlig abwegig, auf ein »Herauswachsen« aus dem Schuldenberg zu hoffen.

Auch in der Vergangenheit hat sich ein solcher Weg der staatlichen Schuldenbefreiung übrigens nur in ganz wenigen Ausnahmefällen als gangbar erwiesen. Im Ergebnis einer Studie über Finanzkrisen in den letzten acht Jahrhunderten stellen die US-Ökonomen und Finanzwis-senschaftler Carmen M. Reinhart und Kenneth S. Rogoff nüchtern fest, »dass Länder typischerweise nicht aus ihrer Schuldenlast herauswach-sen ...«[125]

Dritte Variante: Wegsehen

Bleibt die These: Dann wachsen die Altschulden eben weiter, sie stö-ren ja nicht. Oft wird dabei auf Japan verwiesen, das schon seit Jahren mit einem Schuldenberg von 200 Prozent des BIP lebt. Aber abgese-hen davon, dass das japanische Modell ganz sicher kein Vorbild ist und die Spezifik zudem darin besteht, dass die Schulden überwiegend von Inländern gehalten werden, hat auch Japan mittlerweile mit Rating-

Herabstufungen und somit drohenden Zinserhöhungen zu kämpfen. In jedem Fall bedeuten wachsende Schulden eine zunehmende Abhängigkeit von den Launen der Banken und anderer Finanzhaie, denn auch Deutschland ist nicht davor gefeit, seine Anleihen irgendwann nur noch zu erhöhten Zinssätzen am Markt platzieren zu können. Eine Zinserhöhung um nur 1 Prozentpunkt erhöht die Zinskosten allein des Bundes derzeit um 8,8 Milliarden Euro pro Jahr.

Und Zinssprünge noch weit größeren Ausmaßes sind spätestens dann wahrscheinlich, wenn sich politische Konstellationen ergeben, die einen grundlegenden Politikwechsel möglich machen, also genau dann, wenn der politische Versuch einer radikalen Umverteilung der Einkommen und einer Neugestaltung der Eigentumsordnung unternommen wird. Eskalierende Zinszahlungen und Refinanzierungsprobleme könnten derartige Vorhaben dann sehr schnell zum Erliegen bringen.

Vierte Variante: Lassen sich die Altschulden durch höhere Steuern reduzieren?

Bleibt als vierte Variante, nicht nur die Neuverschuldung durch eine bessere Steuerpolitik zu minimieren, sondern auch die Altschulden durch Steuern abzutragen. Das ist denkbar. Allerdings besteht das Problem darin, dass die Veränderungen im Steuersystem eigentlich die Aufgabe haben sollten, durch Umverteilung von oben nach unten der Mehrheit der Menschen bessere Lebensverhältnisse zu ermöglichen und volkswirtschaftlich eine höhere Nachfrage abzusichern. Höhere Steuern auf Spitzeneinkommen und Vermögen, die für die Schuldentilgung verwandt werden, fließen – als Ausgleich für die Staatstitel – letztlich an die Besitzer dieser hohen Vermögen zurück. Möglich wäre es allenfalls, eine so harte Substanzbesteuerung von Vermögen und Erbschaften einzuführen, dass dadurch tatsächlich Luft aus der Vermögensblase herausgelassen wird.

Aber man muss sich im Klaren darüber sein, um welche Dimension es sich dabei handelt: Von 1998 bis 2010 sind die deutschen Staatsschulden um fast 1 Billion Euro angestiegen. Allein in den Tresoren der HRE beziehungsweise ihrer Bad Bank schlummern noch fast 200 Milliarden Euro zweifelhafter Papiere, für die der deutsche Staat geradesteht. Die dem gegenüberstehenden fast 2 Billionen Euro Zugewinn auf den Geldvermögenskonten der deutschen Oberschicht wurden bereits erwähnt. Zum Vergleich: Eine Belastung von Privatvermögen, die eine Million Euro übersteigen, mit einer Vermögenssteuer von 5 Prozent würde im Jahr 80 bis 100 Milliarden zusätzlicher Einnahmen bringen. Wenn die Einnahmen aus dieser Steuer für nichts anderes verwandt würden als zum Abtragen der Staatsverschuldung, würde das bei Nullzinsen mehr als zwanzig Jahre dauern. Und es gibt natürlich keine Nullzinsen. Zudem sollte man sich über die bei massiver Substanzbesteuerung einsetzenden Ausweichreaktionen im Klaren sein.

Eine denkbare Variante scheint dann schon eher eine einmalige Vermögensabgabe zur Abschöpfung der Vermögen der oberen Zehntausend bei gleichzeitiger Tilgung eines Großteils der Staatsschulden zu sein. Das könnte funktionieren, ist aber ein ähnlich gravierender Eingriff wie die Streichung der Schulden. Die Vermögensabgabe unterscheidet sich von der Schuldenstreichung eigentlich nur dadurch, dass bei Ersterer ausschließlich die Reichen im Inland zur Kasse gebeten werden, während eine Schuldenstreichung zu erheblichen Teilen auch ausländische Anleger träfe. Werden solche Maßnahmen allerdings im gesamten Eurogebiet durchgeführt, relativiert sich dieser Unterschied.

Fünfte Variante: Entwertung der Schulden durch Inflation

Eine fünfte Variante wurde historisch schon mehrfach erprobt: Inflation. Inflationen entwerten Vermögens- und Schuldenblasen, aber sie sind trotzdem kein empfehlenswerter Weg. Denn eine Inflation, ähnlich wie ein Crash der Finanzmärkte, belastet vor allem die Mittelschichten, die ihre Sparguthaben verlieren, während die wirklich Reichen ihr Vermögen zwischen Geldvermögen, Betriebsvermögen, Immobilienvermögen, zusätzlich oft Gold und Kunst aufgeteilt haben. Sie können daher selbst einen völligen Wertverlust des Geldes bestens verkraften, während Otto Normalverbraucher seine mühsam zusammengetragenen Ersparnisse verliert. Inflation ist zudem in der Regel schlimm für die Bezieher von Renten und Sozialleistungen.

Ein solches Szenario bedeutet daher, dass es wieder einmal die Falschen wären, die für die wirtschaftlichen Fehlentwicklungen der letzten Jahrzehnte zu bluten hätten. Hinzu kommt, dass Inflation die Vermögens- und Schuldenblase natürlich auch nur dann entwertet, wenn die Zinsen niedrig bleiben. Steigen die Zinsen rapide an, sinkt zwar die Last der Altschulden, aber ihre Refinanzierung wird dafür umso teurer. Verlieren werden dann nur diejenigen, die ihr Geld langfristig angelegt haben. Wer viel in seiner kurzfristigen Spekulationskasse hält, ist fein raus.

Sechste Variante: Abkoppelung der Staatsschulden von den Kapitalmärkten

Eine sechste Variante ist die Abkoppelung der öffentlichen Finanzen von den Kapitalmärkten und die Finanzierung der öffentlichen Defizite durch niedrigverzinste bzw. zins- und tilgungsfreie Direktkredite der Europäischen Zentralbank. Das würde faktisch bedeuten, dass Zentralbankgeld über öffentliche Ausgaben statt über das Kreditgeschäft der Banken in Umlauf gebracht wird. Die Kreditspielräume der Banken würden sich dadurch nicht verringern, denn das Geld, das sie heute von der Zentralbank erhalten, flösse ihnen dann eben durch die Einlagen des Staates beziehungsweise die der Empfänger staatlicher Ausgaben zu.

Für die Staaten hätte das zur Folge, dass auf die Neuverschuldung nur noch geringe oder gar keine Zinsen mehr zu zahlen wären. Mindestens ebenso wichtig wäre, dass die öffentlichen Finanzen berechenbarer würden und die Abhängigkeit von den Banken schwindet. Möglich und kurzfristig regelbar wäre eine solche Umstellung durch eine Änderung der europäischen Verträge und des EZB-Statuts.

In der ökonomischen Debatte wird gegen die Notenbankfinanzierung von Staatsschulden in der Regel eingewandt, dass das die Inflation anheizen würde. Dahinter steht die Annahme, dass private Banken bei ihrer Kreditgewährung genauer hinsehen, ob der Kreditnehmer zahlungsfähig bleibt, während der Notenbank als öffentlicher Institution verantwortungslose Kreditausweitung unterstellt wird. Dieses Argument sollte sich angesichts des privaten Kreditrauschs der letzten 15 Jahre eigentlich erledigt haben. Die modernen Finanzmärkte haben ihre Unfähigkeit zu einer im mindesten realistischen Risikoeinschätzung hinlänglich unter Beweis gestellt und mit der Vermögens- und Schuldenblase eine aufgestaute Inflation gigantischen Ausmaßes produziert. Im Unterschied zu dieser hätten Direktkredite der Notenbank an den Staat den Vorteil, dass eine zu lasche Geldpolitik viel schneller in steigenden Preisen ihren Niederschlag fände und daher auch schneller wieder korrigiert werden könnte.

Natürlich gibt es die historischen Beispiele exzessiver Notenbankkredite, die in Hyperinflation mündeten. Aber tatsächlich lag die Wurzel der Probleme in den meisten Fällen woanders, nämlich in eskalierenden Zahlungsansprüchen, die am Ende durch die Notenpresse bedient wurden. Entscheidend wäre ohnehin, dass der Umfang der Direktkredite bestimmten Regeln unterliegt (also z. B. im Abschwung deutlich höher ist als in einem Konjunkturaufschwung) und nicht nach Wunsch und Laune vom Finanzminister festgesetzt werden kann.

Die Notenbankfinanzierung würde gewährleisten, dass öffentliche Finanzen nicht länger ein renditeträchtiges Geschäfts- und Spekulationsobjekt privater Banken wären. Das wäre auch ein wichtiger Schritt zur Wiederherstellung der Demokratie. Denn eine Situation, in der das Urteil der Finanzkonzerne über die Politik eines Landes sich in milliardenschweren Belastungen (oder auch Entlastungen) der öffentlichen Hand geltend macht, entzieht, wie gezeigt, demokratischer Politikgestaltung jede Grundlage. Gerade wer Chancen für eine Politik eröffnen möchte, die sich nicht den Wünschen der globalen Profitlobby unterwirft, sollte großes Interesse an einer solchen Unabhängigkeit haben. Eine Politik zur Umgestaltung der Eigentumsordnung etwa dürfte auf dem internationalen Finanzparkett wenig Freunde finden – mit allen Konsequenzen.

Die Staatsschulden von den Kapitalmärkten zu entkoppeln, wäre daher ein Schritt in die richtige Richtung. Der große Vorteil einer Direktfinanzierung durch die Notenbank wäre, dass der Staat jedes Jahr in einer gewissen Größenordnung mehr ausgeben als einnehmen kann, ohne dass sich daraus künftige Schulden oder die Pflicht zu Zinszahlungen ergeben. Es gibt keinen Grund, weshalb ein solches System inflationstreibender sein sollte als das heutige. Jedes Wachstum beruht auf Kredit, der Unterschied zu heute wäre nur, dass das zusätzliche Geld über den Staat statt über die Banken in Umlauf käme.

Aber was bedeutet das für die schon vorhandenen Schulden der Staaten, die sogenannten Altschulden, die ja am Ende der Laufzeit auch immer wieder refinanziert werden müssen? Theoretisch könnte die EZB natürlich auch die Refinanzierung der Altschulden übernehmen. Schon heute kauft sie vorhandene Staatsbonds am Markt auf, und denkbar wäre natürlich, dass der Staat sich die für die Refinanzierung der Altschulden bei Fälligkeit nötige Summe dann bei der EZB beschafft und so die staatlichen Gesamtschulden schrittweise auf die Zentralbank übertragen werden. Oder auch, dass die EZB sämtliche Staatsbonds vom Markt aufkauft. Das Problem einer solchen Lösung wäre, dass die Vermögensblase so eben nicht entwertet würde, sondern in vollem Umfang bestehen bliebe, nur dass die Finanzkonzerne eine Anlagemöglichkeit weniger für diese Vermögen hätten. Das würde die ohnehin schon vorhandene Situation eines Überhangs an Liquidität, die nach lukrativen Anlagemöglichkeiten sucht, zusätzlich verschärfen und dürfte zu neuen Kredit- und Spekulationsblasen führen. Das wäre also keine gute Lösung.

Siebente Variante: Streichung der Altschulden

Der einzige nachhaltige Ausweg aus den Fehlentwicklungen der letzten Jahrzehnte ist die politisch kontrollierte Entwertung der Vermögens- und Schuldenblase durch Streichung der alten Staatsschulden, und zwar möglichst in einer konzertierten Aktion in der gesamten Eurozone oder vielleicht sogar der Gesamt-EU. Der Gedanke, dass die Staatsschulden im Euroraum zumindest von einigen Ländern nicht mehr dauerhaft bedient werden können, ist mittlerweile nicht mehr undenkbar, sondern offizieller Bestandteil der politischen Diskussion.

Aus diesem Grund wird neuerdings über ein internationales Insolvenzrecht für Staaten diskutiert. In diesem Kontext sollen auch spezielle Risikobonds geschaffen werden, deren Ausfallrisiko dann in höheren Zinsen eingepreist wird. Eine solche Regelung würde die Zinslasten gerade der gefährdeten Länder noch mehr erhöhen, als es ohnehin schon der Fall ist, denn die vorhandenen Schulden würden dann immer stärker durch solche Risikobonds ersetzt. Dass die deutsche Bundeskanzlerin zu den treibenden Kräften eines solchen Verfahrens gehört, ist durchaus nicht selbstlos. Je risikoreicher die Bonds anderer Staaten, desto mehr würde sich die Nachfrage nach sicheren Anlagen auf deutsche Staatsanleihen konzentrieren, desto niedriger daher die Zinsen, die die Bundesrepublik auf ihre Schulden zu zahlen hätte.

Deutschland wäre also kurzfristig der Profiteur einer solchen Regelung. Längerfristig allerdings wird niemand profitieren, denn die steigenden Zinsen dürften in den betroffenen Ländern den Zusammenbruch beschleunigen und seine Dramatik verschärfen. Am Ende wird es sich dann auch als Illusion erweisen, die Altgläubiger bei einer Schuldenstreichung zu verschonen. Wenn allerdings der deutsche Staat den deutschen Banken erneut Milliardenlasten abnehmen muss, weil faul gewordene Griechenland-, Irland- oder Spanien-Anleihen sie in den Bankrott zu treiben drohen, dürfte die Freude über sinkende eigene Zinsen von kurzer Dauer gewesen sein. Denn auch mit niedrigen Zinssätzen treibt die explodierende Staatsverschuldung dann die Zinskosten in die Höhe. Und irgendwann ist auch für die Schulden des deutschen Staates das Ende der Fahnenstange erreicht.

In Wahrheit ist die ganze Debatte über ein Insolvenzrecht für Staaten Augenwischerei. Die Banken haben mit den Staatsschulden in den vergangenen Jahrzehnten Billionen verdient. Sie verdienen zurzeit im Besonderen an ihrer eigenen Rettung, denn genau die hat ja die Verschuldung in vielen Ländern vervielfacht. Zinsen sind auf den Kapitalmärkten der Preis für Risiko. Dafür braucht es keiner speziellen Risikobonds. Wer eine Anleihe kauft, ganz gleich ob von einem Unternehmen oder von einem Staat, muss ein gewisses Ausfallrisiko einkalkulieren. Zumal die internationale Geschichte der Schuldenkrisen zeigt, dass die Streichung alter Staatsschulden kein seltenes, sondern das wahrscheinlich meistgenutzte Mittel der Politik ist, sich die Hinterlassenschaften ihrer Vorgänger vom Hals zu schaffen.

Eine der letzten großen Umschuldungsaktionen war die von Argentinien. Nachdem die eskalierenden Dollarschulden das Land immer tiefer in eine wirtschaftliche Katastrophe hineingetrieben hatten, entschied die Regierung Duhalde 2002, die Bedienung der Schulden ein-

232 Kreativer Sozialismus: Einfach. Produktiv. Gerecht.

zustellen. Die ihr nachfolgende Regierung unter Néstor Kirchner handelte mit den Gläubigern eine Umschuldung aus, die Abstriche vom Nominalwert der alten Staatsbonds von bis zu 75 Prozent durchsetzte. Die Schuldenstreichung war eine der wichtigsten Voraussetzungen für die wirtschaftliche Erholung des Landes.

Argentinien ist kein Einzelfall. Umschuldungen und die Nivellierung von Altschulden hat es auch in der europäischen Geschichte immer wieder gegeben. In seinen frühen Jahren als souveräner Staat geriet Frankreich nicht weniger als achtmal in Zahlungsverzug bei seinen Auslandsschulden. Spanien konnte vor 1800 seine Auslandsschulden sechsmal nicht begleichen und im 19. Jahrhundert siebenmal. Carmen Reinhart und Kenneth Rogoff zählen insgesamt 250 Auslandsschuldenkrisen weltweit in der Zeit von 1800 bis 2009 und mindestens 68 Inlandsschuldenkrisen. Fast alle dieser Krisen endeten mit einer zumindest teilweisen Schuldenstreichung.

Dabei ist Reinharts und Rogoffs Aufzählung möglicherweise noch nicht einmal vollständig. Denn der Wirtschaftsjournalist und *FTD*-Kolumnist Lucas Zeise hat recht, wenn er auch die Entscheidung der US-Regierung von 1971, die Goldkonvertibilität des Dollars aufzuheben und Frankreich nicht in Gold auszuzahlen, wie es der französische Staatspräsident de Gaulle verlangt hatte, als »eine (milde) Form der Staatspleite« bezeichnet.[126] Immerhin handelte es sich auch hier um die einseitige Aufkündigung einer zuvor eingegangenen Schuldverpflichtung.

Weder die USA noch Argentinien noch irgendein anderes Land haben für ihren Schuldenstopp eines internationalen Insolvenzrechts für Staaten bedurft. Auch die Eurozone braucht kein Insolvenzrecht, wenn sie sich verständigen würde, in einer konzertierten Aktion 50 oder 75 oder auch 100 Prozent ihrer Altschulden zu streichen. Dabei sollte sie allerdings dem argentinischen Vorbild folgen und Sparer bis zu einer gewissen Anlagesumme, sagen wir 500 000 Euro, von der Streichung ausnehmen, um eine Enteignung echter Spargelder zu verhindern. Für Deutschland beträfe das vor allem Bundesschatzbriefe, die im Gegensatz zu den Bundesanleihen überwiegend von privaten Kleinsparern gehalten werden. Ihr Volumen ist im Vergleich zur ausstehenden Gesamtschuld gering. Die Weiterbedienung dieser Schulden fiele daher fiskalisch kaum ins Gewicht.

Wen würde die Schuldenstreichung treffen? Unmittelbar vor allem Banken und Versicherungen. Die Altschulden der Eurostaaten belaufen sich 2010 auf insgesamt etwa 7,7 Billionen Euro. Alle EU-Staaten zusammen stehen mit etwa 9,6 Billionen in der Kreide. Würde ein Großteil dieser Schulden gestrichen, wären die meisten Banken und Versicherungen im Euroraum pleite.

Toxisch würden durch eine Umschuldung der Staaten natürlich auch die auf die Staatsanleihen abgeschlossenen Kreditausfallversicherungen (CDS). Denn es ist eine Illusion, zu glauben, dass die Versicherungsnehmer der CDS (also diejenigen, die auf Staatspleiten wetten) von der Zahlungseinstellung eines größeren Landes, geschweige denn aller EU-Staaten, am Ende tatsächlich profitieren könnten. Die CDS unterscheiden sich auch dadurch von normalen Versicherungen, dass es keine regulatorischen Vorschriften für die Anbieter gibt, sie angemessen mit Eigenkapital zu unterlegen. Schon bei der Subprime-Krise hätte niemand Profit aus seinen Wetten gegen amerikanische Hypothekenpapiere ziehen können, wenn nicht die Staaten die größeren Anbieter der CDS gerettet und ihre Verpflichtungen mit Steuergeld erfüllt hätten. Einer der Großanbieter solcher CDS war der Versicherungsriese AIG, der gerade darüber in die Pleite stürzte. Eine Entschuldung der EU-Staaten wäre daher vermutlich auch mit Massenpleiten von Hedge-Fonds und anderen Spekulationsvehikeln verbunden. Das wäre nur zu begrüßen, denn eine solche Entwicklung würde ihren Teil dazu beitragen, die Vermögensblase bei den Reichsten – nur sie investieren in solche Fonds – zu entwerten.

Die Großbanken und Versicherungen allerdings müssten – um unkontrollierte Kettenreaktionen und eine Entwertung von Spargeldern zu verhindern – verstaatlicht, rekapitalisiert und restrukturiert werden. Ihre Verstaatlichung und Restrukturierung ist ohnehin unerlässlich, um wieder zu einem Finanzsektor zu kommen, der seine Aufgaben wahrnimmt. Detaillierter werden wir das im Kapitel »Öffentliche Banken als Diener der Realwirtschaft« besprechen.

Die Rekapitalisierung wiederum wäre auf relativ einfache Weise dadurch möglich, dass über eine einmalige Abgabe jene Vermögen haftbar gemacht werden, die ihr Wachstum den Fehlentwicklungen der letzten Jahrzehnte verdanken: die Vermögen der oberen Zehntausend.

234 Kreativer Sozialismus: Einfach. Produktiv. Gerecht.

Nach den Zahlen des Weltvermögensreports der Investmentbank Merrill Lynch besaßen allein die europäischen Millionäre und Multimillionäre Ende 2010 ein Finanzvermögen von 10,2 Billionen Dollar, also fast so viel, wie die gesamten EU-Staaten an Schulden haben. Millionärsvermögen und Staatsschulden sind über die vergangenen 20 Jahre weitgehend im Gleichschritt gewachsen und haben beide im Krisenjahr 2009 einen besonders großen Sprung nach oben gemacht. Das ist die Vermögensblase, die der Schuldenblase gegenübersteht. Aus beiden muss die Luft raus, damit die Wirtschaft wieder ordentlich funktionieren und der Normalbürger wieder menschenwürdig leben kann.

Bei einem solchen Entschuldungsszenario würden also nicht die Mittelschichten, sondern ausschließlich Millionäre und Multimillionäre einen Großteil ihrer Finanzvermögen verlieren. Es träfe nicht die, die gespart, sondern die, die geerbt oder gezockt oder beides haben. Bei einem unkontrollierten Crash dagegen, auf den die EU sich längst vorbereitet, sollen gerade mal 100 000 Euro pro Person abgesichert werden. Wer mehr als 100 000 Euro auf Bankkonten liegen hat, würde also nach dem Willen der EU einen Großteil seiner Ersparnisse verlieren. Schon diese Relation zeigt, wie perfide es ist, eine kontrollierte Schuldenstreichung als »Enteignung der Ersparnisse der Bürger« zu verdammen. Sie ist in Wahrheit der einzige Weg, eine Enteignung der echten Ersparnisse zu verhindern.

Illegitime Schulden

Schauen wir uns die Geschichte der Staatspleiten genauer an, wird eines deutlich: Letztlich geht es gar nicht um die Frage, ob die öffentliche Hand zahlungsfähig oder bankrott ist. Es geht um die Frage, ob sie zahlungsfähig bleiben *will*, ob es also politisch vertretbar ist, der großen Mehrheit der Menschen auf unabsehbare Zeit einen Schuldenberg auf die Schultern zu laden, der auf Jahrzehnte wirtschaftlicher Fehlentwicklungen zurückgeht, von denen sie weder profitiert haben noch dafür Verantwortung tragen.

Es wurde oft kritisiert, dass lateinamerikanische Länder, als sie nach Jahren der Militärdiktatur endlich zu demokratisch verfassten

Staaten wurden, die Schulden dieser Militärdiktaturen anerkannt und übernommen haben, statt sie zu streichen, wie es etwa das revolutionäre Frankreich 1789 mit den Schulden der Monarchie getan hatte. In vieler Hinsicht war mit der Annahme der Schuldenlast der spätere Niedergang vorgezeichnet. Auch der argentinische Leidensweg, der in den Hungerrevolten der Jahrtausendwende gipfelte, geht in seinen Anfängen bis in die Jahre der Militärdiktatur zurück. Natürlich kann die politische Entscheidungsfindung in den heutigen Industrieländern nicht mit der in Militärdiktaturen gleichgesetzt werden. Dennoch: Die heutigen Staatsschulden sind das Ergebnis einer Finanzdiktatur und einer jahrelangen Politik gegen die Mehrheit der Menschen. Sie sind daher ebenso illegitim wie die Hinterlassenschaften der südamerikanischen Diktatoren.

Fazit

Es gibt einen Ausweg aus dem Schuldenmorast, in dem die heutige Politik so hilf- und konzeptionslos herumwatet. Dieser Ausweg besteht aus einem Bündel von Maßnahmen, die zusammengehören und von denen keine fehlen darf. Er beinhaltet, erstens, die Streichung der Altschulden der EU-Staaten. Ausgenommen bleiben sollte nur jener Teil der Schuldtitel, der von Kleinanlegern gehalten wird. Der Ausweg beinhaltet, zweitens, die Verstaatlichung der großen Finanzkonzerne, womit zwar auch die sonstigen faulen Kredite in ihren Bilanzen auf die öffentliche Hand übergehen, aber eben auch ihre werthaltigen Forderungen. Die Finanzinstitute sind danach mit öffentlichem Geld zu rekapitalisieren, wobei der Staat sich die nötigen Mittel, drittens, durch eine einmalige Vermögensabgabe auf sehr hohe Vermögen bei den Millionären und Multimillionären holen sollte.

Damit die Schuldenspirale nicht von neuem beginnt, gehört zu dem Ausweg, viertens, eine radikale Umverteilung der Einkommen von oben nach unten, um den Staat aus der Verantwortung zu entlassen, fehlende private Nachfrage immer wieder durch kreditfinanzierte Staatsausgaben ausgleichen zu müssen. Unerlässlich ist auch eine solide Steuerpolitik, um den Staat mit den Einnahmen auszustatten, die er braucht, um seine Aufgaben zu erfüllen. Die wegfallenden Zinszahlungen würden dabei allerdings erhebliche Freiräume schaffen. Soweit staatliche Defizite dann noch für besondere Investitionsausgaben oder zwecks konjunkturellen Gegensteuerns notwendig sind, sollte, fünftens, die Möglichkeit einer Direktfinanzierung über die EZB geschaffen werden.

Damit wären die Altlasten der Vergangenheit beseitigt und die öffentliche Hand hätte ihre Handlungsfähigkeit zurückgewonnen, um Politik auf demokratischer Grundlage, ohne Sparwahn und frei von der Erpressung durch die Finanzbranche, zu gestalten.

2. Sichere Rente –
Kein Traum von gestern

> »Je madiger die Rentenversicherung gemacht wird, umso mehr klingelt das Geld in den Kassen der Allianz. Darum geht es und um sonst nichts.«
>
> Norbert Blüm, Ex-Bundesminister für Arbeit und Soziales

Kaum eine politische Aussage ist in Deutschland so verspottet und ins Lächerliche gezogen worden wie die Aussage des einstigen Bundesarbeitsministers Norbert Blüm, die Rente sei »sicher«. Im Licht der Entwicklung der darauffolgenden Jahre erscheint Blüms stolze Ankündigung wie billige Volksberuhigung, die sich trotzig den Realitäten verweigert. *Sicher* ist heute eigentlich nur noch, dass man von der gesetzlichen Rente im Alter nicht mehr leben kann. Sie verkommt mehr und mehr zur »Hungerrente«, statt ein Netz zu sein, das trägt und vor Armut schützt. War der langgediente Arbeitsminister also nur ein kauziger alter Mann mit präsenilem Realitätsverlust? Musste die gesetzliche Umlagerente zwangsläufig verkümmern, weil wir immer älter werden und immer weniger Kinder zeugen? Oder lag es vielleicht doch daran, was Blüms Nachfolger mit dem Rentensystem angestellt haben?

Hungerrenten für alle – Rürup sorgt sich um die Riester-Profite

Wie schlimm es um das Sicherungsniveau der gesetzlichen Rente bestellt ist, dürfte im Januar 2008 auch dem zuversichtlichsten Zeitgenossen klar geworden sein. Zu diesem Zeitpunkt brach der damalige Vorsitzende des Sachverständigenrates, Bert Rürup, eine Debatte vom Zaun, ob ein Beschäftigter nach 35 Beitragsjahren nicht in jedem Falle Anspruch auf eine gesetzliche Mindestrente in Hartz-IV-Höhe haben sollte. Zwar gibt es eine solche Minirente, von der man weder leben noch sterben kann, seit den rot-grünen Rentenreformen für jeden älteren Menschen. Aber nur, wenn keine sonstigen Einkünfte und Vermögen existieren. Was den Finanzlobbyisten Rürup auf den Plan rief, war der Umstand, dass die Rentengroschen aus der Riester-Police ebenfalls auf besagte Minirente angerechnet werden. Das macht den Abschluss privater Rentenverträge extrem unattraktiv für alle diejenigen, die nicht erwarten können, jemals einen gesetzlichen Rentenanspruch oberhalb des Mindestniveaus zu erwerben. Und das werden immer mehr.

Der eigentliche Skandal des Rentensystems blieb in der von Rürup angezettelten Debatte allerdings außerhalb des Blickfelds. Denn weit skandalöser als die mögliche »Enteignung« künftiger Riester-Rentner durch Anrechnung ihrer Riester-Euros ist immerhin der Umstand, dass sich dieses Problem überhaupt in solcher Größenordnung stellt. Wer zehn Jahre zuvor gefordert hätte, dass Menschen, die 35 Jahre in die Rentenkassen einzahlen, »eine Rente geringfügig über dem Niveau« der Sozialhilfe erhalten, der wäre nicht als Vorkämpfer gegen Rentenarmut gelobt, sondern als gewissenloser Sozialbarbar verschrien worden.

Dass jemand mit 35 Jahren beitragspflichtiger Beschäftigung eine Rente oberhalb des kläglichsten Armutsniveaus erwarten konnte, war zu Blüms Regierungszeiten zumindest für Menschen mit mittlerem Einkommen eine Selbstverständlichkeit. Dass das mittlerweile nicht mehr gilt, zeigt vor allem eines: wie gründlich die rot-grünen Renten-Killer das System zerschlagen haben.

Rot-grüne Renten-Killer

Angefangen hatte alles, wie politische Sauereien meistens anfangen: mit einem schmierigen Kompromiss. Mit dem Versprechen, das gesetzliche Rentenniveau des »Standardrentners« von einst 70 Prozent auf nicht weniger als 67 Prozent des Nettolohns abzusenken, hatte der SPD-Arbeitsminister Riester im Jahr 2000 den Gewerkschaften die Zustimmung zum Einstieg in die staatlich geförderte private Altersvorsorge als »zweiter Säule« des Rentensystems abverhandelt. Es tut wenig zur Sache, dass es den Standardrentner mit 45 Beitragsjahren schon damals kaum noch gab und auch die 67 Prozent verlogen waren, weil sie auf einer Reihe von Rechentricks beruhten. Selbst wenn beides gestimmt hätte: Das Entscheidende an dieser ersten SPD-grünen Rentenreform waren nicht die genauen Zahlen, sondern der eingeleitete Systemwechsel: weg von einer von Beschäftigten und Unternehmen finanzierten Umlagerente hin zu privater Vorsorge über den Kapitalmarkt.

Anders als mancher führende Gewerkschafter hatte die *Frankfurter Allgemeine Zeitung* bereits im Jahr 2000 diese Grundfrage begriffen und feierte Riesters Renten-Untat mit den Worten:

»Es geht nicht um den Prozentwert eines aus dem fernen Dunst des Jahres 2030 herausscheinenden Rentenniveaus, es geht um einen tiefen Schnitt in das gewohnte Paradigma der Sozialpolitik.«

Mit diesem Schnitt waren die Dämme gebrochen. In der Folgezeit jagte eine Rentenreform die nächste. Mehrfach wurde die Bezugsgröße der Rente geändert, indem aus den Löhnen immer größere Beträge herausgerechnet wurden, um selbst im Falle steigender Beschäftigteneinkommen die Renten klein zu halten. Ein demographischer Faktor wurde eingeführt und etwas später durch den sogenannten Nachhaltigkeitsfaktor ersetzt. Beide hatten ausschließlich den Zweck, die Entwicklung der gesetzlichen Rente noch weiter von der Lohnentwicklung abzukoppeln. Die Rentenbeiträge für Arbeitslose wurden kleingeschrumpft. Darüber hinaus wurde den Rentnern eine Erhöhung des Beitrags zur Pflegeversicherung aufgebrummt und die Besteuerung der Renten beschlossen. Die vorerst letzte große Missetat im Rententrauerspiel war die von Müntefering durchgesetzte Erhöhung des Rentenalters auf 67 Jahre. Damit schwindet der gesetzliche Rentenanspruch pro Beitragsjahr weiter. Wer vor 67 in Rente geht, muss saftige Abschläge verkraften.

Durch all diese Maßnahmen wurde einerseits der Lebensstandard der bereits verrenteten Senioren abgesenkt. Noch stärker aber spüren diejenigen die Folgen, die neu in Rente gehen. Nach Berechnungen der Deutschen Rentenversicherung erhielt ein gesetzlich Versicherter, dessen Ruhestand 2007 begonnen hatte, bis zu 14,5 Prozent weniger Rente als einer, der unter gleichen Voraussetzungen im Jahr 2000 das Rentenalter erreicht hatte. Und das, obwohl sehr viele Reformen noch gar nicht voll wirksam sind. Erst die Generation der 1964 Geborenen etwa wird die Erhöhung des Rentenalters auf 67 Jahre in ganzer Brutalität zu spüren bekommen.

Dass all die genannten Maßnahmen das Niveau der gesetzlichen Rente drastisch verringern, sollte nicht nur niemanden überraschen; es war der erklärte Sinn der Übung. Schon im März 2006 hatte die Bundesregierung in ihrem Rentenversicherungsbericht ausgerechnet, dass das Rentenniveau des »Standardrentners« bis 2030 auf 43 Prozent des Nettolohns absinken würde. Der nächste Rentenklau, die Rente mit 67, war in voller Kenntnis dieser Zahlen beschlossen worden.

Senioren in Armut

Die verheerenden Folgen für das gesetzliche Rentenniveau liegen mittlerweile auf der Hand. Seit 2003 haben sich die Ausgaben für die Grundsicherung, die Senioren mit Renten unterhalb des Hartz-IV-Niveaus bekommen, mehr als verdreifacht. Noch düsterer ist der Ausblick für die Zukunft. Ab 2030 etwa wird ein Durchschnittsverdiener selbst nach 30 langen Beitragsjahren nicht über das Elendslos besagter Mindestrente von 660 Euro (in heutiger Kaufkraft gerechnet) hinaus sein. Wer nur 2000 Euro brutto verdient, darf für eine Rente auf diesem Level sogar 38 Jahre malochen. Niedrigverdiener können bis zum Umfallen einzahlen und kommen nie auf eine Rente oberhalb des Armutsniveaus. Entsprechend schätzt der Sozialverband Deutschland, dass mindestens 35 Prozent der heute Beschäftigten auf eine Rente unterhalb der Grundsicherung zusteuern. Im Osten Deutschlands soll dieses Schicksal sogar mehr als der Hälfte aller Erwerbstätigen blühen.

Diese Zahlen bedeuten klipp und klar: Die gesetzliche Umlagerente im Sinne einer auch nur annähernd vor Altersarmut schützenden Institution ist tot. Alles, was der Staat noch bietet, ist eine Minimalversorgung auf unterstem Niveau. Wer seinen Ruhestand einigermaßen menschenwürdig genießen möchte, muss massiv privat vorsorgen – wenn er es kann. Rürups Vorschlag, die private Vorsorge nicht mehr auf die

Grundsicherung anzurechnen, lag ganz in der Logik dieses Systemwechsels.

Das europäische Land, in dem ein solches privatisiertes Rentensystem bei staatlicher Minimalversorgung in reinster Form existiert, ist Großbritannien. Es ist kein Zufall, dass es ebenfalls die Briten sind, die in puncto Altersarmut im europäischen Vergleich mit den erschreckendsten Zahlen aufwarten. Allerdings dürften sie in Bälde Konkurrenz bekommen. Bereits Mitte 2007 hatte die OECD öffentlich moniert, dass das deutsche Rentensystem nicht ausreichend gegen drohende Altersarmut gewappnet ist. Bei den Renten für Geringverdiener schneide die Bundesrepublik im internationalen Vergleich mit am schlechtesten ab.

Der Demographie-Mythos

Trübe Aussichten, zu denen von Politik wie Finanzlobby gebetsmühlenartig eine einzige verheißungsvolle Alternative propagiert wird: verstärkte private Vorsorge. Dass die Werbung für eine private Riester-Rente angesichts sinkender Löhne und eines florierenden Hungerlohnsektors für viele Arbeitnehmer der blanke Hohn ist, weil sie sich das Zusatzsparen schlicht nicht leisten können, wurde bereits oft und zu Recht kritisiert. Aber ist die private Vorsorge überhaupt eine sinnvolle Alternative? Existiert es tatsächlich, das »demographische« Rentenproblem, mit dem die politisch betriebene Seniorenverarmung so wortreich begründet wird?

Weil immer weniger Junge immer mehr Ältere zu ernähren hätten, sei das Umlagesystem nicht mehr zeitgemäß, so die bekannte Argumentation. Zu den gern zitierten Zahlen in diesem Kontext gehört folgende: Während im Jahr 2000 jeder Erwerbstätige genau 1,1 Nichterwerbstätige miternährt hat, werden es 2050 1,6 Nichterwerbstätige sein. Suggeriert werden soll mit solchen Zahlen: Jeder Arbeitende hat in Zukunft immer mehr Münder zu stopfen und sollte sich daher nicht wundern, wenn weniger für ihn und für diese übrig bleibt. Was dabei gern verschwiegen wird, ist, dass die Abhängigenquote, also das Verhältnis von Nichtarbeitern zu Arbeitenden, noch im Jahre 1975 wegen der größeren Kinderzahl weit höher war als heute. Die damalige Relation wird

242 Kreativer Sozialismus: Einfach. Produktiv. Gerecht.

frühestens im Jahr 2022 übertroffen werden. Um diesen Vergleich gar nicht erst aufkommen zu lassen, wird oft ausschließlich auf die Relation Rentner zu Erwerbstätigen Bezug genommen. Aber nicht nur ältere, auch kleine Münder möchten satt werden.

Auch unabhängig von dieser Manipulation ist die Geschichte vom darbenden Bäcker, der seinen Kuchen mit immer mehr unproduktiven Essern teilen muss, ein Mythos, der auf zwei ziemlich unsinnigen Annahmen beruht: Erstens wird vorausgesetzt, dass der Kuchen, den jeder Backmeister zu Markte trägt, in 50 Jahren nicht größer sein wird als heute. Und zweitens wird angenommen, dass der Anteil der Bäcker an den Jahrgängen im erwerbsfähigen Alter ein für alle Mal konstant bleibt. Weder die eine noch die andere Annahme lässt sich vernünftig begründen.

Die statistische Größe, die den Umfang des Kuchens pro Bäcker misst, ist die Arbeitsproduktivität. Diese Produktivität ist seit 1960 in der Bundesrepublik im Schnitt um 2,5 Prozent jährlich gewachsen. Selbst wenn wir annehmen, dass dieses Wachstum sich auf nur noch 1 Prozent verlangsamt, kann bei dem derzeit absehbaren Wandel in der Altersstruktur der Bevölkerung in 50 Jahren immer noch jeder Esser – ob jung, ob alt – ein um 12 Prozent größeres Tortenstück verdrücken.

Steigt die Produktivität im Schnitt um 2 Prozent, steht jedem sogar ein Drittel mehr zur Verfügung. Und bei dieser Rechnung ist vorausgesetzt, dass die Arbeitslosigkeit so hoch bleibt, wie sie heute ist. Würden zusätzlich mehr Menschen die Möglichkeit erhalten, sich am Kuchenbacken zu beteiligen, sähen die Zahlen noch einmal besser aus. Die Behauptung, die demographische Veränderung würde eine armutssichere umlagefinanzierte Rente obsolet machen, ist also eine dummdreiste Lüge.

Im Übrigen gibt es auch keinen Grund für die Annahme, dass in einem System, in dem jeder für sich selbst vorsorgt, am Ende mehr verteilbar sein sollte als in einem umlagefinanzierten. Wäre die demographische Rentenlüge wahr, träfe sie in gleicher Wucht die kapitalgedeckte Rente. Denn der Lebensstandard der Rentner muss unter allen Umständen aus dem laufenden Bruttosozialprodukt erwirtschaftet werden. Niemand will im Alter Zinsgutschriften essen, er will Brot, Fisch und Fleisch verspeisen, guten Wein genießen, warme Kleider tragen, feine Restaurants aufsuchen, die Welt bereisen. Werden solche Leistungen nicht in ausreichender Zahl zur Verfügung gestellt, erweist sich die schönste Vorsorgepolice als inflationär entwertete Luftnummer.

Profiteure des Rentenklaus

Es geht also nicht um Demographie, es geht um Interessen. Die Privatisierung der Alterssicherung hat drei große Profiteure: die Bezieher höherer Einkommen zum Ersten, die Unternehmen im Allgemeinen zum Zweiten und die Finanzkonzerne und Versicherer im Besonderen zum Dritten. Das sind die drei Interessengruppen, die in einem privatisierten Rentensystem nur gewinnen können und entsprechend rege Lobbyarbeit betrieben haben und betreiben.

Die Besserverdienenden profitieren, weil sie die Umlagerente schlicht nicht brauchen. Wie bereits mehrfach erwähnt, wächst mit den Bezügen nicht nur der Sparbetrag, sondern auch der Anteil der Ersparnisse am Einkommen. Sparen ist ein Luxus, den man sich leisten können muss, und das können nur die, deren Grundbedürfnisse abgedeckt sind. Ebendeshalb sparen Haushalte mit weniger als der Hälfte des Durchschnittseinkommens in der Regel keinen Cent, sondern sind mehr oder minder verschuldet, während die Sparquote mit steigendem Einkommen immer mehr zunimmt. Wer wirklich viel hat, braucht weder die Riesterei noch die gesetzliche Rente, weil er auf eigene Rechnung genügend vorsorgen kann, und er ist daher zufrieden, wenn sein Beitragssatz möglichst niedrig bleibt.

Die Unternehmen profitieren von der Zerstörung der umlagefinanzierten Rente, weil sie diese über die sogenannten »Arbeitgeberbeiträge«, also gesetzlich festgelegte Lohnbestandteile, mitfinanzieren müssen. Die private Vorsorge dagegen hat der Beschäftigte allein zu tragen. Der Zerstörungsfeldzug gegen die gesetzliche Rente wurde oft genug ausdrücklich damit begründet, dass ein weiteres Ansteigen der Rentenbeiträge verhindert werden müsse. Da es für den Beschäftigten finanziell keinen Unterschied macht, ob ein höherer Rentenbeitrag von seinem Bruttoeinkommen abgezogen wird oder selbige Summe in irgendeiner Riester-Police verschwindet, ist völlig klar: Bei dem ganzen Geschrei um die Rentenbeiträge ging es immer allein um die von den Unternehmen zu zahlenden. Genauer: Es ging um sinkende Löhne. Jeder Prozentpunkt, um den der Rentenbeitrag der Unternehmen gedeckelt werden kann, steht für Milliarden zusätzlicher Profite. Entsprechend engagiert hat die Wirtschaftslobby ihr Scherflein dazu beigetragen, den Mythos vom obsoleten Umlagesystem und von der Modernität privater Vorsorge in die Köpfe zu bringen.

Die dritte Lobby, die Riesters Porträt eigentlich goldgerahmt in ihre Empfangsräume hängen müsste, ist die der Finanzkonzerne. Wie bereits erwähnt, ist die Verwaltung und renditeträchtige Anlage der privatisierten Ruhestandsgelder ein Riesengeschäft. Schließlich darf nicht vergessen werden, dass der Anteil der Verwaltungsausgaben an den Einnahmen bei den privaten Fonds erheblich höher ist als im Fall der gesetzlichen Rentenversicherung. Wer privat vorsorgt, zahlt eben auch die Spitzengehälter der Fondsmanager mit. Aber es geht nicht nur darum. Den wichtigsten Punkt hat die *FAZ* im Oktober 2000 in ihrer Bewertung des Riester-Deals erwähnt:»Die Rentenreform ist ein positiver Liquiditätsimpuls für Aktien.« Da war gerade die Dotcom-Blase geplatzt und Liquidität konnten die großen Spieler im Aktiengeschäft sehr gut gebrauchen.

Wer bekommt die Renten-Gelder?

Das entscheidende Interesse besteht also darin, durch den weltweiten Trend zur Privatisierung der Altersvorsorge einen stetigen Zufluss an Liquidität auf die Finanzmärkte zu lenken und damit immer weiter steigende Kurse auf den eigentlich längst hoffnungslos überbewerteten globalen Vermögensmärkten abzusichern. So gehören die großen Pensionsfonds, insbesondere die amerikanischen und britischen, heute zu wichtigen Anlegern auf diesen Märkten und die in ihren Kassen versammelten Gelder haben durchaus zum Aktien- und Anleiheboom der zurückliegenden zwei Jahrzehnte beigetragen.

Je mehr Länder ihre Altersvorsorge privatisieren, desto mehr Geld ist vorhanden, um die Kurse weiter in die Höhe zu treiben und den Crash hinauszuschieben. Aber irgendwann ist natürlich trotzdem Schluss, und dann kommt das böse Erwachen. Spätestens, wenn mehr

Pensionen tatsächlich ausbezahlt werden müssen, als Neuverträge hinzukommen, kann die privatisierte Altersvorsorge keine Stütze boomender Aktienmärkte mehr sein. Schlimmer noch: Wenn dann die Kurse fallen, könnten die schönen papiernen Versorgungsansprüche dahinschmelzen wie Eis in der Sommersonne.

Eines ist klar: Das Geld bleibt auch bei der Privatrente nicht in den Händen der künftigen Rentner. Es wird immer weggegeben. Während bei der Umlagerente die Beschäftigten die jeweiligen Rentner finanzieren, finanzieren sie bei der kapitalgedeckten Rente vor allem die heutigen Aktienverkäufer und Finanzspekulanten. Während sie bei der Umlagerente ihr Geld dann von den künftigen Beschäftigten bekommen, müssen sie es sich bei der kapitalgedeckten Rente von den Aktienkäufern und Finanzspekulanten der Zukunft zurückholen. Das Geschäft wird also nur mit unterschiedlichen Partnern gemacht.

Wie sicher ist die Riester-Rente?

Deshalb sei im Folgenden einer Frage nachgegangen, die im pseudoüberlegenen Spott über Blüms Renten-Bonmot normalerweise ausgeklammert wird: Wie sicher ist eigentlich die Riester-Rente? Eine Rente, die sich immerhin bereits 13 Millionen Menschen in Deutschland oft genug vom Munde absparen, um im Alter gröbster Armut zu entgehen? Erfüllt sie wenigstens für die, die sie sich mehr oder weniger leisten können, das, was sie verspricht?

Immerhin war eines der Hauptargumente, mit denen die Einführung der kapitalgedeckten privaten Rente gerechtfertigt wurde, dass Letztere den künftigen Rentnern eine höhere »Rendite« auf ihre eingezahlten Beiträge bieten würde als die umlagefinanzierte gesetzliche Rente. Gleiche Einzahlungen in ein kapitalgedecktes System führten, so die immer wiederholte Botschaft, am Ende zu höheren Auszahlungen und somit besseren Renten.

Bevor wir uns der Antwort auf die Frage nähern, wie die zu erwartende Rendite der Riester-Rente für die Sparer tatsächlich aussieht, schauen wir uns zunächst das Ungeheuer genauer an, das die rot-grüne Bundestagsmehrheit am 26. Januar 2001 per Altersvermögensergänzungsgesetz ins Leben gerufen hat und das ab 1. Januar 2002 durch unser aller Leben zu irrlichtern begann. Bis zu 2100 Euro jährlich kann jeder abhängig Beschäftigte seither dem Anbieter eines Riester-Vertrages in den Rachen werfen, mindestens aber müssen es 4 Prozent des Vorjahreseinkommens sein. Als Dank für diese milde Gabe an die Finanzindustrie gibt's pro Jahr 154 Euro vom Staat dazu und für jedes Kind noch einmal 185 beziehungsweise 300 Euro (wenn das Kind nach dem 1.1.2008 geboren ist). Wer gut verdient, kann sich statt der Zulagen auch entsprechende Steuerfreibeträge für seine Riester-Zahlungen sichern und bekommt dann von Vater Staat noch deutlich mehr geschenkt.

Gut zweieinhalb Milliarden lässt sich die öffentliche Hand die Riester-Förderung inzwischen pro Jahr kosten, insgesamt 6,5 Milliarden Euro wurden bisher für diesen Zweck verbraten.

Und es könnten noch wesentlich mehr werden. Denn tatsächlich haben bisher nur etwa 37 Prozent der Berechtigten eine entsprechende Police erworben. Das gesamte Nachfragepotential wird auf 30 bis 36 Millionen Verträge geschätzt. Würden alle Riester-Förderberechtigten tatsächlich 4 Prozent ihres Bruttolohns ansparen, entstünde bis zum Jahr 2050 in der Verfügung von Banken, Finanzdienstleistern und Versicherungen ein zusätzlicher Vermögensberg von rund 2,3 Billionen Euro. Jede Menge Spielgeld zum Zocken und Abzocken, zum Wetten und Profitemachen.

Kein Wunder, dass die Finanzbranche das Projekt von Beginn an mit äußerstem Interesse und nicht geringem Druck vorangetrieben und die Parteien der Schröder-Koalition nach willfähriger Ausführung mit Spenden verwöhnt hat. Den Löwenanteil am Riester-Markt konnten sich bisher die Versicherungen mit fast 10 Millionen Verträgen unter den Nagel reißen. 600 000 Riester-Anleger zahlen in Banksparpläne ein und 2,57 Millionen haben sich für fondsgebundene Angebote entschieden, die teils von Banken und Versicherungen, teils von kleineren Finanzdienstleistern vertrieben werden.

Demonstratives Desinteresse

Daten zur konkreten Ausgestaltung des riesigen Riester-Marktes sind schwer zu finden und die diversen Bundesregierungen haben in dieser Frage bisher vor allem eines gezeigt: Desinteresse. Wer den wissenschaftlichen Dienst des Bundestages nach Details der immerhin hoch subventionierten Riester-Verträge fragt, bekommt zur Antwort: »Über detaillierte Angaben zur Ausgestaltung der einzelnen Verträge verfügen weder das Bundesministerium für Arbeit und Soziales noch die Zentrale Zulagenstelle für Altersvermögen bei der Deutschen Rentenversicherung Bund.« Nun ja. Im November 2008 – fast 7 Jahre nach Einführung der Riester-Rente! – hat sich das Bundesministerium für Finanzen immerhin vom Finanzausschuss dazu bewegen lassen, ein Gutachten unter dem Titel »Transparenz von privaten Riester- und Basisrentenprodukten« in Auftrag zu geben, das im Herbst 2010 endlich vorlag und ebenjene »Transparenz« ausgesprochen kritisch beurteilte.[127]

Das Nicht-wissen-Wollen der Politik hat seinen Grund. Immerhin ist das Geschäft mit den Riester-Produkten auch deshalb so profitabel, weil sich die Finanzlobby bei den Rahmenbedingungen der Riester-Verträge auf ganzer Linie durchgesetzt hatte: Sie kann mit dem Geld der Riester-Sparer (fast) alles machen. Es gibt weder eine gesetzlich vorgeschriebene Mindestverzinsung der Beiträge noch eine Obergrenze für Abschlusskosten und Provisionen der Anbieter noch generelle Einschränkungen, in welche Finanztitel das Geld der Riester-Sparer versenkt werden darf und in welche vielleicht besser nicht. Diese Nachlässigkeit des Gesetzgebers ist umso dreister, als es sich immerhin um ein vom Staat mit viel Geld gefördertes Projekt handelt und den Beschäftigten die elende Riesterei durch Zerstörung der gesetzlichen Rente faktisch aufgezwungen wird. Es gibt zwar keine Pflicht zum Abschluss eines Riester-Vertrags, aber angesichts eines gesetzlichen Rentenniveaus unter der Armutsgrenze kann von einer freiwilligen Entscheidung pro oder contra private Rentenvorsorge im Ernst nicht die Rede sein.

Beitragsschwund

Gesetzlich festgelegt ist für die Riester-Rente nur, dass die Anbieter den Erhalt des Kapitals garantieren müssen, das heißt: Der Nominalwert der eingezahlten Beiträge muss zu Beginn der Auszahlungsphase ohne Verlust in den Büchern des Anbieters stehen. Das gaukelt Sicherheit vor, bedeutet aber ganz und gar keine. Und zwar nicht nur dann nicht, wenn die von einigen immer wieder beschworenen hohen Inflationsraten irgendwann tatsächlich eintreten und die erhoffte Rente in Luft auflösen. Auch wenn die Preissteigerung in dem Rahmen verbleibt, den die meisten Ökonomen als vernünftig ansehen und den selbst die inflationsneurotische Europäische Zentralbank als Preisstabilität definiert, nämlich bei jährlichen Werten um die 2 Prozent, wäre bei einem über dreißig Jahre laufenden Vertrag am Ende real gerade noch gut die Hälfte des ursprünglich eingezahlten Geldes verfügbar. Sollte sich die Inflation bei 3 Prozent einpendeln, sind 60 Prozent futsch, bei einer durchschnittlichen Preissteigerungsrate von 5 Prozent sogar 80 Prozent. Sicherheit sieht anders aus.

Einer der Gründe, warum ein Großteil der Riester-Sparer nach Versicherungspolicen greift statt nach Bank- oder Fondssparplänen, liegt vermutlich darin, dass die Versicherer dem Anleger neben dem gesetzlich vorgeschriebenen Kapitalerhalt immerhin noch einen Mindestzins auf sein Geld garantieren. Dieser liegt freilich seit Januar 2012 bei noch 1,75 Prozent, was kaum mehr ist als das, was Sparern derzeit auf Bankkonten geboten wird. Nimmt man dauerhaft eine Preissteigerung auf dem Niveau der letzten Jahre an, bliebe in diesem Falle noch nicht einmal die Kaufkraft des eingezahlten Geldes erhalten.

Wer indessen allein auf die Zinsen guckt, ist den Versicherern schon auf den Leim gegangen, denn diese lassen sich besagte Garantie so gut bezahlen, dass sie am Ende gar nichts mehr wert ist. Denn den garantierten Mindestzins gibt's nicht etwa auf die gesamte Beitragssumme, sondern nur für den Teil des angesparten Geldes, der nach Abzug der Kosten und Provisionen der Versicherung übrig bleibt. Und Letztere sind so üppig, dass laut Stiftung Warentest der Sparer am Ende maximal eine Verzinsung von 1 Prozent erwarten kann. Die Wirtschaft muss also am Rande der Deflation dümpeln, damit der Riester-Rentner mit Versicherungspolice wenigstens die Kaufkraft wieder ausgezahlt bekommt, auf die er in der Einzahlungsphase verzichtet hat.

Anders als die Riester-Versicherungen garantieren die Riester-Banksparpläne gar nichts. Bei solchen Produkten variieren die Zinsen mit der Marktlage und sind damit aktuell vor allem eines: micke-

Sichere Rente – Kein Traum von gestern **249**

rig. Wenigstens aber fallen bei solchen Produkten in der Regel kaum zusätzliche Kosten und Gebühren an. Die fondsgebundenen Riester-Angebote wiederum versprechen viel, garantieren aber auch nichts und sind mit Blick auf Kosten und Provisionen teils noch teurer als die Versicherungspolicen. Völlig legal sind hier übrigens auch Angebote, bei denen die gesamten Ersparnisse des künftigen Riester-Rentners in Aktien angelegt werden.

Ob unter diesen Bedingungen der vorgeschriebene Werterhalt überhaupt gewährleistet werden kann, soll uns erst weiter unten interessieren. Besonders übel sieht es aber in jedem Fall für jene Sparer aus, die solche Riester-Verträge vorzeitig kündigen müssen oder einfach den Anbieter wechseln wollen. Hat der Betreffende einen fondsgebundenen Riester-Vertrag abgeschlossen und liegt der Aktienmarkt gerade darnieder, ist ein Großteil des Geldes eben weg. Denn bei vorfristigen Kündigungen gilt die gesetzliche Nominalwertgarantie nicht.

Abkassieren nach Belieben

Aber auch wer dachte, er sei mit einer Riester-Versicherungspolice auf der sicheren Seite, kann bei Kündigung vor Vertragsablauf sein blaues Wunder erleben. Versicherer wie Fondsanbieter dürfen nämlich ihre Provisionen auf die gesamte hypothetische Beitragssumme, die beispielsweise ein Vertrag von 30 Jahren einspielen würde, bereits in den ersten fünf Jahren in Rechnung stellen und von den Beiträgen abziehen. Trotz garantiertem Mindestzins kann so auch ein Riester-Versicherungsvertrag tief ins Minus rutschen. Bei vorzeitiger Auflösung ist dann ein Teil der eingezahlten Beiträge für den Sparer auf Nimmerwiedersehen verloren.

Wie wichtig den Anbietern die geballte Kostenerhebung in den ersten fünf Jahren ist, lässt sich daran ablesen, dass sie die Riester-Produkte überhaupt erst dann massiv zu vertreiben begannen, als ihnen diese gesetzlich erlaubt wurde. Am Anfang hatte Riester nämlich ins Gesetz geschrieben, dass die anfallenden Kosten über zehn Jahre gestreckt werden müssten. Das aber war den auf ihre Kurzfristrenditen schielenden Finanzkonzernen viel zu lang. Erst im Jahr 2005, als diese Frist auf fünf Jahre reduziert wurde, begann die große Zeit der Riester-Verträge. Seither wird – Finanzkrise hin oder her – zumindest in diesem Geschäft Kasse gemacht.

Im Schnitt gehen bei Fondssparplänen etwa 5 Prozent der Beitragssumme an den Anbieter, einige zocken aber noch mehr ab. Bei der Alten Leipziger etwa sind es 14,21 Prozent. Wer mehr einzahlt, als im Vertrag ursprünglich vereinbart, wird meist nochmals kräftig zur Kasse gebeten. Noch unverschämter sind die meisten Fondsgesellschaften bei den staatlichen Zulagen: Die Gothaer sahnt von jeder Zulage 13 Prozent ab, die Hamburg Mannheimer und die Victoria genehmigen sich sogar 16,5 Prozent. Dazu kommen in der Regel noch pauschale Kosten pro Jahr und sogenannte Verwaltungsgebühren.

Der Ökonom Prof. Andreas Oehler von der Uni Bamberg hat errechnet, dass bei 45-jährigen Riester-Sparern mehr als 75 Prozent und bei 30-jährigen sogar ganze 90 Prozent der staatlichen Zulagen allein durch die Kosten der Finanzanbieter aufgefressen werden. Daran wird sich so bald auch nichts ändern. Immerhin hat die Bundesregierung erst im Februar 2010 auf eine Anfrage der Linken hin klargestellt: »Auf die Kostenstrukturen der Anbieter von Altersvorsorgeprodukten hat die Bundesregierung ... keine Einflussmöglichkeiten.« Ja, warum eigentlich nicht?

Tatsächlich könnte die Staatsknete also gut und gern auch gleich direkt an den betreffenden Versicherungskonzern oder die Bank überwiesen werden. Nun mögen einige argumentieren, dass der künftige Rentner so immerhin die entsprechenden Kosten nicht selbst aufbringen muss. Aber auch dieses Argument trägt nicht. Ganz abgesehen von der Frage, wozu man zur Sicherung eines ordentlichen Ruhestandsgeldes die Finanzhaie überhaupt braucht und weshalb die Gesellschaft ihnen irgendeinen müden Euro Provision zahlen sollte, belegen Vergleichsstudien – etwa des Magazins *ökotest* vom Dezember 2009 –, dass die Vertragskosten bei Riester-Renten in der Regel *höher* sind als bei ungeförderten Privatrenten. Vielfach böten Rentenversicherungen mit Riester-Förderung bei gleichen Beiträgen sogar trotz staatlicher Zulagen am Ende weniger Leistung als jene Rentenpolicen, die Besserverdienende und Selbständige schon immer auf eigene Rechnung abgeschlossen haben. Das mag einer der Gründe dafür sein, warum es relativ wenige

Sichere Rente – Kein Traum von gestern   **251**

wirklich wohlhabende Arbeitnehmer unter den Riester-Sparern gibt. Nur 8,1 Prozent hatten 2006 ein Jahreseinkommen von über 50 000 Euro; etwa 70 Prozent verdienten nicht mehr als 30 000 Euro.

Profitable Riester-Abbrecher

Dazu passt, dass gut 40 Prozent der riesternden Zulagenempfänger noch nicht einmal die volle Höhe der staatlichen Förderung erhalten. Oft dürfte es sich dabei um Niedrigverdiener handeln, die es nicht schaffen, tatsächlich die geforderten 4 Prozent ihres Einkommens zu sparen, weil sie es schlicht zum Leben brauchen. Fast immer handelt es sich in solchen Fällen um Verträge, die dem Sparer nie eine relevante Zusatzrente sichern werden. Für die Anbieter sind sie aber dessen ungeachtet ein gutes Geschäft, denn sie streichen ihre Gebühren und Provisionen ja trotzdem ein.

Zumal bei Geringverdienern die »Chance« besonders groß ist, dass solche Verträge vorzeitig gekündigt werden. Und der profitabelste Riester-Sparer ist für die Geldindustrie jener, dem in den ersten fünf Jahren die Puste ausgeht. Dann sind die höchsten Provisionen verdient und der Anbieter muss sich mit dem Minivertrag nicht weiter rumärgern. Zum Glück für die Finanzkonzerne gibt es diese kurzatmigen Riester-Sparer angesichts eines sich ausweitenden Niedriglohnsektors immer häufiger. Allein 2008 soll es mindestens 480 000 Vertragsstornierungen gegeben haben. Zumindest ist das die offizielle Zahl, die von der Versicherungswirtschaft an den Finanzminister gemeldet wird. Andere Quellen (*Focus* und *Tagesspiegel* vom 8. und 9. 12. 2008) sprechen von knapp 1 Million Stornierungen. Die Bundesregierung gibt vor, die Zahl der Stornierungen nur für Versicherungsverträge zu kennen, und beziffert sie mit insgesamt 1,4 Millionen bis Ende 2008. Nach einer Studie im Auftrag der Postbank vom Oktober 2009 allerdings hatte allein 2008 jeder fünfte Berufstätige seine Beiträge zur privaten Altersvorsorge gekürzt oder die Zahlung ganz eingestellt. Die Datenlage ist unübersichtlich und soll es nach dem Willen der Bundesregierung auch bleiben. Aber völlig klar ist: Wer arbeitslos wird oder durch Kurzarbeit, Outsourcing, Leiharbeit etc. einen erheblichen Teil seines Einkommens verliert, kann den einmal begonnenen Riester-Vertrag in der Regel nicht weiterführen.

Greise im Glück

Aber selbst wer bis zum bitteren Ende durchhält, kann noch lange nicht sicher sein, dass er wenigstens seine eingezahlten Beiträge zurückerhält. Die Verpflichtung für die Anbieter, den Nominalwert der Ersparnisse zu Beginn der Auszahlungsphase in den Büchern zu haben, bedeutet nämlich längst nicht, dass der Rentner dieses Geld auch wirklich bekommt. Die monatliche Rente wird ausgehend von einer fiktiven Lebenserwartung berechnet, die nur wenige Glückliche erreichen. Denn viele Versicherungen legen ihrer Kalkulation eine Altersgrenze zugrunde, die zehn Jahre über der derzeitigen statistischen Lebenserwartung liegt. Es gibt zwar auch Verträge, bei denen die nach dem Ableben verbliebene Restsumme dann wenigstens an die Erben ausgeschüttet wird. In den meisten Fällen aber ist sie futsch, genauer: ins Eigentum des Versicherers oder der Bank übergegangen.

Verschiedene Studien haben berechnet, dass die »Renditephase« bei privaten Rentenversicherungen frühestens mit 85 Jahren beginnt. Klaus Jaeger, Riester-Experte und Professor für Wirtschaftstheorie an der FU Berlin, kommt nach Musterrechnungen sogar zu dem Schluss, dass man seinen 90. Geburtstag erleben muss, damit die Riesterei sich auszahlt.[128]

Kein Wunder, dass angesichts dieser Praktiken selbst das kaum als linkes Kampforgan bekannte *Handelsblatt* zu dem Ergebnis gelangt: »Die Riester-Rente lohnt sich oft mehr für den Anbieter als für den Sparer. Entsprechend aggressiv wird sie gepuscht.«[129]

Ausgenutzte Ahnungslosigkeit

Dass die Verträge trotzdem Abnehmer finden, ist nicht erstaunlich. Mit den potentiellen Riester-Rentnern hat der Staat den Banken und Versicherungen Menschen in die Arme getrieben, die in ihrem bisherigen Leben in der Regel keine großen Vermögen anzulegen hatten und entsprechend wenig geübt sind, aus dem Kleingedruckten komplizierter Verträge ihr letztliches Soll und Haben herauszulesen. Auch ist das Grundvertrauen bisher nicht totzukriegen, dass Finanzprodukte, die der Staat bezuschusst und bewirbt, schon niemanden um seine Spargroschen bringen werden. Und die meisten Riester-Verträge sind

Sichere Rente – Kein Traum von gestern   253

bewusst so abgefasst, dass der zukünftige Rentner ein Experte sein muss, um die eingebauten Finten und Fallen zu erkennen.

Die Stiftung Finanztest hat sich eine ganze Palette von Verträgen angesehen und festgestellt, dass kein einziger auswies, welche Kosten dem Kunden bereits für Abschluss, Vertrieb und Verwaltung in Rechnung gestellt werden. Auch der Verbraucherzentrale Bundesverband (vzbv) kritisiert die mangelnde Offenlegung der Kosten, zweifelhafte Vertriebsmethoden, schlechte Beratung sowie unverständliche Verbraucherinformationen. Das Deutsche Institut für Servicequalität (DISQ) belegt in einer Studie, dass Riester-Berater in der Regel besonders risikoreiche Produkte anbieten und Kundenwünsche ignorieren. Der bereits zitierte Bamberger Professor Oehler fasst die aktuelle Marktlage unter dem Titel »Altersvorsorge in Deutschland: Mängel mit System?« (nachzulesen auf der Uni-Homepage) zusammen:

»Eher dürfte ein Verbraucher mehr spielerisches Glück benötigen, als er sich an Sachverstand sinnvoll aneignen kann, um einem unnötigen Kostenrisiko [beim Abschluss eines Riester-Vertrages] zu entgehen. Vor diesem Hintergrund sollte man nicht von Entscheidungen in einem wettbewerblichen Umfeld der sozialen Marktwirtschaft sprechen, sondern eher von einer Lotterie.«

Der Lebensstandard im Alter als Ergebnis eines Lottospiels – politische Hasardeure, die so etwas verantworten, und Parteien, die sich davon nicht fundamental abgrenzen, sollten eigentlich für immer von jedem politischen Einfluss ferngehalten werden.

Höhere Renten-»Rendite«?

Aber Probleme der Riester-Rente sind keineswegs nur die schamlose Abzocke der Finanzinstitute und intransparente Verträge. Kommen wir daher noch einmal auf die Ausgangsfrage zurück: Worauf stützte sich eigentlich die Annahme von der angeblich höheren »Rendite« kapitalgedeckter Rentensysteme im Vergleich zur Umlagerente?

Wer 30 Jahre lang rund 100 Euro im Monat in eine Riester-Versicherung einzahlt und alle staatlichen Zulagen abgreift, der bekommt ab einem Alter von 67 Jahren je nach Anbieter eine Rente von 164 bis

189 Euro garantiert. Eine derart jämmerliche »Rendite« hat die Umlagerente zumindest in der Vergangenheit noch keinem Rentner geboten. Immerhin entsprechen 181 Euro bei einer jährlichen Inflation von 2 Prozent nach 30 Jahren genau der Kaufkraft von heute 100 Euro. Der Rentner muss also 97 Jahre alt werden, um inflationsbereinigt wenigstens das wieder rauszuholen, was er eingezahlt hat.

Klar, die genannten Zahlen beziehen sich nur auf das, was die Anbieter garantieren. *Versprechen* tun sie weitaus mehr, nämlich eine jährliche Wertsteigerung des angesparten Vermögens um mindestens 4, bei fondsgebundenen Angeboten sogar bis zu 6 Prozent. Bevor wir der Frage nachgehen, wie realistisch solche Versprechungen sind, sehen wir uns näher an, woher die Vermehrung der eingezahlten Beiträge in den beiden alternativen Rentensystemen eigentlich kommt.

Bei der Umlagerente kann man natürlich streng genommen von einer »Rendite« gar nicht sprechen, weil hier keine Gelder angelegt und später mit einem Zuschlag wieder ausgezahlt werden. Vielmehr zahlen die jeweils aktuell Beschäftigten mit ihren Beiträgen die Renten der Ruheständler. Da die Beiträge sich prozentual am Lohn bemessen, ist das System so konstruiert, dass die daraus finanzierbaren Renten mit der Höhe der Löhne ansteigen, was sie über Jahrzehnte auch taten. Wer in den Achtzigern oder Neunzigern in Rente ging, bekam deutlich mehr, als er selbst einst an Beiträgen ins System eingezahlt hatte. Die Veränderung der Altersstruktur der Bevölkerung infolge erhöhter Lebenserwartung konnte diesem System über Jahrzehnte nichts anhaben. Immerhin kamen 1950 auf einen Rentner fast sieben Erwerbstätige, im Jahr 2000 waren es noch vier. Das Umlagesystem ist darüber nicht nur nicht zusammengebrochen, sondern die Leistungen wurden in dieser Zeit sogar massiv ausgeweitet. Möglich war dies dank steigender Produktivität und steigender Löhne, die die Produktivitätszugewinne zumindest teilweise nachvollzogen.

Der verteilbare Einkommenskuchen pro Kopf der Bevölkerung wird 2030 – wenn der Kapitalismus die Wirtschaft nicht völlig ruiniert – nicht kleiner, sondern größer sein als heute. Theoretisch wäre damit auch die Finanzierung eines auskömmlichen Ruhestands für Senioren per Umlagerente kein Problem. Was das Umlagesystem tatsächlich seiner Grundlage beraubt, sind stagnierende oder gar sinkende Löhne, die Zerstörung des sozialversicherungspflichtigen Normalarbeitsverhältnisses und hohe Arbeitslosigkeit.

Nach einer Studie des Instituts für Arbeitsmarkt- und Berufsforschung (IAB) wird die Zahl der in Deutschland beschäftigten Arbeitnehmer 2025 übrigens gar nicht unter, sondern in etwa auf dem heutigen Niveau liegen. Zugrunde gelegt sind in dieser Berechnung ein jährliches Wirtschaftswachstum von 1,6 Prozent und Produktivitätssteigerungen von 1,3 Prozent. Zwar sinkt nach der gleichen Projektion die Zahl der Menschen im erwerbsfähigen Alter bis 2025 um über zwei Millionen. Dieser Rückgang wird jedoch in der Studie durch eine höhere Beschäftigungsrate kompensiert. Diese Voraussagen mögen eintreten oder nicht, aber darüber entscheidet die wirtschaftliche Entwicklung und nicht die Demographie.

Lohnentwicklung oder Kapitalerträge

Grob kann man also sagen: Die »Rendite« der gesetzlichen Umlagerente ist immer so hoch wie das Wachstum der Lohnsumme in der betreffenden Wirtschaft. Stagnieren oder sinken die Löhne oder verringert sich die Zahl sozialversicherter Arbeitsplätze, sind per Umlage auch nur noch niedrigere Renten finanzierbar. Steigen dagegen die Löhne, sinkt die Arbeitslosigkeit und verringert sich die Anzahl der Billig- und Hungerlohnjobs, kann ein Umlagesystem auch in Zukunft anständige und sichere Renten finanzieren.

Wovon hängt im Gegensatz dazu die Rendite eines kapitalgedeckten Rentensystems ab? Offensichtlich von den Kapitalerträgen, die in einem bestimmten Zeitraum von einem durchschnittlichen Portfolio akkumuliert werden können. Dabei ist die Summe aus Gewinn- und Vermögenseinkommen genau der Gegenpart zur Lohnsumme einer Wirtschaft. Je schlechter die Lohnentwicklung, desto größere Teile des Volkseinkommens werden in Form von Zinsen, Dividenden und Unternehmereinkommen eingestrichen, desto höher sind also im Schnitt die Kapitalerträge. Die künftigen Rentner können daher bei einer kapitalgedeckten Rente genau dann mehr Rente bei gleichen Beiträgen erwarten als in einem Umlagesystem, wenn der Kapitalmarktzins höher ist als die Wachstumsrate der Lohnsumme (und zwar so viel höher, dass er auch die deutlich höheren Kosten einer Privatrente in Form der Gebühren und Provisionen der Finanzindustrie kompensiert).

Die These, dass die »Rendite« der Umlagerente schlechter sei als die einer kapitalgedeckten, enthält daher eine konkrete Annahme über die künftige Einkommensverteilung. Es wird vorausgesetzt, dass die Umverteilung zulasten der Arbeit und zum Vorteil des Kapitals immer weitergeht: es also noch mehr Billigjobs gibt, die Reallöhne weiter sinken, eventuell auch die Arbeitslosigkeit weiter ansteigt.

Das entspricht der Entwicklung der letzten Jahrzehnte, und speziell die SPD hat sich nach erfolgter Zerschlagung der gesetzlichen Rente mit Hartz IV, der Liberalisierung der Leiharbeit und anderen Lohndumpingverordnungen kräftig ins Zeug gelegt, diesen Trend zu verstärken. In den Jahren 1992 bis 2007 lagen die realen Kapitalmarktzinsen bei etwa 3 Prozent pro Jahr, während die reale Lohnsumme auf das Niveau des Jahres 1991 zurückfiel. Es sollte jedoch nicht vergessen werden, dass das nicht immer so war. In den Siebzigern etwa lagen die Realzinsen ebenfalls bei ungefähr 3 Prozent, die reale Lohnsumme dagegen stieg um 5 Prozent pro Jahr.

Über die negativen wirtschaftlichen Folgeerscheinungen dieser fortgesetzten Umverteilung zugunsten der Profite haben wir in früheren Kapiteln ausführlich gesprochen. Aber selbst wenn sie ungeachtet aller Probleme immer weitergehen sollte, sieht es für die künftigen Riester-Rentner nicht gut aus. Denn die entscheidende Frage ist eben nicht nur, was jeder vom Kuchen abbekommt, sondern vor allem, ob und um wie viel der Kuchen wächst.

Private Rentenvorsorge als Wachstumshemmnis

Da ein Großteil der Vermögen sich hochkonzentriert in den Händen der Reichsten befindet, bedeuten steigende Vermögenseinkommen immer neue Finanzblasen, stagnierende Konsumnachfrage und wirtschaftliche Krisenprozesse. Der Zwang zu steigenden privaten Vorsorgeaufwendungen verstärkt dieses Krisenpotential. Das Institut für Makroökonomie und Konjunkturforschung (IMK) hat nachgewiesen, dass die Trendwende der deutschen Sparquote nach oben genau mit der Einführung der Riester-Rente zusammenfällt. Das hat zum einen statistische Gründe. Während Beiträge zur gesetzlichen Rentenversiche-

Sichere Rente – Kein Traum von gestern **257**

rung nicht als Ersparnis gewertet werden, gilt das für Einzahlungen in einen Riester-Vertrag sehr wohl. Aber das ist nicht der einzige Grund. Die Umschichtung von der gesetzlichen zur privaten Rente ist für die Beschäftigten eben kein Nullsummenspiel. Sie müssen vielmehr insgesamt einen höheren Teil ihres Einkommens für die Altersvorsorge reservieren, den sie somit nicht für laufende Konsumausgaben zur Verfügung haben. So sollen die Rentenreformen den Beitragssatz für die gesetzliche Rente bis 2030 bei maximal 22 Prozent deckeln, während er andernfalls auf 25 bis 26 Prozent angestiegen wäre. Für den Beschäftigten bedeutet das, dass er von seinem Lohn 11 Prozent in die gesetzliche Rentenversicherung einzahlen muss. Aber dazu kommen dann noch jene 4 Prozent, die er in einen Riester-Vertrag versenken soll. Ergibt in der Summe eine Rentenvorsorge in Höhe von 15 Prozent des Einkommens, während es ohne Riester und bei Beibehaltung der alten Rentenformel maximal 13 Prozent gewesen wären. Nach Berechnungen des IMK hat die Einführung der Riester-Rente bereits in den letzten Jahren zu einer Dämpfung des realen Konsums um fast eineinhalb Prozent geführt.

Das Letzte, was ein Land wie Deutschland, das seit Jahren unter mangelnder Binnennachfrage leidet, nun aber brauchen kann, sind Anreize zur weiteren Erhöhung der Sparquote. Entsprechend warnt der *IMK-Report* Nr. 43 im November 2009, »dass der gewählte Übergang zu einer verstärkten Kapitaldeckung sowohl Wachstumsprobleme erzeugt als auch zu einer ungenügenden Sicherung im Alter führt«. Die neoliberale Mär, dass hohe Ersparnisse hohe Investitionen nach sich ziehen, hat sich längst vor der Realität blamiert. Denn Deutschlands im internationalen Vergleich relativ hohe Sparquote hat durchaus nicht verhindert, dass die Bruttoinvestitionsquote stetig gesunken ist. Das bedeutet aber: Willentlich und wissentlich wird mit dem Riester-Schwachsinn nicht nur eine rapide ansteigende Altersarmut in Kauf genommen, sondern die gesamte Gesellschaft wird ärmer gemacht, um der Finanzindustrie glänzende Profite zu verschaffen.

Leere Versprechen

Kommen wir jetzt auf die – wohlweislich nicht garantierten – Renditeversprechen von 4 Prozent und mehr zurück. 2010 etwa lagen die Geldmarktzinsen bei etwa 1 Prozent, langlaufende Staatsanleihen rentierten zwischen 2 und 3 Prozent. Wer griechische Staatsanleihen kaufte, bekam mehr, musste aber im Frühjahr 2012 erleben, dass seine Anlagesumme mal eben halbiert wurde. Wir haben oben gezeigt, dass selbst Fonds, die die Riester-Ersparnisse vollständig in Aktien investieren, legal sind und staatlich gefördert werden. Natürlich ist denkbar, dass die Aktienmärkte, die sich von den realen Gewinn- und Umsatzdaten längst abgekoppelt haben, noch einmal zu einer Hausse mit jährlichen Wertsprüngen von 6 Prozent ansetzen.

Tatsächlich sind DAX wie Dow Jones in den zurückliegenden 30 Jahren mehr oder weniger stetig angestiegen (zeitweilige Rückschläge inklusive). Wenn man Kurssteigerungen und Dividenden aufs Jahr umrechnet, erhält man eine durchschnittliche Aktienrendite von fast 10 Prozent. Aber in einem längeren historischen Rückblick war diese Periode eher Ausnahme denn Regel. Was sich da aufgebläht hat, ist eine ungeheure Blase, der jede realwirtschaftliche Grundlage fehlt. Denn weder die Gewinne noch – schon gar nicht! – das Wirtschaftswachstum haben mit dem Wertzuwachs der Aktien auch nur annähernd Schritt gehalten.

Vielmehr beruhte der Börsenboom, wie gezeigt, auf einem ordinären Schneeballsystem: Er lebte davon, dass fortgesetzt mehr Geld auf die Finanzmärkte floss, als von ihnen abgezogen wurde. Aber dass etwas schon lange funktioniert, bedeutet nicht, dass es auch in Zukunft funktionieren wird. Vielmehr liegt es in der Natur eines Schneeballsystems, dass es irgendwann zusammenbricht. Einen Vorgeschmack darauf hat das Jahr 2008 gegeben.

Die OECD schätzt den Verlust, den private Pensionsfonds weltweit in jenem Krisenjahr erlitten haben, gemessen am Aktienwert auf 5,4 Billionen US-Dollar beziehungsweise auf 23 Prozent. Fast ein Viertel der angelegten Gelder hat sich also in einem einzigen Jahr in Luft aufgelöst. In Japan hat der Nikkei-Index seine Spitzenwerte von 1989 bis 2011 – nach über zwanzig Jahren! – nicht wieder erreicht. Wer damals Aktien gekauft hat und sie heute wieder verkaufen muss, weil er das Geld für Konsumzwecke braucht, hat einen Teil seiner Ersparnisse unwiderruflich verloren. Wer kann garantieren, dass dieses Schicksal den aktienbasierten Riester-Fonds nicht auch irgendwann blüht? Und dabei ist eine japanische Zukunft noch die milde Variante. Über die Entwicklung der Weltbörsen nach dem Schwarzen Freitag 1929 wollen wir besser nicht reden.

Riestern ohne Rücklagen

Tatsächlich hat der Gesetzgeber zwar, wie erwähnt, den Anbietern von Riester-Produkten zur Auflage gemacht, dass sie für den nominalen Werterhalt der eingezahlten Beiträge garantieren müssen. Er hat aber nach intensiver Lobbyarbeit der Branche darauf verzichtet, sie auch zu Vorkehrungen zu zwingen, die eine solche Nominalwertgarantie am Ende tatsächlich absichern können.

Die Vorgeschichte des Riester-Unfugs und die Einflussnahme der Finanzkonzerne auf den Gesetzestext sind detailreich in dem lesenswerten 2009 erschienenen Buch *Lobbyismus und Rentenreform. Der Einfluss der Finanzdienstleistungsbranche auf die Teil-Privatisierung der Alterssicherung* von Diana Wehlau geschildert. Dort wird auch beschrieben, dass der Bundesverband Investment und Asset Management (BVI) eine Garantie der eingezahlten Beiträge zunächst überhaupt verhindern wollte und zumindest erreichte, dass die Riester-Fonds einen solchen Werterhalt nicht – wie ursprünglich vorgesehen – bereits nach zehn Jahren gewährleisten müssen. Noch wichtiger aber war der »Erfolg«, die Beitragsgarantie zu Beginn der regulären Auszahlungsphase nicht durch eine entsprechende Eigenkapitalunterlegung absichern zu müssen.

Um die Unnötigkeit entsprechender Eigenkapitalpolster zu begründen, wurde ein Gutachten des vom BVI kofinanzierten Lehrstuhls für Investmentwesen in Frankfurt bemüht, das dienstfertig bescheinigte, dass durch Kombination bestimmter Fondstypen mit bestimmten Mindestlaufzeiten die Wahrscheinlichkeit eines Verlusts nach »neuen, wissenschaftlich abgesicherten Erkenntnissen« vernachlässigbar gering sei. Um dieser »wissenschaftlichen Erkenntnis« zusätzlichen Nachdruck zu geben, drohte der Verband mit Kapitalabwanderung nach Luxemburg, sollte an den Eigenkapitalanforderungen festgehalten werden. Am Ende gab sich auch das Bundesaufsichtsamt für Kreditwesen überzeugt, dass Investmentgesellschaften bei entsprechender Produktgestaltung in der Lage seien, den Kapitalerhalt der Riester-Beiträge zu gewährleisten, ohne Eigenkapital vorzuhalten. Man kann den künftigen Zusammenbrüchen solcher Fonds also erwartungsvoll entgegensehen.

Versicherungen auf tönernen Füßen

Aber auch mit einer nichtfondsgebundenen Riester-Versicherung im Rücken sollte man sich nicht zurücklehnen. Zwar dürfen Versicherungen in Deutschland nur 35 Prozent ihrer Gelder in Aktien anlegen und aktuell liegt deren Aktienquote sogar nur bei 7 Prozent. Nicht hier drohen die Gefahren. Aber andere Bereiche des globalen Finanzmarktes sind kaum sicherer. So crashten 2008 bekanntlich nicht nur die Aktien, sondern noch verheerender jene Wertpapiere, die seither als toxisch gelten und in denen private Kredite und Hypotheken aller Art verpackt sind, die sogenannten forderungsbesicherten Wertpapiere oder Asset Backed Securities (ABS). Zwar wurde dieser Markt mit viel – vor allem US-amerikanischem – Staatsgeld mühsam wiederbelebt. Aber faul bleibt faul, und Papiere, deren zugrundeliegende Kredite nichts mehr einbringen, müssen irgendwann doch abgeschrieben werden.

Branchenexperten zufolge stecken nun allerdings »erhebliche Teile der festverzinslichen Anlagen der Versicherungen indirekt in Produkten wie ABS«, was für die künftigen Rentner wenig Gutes verheißt.[130] Auch Anlagen in hochspekulative Hedge-Fonds waren vor der Krise bei (fondsgebundenen) Lebensversicherungen in Mode gekommen. Nicht wenige dieser Wettbuden haben die letzte Finanzkrise bekanntlich nicht überlebt.

Wie viel Riester-Geld die Krise tatsächlich zerstört hat, lässt sich an den Bilanzen der Institute nicht unbedingt ablesen, da viele Anbieter die Wertverluste von 2008 bis heute nicht verbucht haben. Wohl um die Angst in Grenzen zu halten, erlaubte ihnen die Finanzaufsicht BaFin in größerem Umfang als bisher, Geldanlagen mit einem höheren Buchwert auszuweisen, als sie tatsächlich noch haben. Dahinter steht die Hoffnung, dass nach dem Beben alles weiterlaufen wird wie zuvor. Aber was, wenn es nicht weiterläuft?

Im Januar 2010 wies die *Financial Times Deutschland* darauf hin, dass viele Versicherer gegenwärtig »fast nur noch von ihrer Substanz« leben.[131] Immerhin müssen sie auch alte Lebensversicherungen weiterhin bedienen, bei denen die Garantiezinsen noch bei 4 Prozent lagen. Das Geld dafür wird überwiegend aus den Reserven genommen. »Die Versicherer müssen ihre Garantien erwirtschaften, aber es mangelt an konservativen Anlagen, die die nötige Rendite dazu bieten«, bestätigt die Kölner Agentur Assekurata. Die Hoffnung, dass irgendein riesternder Neukunde am Ende auch nur einen müden Euro mehr als die garantierten 2,25 Prozent erhält, kann man daher getrost in den Wind schreiben.

Keine Sicherheit. Nirgends

Es muss schon gut laufen, damit er wenigstens so viel bekommt. Selbst traditionelle Anleihen, die eigentlich am Ende der Laufzeit die Rückzahlung eines bestimmten Nominalwertes garantieren und deshalb die wichtigste Anlageform von Rentenversicherungsgeldern sind, bedeuten keine hundertprozentige Sicherheit. Sie sind nämlich fast nichts mehr wert, wenn der Emittent der betreffenden Anleihe pleitegeht. Bei Unternehmen und selbst Banken ist das so unwahrscheinlich nicht, zumal beim nächsten Crash nur noch die wenigsten Staaten in der Lage sein dürften, solche Pleiten mit derselben Großzügigkeit zu verhindern, wie sie es beim letzten getan haben. Und selbst Staatsanleihen, in denen ebenfalls ein beträchtlicher Teil der Versicherungsgelder investiert ist, werden irgendwann ausfallen. Zumindest teilweise. Wenn etwa ein Land wie Griechenland noch einmal auf die Beine kommen will, *muss* es die Bedienung seiner durch spekulative Extremzinsen hochgetriebenen Schulden aussetzen. Aber auch viele andere Länder sind überschuldet oder werden es bald sein, wie wir im letzten Kapitel gezeigt haben. Kurz: Die modernen Finanzmärkte sind nichts als Schaum und Blasen und es gibt keine Sicherheit. Nirgends.

Zu den Staaten, die vermutlich erst als Letzte pleitegehen werden, gehört die Bundesrepublik Deutschland. Aber wenn als einzige halbwegs verlässliche Anlageform für die Riester-Rentner am Ende deutsche Staatsanleihen übrig bleiben, wäre es wirklich sinnvoller (und billiger!), das Steuergeld, statt es für Zinsen zu verbraten, gleich als Zuschuss in ein Umlagesystem zu geben, das die Bezüge der Senioren finanziert.

Am Ende zahlt der Staat

Ohnehin wird der Staat am Ende nicht zusehen können, wie Millionen Riester-Sparer ihr Geld verlieren. Also wird er es sein, der die verzockten Renten kompensieren muss. Aber je früher das gespenstische Treiben beendet und zu einer soliden Umlagerente zurückgekehrt wird, desto weniger werden wir alle dabei draufzuzahlen haben.

Riester hatte schon recht, als er die nach ihm benannte Rente als »das größte Vermögensbildungsprojekt ..., das jemals aufgelegt worden ist« bezeichnete. Er vergaß nur hinzuzufügen, für wen.

Die Rückkehr zu einer berechenbaren Rente jedenfalls ist nur über den Wiederaufbau einer soliden gesetzlichen Umlagerente möglich, bei der die Beschäftigten aus ihren Löhnen einen menschenwürdigen Lebensstandard für die Senioren finanzieren. Diese Rente ist armutsfest und demographieresistent, wenn die Löhne mit der Produktivität wachsen und nicht zugunsten immer höherer Profite von ihr abgekoppelt werden. Spätestens im Zuge einer Neuorganisation der Eigentumsordnung ist ein solches Lohnwachstum keine Illusion. Anders als der Riester-Spuk ist die Umlagerente dann tatsächlich *sicher*.

Fazit

Leider ist es einigen pseudoökonomischen und halbseidenen Meinungsführern gelungen, der Öffentlichkeit zu suggerieren, die demographische Entwicklung sei die Ursache für allerhand Schlimmes, so vor allem für den Zerfall unseres Rentensystems. Doch das Fazit jeder wirklich ökonomischen und im ernsten Sinne zukunftsorientierten Analyse lautet: Es gibt kein demographisches Rentenproblem. Die Veränderung in der Altersstruktur der Bevölkerung wird durch die steigende Produktivität der Arbeit mehr als ausgeglichen. Zudem kann die Zahl der Erwerbstätigen bei sinkender Arbeitslosigkeit in Zukunft auf ähnlichem Niveau liegen wie heute.

Die Umlagerente ist nicht verkümmert, sie wurde politisch zerschlagen. Von diesem Prozess profitierten drei Interessengruppen: die

Besserverdienenden, die sie schlicht nicht brauchen; die Unternehmen, die durch sinkende »Arbeitgeberbeiträge« Lohnkosten sparen; und die Finanzindustrie, die dem Geschäft mit der Riester-Rente Milliardenprofite verdankt. Deutlich mehr als früher zahlen hingegen die Beschäftigten: für Renten, die niedriger und unsicherer sind als je zuvor.

Die kapitalgedeckte Alterssicherung führt nur dann zu höheren Renten als das Umlagesystem, wenn der Kapitalmarktzins dauerhaft höher ist als die Wachstumsrate der Löhne, und zwar um so viel höher, dass er auch die deutlich höheren Kosten der Privatrente in Form der Gebühren und Provisionen der Finanzindustrie kompensiert. Ein solcher Zustand ist aber so krisenbehaftet, dass er immer nur über begrenzte Zeiträume existieren kann. In Wahrheit fließen die Riester-Gelder heute in das schwarze Loch einer gigantischen Vermögens- und Schuldenblase, die in absehbarer Zeit platzen und ihren Wert verlieren wird.

Eine solide armutsfeste und den Lebensstandard sichernde Rente ist nicht in Abhängigkeit von den Launen der Finanzmärkte, sondern nur in einem wiederhergestellten Umlagesystem mit ausreichenden Beitragssätzen zu gewährleisten. Notwendig ist allerdings auch, dass der Durchschnittslohn wieder mit der Produktivität steigt, Arbeitslosigkeit aktiv bekämpft und Hungerlöhnen und Billigjobs die gesetzliche Grundlage entzogen wird.

3. Öffentliche Banken als Diener der Realwirtschaft

»Die wären alle weg, wenn wir sie nicht gerettet hätten ...«

Jean-Claude Trichet, EZB-Präsident, über die Banken

Von »Privat vor Staat« wollten die Banken mit Ausbruch der Finanzkrise erst einmal nichts mehr wissen. Stattdessen war die öffentliche Hand mit ihren Finanzhilfen, Garantien und Kapitalstützen in den Finanzpalästen diesseits und jenseits des Atlantiks plötzlich ein gern gesehener Gast. Selbst Komplettverstaatlichungen waren kein Tabu mehr. Im Musterland des ungezügelten Kapitalismus gingen die Hypothekengiganten Fannie Mae und Freddie Mac sowie der Versicherungsriese AIG in Staatseigentum über. Ebenso erging es dem britischen Baufinanzierer Northern Rock, der nach einem Ansturm verängstigter Kunden nur noch durch Verstaatlichung vor dem Bankrott bewahrt werden konnte. Acht weitere britische Banken wurden teilverstaatlicht, ebenso die belgische Großbank Fortis und die großen irischen Banken, die den irischen Staat schließlich mit sich in den Abgrund rissen.

»Positiv für die Anteilseigner«

Auch in Deutschland hatte sich der Wind gedreht. Um die private Mittelstandsbank IKB zu retten, stockte die Kreditanstalt für Wiederaufbau ihren Anteil in Richtung Mehrheitsbeteiligung auf. Bei der Commerzbank stieg der deutsche Staat mit einem Aktienanteil von

25 Prozent und einer Stillen Einlage von 16,4 Milliarden Euro ein. Die Finanzmüllhalde HypoRealEstate wurde gleich ganz verstaatlicht. Abgesehen von Widerständen des ehemaligen HRE-Aktionärs Christopher Flowers wurden diese staatlichen Engagements vom Finanzsektor ausdrücklich begrüßt.

»Die wollten unbedingt verstaatlicht werden«,[132] plauderte der damalige Finanzminister Steinbrück über die heißen Tage bei der HRE aus.

Ausdrücklich lobten Aktionärsschützer auch die Teilverstaatlichung der Commerzbank. »Dramatische Situationen erfordern außergewöhnliche Maßnahmen«, erklärte der Hauptgeschäftsführer der Deutschen Schutzvereinigung für Wertpapierbesitz (DSW), Ulrich Hocker. Der Einstieg des Bundes bei der Commerzbank werde sich »stabilisierend und positiv für die übrigen Anteilseigner« auswirken.[133]

Die Gründe für die plötzliche Staatsbegeisterung waren leicht durchschaubar. Die robuste Aussage von EZB-Chef Trichet über die privaten Banken – »Die wären alle weg, wenn wir sie nicht gerettet hätten ...«[134] – galt nicht nur für die Geldpolitik der Zentralbank, sondern auch für das Engagement der Staaten. Wenn der Steuerzahler sie in der schwierigsten Phase nicht gestützt und gehalten hätte, gäbe es die meisten Banken heute nicht mehr.

Das betrifft nicht nur die direkten Empfänger von Staatshilfen, sondern auch die indirekten, etwa die Deutsche Bank, der durch die Rettung der IKB und der HRE, die staatliche Entlastung der Einlagensicherung, die Rettung der AIG und die Rettung Griechenlands ruinöse Abschreibungen erspart blieben. Steinbrück beziffert diese auf eine »Größenordnung von 20 Milliarden Euro, um die das Eigenkapital der Deutschen Bank sonst belastet worden wäre«.[135] Die Rettung Irlands und Portugals sowie die Aufstockung der Griechenlandhilfe kommen mittlerweile noch hinzu, so dass man heute von einer Begünstigung des Instituts durch die Staatshilfen in der Größenordnung von mindestens 30 Milliarden Euro ausgehen muss. Da Ackermanns Bank mit der glänzenden Fassade aktuell gerade mal über ein hartes Kernkapital in der Größenordnung von 32 Milliarden Euro verfügt, hätten 30 Milliarden Euro Abschreibungen es in einen ebenso hässlichen Bankrott hineingezwungen, wie ihn die HRE durchleiden musste. Und dann hätte auch ein verschämter Deutsche-Bank-Boss brav sein Hilfegesuch beim SoFFin abgeben müssen.

Natürlich waren die staatlichen Rettungsschirme bei den Bankern deshalb so beliebt, weil sie sämtlich nach dem Motto funktionierten: Der Staat übernimmt die Verluste, sind indessen wieder Gewinne zu verteilen, stehen sie den Privatbankern und ihren Aktionären allein zu. So verdoppelte die Deutsche Bank im Frühjahr 2010 kühn die Dividende und schüttete 2,6 Milliarden Euro an Vergütungen für ihr Spitzenpersonal und ihre Investmentbanker aus. Eine Rückzahlung besagter 30 Milliarden Euro an den Staat steht nicht auf der Agenda. Die Commerzbank hat nach den Standards internationaler Rechnungslegung 2010 etwa 1 Milliarde Gewinn gemacht. Auf die Stille Einlage von 16,4 Milliarden Euro, die dem Steuerzahler jährliche Kapitalkosten von 500 Millionen Euro verursacht, hat sie in einem Jahr dennoch keinen müden Cent an Zinsen gezahlt.

Dieser Zustand ist ebenso unhaltbar wie die Geschäftspolitik der privaten Großbanken, die wir uns im Kapitel über die Zockerbanken näher angesehen haben und deren Hochrisikowetten sich überhaupt nur rechnen, weil der Staat für mögliche Verluste haftet.

Zwei stabile Säulen

Wir haben auch gesehen, dass die Lage am Finanzplatz Deutschland noch wesentlich desolater wäre, wenn nicht wenigstens Sparkassen und Genossenschaftsbanken dabeigeblieben wären, Dinge zu tun, die Aufgabe einer Bank sind: Ersparnisse einsammeln und Kredite vergeben. Diese Institute haben denn auch – von wenigen schwarzen Schafen abgesehen – die Krise gut überstanden. Von ihnen kamen, anders als aus dem privaten Sektor, keine milliardenschweren Unterstützungsbegehren an den Staat. Einzige Ausnahme sind die ebenfalls zur öffentlich-rechtlichen Säule zählenden Landesbanken, auf deren Fehlentwicklung wir noch ausführlich eingehen werden. Aber ungeachtet dessen entstammten mit der IKB, der HRE und der Commerzbank/ Dresdner Bank die mit Abstand größten Milliardengräber für den Steuerzahler dem Sektor der Privatbanken.

Öffentliche Banken als Diener der Realwirtschaft **267**

Der arglose Beobachter könnte meinen, dass angesichts dieser Erfahrungen und Entwicklungen zumindest ein Thema, das in Deutschland seit Jahren als stiller Dauerbrenner vor sich hin loderte, vom Tisch sein sollte: die Privatisierung von Sparkassen und Landesbanken. Aber weit gefehlt. Aus dem jahrelangen Schwelbrand, der die Fundamente der öffentlich-rechtlichen Säule des bundesdeutschen Finanzsystems bereits erheblich beschädigt hat, droht gerade jetzt ein Großfeuer zu werden, das sie endgültig zum Einsturz bringen könnte.

Ackermanns Lobbyisten im Sachverständigenrat

Der sogenannte Sachverständigenrat zur Begutachtung der wirtschaftlichen Entwicklung hatte bereits im Juni 2008, damals noch unter Vorsitz des uns bereits als umtriebiger Finanzlobbyist bekannten Bert Rürup, einen als »Expertise im Auftrag der Bundesregierung« getarnten Werbeprospekt für die Effizienz eines rein privatwirtschaftlich organisierten Finanzsystems vorgelegt. Das 185 Seiten starke Pamphlet mit dem Titel »Das deutsche Finanzsystem: Effizienz steigern – Stabilität erhöhen«, das am 17. Juni 2008 Bundeskanzlerin Merkel übergeben wurde, liest sich, als hätte es der Bundesverband deutscher Banken (BdB), der die Ackermanns und Co. vertritt, höchstselbst verfasst.

Hatte dieser Bundesverband beispielsweise immer wieder öffentlich beklagt, dass das starke Gewicht des öffentlich-rechtlichen Bankensektors eine »optimale Marktstruktur« im deutschen Finanzsystem verhindere und dadurch im Einlagen- und Kreditgeschäft »Möglichkeiten einer dauerhaften Stabilisierung der Ertragssituation eher begrenzt« seien, repetieren Rürups Mannen eilfertig das Lamento vom allzu zersplitterten und daher »ertrags- und wachstumsschwachen« deutschen Bankensystem. Hatte der BdB undiplomatisch gepoltert: »Eine öffentlich-rechtliche Trägerschaft von Kreditinstituten ist in einem modernen Bankensystem einfach nicht mehr zeitgemäß«, plädiert der Sachverständigenrat für eine »begrenzte Öffnung und Auflockerung der öffentlich-rechtlichen Säule«, was, ohne ein Gefühl von Peinlichkeit, sogar als Schlussfolgerung aus der Finanzmarktkrise präsentiert wird. Frei nach dem Motto: Wenn dein Haus eh zusammenfällt, hacke möglichst noch die letzte intakte Säule weg, dann geht es wenigstens schneller.

Konkret empfiehlt der Sachverständigenrat eine Privatisierung sämtlicher Landesbanken, bei denen die öffentlichen Anteile auf unter 25 Prozent reduziert werden sollen, sowie die Umwandlung der Sparkassen in Aktiengesellschaften, die in den Besitz kommunaler Stiftungen übertragen werden. Ihre Aktien sollen dann zunächst zu 49,9 Prozent an Privatinvestoren verkauft werden. Entscheidend sei, heißt es, »dass ein Prozess in Gang kommt, an dessen Ende die Geschäftspolitik dieser Institute dem politischen Einfluss entzogen ist und eine weitere Konsolidierung des Bankensystems über Marktkräfte ermöglicht wird«.

Störfaktor Wettbewerb

»Konsolidierung« ist das Zauberwort, das die deutsche Privatbankenlobby seit Jahren im Munde führt und das man getrost mit »Konzentration« übersetzen kann. Tatsächlich ist das aus Sparkassen, Genossenschaftsbanken und Privatbanken gebildete Drei-Säulen-Modell in Deutschland den privaten Großbanken schon lange ein Dorn im Auge. Denn aufgrund dieser Struktur ist der deutsche Bankensektor im europäischen Vergleich relativ wettbewerbsintensiv. Während in den meisten EU-Staaten die zehn größten Finanzkonzerne über 50 Prozent des Marktes beherrschen, liegt deren Anteil hierzulande bei lediglich 42 Prozent. Im deutschen Privatkundengeschäft kommen die vielen kleinen Sparkassen, gemeinsam mit den Genossenschaftsbanken, sogar auf einen Marktanteil von 70 bis 75 Prozent. Und da diese Institute sich mit Eigenkapitalrenditen zwischen 8 und 12 Prozent begnügen, statt, wie die Deutsche Bank, 25 Prozent oder mehr anzustreben, verderben sie den Großbanken die Margen und die Konditionen. Ihr öffentlichrechtlicher Status wiederum schützt sie vor Übernahmen und steht damit einer Konzentration im deutschen Bankenmarkt im Weg. Genau dies macht sie neben einem dichten Filial- und Geldautomatennetz für den Privatkunden und Bürger interessant, denn sie fördern Sport und Kultur und leisten einen wichtigen Beitrag zur Stadtentwicklung.

Dass die deutschen Banken »im Geschäft mit Privatkunden unter der Konkurrenz der Sparkassen leiden und daher nicht annähernd an die Ergebnisse ihrer ausländischen Konkurrenz herankommen«,[136] bejammert seit Jahren auch das *Handelsblatt*. Bereits 2003 wurde dort das Kriegsziel abgesteckt: »Erst wenn der Staat sich aus dem Bankgeschäft zurückzieht, die vollständige Privatisierung des von den öffentlichen Händen kontrollierten Sparkassensektors zulässt, ... erst dann wird die Kreditwirtschaft als Ganzes die Chance haben, wieder auf den Pfad der Solidität zurückzukehren.«[137] Wir erinnern uns: 2003 war das Jahr, als Ackermann zum ersten Mal seine Idee einer staatlichen Bad Bank präsentierte und die Landesbanken mit Gründung der True Sale Initiative und der Initiative Finanzstandort Deutschland von der rot-grünen Politik gedrängt wurden, zu genau solchen Bad Banks – Auffanganstalten für die Schrottpapiere der Privaten – zu werden.

In einem neueren Gutachten der Lobbyorganisation Initiative Neue Soziale Marktwirtschaft (INSM) wird noch einmal hervorgehoben, dass es bei dem ganzen Privatisierungsgetrommel nicht um Ideologie, sondern um handfeste Profite geht: Durch den hohen staatlichen Anteil am deutschen Bankenmarkt, heißt es da, entstünden »Störungen der Kapitalallokation«, weil »der Staat bei dem von ihm zur Verfügung gestellten Eigenkapital auf eine marktgerechte langfristige Rendite verzichtet«.[138]

Im Klartext: Die Deutsche Bank möchte 25 Prozent Eigenkapitalrendite gern nicht nur im Investmentbanking, sondern auch mit jedem Kunden am Schalter machen. Dabei stören die Sparkassen mit ihren niedrigen Renditeansprüchen.

Kleinsparer als Staatshaftungsgaranten

Dass die private Bankenlobby ausgerechnet 2008 erneut zum Angriff blies, hatte mit der Finanzkrise zu tun. Solange die Gewinne im Investmentbanking ihre Kassen fluteten, war für sie das mühsame und weniger einträgliche Geschäft mit Spareinlagen vergleichsweise zweitrangig. Die Deutsche Bank hatte im »besten Quartal der Unternehmensgeschichte«, nämlich im ersten Quartal 2007, eine Eigenkapitalrendite von 41 Prozent erreicht, die sie fast ausschließlich ihren smarten Investmentbankern zu verdanken hatte. Von diesem hohen Ross aus konnte man die Niederungen des deutschen Privatkundengeschäfts relativ leidenschaftslos links liegen lassen.

2008 war die Investmentbanking-Party erst mal vorbei und es war offensichtlich geworden, wie schwankungsanfällig die entsprechenden Erträge sind. Ackermanns Vorbilder in den USA – die fünf großen Investmenthäuser – waren zu jenem Zeitpunkt gerade am Sterben wie Lehman Brothers, wurden von großen Geschäftsbanken übernommen oder hatten sich selbst in Geschäftsbanken umgewandelt. Dass die Brokerhäuser zusammenbrachen, während Großbanken wie die Bank of America – mit staatlicher Hilfe! – sogar noch große Übernahmen stemmen konnten, hatte nichts damit zu tun, dass Letztere weniger wild mit Schrottpapieren gehandelt hätten. Ein entscheidender Unterschied zwischen den Investmentbanken und den Geschäftsbanken bestand vielmehr darin, dass Letztere auf die Spareinlagen von Millionen Kleinsparern zurückgreifen konnten, während Erstere ausschließlich auf den Kapitalmarkt angewiesen waren. Der aber kann austrocknen, wie die Finanzkrise gezeigt hat.

Und noch ein zweiter Unterschied ist relevant: Während man Lehman untergehen lassen konnte, wäre das bei einer Bank, die das Geld von Millionen Kleinsparern verwaltet, undenkbar gewesen. Ein stabiler Anker im Massengeschäft bedeutet damit zugleich eine kostenlose staatliche Rückversicherung: Was immer eine solche Bank treibt, sie kann sich darauf verlassen, dass der Staat sie niemals fallen lassen wird.

Eine solche Staatshaftung im Rücken gibt nicht nur ein gutes Gefühl. Sie ist auf dem Finanzmarkt bares Geld wert. So vermerkte die *Financial Times Deutschland*, dass es die Megainstitute sehr viel billiger komme als kleinere Banken, sich zusätzliches Eigenkapital zu verschaffen: wegen ihrer »Systemrelevanz« und der damit verbundenen Staatshaftung. Das Blatt schreibt:

»Wie selbstverständlich dieser Staatsbonus mittlerweile in der Finanzwelt einkalkuliert wird, zeigt ein Beispiel aus dieser Woche. Da lobte die Rating-Agentur Standard & Poor's die geplante Mehrheitsübernahme der Postbank durch die Deutsche Bank mit der Begründung, der neue Bankenriese werde noch systemrelevanter, weil die Bundesregierung im Notfall noch eher zur Hilfe bereitstehe. Für die Banken bringt so eine Einschätzung finanzielle Vorteile, weil sie sich billiger refinanzieren können.«[139]

Öffentliche Banken als Diener der Realwirtschaft   **271**

Tatsächlich hatte die Deutsche Bank keine Not, sich im Herbst 2010 mal eben eine Kapitalerhöhung von 10 Milliarden Euro zu guten Konditionen zu beschaffen.

Abzocke durch Konzentration

Die zwei großen Fusionen der letzten Jahre, die Übernahme der Dresdner Bank durch die Commerzbank und der Kauf der Postbank durch die Deutsche Bank, führen beide zu einer Erhöhung der »Systemrelevanz« der betreffenden Institute. Insbesondere die Postbank als größte deutsche Privatkundenbank bringt der Deutschen Bank auf einen Schlag wieder ein festes Standbein im Privatkundengeschäft, das sie über Jahre vernachlässigt hatte. Nicht vergessen werden sollte auch, dass es sich bei der Postbank einst um eine Bank gehandelt hat, die sich zu hundert Prozent in öffentlichem Eigentum befand. Die schleichende Privatisierung des deutschen Bankensystems ist also bereits kräftig vorangekommen.

Folge der Übernahmen sind eine deutlich höhere Konzentration im Privatkundenmarkt und damit tendenziell schlechtere Konditionen für den Kunden. Es gibt jetzt neben Sparkassen und Genossenschaftsbanken faktisch nur noch zwei große Spieler: die Commerzbank und die Deutsche Bank. Beide werden sich nicht allein darauf konzentrieren, ihren Marktanteil von zusammen knapp 30 Prozent auszudehnen, sondern sie wollen vor allem ihre Margen nach oben treiben. Damit steigt ihr Interesse an einer Zerschlagung des öffentlich-rechtlichen Sektors.

Von Italien abgekupfert

Genau darauf zielte der Plan des Sachverständigenrates (SVR) von 2008, der im Übrigen nicht einmal neu, sondern zu wesentlichen Teilen einfach von Italien abgekupfert war. Wie vom SVR vorgesehen, wurden die öffentlichen Anteile an den Sparkassen in Italien bereits in den Neunzigern zunächst in Stiftungen eingebracht und dann schrittweise privatisiert. Die Profiteure dieser Entwicklung sind heute offenkundig. Die Sparkassen sind weithin verschwunden und wurden durch private Großbanken abgelöst. Insgesamt sank der Marktanteil des öffentlichen Bankensektors infolge dieser Entwicklung von 75 Prozent Anfang der neunziger Jahre auf nur noch 10 Prozent. Parallel dazu explodierten in Italien die Gebühren für Bankdienstleistungen. Im Ergebnis kostet ein Girokonto heute doppelt so viel wie im europäischen Durchschnitt. Ein anderes Beispiel ist Großbritannien. Auch hier hat die Privatisierung der Sparkassen dazu geführt, dass der Markt durch wenige Großbanken dominiert wird. Ein Ergebnis ist, dass etwa 3,5 Millionen Haushalte über kein Girokonto mehr verfügen, weil sich Sozialfälle an den Bankschaltern unter Renditegesichtspunkten eben nicht rechnen. Ein anderes Ergebnis ist, dass der britische Bankensektor nach der Finanzkrise zu den desolatesten gehört. Auch die rapide Deindustrialisierung Großbritanniens in den zurückliegenden 15 Jahren, für die es natürlich verschiedene Ursachen gibt, dürfte mit dem Wandel eines Großteils der britischen Banken in reine Zockerbanken zu tun gehabt haben. Alles Entwicklungen, die sich nicht gerade als Vorbild anbieten.

Die EU-Kommission killt das Geschäftsmodell der Landesbanken

Dessen ungeachtet ist der Sachverständigenrat bei weitem nicht der einzige Verbündete, den die private Bankenlobby für sich einspannen kann. Eine weitere Kumpanin, die den Feldzug gegen die öffentlich-rechtlichen Institute von jeher nach Kräften befördert hat, ist die EU-Kommission. Nach dem bewährten Prinzip, dass die Kette sich am besten an ihrem schwächsten Glied zerbrechen lässt, hatte sie sich von Beginn an vor allem auf die Landesbanken eingeschossen. Im Zuge dessen hat sie erfolgreich die Bedingungen dafür mitgeschaffen, dass die meisten Landesbanken sich heute in einem beklagenswerten Zustand befinden.

Der Krieg begann bereits in den neunziger Jahren. Zunächst machten die Privatbanken den Landesbanken mit diversen Beihilfeverfahren das Leben schwer. Zum Ende des Jahrzehnts hatten sie schließlich in Brüssel ein Verfahren gegen die Staatshaftung für die deutschen Landesbanken im Allgemeinen angestrengt, die in Form der Gewährträgerhaftung und der Anstaltslast damals noch juristisch existierte. Die Privatbanken argumentierten, dass die Staatshaftung als »staatliche Beihilfe« zu bewerten und mit dem europäischen Wettbewerbsrecht nicht zu vereinbaren sei. Natürlich war das Ganze eine ungeheure

Heuchelei, da die privaten Großbanken besagte Staatsgarantie (nicht formaljuristisch, aber faktisch) ja ebenfalls genießen und ihr, wie wir gesehen haben, heute ihr Überleben verdanken.

Für die Landesbanken, die im Hinblick auf ihre Größe nicht per se als »systemrelevant« gelten können, bedeutete die Staatshaftung: günstige Finanzierungsmöglichkeiten am Kapitalmarkt und die Befreiung von Renditedruck. Beides entfiel mit der Entscheidung der EU-Kommission vom Juli 2001, die den deutschen Staat verpflichtete, die Haftung für die Landesbanken bis Juli 2005 aufzuheben.

Langweilige Staatsbanken

Mit dieser Brüsseler Entscheidung war dem bisherigen Geschäftsmodell der Landesbanken die Grundlage entzogen. Dass in den Folgejahren – und bis auf wenige Ausnahmen eben nicht früher! – die Staatsbanker ebenfalls das große Zockerrad zu drehen versuchten, war kein Zufall, sondern Ergebnis dieser Situation. Was hatten die Landesbanken zuvor gemacht? Über Jahrzehnte war es ihre Aufgabe gewesen, die Entwicklung ihrer Regionen zu fördern, Infrastrukturprogramme zu finanzieren, größere Mittelständler mit Krediten zu unterstützen und als Girozentrale der ihnen angeschlossenen Sparkassen zu fungieren. Das waren hochrespektable und wirtschaftlich vernünftige Geschäftsfelder, aber keine, mit denen man Renditen erwirtschaften konnte, die der heutige Kapitalmarkt für angemessen hält.

Das war so lange kein Problem, solange die Landesbanken dank der Staatshaftung über Spitzenratings verfügten, die ihnen die Möglichkeit zu zinsgünstiger Geldbeschaffung sicherten. Denn außer den Reservekonten der Sparkassen und der Kassenhaltung der öffentlichen Hand verfügten die Landesbanken nie über größere Mengen an Spargeldern. Sie waren daher darauf angewiesen, sich das Geld über den Kapitalmarkt zu beschaffen.

Mit der Entscheidung der EU-Kommission von 2001 änderte sich die Situation grundlegend. Fortan konnten die Landesbanken wie jede x-beliebige kommerzielle Bank gute Ratings nur noch durch höhere Renditen erreichen. Und die gestiegenen Refinanzierungskosten erzwangen größere Profitabilität, wollten die Landesbanken nicht ins

274 Kreativer Sozialismus: Einfach. Produktiv. Gerecht.

Minus rutschen. Sie mussten also nach neuen Geschäftsfeldern suchen, die sich als Renditetreiber anboten. Ihre Anfälligkeit für Spekulation, Zockerei und das Horten von Giftpapieren erklärt sich also aus der gleichen Motivation wie bei den Privatbanken, nur dass die Ursache eine andere war: Die Renditejagd erfolgte nicht auf Druck der Eigentümer, sondern um die teurer gewordene Refinanzierung zu kompensieren.

Insofern ist die traurige Entwicklung, die die Landesbanken seither genommen haben, nur ein weiterer Beleg dafür, wohin überzogene Renditeansprüche im Finanzsektor führen. Gegen Staatsbanken spricht das nicht, wohl aber gegen ihre Kommerzialisierung.

Alexander Dill weist in seinem Buch *Der große Raubzug* darauf hin, dass die WestLB im Jahr 2001 mit einer Bilanzsumme von 305 Milliarden Euro, eigenen Pfandbriefen und Schuldobligationen von 5 Milliarden Euro und Kommunalobligationen von 64 Milliarden Euro, die sie satzungsgemäß für ihre Mitglieder verwaltete, noch »ein weitgehend gesundes Institut« gewesen ist.[140] Dabei war die WestLB eine der wenigen Landesbanken, die auch damals schon auf dem internationalen Parkett herumtanzten und etwa in der Londoner City Geschäfte machten, bei denen der öffentliche Auftrag, zurückhaltend gesagt, schwer erkennbar war. Die meisten anderen Landesbanken sind erst nach der Brüsseler Entscheidung unter die Zocker gegangen und haben ihr altes Geschäftsmodell dann grundlegend verändert.

Die SachsenLB vollzog ihre Wende in Richtung Ackermann Ende 2001 mit der Ansage, Kreditgeschäfte seien nicht mehr hinreichend rentabel, daher steige man jetzt ins »Structured Finance« ein. Firmengeschäfte sollten fortan nur noch mit von Rating-Agenturen bewerteten Firmen stattfinden; klassische Firmenkredite sollte es nicht mehr geben.[141] 2003 fusionierten die Landesbanken von Hamburg und Kiel zur HSH Nordbank und stiegen groß ins verbriefte Geschäft ein. Die BayernLB bekam im März 2002 einen neuen Gesetzesrahmen, nach dem sie ausdrücklich Bankgeschäfte aller Art betreiben darf. Auch die WestLB fuhr ihr »Investmentbanking« jetzt richtig hoch. Dabei bestätigte ihr Sprecher 2005, dass das »neue Geschäftsmodell« den Zweck verfolge, das Rating der WestLB zu verbessern.[142]

Ein weiteres Problem der Landesbanken bestand natürlich darin, dass Staatsbanken mit dem ausdrücklichen Ziel der Regionalförderung Landesregierungen voraussetzen, die tatsächlich Strukturpolitik mit klaren Schwerpunkten und Zielen betreiben. Auch das war im neoliberalen Wettbewerbswahn und Dumpingwettlauf weitgehend abhandengekommen. Aus beiden Gründen hatten die Landesbanken fortan tatsächlich kein auch nur ansatzweise überzeugendes Geschäftsmodell mehr.

EU-Kommission mit zweierlei Maß

Im Streit um die Berliner Bankgesellschaft versuchte die EU-Kommission zum ersten Mal, die Privatisierung einer Landesbank, nämlich der Landesbank Berlin (LBB) und damit zugleich der Berliner Sparkasse, zu erzwingen. Der Sparkassen- und Giroverband vereitelte diesen Plan, indem er tief in die gut gefüllten Sparkassentaschen griff und alle Mitbewerber durch ein exorbitant hohes Kaufgebot für die LBB ausstach. Seither gehört die LBB als einzige Landesbank ausschließlich dem Sparkassenlager, und die Privatisierungsbetreiber mussten auf die nächste Gelegenheit warten.

Infolge der Finanzkrise sind sie jetzt gleich an mehreren Stellen fündig geworden. Im Fokus steht die WestLB, die durch Fehlspekulationen und ein ausgeprägtes Engagement in amerikanischen Schrottpapieren tief in die Miesen gerutscht ist und mit einer Kapitalhilfe von 5 Milliarden Euro aufgefangen werden musste. Staatlich gestützt wird zudem eine von der WestLB gegründete Bad Bank, in die das Institut mehr oder minder zweifelhafte Papiere im Umfang von 77 Milliarden Euro ausgelagert hat. Wegen der erhaltenen öffentlichen Hilfen und Garantien hat die WestLB seit 2008 erneut Ärger mit der EU-Kommission. Mit derselben Kommission wohlgemerkt, die die bislang unverzinste Stille Einlage des deutschen Staates in Höhe von 16,4 Milliarden Euro bei der privaten Commerzbank ohne Bauchgrimmen durchgewinkt hat. Der frühere Vorstandschef der WestLB, Heinz Hilgert, beschwerte sich denn auch:

»Rein formal ärgern wir uns schon darüber, dass staatliche Rettungspakete in Europa im Umfang von 3000 Milliarden Euro von Brüssel

genehmigt wurden – nur unsere 5 Milliarden Euro, also nur 0,16 Prozent dieser Rettungspakete, werden als Sonderfall behandelt.«[143]

Das ursprünglich von der Landesbank vorgelegte Sanierungskonzept, das Stellenstreichungen und die Rückbesinnung auf Kerngeschäftsfelder vorsieht, wurde von Brüssel umgehend als unzureichend abgelehnt. Ursprünglich hatte die Kommission den Plan, die WestLB unter Druck zu setzen, durch Übernahme mindestens einer Sparkasse unmittelbar ins Privatkundengeschäft vorzudringen. Da die Kommission gleichzeitig einen Eigentümerwechsel bei der Landesbank verlangte, wäre damit auch die Sparkasse in privater Hand und der Einbruch in die öffentlich-rechtliche Säule auf den Weg gebracht. Allerdings ist die komplette Schließung und Abwicklung der WestLB inzwischen die wahrscheinlichere Variante.

Möchtegern-Merrill-Lynchs

Die Landesbanken sind aber auch deshalb ein perfektes Einfallstor für die Zerschlagung des öffentlich-rechtlichen Sektors, weil ihr aktuelles Geschäftsmodell so überaus zweifelhaft ist. Wozu eine öffentliche Bank wie die WestLB sich ein spekulatives Portfolio zusammenkauft, das von Einlagen in Hedge-Fonds auf Jersey bis zu Private-Equity-Beteiligungen in Kanada reicht, lässt sich ebenso schlecht begründen wie die irischen Zweckgesellschaften mit ihren giftigen Hypothekenpapieren, die sich die SachsenLB zugelegt hatte, oder die Spekulationsgeschäfte der BayernLB und der HSH Nordbank, die ohnehin schon teilprivatisiert ist. Wenig ist auch davon zu halten, wenn die Landesbank Berlin 2008 auf ihrer Webseite für »sicherheitsorientierte Anlagen mit Steueroptimierung und hoher Rendite« in Luxemburg wirbt. Beihilfe zur Steuerhinterziehung als öffentlicher Auftrag?

Natürlich waren die Landesbanken nicht die wildesten Spekulanten in kruden Derivaten und Schrottpapieren. Sie waren höchstens die unbedarftesten. Wir haben gesehen, welche privaten Großbanken den »Stuffies« entsprechende Papiere angedreht und sich eine goldene Nase damit verdient haben. Jetzt allerdings liegt das Kind im Brunnen und die Frage, weshalb kleine Möchtegern-Merrill-Lynchs aus Düsseldorf,

München oder Leipzig unbedingt in öffentlichem Eigentum verbleiben sollten, ist schwer von der Hand zu weisen. Die Privatisierung der Landesbanken wäre die logische Konsequenz ihrer Kommerzialisierung und der konsequente Abschluss des Weges, den sie seit der Jahrtausendwende eingeschlagen haben.

Zurück zum öffentlichen Auftrag

Unter dem Gesichtspunkt der Stabilität des deutschen Finanzsystems wäre eine solche »Lösung« allerdings genau die falsche Antwort. Ebenso falsch wäre die schlichte Abwicklung und Schließung der Landesbanken. Die Betrachtungen zur Situation auf dem Kreditmarkt in Deutschland haben gezeigt, dass die Landesbanken als Mittelstandsfinanzierer neben Sparkassen und Genossenschaftsbanken durchaus gebraucht werden. Fallen sie weg, würde das die Konzentration am deutschen Kreditmarkt beträchtlich erhöhen und die Konditionen absehbar weiter verschlechtern. Auch Infrastrukturprojekte der Länder können weit besser über staatseigene Banken als über den privaten Kapitalmarkt mit seinen Zinsvolatilitäten finanziert werden.

Der Nutzen von Landesbank-Fusionen ist ebenso wenig ersichtlich. Da Deutschland ein föderales System hat, ergeben auch Banken Sinn, deren Aktionsradius sich auf die einzelnen Bundesländer konzentriert: als Partner der Länder und für jene Unternehmen, die für die Kreissparkasse zu groß und für die Großbank zu klein sind.

Die Entwicklung der Landesbanken ist kein Argument dafür, die öffentlich-rechtliche Säule des deutschen Bankensystems zu zerschlagen. Sie beweist lediglich, dass kommerzialisierte und auf Rendite getrimmte Staatsbanken am Ende zu den gleichen aberwitzigen Geschäftsmodellen neigen wie private. Das dadurch verursachte Desaster spricht gegen Renditejagd im Bankensektor generell, nicht gegen öffentliches Eigentum. Letzteres wird allerdings nur eine Zukunft haben, wenn auch die Rahmenbedingungen wiederhergestellt werden, die dem öffentlich-rechtlichen Sektor ein gemeinnütziges Geschäftsmodell ermöglichen und ihn darauf festlegen.

Gesetzliches Spekulationsverbot

Die einzig richtige Antwort auf die Fehlentwicklung der Landesbanken ist also eine Rückbesinnung auf ihren ursprünglichen Auftrag: die Unterstützung der regionalen Wirtschaft und der Strukturpolitik der Länder. Beides hat sich nicht erledigt, sondern ist dringend notwendig. Ein Zurück zu Bankgeschäften im öffentlichen Auftrag schließt ein, alle Aktivitäten abzustoßen oder abzuwickeln, die mit einem solchen Auftrag nichts zu tun haben. Dies betrifft Investmentbanking-Aktivitäten auf internationalen Finanzplätzen ebenso wie das Betreiben von Offshore-Conduits oder sonstige Auftritte im globalen Wettcasino. Das strikte Verbot jeglicher Spekulationsgeschäfte sollte in neuen Landesbank-Gesetzen festgeschrieben werden. Eventuell wiederaufflammenden Neigungen von Landespolitikern, die Landesbanken erneut in riskante Geschäfte hineinzutreiben, um sie als Geldkühe für den Haushalt zu nutzen, wäre mit einem solchen restriktiven gesetzlichen Rahmen ein Riegel vorgeschoben.

Die Landesbanken können als Staatsbanken nur eine Zukunft haben, wenn sie wieder biedere, langweilige und solide Institute werden, die nichts Spektakuläreres tun, als Investitionen in Industrie, Infrastruktur oder Wohnungsbau mit Krediten zu guten Konditionen zu finanzieren. Zweite Voraussetzung einer Umkehr wäre eine tatsächlich transparente Gestaltung der Geschäftstätigkeit der Landesbanken und die nicht nur theoretische, sondern reale Möglichkeit ihrer demokratischen Kontrolle durch die Landesparlamente.

Ein solches Geschäftsmodell ist, wie sich in der Vergangenheit gezeigt hat, durchaus in der Lage, Gewinne zu erwirtschaften, nur eben keine grandiosen Renditen. Und es würde es immerhin sehr unwahrscheinlich machen, dass die öffentliche Hand jemals wieder Milliardenverluste übernehmen muss. Insofern spricht alles dafür, die Staatshaftung für die Landesbanken auch formal wiederherzustellen. Zumal die Finanzkrise deutlich zeigt, dass der Staat am Ende ohnehin haftet und die Frage nur darin besteht, wofür: für Schrottpapiere und aberwitzige Finanzwetten oder für vernünftige Finanzierungen im Interesse der Allgemeinheit.

Nur mit gesunden Landesbanken kann die öffentlich-rechtliche Säule ein stabiler Träger im Finanzgebäude sein. Auch die Sparkassen

brauchen natürlich klare Rahmenbedingungen, die sie auf gemein-
wohlorientiertes statt renditefixiertes Wirtschaften und eine gemeinnützige Gewinnverwendung festlegen. In vielen Sparkassengesetzen ist
das nach wie vor verankert, in einigen wurde es aufgeweicht. Dessen
ungeachtet haben Sparkassen wie Genossenschaftsbanken seit Jahren
ein im Großen und Ganzen vernünftiges Geschäftsmodell verfolgt und
sich auf die Aufgaben konzentriert, die Aufgaben des Finanzsektors
sein sollten: das Angebot sicherer Anlagemöglichkeiten für die Ersparnisse der Kleinsparer und die Vergabe von Krediten an Unternehmen
und Häuslebauer. Die Sparkassen sind insofern auch der Beleg, dass
öffentliches Eigentum im Bankenbereich, sofern es mit klaren gesetzlichen Regeln einhergeht, zu deutlich vernünftigeren Ergebnissen führt
als Geschäftsmodelle, die auf Superrendite setzen.

System institutionalisierter Haftungsfreiheit

Bleibt als dritte Säule des bisherigen deutschen Finanzsystems der
Sektor der Privatbanken. Wir haben gezeigt, dass sowohl Commerzbank als auch Deutsche Bank, die beiden größten Player am deutschen
Finanzplatz, ihre Fortexistenz den Milliarden verdanken, für die der
Steuerzahler noch lange bluten wird, und dass sie ihre Geschäfte heute
mit einer faktischen Staatshaftung im Rücken betreiben. Diese Situation ist nicht neu. In Finanzkrisen wurden private Banken immer
wieder mit Steuergeld am Leben erhalten, ob in Japan, in den USA, in
Schweden oder auch im Deutschland der beginnenden dreißiger Jahre.

Der internationale Bankgigant Citigroup wurde im Laufe der letzten
80 Jahre viermal von der amerikanischen Regierung gerettet: während
der Weltwirtschaftskrise, nach Ausfällen mexikanischer Verbindlichkeiten Anfang der achtziger, nach dem Einbruch des gewerblichen
Immobiliensektors zehn Jahre später und schließlich in der jüngsten
Finanzkrise. Auch Goldman Sachs trug zum Entstehen immer neuer
Spekulationsblasen bei, nach deren Platzen das noble Haus allein in den
zurückliegenden Jahrzehnten direkt und indirekt mehr als 60 Milliarden Dollar an staatlichen Hilfen kassierte.[144] Sind die Unbilden überstanden und der Staat um einige Milliarden ärmer, geht alles weiter wie
zuvor. Während jede Versicherung dem Sicherungsnehmer bestimmte

Vorschriften macht, etwa die Feuerversicherung die Einhaltung bestimmter Brandschutzvorschriften und das Installieren von Feuerlöschern verlangt, erhalten die Banken die staatliche Rückversicherung kostenlos und auflagenfrei.

Das private Bankensystem ist somit ein System institutionalisierter Haftungsfreiheit und Verlustsozialisierung bei gleichzeitiger Gewinnprivatisierung. Dass ein solches System nicht funktionieren kann, sollte klar sein. Aus dem bestehenden Dilemma gibt es zwei mögliche Auswege. Man kann versuchen, die Grundsätze der Marktwirtschaft auch im Finanzsektor zur Durchsetzung zu bringen, also die Staatshaftung aufheben und die Banken ihrem Schicksal überlassen, wenn sie sich an risikoreichen Engagements überhoben haben. Oder man kann die Staatshaftung eigentumsrechtlich komplettieren: durch Verstaatlichung der Banken, wodurch dann wenigstens auch die Gewinne auf den Steuerzahler übergehen und er ein Mitspracherecht im Hinblick auf die Geschäftspolitik erhält.

Marktwirtschaft im Finanzsektor?

Eine ganze Reihe Ökonomen vertritt erstere Lösung und hat sich mit diesem Argument auch gegen die unzähligen Bankenrettungspakete gewandt. Aber ist dieser Weg überhaupt gangbar? Immerhin sind Zusammenbrüche großer Bankhäuser in der Regel mit immensen Folgeschäden für die gesamte Volkswirtschaft verbunden. Zumal eine Bank nie allein stürzt. Fast immer lösen Bankpleiten eine Kettenreaktion aus. Hätten die europäischen Staaten nicht unmittelbar nach Ausbruch der Krise die Garantie für die Sparguthaben übernommen, wäre die Schlange verängstigter Sparer vor Northern Rock nicht die einzige geblieben. Denn jeder ahnt doch, dass die gegenwärtigen Einlagensicherungssysteme schon den Zusammenbruch einer großen Bank nicht überleben würden, von einer Massenpleite ganz zu schweigen. Ein Bank-Run wiederum kann am Ende sogar gesunde Banken zu Fall bringen. Und man stelle sich die Situation am deutschen Kreditmarkt nach einer Insolvenz von Deutscher Bank und Commerzbank vor. Das wäre keine »Kreditklemme« mehr, sondern ein Kredit-Knockout und der direkte Weg in die wirtschaftliche Depression. Von einer auch nur zaghaften Erholung der Wirtschaft könnte dann auf Jahre keine Rede mehr sein.

Regulierungsresistente Banker

Die Versorgung mit Finanzdienstleistungen ist eine Lebensader der Volkswirtschaft. Sie ist in etwa so elementar für die Lebensverhältnisse der Menschen wie die Versorgung mit Wasser, Strom, Bildung oder Gesundheitsdiensten. In solchen Bereichen schadet privatwirtschaftliche Rentabilitätslogik zumeist mehr, als sie nützt.

Die Stabilität des Finanzsektors ist ein öffentliches Gut. Und öffentliche Güter sollten nicht privaten Profitjägern überlassen werden.

Zumal sich gezeigt hat, dass sich Stabilität und Renditeverzicht gegen den Willen der Bankgiganten nicht herbeiregulieren lassen. Vor einiger Zeit brachte der radikaler Ansichten unverdächtige ehemalige Bundesbankpräsident Weber ein vorläufiges Verbot von Dividendenausschüttungen ins Gespräch, um die Banken zu zwingen, ihre Eigenkapitalbasis zu stärken. Anlass war die ungebrochene Boni- und Dividendenfreude der eben erst mit Staatsmilliarden geretteten Finanzhäuser. Umgehend hielt ihm Deutsche-Bank-Chef Ackermann entgegen, man müsse doch »auch die Aktionäre zufriedenstellen«. Bei allen Regulierungsvorhaben müsse darauf geachtet werden, dass die Banken für die Geldgeber attraktiv blieben, sonst bringe man sie in Kapitalnot.[145]

Mit der Argumentation, schärfere Regeln beeinträchtigten die Kapitalbeschaffung der Banken und somit ihre Kreditvergabe, wurde denn auch erfolgreich jede vernünftige Regulierung in Grund und Boden lobbyiert. »Zehn Millionen Arbeitsplätze könnte es kosten, wenn man die Banken schärferen Regeln unterwerfen würde, konnte Ackermann im Juni rumposaunen, ohne gleich von weiß bekittelten Männern abgeholt zu werden«,[146] ärgerte sich die *Financial Times Deutschland* im Herbst 2010. Zu diesem Zeitpunkt stand fest, dass die Regulierungsbemühungen wieder mal im Sande verlaufen waren.

Das Problem ist aber nicht, dass Ackermann die Politik durch leere Drohungen einschüchtert, sondern dass die private Verfügung über ein öffentliches Gut Macht begründet. Macht, die so groß ist, dass sie

demokratische Politikgestaltung unmöglich macht. Zumal an Ackermanns Argumentation – zumindest sofern sie sich gegen national
begrenzte Regulierungsversuche wendet – sogar etwas dran ist. Wenn
ein Land die Banken deutlich schärferen Regeln unterwirft als andere
Länder, könnten die Aktien der Banken dieses Landes wegen schwin-
dender Renditechancen tatsächlich an Attraktivität verlieren. Gerade
wenn die Banken künftig mit mehr Eigenkapital arbeiten sollen als
in der Vergangenheit, setzt das unter privatwirtschaftlichen Bedingungen ein Geschäftsmodell mit hohen Profitaussichten voraus. Also
wieder: Risiko und Zockerei statt langweiliger Kleinkredite.

Die Finanzoligarchie entmachten

Das eigentliche Grundproblem sei, stellt der MIT-Professor und frühere IWF-Chefökonom Simon Johnson fest, »dass der Finanzsektor
sehr wirkungsvoll die Regierung gefangen genommen hat«. Johnsons
Schluss daraus lautet: »Eine Befreiung wird scheitern, wenn wir nicht
die Finanzoligarchie zerschlagen, die alle grundlegenden Reformen
verhindert.«[147] Diese Oligarchie ist aber nur zu entmachten, wenn man
ihr die Möglichkeit nimmt, über einen essentiellen Bereich der Volkswirtschaft als ihr Privateigentum zu verfügen. Der vernünftige Schluss
aus den Fehlentwicklungen der letzten Jahre und Jahrzehnte sowie aus
der Finanzkrise kann also nur lauten:

**Auch die private Säule des deutschen Finanzsektors gehört in
öffentliche Hand. Und da Versicherungsleistungen ähnlich elementar
wie Bankdienste sind, gilt das nicht nur für die privaten Banken,
sondern auch für die Versicherungen.**

Die Frage von Entschädigungen stellt sich in diesem Falle nicht, da,
wie wir gesehen haben, die privaten Banken die Krise ohne Steuermilliarden ohnehin nicht überstanden hätten. Wenn die Staaten eine
Umschuldung ihrer Anleihen mit massiven Abschlägen oder vollstän-
diger Streichung der Altschulden einleiten, werden die Banken und
auch die Versicherungen wieder auf massive Unterstützung angewiesen
sein. Spätestens diese Situation sollte dann für einen grundlegenden
Wandel genutzt werden.

Bereits in der Vergangenheit haben übrigens auch die Versicherer von den Rettungsaktionen der Staaten profitiert, in Deutschland besonders der Allianz-Konzern. So wurde der Allianz als Gläubigerin der HRE durch deren Verstaatlichung ein Milliardenbetrag gesichert, den sie andernfalls hätte abschreiben müssen. Auch die staatlich finanzierte Übernahme der Dresdner Bank durch die Commerzbank war vor allem zum Vorteil der Allianz, die sich so einer verlustreichen Beteiligung entledigen und dafür sogar noch gutes Geld einstreichen konnte. Eine massive Abschreibung von Staatsschulden wiederum wird auch die Allianz nicht verkraften; sie wird daher schon im Interesse der Millionen Inhaber von Lebensversicherungen und sonstigen Policen ohnehin wieder staatlich gestützt werden müssen.

Ein besonderer Fall sind die ebenfalls zur privaten Säule des deutschen Bankensystems gehörenden kleineren Privatbanken. Diese Banken, die sich hauptsächlich darauf konzentrieren, den oberen Zehntausend lukrative Vermögensanlagen anzubieten, sollten weder verstaatlicht noch gestützt werden. Vielmehr dürfte ihr Geschäftsmodell bei Veränderung der Eigentumsordnung und der damit verbundenen sinkenden Einkommens- und Vermögenskonzentration seine Grundlage verlieren.

Zurück aus der Sackgasse – Zockerei abwickeln

Die Verstaatlichung der privaten Säule ist allerdings nur der erste Schritt und als solche noch keine Garantie für ein stabiles Finanzsystem. Die entscheidende Aufgabe ist, auch die verstaatlichten Großbanken auf ein Geschäftsmodell zu verpflichten, das der Entwicklung der Volkswirtschaft nützt und nicht in erster Linie hohe Renditen im Auge hat. Die Verstaatlichung würde die entscheidende Voraussetzung dafür schaffen, die Banken vom Druck hoher Renditeansprüche zu befreien. Der nächste Schritt wäre ihre Unterordnung unter eine strikte Regulierung, die, ähnlich wie bei Landesbanken nötig, alle Zockergeschäfte verbietet und alle Bereiche abwickelt (bzw. im Falle ausländischer Niederlassungen veräußert), die mit Zockergeschäften verbunden sind.

Diese Abwicklung beträfe das gesamte Investmentbanking im In- und Ausland, das Kreieren und Verkaufen von Giftpapieren, das

Platzieren von Finanzwetten auf eigene und fremde Rechnung an den internationalen Börsen oder Over-the-Counter, kurz, all die seltsamen Geschäftsideen, die mit gutem Grund unter Paul Volckers Nutzlosigkeitsverdikt fallen.

Natürlich ist nicht jedes Finanzpapier ein Giftpapier. Anders als die Collateral Debt Obligations oder die Credit Default Swaps, die nur zum Spekulieren erfunden wurden, gibt es auch grundsolide Verbriefungen wie den Pfandbrief. Insofern wäre es sinnvoll, die Emission oder den Handel mit Papieren an deren staatliche Zulassung – eine Art Finanz-TÜV – zu binden. Nur was zugelassen ist, darf auch in der Bilanz auftauchen. Und zugelassen wird nur, was nachweislich das realwirtschaftliche Kreditgeschäft unterstützt und Risiken nicht verschleiert, sondern absichert. Da selbst im normalen Kreditgeschäft immer wieder Verluste auftreten können, ist auch eine deutlich über der heutigen liegende Eigenkapitalausstattung der Banken notwendig.

Im Grunde bedeutet ein solcher Umbau, die Banken auf das alte Modell einer Geschäftsbank zu verpflichten, die im Einlagen- und Kreditgeschäft tätig ist und sich aller sonstigen Kapriolen enthält. Es spricht nichts dafür, dass irgendjemand außer den Bankern eines der anderen Betätigungsfelder vermissen könnte. Das Zockerbanking ist volkswirtschaftlich vollkommen nutzlos und richtet nur Schaden an. Es zieht Kapazitäten, Kreativität und Ideen von den sinnvollen Betätigungsfeldern menschlicher Erfindungsgabe ab. Durch die regelmäßig verursachten Blasen und Crashs zerstört es wirtschaftliche Leistungsfähigkeit. Es ist nicht zu steuern und nicht zu regulieren und kann daher nur verboten werden. Der Vorteil einer Verstaatlichung der auf diesem Feld bisher hyperaktiven Großbanken besteht darin, dass sich ein solches Verbot dann auch im nationalen Rahmen durchsetzen lässt.

Selbstverständlich käme ein entsprechender Umbau einer erheblichen Schrumpfung des Finanzsektors und der in diesem Bereich erzielten Gewinne gleich. Für die produktiven Sektoren der Volkswirtschaft wäre das nur von Vorteil. Die Schrumpfung ginge großenteils zulasten jener fiktiven Wertschöpfung, hinter der sich ohnehin keine realen Werte verbergen. Banken, die auf ihre Zockerinstrumente verzichten müssen, haben nämlich auch keine Geldmaschine mehr im Keller. Das bedeutet: Ihre Geld- und Kreditschöpfung ließe sich wieder steuern – über die Eigenkapitalvorschriften und die Mindestreservesätze. Das gesamte Finanzsystem würde so kleiner, biederer, unspektakulärer, aber es bestünde eine reale Chance, dass es seine eigentlichen Aufgaben wieder wahrnimmt.

Wer ein Finanzsystem möchte, in dem auch Einkommensärmere ein Konto zu günstigen Konditionen und kleinere Unternehmen zinsgünstige Kredite erhalten, in dem Ersparnisse der regionalen Entwicklung zugutekommen, statt in hochkomplexen Derivaten verzockt zu werden, und in dem die öffentliche Hand Gestaltungsmöglichkeiten zurückgewinnt, sollte sich dringend für die hier beschriebenen Veränderungen einsetzen.

Fazit

Im Gegensatz zu den privaten Großbanken verfolgen Sparkassen und Genossenschaftsbanken ein Geschäftsmodell, mit dem sie ihrer Aufgabe weitgehend nachkommen, die Ersparnisse der Gesellschaft in investive und produktive Verwendungen zu lenken. Dieses Geschäftsmodell beruht auf den deutlich niedrigeren Renditeansprüchen öffentlicher und genossenschaftlicher Institute. Die Entwicklung der Landesbanken in den letzten Jahren ist kein Argument gegen die öffentlich-rechtliche Säule des deutschen Bankensystems, sondern zeigt, dass staatliche Kreditinstitute, die kommerzialisiert und auf Rendite getrimmt werden, am Ende zu den gleichen hochriskanten und investitionsfeindlichen Geschäftspraktiken neigen wie private Banken. Das spricht gegen Renditejagd im Bankensektor generell, nicht gegen öffentliches Eigentum.

Die Stabilität des Finanzsektors ist ein öffentliches Gut. Werden öffentliche Güter privaten profitorientierten Unternehmen überlassen, mündet das in der Regel in ein System institutionalisierter Haftungsfreiheit mit privatisierten Gewinnen und sozialisierten Verlusten. Auch die bisher private Säule des Bankensektors und die Versicherungen gehören daher in öffentliche Hand. Banken und Versicherungen dürfen allerdings nicht nur verstaatlicht, sie müssen zugleich – ähnlich den Regelungen in vielen Sparkassengesetzen – auf ein gemeinnütziges Geschäftsmodell verpflichtet werden. Dazu gehört die Abwicklung bzw.

Veräußerung aller Zockerabteilungen und ein grundsätzliches Verbot von Spekulationsgeschäften. Damit würden die Banken auch die Macht zum Bedienen der Geldmaschine wieder verlieren.

Der Finanzsektor muss radikal schrumpfen, um seine eigentliche Aufgabe als Diener der Realwirtschaft wieder wahrnehmen zu können. Das könnte man das Fundamentalparadoxon von Finanz- und Realwirtschaft nennen. Viele kleine und mittelgroße Unternehmer verstehen es nicht und halten den gegenwärtigen Kapitalismus für ihren *Freund*, statt zu begreifen, dass er ihr *Killer* ist.

4. Der Staat als effektiver Versorger und die falschen Wettbewerbspropheten

>»Die Privatisierung der Welt schwächt die normen-
>setzende Kraft des Staates. Sie stellt Parlamente und
>Regierungen unter Vormundschaft. Sie entleert die
>meisten Wahlen und fast alle Volksabstimmungen ihres
>Sinns. Sie beraubt die öffentlichen Institutionen ihrer
>regulatorischen Macht. Sie tötet das Gesetz. Von der
>Republik, wie sie uns die Französische Revolution vererbt
>hat, bleibt fortan nur mehr ein Phantom übrig.«
>
>Jean Ziegler, bis 2008 UN-Sonderberichterstatter für
>das Recht auf Nahrung

Die Versprechen waren so groß wie die Profitaussichten der Konzerne. Markt statt Staat, Effizienz statt Bürokratie, Wettbewerb statt Monopol, smarte motivierte Mitarbeiter statt schrullige Beamte – die schöne neue Welt kam mit vielen einnehmenden Sprüchen daher. Statt dröger Behörden sollten schlanke und flexible Privatunternehmen uns in Zukunft mit Strom, Wasser und Wärme versorgen, unsere Päckchen transportieren, unsere Kinder unterrichten, unseren Müll wegräumen und uns per Bus oder Bahn von A nach B fahren. Kundennäher und kundenfreundlicher sollten die neuen Serviceanbieter sein. Effizienter sowieso. Mehr Wettbewerb wurde versprochen, der die Preise in die

Knie zwingen werde. Die Beschäftigung sollte steigen und die gesamte Wirtschaft flotter wachsen.

Verschenkte Geschäftsgelegenheiten

Das gesellschaftliche Klima in den neunziger Jahren war günstig. Der Zusammenbruch des osteuropäischen Gesellschaftsmodells hatte scheinbar jede Form von Staatseigentum diskreditiert. Was also lag näher, als in dieser Situation gleich noch den großen Kehraus in Westeuropa nachzuschieben. Immerhin gab es damals auch hier noch erhebliche Einflusspositionen des Staates in der Wirtschaft. Das galt vor allem im Bereich der Grundversorgung, also jener Dienstleistungen, die zur Führung eines menschenwürdigen Lebens mehr oder weniger unerlässlich sind. Post, Bahn und Luftverkehr, Wasser und Energie, kommunale Dienste, Krankenhäuser, Schulen und Universitäten waren im Europa der beginnenden neunziger Jahre bis auf wenige Ausnahmen in öffentlicher Hand. In den Augen der Privatwirtschaft waren solche öffentlichen Domänen nichts als verschenkte Geschäftsgelegenheiten. Entsprechend groß war der Druck, den Staat möglichst weiträumig aus seinen bisherigen Betätigungsfeldern zu vertreiben.

Das europäische Land, das in Sachen Privatisierung bereits Pionierarbeit geleistet hatte, war Großbritannien. Von der Bahn bis zur Telekommunikation, von der Energieversorgung bis zum Wasser hatte die eiserne Regierungschefin Mararet Thatcher die öffentlichen Dienstleistungen schon in den achtziger Jahren in profitable Geschäftsobjekte privater Anbieter verwandelt. Das war das Vorbild, an dem sich die EU-Kommission orientierte. Mit Richtlinien zur Liberalisierung des Energie-, Post- und Telekommunikationsmarktes sowie mit massivem Druck über die Hebel Vergabe- und Beihilferecht wurde ab Mitte der neunziger Jahre der Thatcherismus auch in Kontinentaleuropa vorangetrieben. Eilfertige Unterstützer fanden die Brüsseler Privatisierungsfreunde in vielen Staaten, besonders in Deutschland.

Europas neues Gesicht

Seither hat sich das Gesicht Europas verändert. Wie die Wirtschaft allgemein, werden heute auch elementare Leistungen der Grundversorgung von großen Konzernen angeboten, die sie für sich in ein hochprofitables Geschäft verwandelt haben. Die französischen Wassermultis Suez und Veolia etwa haben den milliardenschweren Wassermarkt erst in Europa und dann in der ganzen Welt aufgerollt. Auch die deutschen Energieversorger E.ON und RWE haben sich im Ergebnis der Liberalisierungswelle zu Global Playern mit zweistelligen Milliardenumsätzen gemausert. Seit Jahren gehören sie zu den dividendenstärksten Unternehmen im Deutschen Aktienindex DAX. Auch große Krankenhauskonzerne wie das Rhön-Klinikum oder die Fresenius AG machen heute Umsätze im Milliardenbereich und erzielen Gewinne, die keine Wünsche offenlassen.

Eine ganze Reihe von Unternehmen hat sich also inzwischen darauf spezialisiert, genau das anzubieten, was früher staatliche Aufgabe war: die Versorgung mit Wasser, Energie, Transport- oder Gesundheitsdiensten. Auch Bildung und Sozialdienste, ja sogar Verwaltungs- und Sicherheitsdienstleistungen befinden sich mittlerweile im Angebot. Die private Grundversorgungsindustrie, die sich in den zurückliegenden fünfzehn Jahren in Europa etabliert hat, hat Struktur und Qualität der angebotenen Leistungen allerdings nicht unverändert gelassen. Und die Veränderungen unterscheiden sich erheblich von dem, was versprochen wurde.

Wettbewerb, welcher Wettbewerb?

Was wurde in der Privatisierungsphase nicht über die segensreichen Wirkungen von Wettbewerb herumpalavert. Inzwischen hat sich herausgestellt: Der Wettbewerb, der uns so viel Gutes bescheren sollte, findet meistens gar nicht statt. Vielfach ist die Situation heute ähnlich wettbewerbsarm wie zu früheren Zeiten, nur dass das staatliche Monopol durch ein privates ersetzt wurde. Manchmal gibt es auch drei oder vier große Unternehmen, die den Markt unter sich aufteilen. Das hat oft nichts mit bösem Willen, sondern vor allem mit der Struktur der in Rede stehenden Dienstleistungen zu tun.

Netze beispielsweise sind immer und per se ein Monopol. Es gibt nur ein Schienennetz der Bahn und nur ein Überlandnetz für die Fernleitung von Elektrizität. Auch für die Festnetztelefonie gibt es nur eine

Infrastruktur. In solchen Netzen stecken Milliardeninvestitionen. Sie sind teuer zu warten. Selbst die verrücktesten Wettbewerbsfanatiker sind daher bisher nicht auf die Idee gekommen, einen Mehrfachaufbau solcher Netze zu fordern. Das aber bedeutet: Wer über das Netz verfügt, besitzt ein natürliches Monopol. Gerade mit der Wettbewerbsresistenz netzgebundener Dienste hatte die ältere Volkswirtschaftslehre ja die Empfehlung begründet, solche Dienste besser in staatlicher Hand zu belassen, als sie privaten Monopolisten zu übergeben.

Natürlich kann man krampfhaft versuchen, auch in solchen Bereichen Wettbewerbsstrukturen zu etablieren. Man kann die Netzeigentümer per Auflage verpflichten, Wettbewerbern die Nutzung zu ermöglichen. Man kann Netztarife festlegen. Man kann Lizenzen zur zeitweisen Netznutzung vergeben, um die die Anbieter dann konkurrieren.

Aber solche künstlich herbeiregulierten Wettbewerbsspielchen haben mit einem freien Wettbewerb auf offenen Märkten in etwa so viel zu tun wie ein Monopoly-Spiel mit dem realen Kapitalismus: Es sieht so ähnlich aus und funktioniert am Ende doch ganz anders. Genauer gesagt: Es funktioniert eben nicht oder bestenfalls kurzzeitig.

In einer Studie über »Die Privatisierung öffentlicher Dienstleistungen und deren Auswirkungen auf Qualität, Beschäftigung und Produktivität« der Forschungs- und Beratungsstelle Arbeitswelt (FORBA) Wien vom April 2009 wurden typische Privatisierungsverläufe in unterschiedlichen Sektoren und verschiedenen EU-Ländern untersucht.

Die Studie kommt zu dem Schluss, »dass die Liberalisierung der öffentlichen Dienstleistungen Europas erfolgreicher war in Bezug auf die Eigentumsstrukturen als hinsichtlich der Schaffung wettbewerbsintensiver Märkte.« Während der Anteil privaten Eigentums in der Regel stark zugenommen habe, sei es nur in 3 von 24 untersuchten Branchen zur Herausbildung wettbewerbsintensiver Märkte gekommen.

Staatliche Monopole durch private ersetzt

Typisch für Privatisierungen sei zudem, schreibt die FORBA, eine Kurve der Marktkonzentration. So träten unmittelbar nach der Marktöffnung vorübergehend viele Anbieter am Markt auf, die dann allerdings wieder verschwänden. Die FORBA-Studie beschreibt die Entwicklung anhand der Liberalisierung des skandinavischen Strommarktes: »Kurz nach dem Start trat eine große Anzahl neuer Anbieter auf, die Konkurrenz drückte die Preise nach unten. Doch der Wettbewerb war nur ein Strohfeuer. Schon bald bereinigte sich der Markt, ein paar Big Player setzten sich überall durch. In Schweden blieben drei große Stromversorger übrig, sie teilen sich 90 Prozent des Marktes ...«[148]

Ähnlich sieht es in den meisten Ländern aus. In Großbritannien vertreiben drei Unternehmen fast 65 Prozent des gesamten Stroms. In Deutschland beherrschen heute vier große Anbieter – E.ON, RWE, Vattenfall und EnBW – etwa 80 Prozent der Stromerzeugung und haben den Markt regional unter sich aufgeteilt. In den meisten EU-Ländern gibt es heute auf dem Energiemarkt weniger relevante Anbieter als früher, während einige große Konzerne ihre marktbeherrschende Stellung europaweit ausbauen konnten.

Während bei der Elektrizität in manchen Ländern immerhin noch die theoretische Möglichkeit eines Anbieterwechsels besteht, handelt es sich bei der Wasserversorgung einer Stadt oder eines Landkreises von vornherein um ein Monopol. Die Privatisierung des britischen Wassermarktes durch Margaret Thatcher bestand darin, dass zehn privaten Unternehmen die Wasserversorgung in England und Wales mit Hilfe separater Gebietsmonopole übertragen wurde. In solchen Fällen findet Wettbewerb höchstens vorab *um den* Markt statt, das heißt um den Zugriff bei Privatisierungsprojekten. Ist dieser Zugriff geglückt, gibt es keine störenden Konkurrenten und keinen Wettbewerb mehr. Das Gleiche gilt in der Regel auch bei kommunalen Dienstleistungen wie Nahverkehr oder Müllentsorgung. Die entscheidende Hürde besteht darin, von der betreffenden Kommune den Auftrag zu ergattern. Ist der Anbieter erst mal am Ball, gibt es keine Konkurrenz mehr. Auch auf der Schiene kann von echten Marktverhältnissen keine Rede sein.

Preissprünge nach oben

Sichtbares Zeichen dieses Nichtfunktionierens von Wettbewerb ist die Preisentwicklung in vielen privatisierten Bereichen. Ob Strom, Wasser oder kommunale Dienste: Nach der Privatisierung kostet die gleiche Leistung in der Regel ein Mehrfaches dessen, was der frühere staatliche Anbieter verlangt hatte. Die Privatisierungsdividende für deutsche Haushalte im Bereich Energie etwa liegt in dem Luxus, sich von nunmehr vier Monopolisten Spitzenpreise diktieren zu lassen. (Immerhin können die Baden-Württemberger für Preissprünge des Energieanbieters EnBW neuerdings ihre Landesregierung als Miteigentümerin in Haftung nehmen, was ein deutlicher Vorteil gegenüber der Situation in allen anderen Bundesländern ist.) Seit die Deutsche Bahn angefangen hat, sich für die Privatisierung hübsch zu machen, dürfen die Fahrgäste von Jahr zu Jahr tiefer in die Tasche greifen. Die Bahn-Wettbewerber, deren Marktanteil im Fernverkehr ohnehin bei unter 1 Prozent liegt, nehmen ihr dabei nicht die Butter vom Brot, sondern haben das DB-Preissystem freudig übernommen.

Auch das elementare Gut Wasser ist in jenen Kommunen, in denen es privaten Anbietern überantwortet wurde, sehr viel teurer als da, wo es nach wie vor von kommunalen Versorgern bereitgestellt wird. Ein besonderes Negativbeispiel in dieser Hinsicht ist die Stadt Berlin, in der die Wasserpreise nach der Teilprivatisierung um 35 Prozent nach oben schossen. Die britischen Wasserpreise stiegen nach Thatchers Privatisierungscoup übrigens um fast 50 Prozent. Versuchen Kommunalvertreter, den Preiswucher der privaten Anbieter zu stoppen, wie das in Potsdam geschah, verlieren diese in der Regel das Interesse am betreffenden Markt.

Noch extremere Beispiele explodierender Preise gibt es in Entwicklungs- und Schwellenländern. In Peru erhöhte der privatisierte Stromversorger zwischen 1992 und 2002 die Preise auf das 14-Fache. Als Südafrika unter Präsident Mbeki die Wasserversorgung privatisierte, stiegen die Preise um bis zu 140 Prozent und in die Townships kehrte die Cholera zurück. Auch wenn solche Katastrophen in der EU noch nicht zu befürchten sind: Die Macht privater Anbieter, für elementare Dienste Wucherpreise einzustreichen und auf dieser Grundlage ihre Aktionäre mit Dividenden zu verwöhnen, ist auch hier allgegenwärtig. Höflich ausgedrückt klingt das so:

»In Ermangelung umfassender Regulierung und wettbewerbsintensiver Märkte gewannen die Unternehmen die Freiheit, Preise und Dienstleistungsqualität nach eigenem Ermessen festzusetzen.«[149]

Einer der wenigen liberalisierten und privatisierten Bereiche, in denen die Preise tatsächlich gefallen sind, ist die Telekommunikation. Hier allerdings fiel die Privatisierung mit fundamentalen technologischen Veränderungen – bei den Festnetzleitungen, aber auch im Bereich der sich gerade erst entwickelnden Funktelefonie – zusammen, die die Leistungen wesentlich verbilligten. Es spricht viel dafür, dass die neuen Technologien und nicht die Privatisierung für den rapiden Preisverfall verantwortlich waren. Auch auf dem Telekommunikationsmarkt ist die bereits erwähnte Konzentrationskurve übrigens deutlich zu beobachten: Unmittelbar nach der Marktöffnung tummelten sich unzählige neue Anbieter auf dem Markt, vor allem im Bereich der mobilen Netze. Die meisten von ihnen sind inzwischen wieder tot, in Deutschland etwa sind kaum mehr als vier relevante Anbieter übrig geblieben. Entsprechend haben auch die Preise mittlerweile ihre Abwärtsbewegung gestoppt und tendieren eher wieder nach oben.

Jobvernichtung und Hungerlöhne

Selbst wenn es in privatisierten Bereichen zu wirklichem oder zumindest teilweisem Wettbewerb kommt, sind die Ergebnisse längst nicht so erfreulich, wie es die Verheißungen waren. Denn solcher Wettbewerb wird dann vor allem über die Arbeitskosten ausgetragen. Auch das ist eine für Privatisierungen typische Entwicklung: Der Eigentumsveränderung folgen nahezu immer massive Entlassungswellen, Auslagerungen, Lohndumping, die Ausweitung atypischer Beschäftigungsverhältnisse, also eine massive Verschlechterung der Bezahlungs- und Arbeitsbedingungen.

In Deutschland wurden infolge der Liberalisierung öffentlicher Dienstleistungen seit Mitte der neunziger Jahre schätzungsweise 600 000 Jobs vernichtet.[150] Nachdem etwa die privatisierte Telekom bis 2007 bereits über 100 000 Stellen gestrichen hatte, gliederte sie noch einmal 55 000 Beschäftigte in Servicegesellschaften mit schlechteren

Löhnen aus. Die Einstiegsgehälter für neue Beschäftigte wurden um 6,5 Prozent abgesenkt, die Wochenarbeitszeit ohne Lohnausgleich von 35 auf 38 Stunden erhöht. Die neuen Unternehmen am Markt (Vodafone, O2) haben noch ungünstigere Haustarifverträge oder gar keine (E-Plus). Auch bei der privatisierten Deutschen Post AG arbeiten heute über 100 000 Menschen weniger als früher. Zudem wurde eine Zwei-Klassen-Tarifstruktur für die vor und nach 2001 Eingestellten mit Gehaltsunterschieden von bis zu 30 Prozent etabliert. Die privaten Post-Wettbewerber Pin AG und Co. zahlen Hungerlöhne unter Hartz-IV-Niveau und räumen freimütig ein, dass ihr Geschäftsmodell genau darauf beruht. Als vor wenigen Jahren die Einführung eines Postmindestlohns von 9,80 Euro pro Stunde gesetzlich erzwungen werden sollte, um dem Dumpingwettlauf Grenzen zu setzen, bekämpften sie dieses Projekt mit härtesten Bandagen und dem Argument, andernfalls keine Überlebenschance zu haben.

Auch bei der Bahn liegen die Löhne der Wettbewerber deutlich unter denen der DB, die sich seit Jahren selbst durch Personalabbau und Lohndrückerei auf die Privatisierung vorbereitet. In der europäischen Elektrizitätswirtschaft ist sogar ohne Wettbewerbsdruck ein Beschäftigungsrückgang von 25 bis 50 Prozent seit der Liberalisierung zu verzeichnen. Sämtliche privaten deutschen Krankenhausbetreiber sind aus den Kollektivverträgen für den öffentlichen Dienst ausgestiegen und haben eigene Verträge ausgehandelt, die substantielle Verschlechterungen bei Löhnen und Arbeitsbedingungen enthalten.

Effizienz durch Ausbeutung

Job verloren oder ausgelagert, wachsender Arbeitsdruck und ungleicher Lohn für gleiche Arbeit, so sehen die Folgen von Privatisierungen für die Beschäftigten aus. Sinkende Kosten und die oft gepriesene höhere »Effizienz« privater Anbieter bedeuten also durchaus nicht, dass diese besser oder sparsamer wirtschaften. Die sogenannten »Effizienzgewinne« sind in der Regel lediglich ein Indikator dafür, dass die Mitarbeiter rücksichtsloser ausgebeutet werden.

Die FORBA-Studie kommt zu dem Schluss:»Zusammenfassend haben Liberalisierung und Privatisierung bisher einem Wettbewerbsmodell Vorschub geleistet, das zum Großteil auf einer Senkung der Lohnkosten und nicht auf gesteigerter Innovation und Qualität beruht.«[151]

Dieses Wettbewerbsmodell hat natürlich auch mit dem für die Grundversorgung typischen *Wettbewerb um Märkte* zu tun. Anders als ein Leistungswettbewerb auf offenen Märkten findet ein Wettbewerb *um Märkte* fast ausschließlich auf der Preisebene statt. Was also liegt bei arbeitsintensiven Dienstleistungen näher, als die Kosten einfach durch rüdes Lohndumping nach unten zu treiben? Der Wettbewerb wird zum Dumpingwettlauf.

Service und Qualität auf Sinkflug

Dass sich mit rabiaten Kostensparprogrammen am Ende auch die Qualität der Leistungen und der Service verschlechtern – und nicht etwa verbessern –, liegt auf der Hand. Der»bessere Service« der Deutschen Post seit der Privatisierung etwa besteht für den Postkunden im Wesentlichen darin, dass sein Weg zum nächstgelegenen Postamt oder Briefkasten um einiges länger geworden ist. Es ist auch gewiss nicht zum Vorteil der Patienten, wenn sie in privatisierten Krankenhäusern von immer weniger Pflegepersonal betreut werden, das oft völlig überlastet ist. Auch der Trend, Hilfsschwestern anstelle voll ausgebildeter Krankenschwestern einzustellen, weil sie billiger sind, hebt nicht eben die Versorgungsqualität.

Selbst bei Gefängnisprivatisierungen geht die Kostenersparnis in der Regel auf schlichten Personalabbau zurück. Der Fall eines privatisierten argentinischen Gefängnisses, aus dem eine Gruppe schwerer Jungs im Sommer 2010 den Ausbruch schaffte, weil die Wärter auf den Gefängnistürmen aus Ersparnisgründen durch Puppen ersetzt worden waren, ging durch die Weltpresse. Die erfolgreichen Ausbrecher mögen diesen Service honorieren, aber ob er im Sinne der übrigen Bürger war?

Tödliche Rendite

Neben Löhnen und Qualitätsstandards gibt es ein weiteres Gebiet, auf dem die Kostenspürhunde der neuen privaten Versorger in der Regel fündig werden: die langfristigen Investitionen, die man sich – wie die übrigen auf *lean* und *mean* getrimmten Konzerne – unter Renditegesichtspunkten lieber schenkt. Das *Schwarzbuch Privatisierung* weist an vielen Beispielen nach: »Die typische Auswirkung der Liberalisierung auf die Infrastruktur ist die totale Vernachlässigung derselben – aus Kostengründen.«[152]

Gerade der Erhalt von Netzen, seien es Schienen, Überlandleitungen oder Wasserrohre, erfordert viele teure und, kurzfristig betrachtet, unrentable Investitionen. Es ist ein typisches Kennzeichen von Privatisierungen, dass die privaten Anbieter derartige Investitionen entweder drastisch einschränken oder sich weiterhin öffentlich subventionieren lassen. Das gilt besonders für Unternehmen, die die Lizenz zur Bereitstellung eines bestimmten Angebots nur für eine bestimmte Zeit bekommen. Gerade sie haben nicht den geringsten Anreiz, Geld in kostspielige Langfristinvestitionen zu versenken. Ergebnis solcher Vernachlässigung können gravierende Sicherheitsrisiken sein.

In einigen Fällen kosteten die so erzeugten Rentabilitätsgewinne Menschenleben. Etwa im Falle der britischen Bahn, die im Zuge der Privatisierung in über 100 Einzelunternehmen aufgegliedert und einzeln verkauft worden war. Im Ergebnis war ein großes schwerfälliges und ineffizientes Firmengeflecht entstanden, in dem kein Fahrplan mehr zum anderen passte und jede Firma ihr eigenes Ticketsystem hatte. Da die einzelnen Betreiber die Lizenz zum Befahren einer bestimmten Strecke jeweils nur für fünf Jahre erhielten, investierten sie auch nicht mehr in die Waggons, die zunehmend verrotteten. Richtig gefährlich aber wurde, dass auch die Wartung der Schienen privaten Firmen überlassen worden war, die die nötigen Kontroll- und Reparaturleistungen auf ein Minimum reduzierten. Neben andauernden Verspätungen gingen fünf tödliche Eisenbahnunglücke auf das Konto schlecht gewarteter Gleise. Am Ende war die Situation so unhaltbar geworden, dass doch wieder Staat und Steuerzahler übernehmen mussten. Im Oktober 2001 meldete die Firmenholding Railtrack Konkurs an. Die Regierung zahlte den Aktionären eine Entschädigung von 200 Millionen Pfund und übernahm Schulden von 4,5 Milliarden. Railtrack wurde in eine öffentliche Stiftung umgewandelt, Bahnhöfe und Schienennetz wurden wieder verstaatlicht.

Die britische Bahn ist kein Einzelfall. Auch die Privatisierung des Eisenbahnverkehrs in Neuseeland wurde 2008 rückgängig gemacht, nachdem die privaten Betreiber das Bahnsystem nach dem Verkauf Anfang der neunziger Jahre hoffnungslos heruntergewirtschaftet hatten. In dem Bestreben, sich künftigen privaten Erwerbern möglichst rentabel darzubieten, hat die Deutsche Bahn exakt den gleichen Weg eingeschlagen. Seither darf es im Sommer nicht mehr zu warm und im Winter nicht mehr zu kalt werden, damit der Fahrgast Aussicht hat, sein gewähltes Fahrziel bei guter Gesundheit und in akzeptabler Zeit zu erreichen. Auch die Wartung der Berliner S-Bahn, die zum Bahnkonzern gehört, wurde aus Renditegründen verschlampt. Seit nunmehr anderthalb Jahren bringt der Investitionsstau den öffentlichen Verkehr in der deutschen Hauptstadt immer wieder zum Erliegen.

Ein europäisches Gegenmodell zu den privatisierten Bahnkatastrophen sind die schnellen französischen Staatsbahnen oder auch die vorbildlich pünktliche staatliche Schweizer Bahn. Zumal Letztere in dem bergigen Alpenland mit weit komplizierteren Naturgegebenheiten und Witterungsbedingungen zurechtkommen muss als mit jenen 50 Zentimeter Schnee, die bei der Deutschen Bahn schon als Extremsituation gelten. Der Erfolg des engmaschigen Schweizer Bahnnetzes ist dabei vor allem den stetig hohen Investitionen in den Ausbau von Schienen und Bahnbetrieb zu verdanken.

Verrottete Leitungsnetze

Aber nicht nur im Bereich der Bahn kann die Vernachlässigung der Infrastruktur schlimme Folgen haben. Es waren die der Liberalisierung folgenden, immer dürftigeren Investitionen in die Energienetze, die in Schweden, Kalifornien und Australien wiederholt zu Stromausfällen und Versorgungsengpässen geführt haben. Beispiele für die Ignoranz von Investitionserfordernissen durch private Betreiber gibt es auch auf dem Wassermarkt. Dem Unternehmen Thames Water, von 2001 bis 2006 Tochter des deutschen RWE-Konzerns, etwa ist die Wasserversorgung der britischen Hauptstadt mit 8 Millionen Wasserkunden anvertraut. Thames Water machte jahrelang saftige Gewinne, enthielt sich allerdings jeder Investition in das zunehmend marode Londoner

Leitungsnetz und wurde daraufhin mehrfach von Gerichten wegen Umweltverschmutzung und Gefährdung der öffentlichen Gesundheit verurteilt. Da die Strafen offenbar aber immer noch billiger waren als die überfälligen Investitionen, zahlte Thames Water und machte weiter wie zuvor. Als schließlich in London mehr Wasser aus kaputten Rohren versickerte, als bei den Haushalten ankam, und die britischen Behörden Investitionen durch Auflagen erzwangen, verlor RWE das Interesse an dem Unternehmen und gab es an den nächsten Glücksritter weiter. Gut möglich, dass auch Thames Water, wenn der Sanierungsbedarf die Profitchancen gänzlich aufgefressen hat, wieder in der Hand des britischen Staates und auf dem Buckel des britischen Steuerzahlers landet.

Luxusmodernisierungen oder verfallender Discount-Wohnraum

Wohnungsprivatisierungen führen regelmäßig zu einer von zwei Varianten: Entweder werden Luxusmodernisierungen durchgeführt, die den Wohnraum radikal verteuern und einen Großteil der bisherigen Mieter zum Wegzug zwingen. Oder es wird sogenannter Discount-Wohnraum geschaffen, auf extreme Mietsteigerungen also ebenso verzichtet wie auf jede Investition in Bausubstanz und Instandhaltung.

Für letzteres Modell stehen insbesondere einige große Private-Equity-Heuschrecken wie Cerberus oder Fortress, die sich dank leerer kommunaler Kassen und korrupter Stadtverordneter auch in den deutschen Wohnungsmarkt eingekauft haben. Hier wird hohe Rendite auf Basis einer zunehmend abgewirtschafteten Substanz gemacht. Ist der Investitionsbedarf irgendwann so hoch, dass er sich ohne akute Sicherheitsrisiken nicht mehr verschieben lässt, dürfte das Geschäftsinteresse deutlich schwinden. Am Ende wird es wohl erneut die Kommune sein, die, um weiteren Verfall und unzumutbare Wohnverhältnisse zu vermeiden, die Wohnungen mit allen aufgestauten Kosten wieder übernimmt.

Teurer Wettbewerb

»Wettbewerb kann objektiv teurer sein als ein Staatsmonopol«,[153] stellt Ernst Ulrich von Weizsäcker, Naturwissenschaftler und Mitglied des Club of Rome, in seinem gemeinsam mit anderen Autoren verfassten Buch über *Die Grenzen der Privatisierung* fest. Das hat zum einen damit zu tun, dass mehrere private Anbieter zwangsläufig auch eine Vervielfachung von Verwaltungsstrukturen bedeuten. Selbst wenn jedes einzelne dieser Unternehmen sich schlank und rank präsentiert, ist der unproduktive Verwaltungsaufwand in der Summe oft deutlich höher als bei einem öffentlichen Monopol. Werden solche Zusatzkosten nicht durch die positiven Wirkungen funktionierenden Wettbewerbs auf Produktqualität und Preis ausgeglichen, machen sie die Kunden schlicht ärmer. Denn am Ende muss dieser zusätzliche Aufwand vom Nutzer der Leistungen ebenso bezahlt werden wie die bei Privatunternehmen im Vergleich zu öffentlichen Anbietern meist deutlich höheren Gehälter der Führungskräfte.

Ein klassisches Beispiel für sinnlose Zusatzkosten ist erneut die britische Bahn in ihrer privaten Phase. Der laufende Verwaltungsaufwand der 106 Nachfolgefirmen zusammen lag sehr viel höher als der der einstigen Staatsbahn, von den drei extra eingerichteten Regulierungsbehörden nicht zu reden. Ein anderes Beispiel sind die deutschen Krankenversicherungen, die gesetzlichen und dann noch die privaten. Dieses System bringt eine Vervielfachung von Verwaltungsapparaten ohne zusätzlichen gesellschaftlichen Nutzwert. Denn von einem die Anbieter disziplinierenden Wettbewerb kann auch in diesem Bereich keine Rede sein. Wie das *Schwarzbuch Privatisierung* feststellt: »Ein funktionierender Markt setzt voraus, dass Kunden freie Entscheidungen treffen können und die finanzielle Verantwortung dafür tragen. Das ist im Gesundheitsbereich nicht der Fall. Der ›Kunde‹ ist ausgeliefert.«[154] Eine einzige gesetzliche Kasse mit einkommensabhängigen Beiträgen für alle Menschen wäre für die große Mehrheit deutlich kostengünstiger als das heutige System und es dürfte einer solchen Einheitskasse nicht schwerfallen, die Leistungen einer heutigen besseren Privatversicherung für alle Versicherten anzubieten.

Objektiv teurer ist der »Wettbewerb« privater Anbieter natürlich auch wegen der mit ihm verbundenen Zusatzkosten für Werbung und Marketing. Hinzu kommt, dass zumindest im Bereich der Mobilfunktelefonie mit der Privatisierung auch der Aufbau einer mehrfachen Infrastruktur einherging. Jeder Anbieter hat seine eigenen Sendenetze und Mobilfunkmasten, die die Landschaft verschandeln und die Anwohner mit Elektrosmog belästigen. Objektiv hätte ein einziges System das gesamte Land mit Leistungen gleicher Qualität zu entsprechend niedrigeren Kosten versorgen können. Aber natürlich nur, wenn es nicht einem privaten Monopolisten überlassen worden wäre.

Der Großkunde ist König

Generell besteht die Konsequenz von Privatisierungen darin, dass sich das Angebot fortan in erster Linie auf den zahlungskräftigen Kunden konzentriert. Während öffentliche Anbieter die Versorgung mit Leistungen des Grundbedarfs wie Wasser, Strom oder auch Telekommunikation über Sozialtarife für alle erschwinglich machen können und dies in der Vergangenheit auch vielerorts taten, widerspricht ein solcher Ansatz jeder privatwirtschaftlichen Logik. Diese verlangt vielmehr, die großen Brieftaschen zu begünstigen, nicht die kleinen. So besteht die typische Kostenstruktur bei privaten Anbietern in der Regel in hohen Anschluss- und Grundgebühren und niedrigen laufenden Kosten. Großkunden werden oft zusätzlich durch Mengenrabatte angelockt.

Solche Angebote sind für den Kleinverbraucher teuer, während Großverdiener oder Industriekunden von der Liberalisierung tatsächlich profitieren können. Dies gilt selbst auf dem wettbewerbsarmen Energiemarkt, zumindest in Ländern, wo die Gebietsmonopole der einzelnen Anbieter weniger abgegrenzt sind als in Deutschland. Auch im Bereich Telekom ist die Preisersparnis eines Vieltelefonierers oder eines Unternehmens, das viele Auslandsgespräche führt, im Vergleich zu früheren Zeiten ungleich größer als die eines Rentnerehepaars, das in erster Linie Tochter und Enkel in der gleichen Stadt anrufen möchte. Ob Letztere heute überhaupt weniger zahlen als zu Zeiten, da die Festnetztelefonie noch unter Verantwortung der Deutschen Bundespost stand, kann bezweifelt werden. Immerhin sind die Grundgebühren heute wesentlich höher als damals, und von drastisch gesunkenen Preisen für Auslandsgespräche oder Flatrate-Angeboten profitiert eben nur der, der sie auch nutzt.

Dienstleistungen à la carte

Ernst Ulrich von Weizsäcker vermerkt in den *Grenzen der Privatisierung:*
»Bei den sozialen Dienstleistungen führt ein größerer Anteil privater

Anbieter zu Dienstleistungen à la carte. Es besteht für die privaten Anbieter ein großer Anreiz, sich vor allem um die Kunden zu kümmern, die Marktpreise zahlen.«[155] Die Schwächeren werden dann entweder vom staatlichen System aufgefangen oder sie zahlen deutlich mehr als früher.

Eine wichtige Grundlage der Rentabilität privater Anbieter ist generell, sich aus der Gesamtpalette der zu erbringenden Versorgungsleistungen genau die herauszusuchen, die sich als besonders gewinnträchtig darbieten, und die übrigen der öffentlichen Hand zu überlassen. So ist von privaten Krankenhauskonzernen bekannt, dass sie selektiv solche Krankenhäuser aufgekauft haben, die auf »ertragreiche« Krankheitsarten spezialisiert sind oder in strategisch günstiger Lage liegen, also in großen Städten und nicht etwa im ländlicheren Raum. Und natürlich werden in solchen Krankenhäusern bevorzugt auch die »ertragreicheren Kranken« behandelt, also diejenigen mit gut zahlenden Privatversicherungen.

Auch für Letztere gilt: Dass sie billigere Tarife für Gutverdiener anbieten können als die gesetzlichen Kassen, ist durchaus nicht Ausdruck eines überlegenen Geschäftsmodells. Es ist schlicht Ergebnis gezielter Selektion. Denn in der gesetzlichen Krankenkasse zahlt der Normalverdiener schon deshalb mehr, weil er für den zum Minitarif mitversicherten Geringverdiener, den Arbeitslosen und deren Frauen und Kinder mitbezahlt. Darüber hinaus sucht die private Kasse sich ihre Klientel sorgfältig aus: Wer schon einmal an einer schwerwiegenden Krankheit gelitten hat oder sonst ein hohes Risiko verkörpert, wird nicht genommen beziehungsweise nur zu teuren Tarifen. Der sogenannte Basistarif, den die private Krankenversicherung seit 2009 von Gesetz wegen anbieten muss, ist für viele Einkommensgruppen teurer als die gesetzliche Kasse und bietet Leistungen gerade auf deren Niveau.

Eine ähnliche Rosinenpickerei durch die privaten Anbieter findet auch in anderen Bereichen statt. Während die Deutsche Post noch heute einer sogenannten »Universaldienstverpflichtung« unterliegt, also auch Briefe für 55 Cent in oberbayrische Zehn-Seelen-Gemeinden transportieren muss, tummeln sich die Wettbewerber auf den lukrativen Märkten wie dem für Massensendungen oder Pakete. Auf das Vorhaben der

Regierung, der Post das Umsatzsteuerprivileg zu nehmen, das sie zur Zeit noch genießt, hat Postchef Appel denn auch umgehend mit der Drohung reagiert, Leistungen aus der Universaldienstverpflichtung nicht länger anzubieten. Bei der Bahn, bei der es eine gesetzliche Universaldienstverpflichtung nicht gibt, hat mit der neuen Renditeorientierung konsequenterweise das große Streckensterben begonnen. Was sich nicht rechnet, wird stillgelegt. Etwa 5000 Kilometer Bahnstrecke sind diesem Prinzip bereits zum Opfer gefallen. Im Falle einer tatsächlichen Privatisierung sind nach einem aktuellen Gutachten der Länder weitere 6000 bis 10 000 Netzkilometer stilllegungsgefährdet. Alle Stationen mit weniger als 100 Ein- und Aussteigern pro Tag würden dann wohl geschlossen. Eine Börsenbahn fährt nicht mehr nach Kleinkleckersdorf, sowenig wie eine Börsenpost noch Filialen im ländlichen Raum betreibt.

Arme abgezockt

Tatsächlich beruhen die Aufrechterhaltung unrentabler Dienste ebenso wie das Angebot sozial gestaffelter Tarife immer auf Subventionen. Der bessergestellte Kunde zahlt für den schlechtergestellten mit. Oder eine rentablere Dienstleistung unterstützt das Angebot einer unrentablen. Bei Sozialtarifen wie in der Krankenkasse oder im Nahverkehr oder früher auch in vielen Ländern bei Wasser, Energie und Telefon waren solche Umverteilungen an der Tagesordnung. Oftmals wurde der örtliche Nahverkehr in kommunalen Stadtwerken über die Energiepreise subventioniert. Statt der Dividenden der Energiekonzerne zahlte der Stromkunde dann den nicht kostendeckenden Bustarif oder das Sozialticket. Die Beförderung der Briefe wurde in der alten Bundespost durch die einträglicheren Telefondienste mitfinanziert.

Private Anbieter, die überhaupt nur den lukrativen Teil des Leistungspakets anbieten, haben leichtes Spiel, öffentliche Wettbewerber an Rentabilität zu übertreffen. Die Kosten, die sie nicht mehr subventionieren, verschwinden dadurch allerdings nicht. Sie zahlt nur ein anderer. In der Regel entweder die bisher begünstigten Ärmeren oder die öffentliche Hand. Zu diesem Schluss kommt auch Weizsäcker: »Nach der Privatisierung müssen die Armen typischerweise viel mehr als zuvor für das Lebensnotwendige ausgeben.«[156]

Teuer für den Steuerzahler

Auch den Steuerzahler kommen Privatisierungen meist teuer zu stehen. Nicht nur, weil renditeträchtig vernachlässigte Infrastrukturen, etwa bei der Bahn, am Ende doch wieder an den Staat zurückfallen und von ihm teuer saniert werden müssen. Sondern auch, weil die privaten Betreiber oft äußerst geschickt im Erpressen von Steuervergünstigungen und Subventionen sind. Einer der perfektesten Hebel zum Ausnehmen der öffentlichen Hand sind dabei sogenannte Öffentlich-Private Partnerschaften (ÖPP), die in der Regel nach dem Prinzip funktionieren: Der Staat trägt die Risiken und Verluste, die Privaten sahnen ab.

Viele Privatisierungen und Teilprivatisierungen finden in juristischen Vereinbarungen ihren Niederschlag, in denen dieses Prinzip dauerhaft verankert wird. Weizsäcker konstatiert als einen der Gründe dafür: »Der Staat, nicht nur in Entwicklungsländern, hat oft einfach nicht die Macht und die Erfahrung, um mit starken internationalen Konzernen auf Augenhöhe zu verhandeln.«[157] Korruption und Käuflichkeit spielen natürlich auch ihre Rolle. Das Ergebnis sind extrem unvorteilhafte Verträge, in denen die öffentliche Seite oft bis aufs Hemd ausgezogen wird. Ein Beispiel dafür ist der Vertrag zur Wasserteilprivatisierung in Berlin, in dem den privaten Konzernen Renditegarantien gegeben wurden, die einer Dauersubventionierung auf Kosten der Bürger und des öffentlichen Haushalts gleichkommen.

So machen Privatisierungen ihrem Namen alle Ehre. Denn der leitet sich vom lateinischen Verb *privare* ab, übersetzt heißt das: »rauben«. Und genau darum geht es: Um einen schamlosen Raubzug zulasten der Portemonnaies der Mehrheit der Menschen, die auf die entsprechenden Leistungen angewiesen sind, und zum Schaden der Kommunen, die die Verschleuderung des Tafelsilbers immer ärmer und handlungsunfähiger macht.

Die These, dass es sich bei öffentlichen Anbietern generell um Subventionsempfänger und Milliardengräber handelt, ist im Unterschied dazu schlicht eine Legende. Die Deutsche Bundespost etwa hatte seit 1949 bis zu ihrer Auflösung 1994 kein Geld erhalten, sondern regelmäßig an die Bundeskasse gezahlt. Zuletzt waren das Einnahmen für die öffentliche Hand von mehr als 5 Milliarden D-Mark jährlich. Auch viele Stadtwerke haben ihren Kommunen stetige Einnahmen verschafft. In Großbritannien steuerten die öffentlichen Betriebe 1984, also unmittelbar vor Thatchers Privatisierungswelle, mehr als 7 Milliarden Pfund für die Staatskasse bei. »Es ging Thatcher nicht darum, ob der Staat Unternehmen führen konnte, sondern darum, dass er es nicht *sollte*.«[158] Das gilt auch für viele Privatisierungsfreunde in Kontinentaleuropa.

Populäre Rekommunalisierer

Die Einsicht, dass die Grundversorgung der Bürger mit den wesentlichen Leistungen am Ende viel kostengünstiger in kommunaler Eigenregie stattfinden kann als bei Beauftragung profitorientierter Privatanbieter, führt seit einiger Zeit zu einer Rekommunalisierungsbewegung. Von Bergkamen bis Ahrensburg kämpfen Bürgermeister um die Rückführung einst privatisierter Versorgungsleistungen in die öffentliche Hand. Die Mehrheit der Bürger haben sie dabei auf ihrer Seite. Immer häufiger werden den Kommunalpolitikern Privatisierungsphantasien durch erfolgreiche Bürgerbegehren ausgetrieben wie in Leipzig, oder sie werden durch solche zur Rekommunalisierung angehalten wie in Berlin. Der Deutsche Städte- und Gemeindebund erklärte im Sommer 2007, dass er die Privatisierungspolitik als gescheitert betrachtet.

Das rechtliche und finanzielle Umfeld macht den Kommunen die Rekommunalisierung allerdings so schwer wie möglich. Finanziell mag die Erbringung der Leistungen durch die Kommune wesentlich preisgünstiger sein als die Beauftragung von Privaten. Aber der Rückkauf selbst ist für die finanziell ausgepowerten deutschen Städte und Gemeinden oft ein kaum erschwingliches Abenteuer. Zumal sich die privaten Anbieter in der Regel auf Klauseln in ihren Knebelverträgen berufen können, die ihnen bei vorzeitigem Vertragsende hohe Entschädigungen in Aussicht stellen. Gäbe es diese Hürden nicht, befände sich vermutlich längst ein viel größerer Teil der Daseinsvorsorge wieder in kommunaler Hand.

Aber nicht nur im kommunalen Bereich, sondern auch mit Blick auf Post, Energieversorgung und Bahn hat sich herausgestellt, dass der Staat als Versorger und Anbieter elementarer Leistungen gar keine so schlechte Arbeit erbringt und durchaus nicht, ohne großen Schaden anzurichten, durch private Anbieter ersetzt werden kann. Der springende Punkt ist, dass mit der Privatisierung auch in den Bereich der Grundversorgung eine betriebswirtschaftliche Rentabilitätslogik Einkehr hält, die dort nichts verloren hat. Oder wollen wir wirklich Krankenhäuser, in denen Krankheiten und Kranke unter dem Aspekt ihres Ertragspotentials behandelt werden statt unter dem Gesichtspunkt optimaler Versorgung? Wollen wir Krankenversicherungen, in denen der gesunde Gutverdiener König ist? Soll eine Herzoperation ein ökonomischer Vorgang werden, der dem Kauf eines Autos gleichkommt, wo der eine sich eben den Porsche leisten kann und der andere sich im Fiat Panda das Rückgrat zerdrückt? Muss der Schienenverkehr sich wirklich rechnen, oder wäre es nicht unter Umweltgesichtspunkten sinnvoll, eine attraktive und preiswerte Alternative zum Auto auch da anzubieten, wo sie nicht rentabel ist? Soll jeder nur für sich zahlen, oder sind subventionierte Sozialtarife für Geringverdiener im Bereich der Grundversorgung nicht ein elementares Gebot der Humanität?

Gemeinnützig oder gewinnorientiert

Es gibt einen grundsätzlichen Unterschied zwischen gewinnorientierten Unternehmen und gemeinnützigen. Nicht jedes öffentliche Unternehmen arbeitet gemeinnützig. Das tut es nur, wenn ihm ein öffentlicher Auftrag übertragen wurde und es auf diesen auch gesetzlich verpflichtet wird. Werden öffentliche Unternehmen kommerzialisiert, auf ähnliche Finanzkriterien getrimmt wie private und in Wettbewerb mit diesen gesetzt, verhalten sie sich schnell nach den gleichen Mustern wie die privaten Anbieter. Auch dann hat das Gemeinwohl keine Chance.

Aber im Unterschied zu kommerziellen Firmen *kann* ein öffentliches Unternehmen auf andere Kriterien als Gewinn und Rendite ausgerichtet werden: Versorgungsgrad, Qualität der Dienstleistung, Erschwinglichkeit für ärmere Bevölkerungsschichten. Dem Unternehmen muss dann allerdings der Raum und gegebenenfalls die finanzielle Unterstützung gewährt werden, um diesen Auftrag auszufüllen. Selbstverständlich können auch gemeinnützige Anbieter besser oder schlechter wirtschaften, sie können mehr oder weniger *effizient* sein im Sinne der Erreichung ihrer Ziele. Aber diese Effizienz bemisst sich eben nicht nur an betriebswirtschaftlichen Kriterien. Und anders als der private kann der öffentliche Träger für solche Effizienz demokratisch in Haftung genommen werden.

Gemeinnützigkeit und Effizienz (gemessen an Kennzahlen wie den genannten) schließen sich nicht aus, Gemeinnützigkeit und Renditeorientierung aber durchaus. Wo wiederum Gewinninteressen keinen Platz haben, gehören auch keine Unternehmen hin, deren erstes Ziel darin besteht, Geld zu machen. Das ist das Grundproblem, wenn im Bereich elementarer Dienste privatisiert wird. Und dieses Problem ist nicht durch eine bessere oder striktere Regulierung lösbar. Wie das *Schwarzbuch Privatisierung* zu Recht feststellt:

»In dem Maße, in dem versucht wird, aus profitorientierten Versorgern durch Regulierung gemeinnützige zu machen – via Preisschutz, Umweltziele, Universalversorgungsgebot, Vorgaben für Versorgungssicherheit, Investitionen und Beschäftigtenschutz –, wird es für sie uninteressant, da könnte man sie ja gleich in öffentliche Versorger (rück-)umwandeln.«[159]

Wer »Privat vor Staat« sagt, sagt auch »Markt vor Regulierung« und »Profit vor Gemeinnützigkeit«. Wenn der Staat sich zurückzieht, dann, um der Renditelogik freien Raum zu lassen. Zeigt sich, dass diese die angebotenen Leistungen für die Mehrheit der Menschen nicht verbessert und verbilligt, sondern verschlechtert und verteuert, sollte nicht die Regulierung, sondern die Privatisierung infrage gestellt werden.

Die bisherigen Erfahrungen lassen nur einen Schluss zu: Leistungen der Grundversorgung wie Wasser, Energie, Mobilität und Kommunikation gehören nicht in die Hand renditeorientierter Privatunternehmen, sondern in die gemeinnütziger Anbieter in öffentlichem Eigentum. Das Gleiche gilt für Bildung, Gesundheit, Mietwohnungen und die ganze Palette kommunaler Dienste. Gesetze, die die Rekommunalisierung und Rückverstaatlichung solcher Leistungen begünstigen statt erschweren, sind überfällig.

Versorger mit gesetzlichem Gemeinwohlauftrag

Der beste Weg dazu wäre, die Erbringung von Leistungen der Grundversorgung verfassungsrechtlich für öffentliche beziehungsweise gemeinnützige Träger zu reservieren und damit auch künftige Privatisierungen auszuschließen. Beispielsweise schreibt das Grundgesetz vor, dass die Deutsche Bahn mehrheitlich im Eigentum des Bundes verbleiben muss. Letzterer wird in Artikel 87e zugleich verpflichtet, dafür zu sorgen, dass dem »Wohl der Allgemeinheit, insbesondere den Verkehrsbedürfnissen, beim Ausbau und Erhalt des Schienennetzes ... Rechnung getragen wird«. Ein Ausbau solcher Festlegungen im Hinblick auf die Alleinverantwortung der öffentlichen Hand für die gesamte Daseinsvorsorge wäre dringend notwendig. Natürlich zeigt die Bahn auch, dass die besten Grundgesetzartikel allein vor Fehlentwicklungen und Renditejagd nicht schützen. Aber sie können einen Rahmen setzen, der in eine bestimmte Richtung weist, dann allerdings durch Gesetze untersetzt und konkretisiert werden muss.

Natürlich wäre auch eine Veränderung der europäischen Verträge wünschenswert, die völlig darauf fixiert sind, Grundversorgungsleistungen als »Dienstleistungen von allgemeinem wirtschaftlichen Interesse« möglichst weitgehend dem Wettbewerbsrecht zu unterwerfen. Hier ist die Handschrift der Wirtschaftsverbände, in dem Falle vor allem der großen privaten Dienstleister, deutlich erkennbar. Allerdings geht das Einfallstor für eine Einflussnahme der europäischen Ebene erst durch die Öffnung der Märkte für private Anbieter auf. Erbringen Kommunen sämtliche kommunalen Dienste in Eigenregie, gibt es auch keinen Druck in Richtung europaweiter Ausschreibung, und das Beihilferecht findet keine Anwendung. Auch die Liberalisierungsdiktate lassen sich umgehen, wie dies nicht wenige Länder vorführen. Immerhin legt Artikel 295 EGV fest, dass die Europäische Gemeinschaft im Hinblick auf die Eigentumsordnung neutral zu sein hat. Wenn daher Politiker die Mär verbreiten, die EU-Verträge zwängen sie zu Privatisierungen, ist das immer der Versuch, von der eigenen Verantwortung und Entscheidungskompetenz abzulenken.

Die Frage der Entschädigung bei Rückverstaatlichungen oder Rekommunalisierungen ist dabei keineswegs so relevant, wie sie scheinen mag. Mit Blick auf den Energiemarkt argumentiert die Deutsche Bank in einer Studie von 2007, dass die Zerschlagung und faktische Enteignung der Energieriesen kein Problem wäre, denn: »Die jahrzehntelange Akkumulation von Kapital – auch für den Ausbau der Netze – kam nicht zuletzt deshalb zustande, weil in Deutschland kein Wettbewerb auf den Strom- und Gasmärkten stattfand, also sogenannte Monopolrenditen erwirtschaftet werden konnten.«[160] Insofern erscheine die Eigentumsfrage »in einem anderen Licht«. »Mit anderen Worten«, kommentiert der *Spiegel*, »die Unternehmen haben ihre Stromnetze zumindest teilweise mit unrechtmäßig erworbenem Geld errichtet. Daher ist es legitim, sie ihnen wieder wegzunehmen.«[161]

Diese Argumentation gilt natürlich nicht nur für die Netze, sondern auch für die Erzeugerkapazitäten der Energiekonzerne und überhaupt für die meisten Bereiche der privatisierten Grundversorgung. Denn nahezu überall werden ja »Monopolrenditen« erwirtschaftet. In manchen Bereichen würden vermutlich schon Mindestlöhne, eine generelle Universaldienstverpflichtung für alle Anbieter oder hohe Investitionsauflagen die privaten Renditeritter zum freiwilligen Rückzug bringen. Wird beim Thema Rücknahme der Privatisierungspolitik vor allem über die Kosten geredet, ist das ein Vorwand. Eingebettet in entsprechende Gesetze, wäre die Rückverstaatlichung für die öffentliche Hand sehr viel billiger als die fortgesetzte Abzocke von Bürgern und Staat durch private Anbieter.

Ein neues Geschäftsmodell

Verantwortlich für die Erbringung der Leistungen sollte jeweils die öffentliche Ebene sein, auf der sie am besten demokratisch kontrolliert werden können. Stadtwerke, Müllentsorgung, Wohnungen, Krankenhäuser und Nahverkehr sollten ihren Platz wie früher in der Kommune oder in interkommunalen Verbünden haben. Post, Telekommunikation, Eisenbahn und Energienetze beim Bund. Bildung bei Ländern und Bund.

Natürlich löst die Rückübertragung des Eigentums an die öffentliche Hand allein das Problem nicht. Es geht vor allem um ein anderes Geschäftsmodell, das Gemeinwohl vor Gewinn setzt. Gemeinwohl heißt: Leistungen für alle zu moderaten Preisen, abgesichert durch Sozialtarife für Geringverdiener. Gemeinwohl heißt aber auch: Umweltgesichtspunkte sind wichtiger als Rentabilität, Nah- und Fernverkehr müssen vor allem attraktiv sein und sich nicht unbedingt rechnen. Die Energieerzeugung muss den Übergang zu erneuerbaren Energieträgern umsetzen, statt den Atomausstieg weiter hinauszuzögern.

Ein neues Geschäftsmodell durchzusetzen schließt ein, nicht nur die Privatisierungen zurückzunehmen, sondern auch die fatale Kommerzialisierung jener Bereiche der Grundversorgung, die noch in öffentlichem Eigentum sind, aber heute ähnlich geführt werden wie private Unternehmen. Niemand braucht einen »integrierten Logistikkonzern« mit über 500 Tochterfirmen, darunter Spediteure und Luftfrachtunternehmen, der vor lauter Geschäftigkeit vergisst, Gleise und Züge so zu warten, dass der Fahrgast auch bei Hitze und Schnee sein Ziel erreicht. Die Bahn hat sich um den Schienenverkehr zu kümmern, um Personen und Fracht und sonst um nichts. Und zwar in dem Land, in dem sie ansässig ist, allenfalls noch im grenzüberschreitenden Verkehr. Aber nicht in fernen Ländern oder gar auf anderen Kontinenten. Es spricht viel dafür, dass eine Bahn, die sich darauf konzentriert, die Menschen und Frachtgüter durch attraktive Angebote von der Straße zu holen, nicht kostendeckend arbeiten kann. Zum Ausgleich würden andere Bereiche wie Post und Telekom auch bei Rückkehr zu vernünftigen Löhnen, Sozialtarifen und bei Wiederherstellung eines ordentlichen Postfilialnetzes sehr wahrscheinlich – wie in der Vergangenheit – Überschüsse erwirtschaften.

Ebenso stünde im Bereich der Stadtwerke nicht nur die Rekommunalisierung der Gesamtpalette der Leistungen, sondern auch die Rückkehr zu einem auf die Versorgung der jeweiligen Region konzentrierten Geschäftsmodell auf der Tagesordnung. Es ist nicht Aufgabe von Stadtwerken, sich internationale Beteiligungen als Renditebringer ins Portefeuille zu holen. Auch das war und ist bereits Ausdruck einer Kommerzialisierungsstrategie, bei der der öffentliche Auftrag trotz öffentlichem Eigentum unter die Räder kommen muss.

Gesetzlich verankerter Auftrag und demokratische Kontrolle

Die sozialen und ökologischen Verpflichtungen eines gemeinnützigen Geschäftsmodells müssen gesetzlich festgeschrieben, ihre Einhaltung demokratisch kontrolliert werden. Das ist im Falle öffentlicher Anbieter deutlich leichter als im Falle privater, weil der Kontrolleur öffentlicher Betriebe zugleich der Eigentümer ist. Die öffentliche Hoheit über die Grundversorgung der Bürger ist ein erster Schritt zur Wiederherstellung echter Demokratie. Kommunalvertreter bekommen endlich wieder Gestaltungsmacht. Sie können die Entwicklung der Mieten ebenso beeinflussen wie die Wasserpreise. Und sie sind bei Fehlentwicklungen – etwa unverhältnismäßigen Preiserhöhungen – haftbar zu machen. Das Gleiche gilt auf Bundesebene.

Eine öffentliche Grundversorgung der Bürger mit den wichtigsten Leistungen für Lebensqualität ist per se noch keine Garantie zur Lösung aller Probleme. Aber sie ist die *Voraussetzung* dafür, dass nach demokratischen Wegen zur Lösung der Probleme überhaupt gesucht werden kann. Nach Anreizen, die ökologisches und sozial verantwortliches Handeln belohnen, nach den richtigen Unternehmensformen und -strukturen, die moderne, bürgerfreundliche, unbürokratische Leistungserbringung ermöglichen. Das alles ist nicht am Reißbrett festzuschreiben, sondern muss in der Praxis und aus konkreten Erfahrungen entwickelt werden. Entscheidend ist, die Sackgasse der Privatisierungspolitik zu verlassen und die Weichen in Richtung Zukunft zu stellen. Dazu gehört, endlich wieder über die richtigen Fragen nachzudenken. Die richtige Frage im Bereich der Grundversorgung lautet nicht »Privat oder Staat«, sondern *wie* werden öffentliche Unternehmen am besten in die Lage versetzt, Leistungen im Sinne des Gemeinwohls und zum Vorteil der großen Mehrheit zu erbringen.

Fazit

Werden Leistungen der Grundversorgung zum Geschäftsobjekt profitorientierter Unternehmen, führt das in der Regel nicht zu höherer Qualität, besserem Service und fallenden Preisen, sondern zum genauen Gegenteil.

Ein Grund besteht darin, dass die mit der Privatisierung verbundenen Wettbewerbsversprechen großenteils gar nicht eingelöst werden. Bei vielen Grundversorgungsleistungen handelt es sich um ein natürliches Monopol. Wird ein solches Monopol privatisiert, befreit es sich von öffentlichem Auftrag und demokratischer Kontrolle und kann daher seine Macht zur Preissetzung ungehemmt ausleben. Private Renditeorientierung führt zudem zur Reduzierung »unrentabler« Investitionen, was gerade bei Netz-Infrastrukturen mit hohem Investitions- und Wartungsbedarf katastrophale Folgen hat. Das Sommer- wie Winterchaos bei der Deutschen Bahn und die Häufung schwerer Unfälle sind markante Beispiele dafür.

Sofern nach Privatisierungen Wettbewerb stattfindet, wird dieser in der Regel als Dumpingwettlauf über die Arbeitskosten und zulasten von Qualität und Service ausgetragen. Weitere Folgewirkungen von Privatisierungen sind die Ausrichtung des Angebots an der zahlungskräftigen Kundschaft und die Konzentration auf besonders lukrative Leistungen. Die übrigen werden entweder extrem verteuert oder der öffentlichen Hand überlassen.

Für den Steuerzahler und die große Mehrheit der Bürger sind Privatisierungen daher eine teure Sackgasse, die ihre Lebensqualität deutlich verschlechtert. Gemeinwohlorientierung und betriebswirtschaftliche Renditelogik schließen sich aus. Sämtliche Leistungen der Grundversorgung von Wasser über Energie bis Wohnen, von Gesundheit über Mobilität bis Bildung und natürlich auch die kommunalen Dienste gehören in die Hände von Unternehmen in öffentlichem Eigentum, die per Gesetz dem Gemeinwohl verpflichtet sind. Die Einhaltung ihres öffentlichen Auftrags muss demokratisch kontrolliert und ihre Kommerzialisierung ausgeschlossen werden. Statt auf Wettbewerb ist auf ein striktes praxisorientiertes *Qualitätsmanagement* zu setzen.

5. Staatliche Industrieunternehmen – Erfahrungen und Legenden

»In den Managementschulen werden die modernen Managementtechniken gelehrt. Diese sind unabhängig vom Eigentümer anwendbar. Da spielt es keine Rolle, ob Milliardäre oder der Staat die Eigentümerrolle einnehmen. Management funktioniert in beiden Fällen. ... Sie können grundsätzlich jeden Konzern in einer etablierten Branche staatlich steuern – seien es Versorger, Automobilkonzerne oder Telekommunikationsunternehmen.«

Max Otte, Finanzexperte, Bestsellerautor, Manager

Während die öffentliche Hand als Anbieter von Leistungen der Grundversorgung angesichts der katastrophalen Ergebnisse der Privatisierungspolitik der letzten Jahrzehnte wieder zunehmenden Respekt genießt, steht der Staat als direkter Wirtschaftsakteur und Eigentümer gewerblicher Unternehmen nach wie vor in einem schlechten Ruf. Staatsunternehmen gleich Ineffizienz, Unprofessionalität und Misswirtschaft, so die gern verbreitete Legende, die so selbstverständlich klingt, dass man sie gar nicht mehr belegen muss.

Bauchgefühl statt Argumente

Öffentlichen Firmen wird nachgesagt, ökonomische Ziele politischen unterzuordnen, Ressourcen zu verschwenden und als Versorgungseinrichtungen für abgehalfterte Politiker wirtschaftliches Unheil anzurichten. Beispiele für Unternehmen in Staatsbesitz, die diesem Schema tatsächlich entsprachen, hat jeder schnell bei der Hand. Wie viele private Ressourcenverschwender, Misswirtschaftler und Politikerversorger (»Bezahlt wird später ...«) diese Beispiele ergänzen würden, wird lieber nicht gefragt. Wer zu differenzieren wagt, hat die geballte Medienmacht zum Gegner und sieht sich bald für Bitterfelder Umweltgifte, bald für DDR-Kleinwagenmodelle in Haftung genommen.

Dieses Schicksal ereilte etwa den Wirtschaftsweisen Peter Bofinger, als er im Frühjahr 2009 den vernünftigen Vorschlag machte, der deutsche Staat solle doch lieber als Eigentümer bei Opel einsteigen, statt dem Mutterkonzern General Motors eine unverbindliche und konditionslose Milliardenbürgschaft zu gewähren. Die nachfolgende Entwicklung hat Bofinger recht gegeben. Öffentliche Eigentumsanteile hätten verhindert, dass der US-Autobauer Opel-Belegschaft wie Bundesregierung in der Weise an der Nase herumführen kann, wie er es getan hat, und die Arbeitsplätze in den deutschen Werken wären heute erheblich sicherer, als sie es jetzt sind. Dessen ungeachtet hatte Bofingers Vorschlag nicht den Hauch einer Chance. Um ihn niederzumachen, wurde als vermeintlich zwangsläufige Folge des Staatseintritts das Gespenst eines VEB-Opel heraufbeschworen, bei dem künftig nur noch Trabis vom Band rollen würden. Klappe zu, Affe tot, Debatte beendet.

Ähnlich irrational verlaufen die meisten Diskussionen über Staatseigentum oder staatliche Beteiligungen. Statt mit Argumenten wird mit Bauchgefühlen gearbeitet. Und das Bauchgefühl ist bei Verbindungen von Staat und Wirtschaft spätestens seit 1990 ausgesprochen schlecht. Aber das Thema ist zu wichtig, um es wegen diffuser Gefühle zu den Akten zu legen. Wir wollen uns daher im Folgenden ansehen, inwieweit die Erfahrungen, die mit Verstaatlichungen von Industrieunternehmen in der Geschichte gemacht wurden, besagtes Bauchgefühl tatsächlich rechtfertigen – oder ob wir nicht einem von interessierten Kreisen sorgsam gehegten Mythos aufsitzen.

Dabei werden uns im Folgenden ausdrücklich nicht die Verstaatlichungserfahrungen in Osteuropa und der Sowjetunion interessieren. Denn die Spezifik des östlichen Gesellschaftsmodells bestand eben nicht allein in der Veränderung der Eigentumsverhältnisse, sondern vor allem in dem Versuch, Marktbeziehungen zwischen den Unternehmen durch eine detaillierte Planung der gesamten Volkswirtschaft zu ersetzen. Es spricht viel dafür, dass die Ineffizienz der östlichen Wirtschaften auf diesen Ansatz und, eng damit verbunden, auf fehlende bzw. falsche Anreizsysteme zurückging. Zudem wurden in Osteuropa eben nicht nur große Industriebetriebe verstaatlicht, sondern auch relativ kleine, was zusätzliche Probleme verursachte. Eine seriöse Untersuchung der osteuropäischen Wirtschaftsgeschichte, die durchaus nicht so homogen und einheitlich war, wie sie oft dargestellt wird, wäre ein interessanter und lohnender Gegenstand für ein eigenes Buch, und man kann sich nur wünschen, dass sich irgendwann Historiker finden, die sich dieses Themas ohne Hysterie und Vorurteile annehmen.

Unser Thema allerdings ist ein anderes. Hier geht es nicht um die historischen Probleme des osteuropäischen Wirtschaftsmodells, sondern um die Performance von Staatsunternehmen in einem Marktumfeld. Wir werden uns daher im Folgenden mit den Erfahrungen beschäftigen, die in der Zeit seit dem Zweiten Weltkrieg in kapitalistischen Gesellschaften mit staatlichem Industrieeigentum und staatlichen Industriebeteiligungen gemacht wurden. Besonders ergiebig ist diesbezüglich die westeuropäische Geschichte.

Frankreich: Der Staat als Modernisierer

Anders als Deutschland stand Frankreich nach 1944 nicht nur vor dem Problem des wirtschaftlichen Wiederaufbaus, sondern zugleich vor einem akuten Modernisierungsproblem. Die Industrialisierung war im 19. Jahrhundert ins Stocken geraten und hatte sich seitdem nur zögernd, in vielen Bereichen gar nicht durchgesetzt. Im Ergebnis befand sich Frankreich in einem erheblichen industriellen Rückstand gegenüber seinen Nachbarn. Die Landwirtschaft war noch 1945 der stärkste Sektor der französischen Wirtschaft und beschäftigte mehr Menschen als die Industrie.

Infolge dieser Entwicklung waren nach 1944 alle relevanten politischen Kräfte Frankreichs überzeugt, dass die gewünschte Modernisierung nicht dem Markt und den privaten Unternehmen überlassen werden kann, die ja den eingetretenen Rückstand zu verantworten hatten. Stattdessen sollte die Modernisierung durch staatliche Impulse und Lenkungsmaßnahmen vorangetrieben werden. Ihre programmatische Grundlage erhielt die französische Nachkriegspolitik einerseits durch den französischen Gewerkschaftsbund CGT, der bereits auf seinem großen Kongress in Lyon 1919 ein umfassendes Verstaatlichungsprogramm gefordert hatte, und andererseits durch den Kongress der Résistance von 1944, der die Grundlinie für die Verstaatlichungen nach dem Krieg vorgezeichnet hatte. Charles de Gaulle, der Chef der provisorischen französischen Regierung und spätere französische Präsident, einer der großen Staatsmänner Europas, trat ausdrücklich mit dem Anspruch an, ein wirtschaftliches System aufzubauen, in dem die »Schätze der Nation« nicht zum Profit Einzelner ausgebeutet werden sollten. Eingelöst wurde das allerdings nur zum Teil.

Die ersten Verstaatlichungen fanden 1944 im Bereich der Kohleindustrie im Norden Frankreichs statt, wo die Bergarbeiter die Gruben bereits in Besitz genommen hatten. 1946 war die Verstaatlichung der gesamten Kohleindustrie abgeschlossen. 1945 und 1946 wurden die Bank von Frankreich und die vier größten Depositenbanken verstaatlicht, außerdem die 34 größten Versicherungsunternehmen. Verstaatlicht wurde 1946 ebenfalls die gesamte Elektrizitäts- und Gaswirtschaft. Auch der Autobauer Renault ging 1945 in staatliches Eigentum über, ebenso ein größeres chemisches Unternehmen, dessen Inhaber mit den deutschen Besatzern kollaboriert hatten, sowie Kernbereiche der Rüstungsindustrie.

Erklärtes staatliches Ziel waren der Ausbau der Kapazitäten in den industriellen Basissektoren und die dadurch vorangetriebene Modernisierung der gesamten Wirtschaft. Ergänzt wurden die Verstaatlichungen durch eine öffentliche Steuerung der Wirtschaft im Rahmen der »Planification«: einer Art mittelfristiger Finanz- und Investitionsplanung. Was heute niemand mehr vorzuschlagen wagen würde, erwies sich damals als äußerst erfolgreich. Der erste Plan (auch »Monnet«-Plan genannt, nach seinem Begründer Jean Monnet) gab sechs Wirtschaftsbereiche vor, in denen besondere Engpässe bestanden und die beschleunigt ausgebaut werden sollten: Kohle, Elektrizität, Stahl, Zement, Verkehr sowie die Produktion landwirtschaftlicher Maschinen.

»Der Erfolg des Monnet-Planes ließ die Planification in den Augen vieler Franzosen zu einem Aushängeschild des französischen Weges der staatlich gelenkten Modernisierung werden ...«,[162] schreibt die Bundeszentrale für politische Bildung in einer Kurzdarstellung dieser Phase der französischen Geschichte.

Tatsächlich erlebte Frankreich in den Folgejahren eine Periode extrem hohen Wachstums, die sich erkennbar von der Vorkriegsstagnation abhob. Im Schnitt legte die französische Wirtschaft in den Fünfzigern um 4,8 Prozent jährlich zu, 5,6 Prozent waren es in den Sechzigern. Während die Bedeutung der Landwirtschaft zurückging, dehnten sich die Industrie (bis 1970) und später der Dienstleistungssektor aus. Im Ergebnis gelang es, das Land in nur drei Jahrzehnten aus einer traditionalistischen in eine moderne Industrie- und Dienstleistungsgesellschaft zu verwandeln.

Die verstaatlichten Unternehmen spielten bei dieser Modernisierungsstrategie eine entscheidende Rolle, weil ohne staatliche Einflussmöglichkeiten auch die Planification ins Leere gelaufen wäre. So konnten die Kapazitäten in den Basissektoren dank staatlicher Verantwortung durch eine weit überdurchschnittliche Investitionstätigkeit ausgebaut und die Entwicklung der übrigen Wirtschaft durch niedrige Preise für Strom, Gas und Kohle unterstützt werden. Über die verstaatlichten Großbanken wiederum wurde die Finanzierung der Investitionsprojekte sichergestellt. Der staatliche Autobauer Renault entwickelte sich zu einem schnell expandierenden, international wettbewerbsfähigen Unternehmen, das auch am deutschen Markt relevante Anteile erobern konnte. Dabei erhielten die Renault-Werke bis in die achtziger Jahre nie staatliche Subventionen. Jedes Jahr wurde vielmehr mit einem Gewinn abgeschlossen, der zur Hälfte an den Staat abgeführt, zur Hälfte an die Belegschaft verteilt wurde.

Die französischen Erfahrungen widerlegen auch die These vom Staatsunternehmen als einer quasi öffentlichen Behörde, in die der zuständige Minister und seine Beamten nach Belieben hineindirigieren können. Tatsächlich waren die Rechtsformen und deren Ausgestaltung in den verstaatlichten Sektoren sehr unterschiedlich. Während

Renault weitgehend unabhängig agierte, unterlag die Preisgestaltung in den Grundstoffindustrien staatlicher Mitsprache, was sich angesichts der Monopolposition dieser Unternehmen als sinnvolles Mittel erwies, um die Preise niedrig zu halten. In der Regel wurden die verstaatlichten Industrien durch einen Verwaltungsrat geleitet, der drittelparitätisch aus Repräsentanten der zuständigen Ministerien, der Benutzer und Konsumenten sowie der Beschäftigten zusammengesetzt war. Im Rahmen der Planification wurden den Unternehmen Zielvorgaben gemacht. Die operative Leitung erfolgte in allen Fällen autonom und war an wirtschaftlichen Kriterien orientiert.

In dem Sammelband *Gemeinwirtschaft in Europa,* der 1962 von dem österreichischen Ökonomen und Wiener Universitätsprofessor Wilhelm Weber herausgegeben wurde, werden die Ergebnisse des französischen Modernisierungsprogramms wie folgt bewertet: »Der wirtschaftliche Aufbau der stark zurückgebliebenen Industrien wurde erreicht, die Versorgung der Volkswirtschaft mit den von den öffentlichen Unternehmen erzeugten Gütern in einem befriedigenden Maße sichergestellt. Durch den Wegfall der Kohleeinfuhren, eine starke Verringerung des Imports an elektrischer Energie sowie die von Jahr zu Jahr steigende Erdölproduktion wurde die Zahlungsbilanz wesentlich verbessert. Als der wichtigste Devisenbringer des Landes erwies sich die staatliche Automobilfabrik Renault.«[163] Auch die Bundeszentrale für politische Bildung stellt fest:

»Der Beitrag der nationalisierten Unternehmen zur erfolgreichen Modernisierung des Landes ist unbestreitbar. Er trug mit dazu bei, dass die Franzosen bis Anfang der achtziger Jahre mehrheitlich der Meinung waren, verstaatlichte Unternehmen seien ein wirksames Mittel der Wirtschaftskraft und auch ein Instrument, wirtschaftliche Krisen zu bekämpfen.«[164]

Die sozialistische Regierung unter Mitterrand setzte ab 1981 weitere Verstaatlichungen in der Industrie und im Bankensektor durch, um die französische Wirtschaft von dem seit Mitte der siebziger Jahre spürbaren weltwirtschaftlichen Abschwung abzukoppeln. Die jetzt verstaatlichten Industriebetriebe waren allerdings überwiegend Unternehmen in finanziellen Schwierigkeiten, die saniert und vor dem Konkurs bewahrt werden mussten. Das betraf vor allem die beiden großen Stahlhersteller. Erneut sollten über einen Ausbau des öffentlichen Sektors die wirtschaftlichen Investitionen erhöht und Forschung und Entwicklung vorangetrieben werden. Tatsächlich lagen die Investitionen in den neu verstaatlichten Unternehmen weit über denen in der Industrie insgesamt. 1981 betrug der Abstand 44 Prozent, auch 1984 waren es noch 26 Prozent. Insgesamt tätigten die öffentlichen Unternehmen, die in der ersten Hälfte der achtziger Jahre 29 Prozent des Umsatzes der französischen Wirtschaft erwirtschafteten und 20 Prozent der Beschäftigung stellten, 52 Prozent der gesamten Investitionen.

Mitterrands Politik war auch insoweit erfolgreich, als sie die französischen Wachstumsraten weit über den europäischen Durchschnitt erhöhte. Unter anderem dieses Konjunkturgefälle führte allerdings auf dem offenen EG-Markt zu einer Verschlechterung der französischen Handelsbilanz und setzte den Franc unter Abwertungsdruck, der durch Kapitalflucht zusätzlich verstärkt wurde. Am Ende musste Frankreich restriktive fiskalpolitische Vorgaben akzeptieren, um den Franc im europäischen Währungssystem zu halten. Damit war der Versuch, einen anderen Ausweg aus der Krise zu suchen als die neoliberalen Regierungen der Nachbarländer, abgewürgt und beendet. Ab 1986 folgte eine Privatisierungswelle, in deren Verlauf der Staat um kurzfristiger Erlöse willen einen Großteil seiner wirtschaftlichen Besitztümer verschleuderte.

Mitterrand war gescheitert, allerdings nicht an einer »Misswirtschaft« in den verstaatlichten Unternehmen, sondern daran, dass er mit seinem Weg innerhalb der Europäischen Gemeinschaft isoliert geblieben und zudem mit der deutschen Regierung und dem restriktiven Kurs der Bundesbank in Konflikt geraten war. Eine Fortführung des französischen Weges wäre nur um den Preis der Wiedereinführung von Kapitalverkehrskontrollen möglich gewesen und hätte das Ausscheiden des Franc aus dem europäischen Währungssystem zur Folge gehabt. Diesen Preis wollte die französische Regierung nicht zahlen.

Hinsichtlich der nationalisierten Industrien bleibt jedoch festzuhalten, dass sie ihre Investitionen nach der Verstaatlichung deutlich erhöhten und ihre Rentabilität großenteils verbessern konnten. Die Löhne und Arbeitsbedingungen waren zumindest teilweise besser als in privaten Unternehmen. Die Bezahlung der Führungskräfte wiederum war deutlich niedriger als in der Privatwirtschaft.

England: Der Staat als Subventionierer der Privatwirtschaft

Auch in Großbritannien fanden in der unmittelbaren Nachkriegszeit umfangreiche Verstaatlichungen statt. Die erste Nationalisierungsmaßnahme der damaligen Labour-Regierung bezog sich auf die Bank of England, die bis dahin, obwohl Zentralbank, in Privatbesitz geblieben war. Es folgten die Kohlebergwerke, die Telegraphengesellschaft, die zivile Luftfahrt, Elektrizität und Gas, fast alle Zweige des Transports mit Ausnahme der Schifffahrt, schließlich 1950 Eisen und Stahl. Allerdings wurde die Eisen- und Stahlindustrie von der folgenden konservativen Regierung bereits 1953 wieder privatisiert, 1967 von Labour wieder verstaatlicht und 1970 von den Konservativen erneut teilprivatisiert.

Organisiert waren die britischen Staatsunternehmen in Form sogenannter Public Corporations. Die Public Corporations unterstanden nicht unmittelbar dem Parlament und ihr Budget war auch nicht Teil des Staatshaushalts. Der staatliche Einfluss machte sich darin geltend, dass der zuständige Fachminister die Vorstände bestellte und grundlegende Strategien der Unternehmensführung – beispielsweise große Investitionsprojekte – mit ihm abzustimmen waren. Außerdem besaß der Staat Einfluss auf die Preisgestaltung. Die Statuten der Public Corporations legten fest, dass die Industrien dem Prinzip der Bedürfnisbefriedigung zu folgen und sowohl Produzenten wie Konsumenten wirksame Mitspracherechte zu gewähren hätten. Um Letzteres zu gewährleisten, wurden bei den verstaatlichten Industrien sogenannte Konsumentenräte gebildet, die allerdings nie eine relevante Rolle spielten. Im Bereich Eisen/Stahl blieben die Betriebe separate, miteinander im Wettbewerb stehende Einheiten.

Im Kohlesektor trat der National Coal Board an die Stelle von rund 800 privaten Bergwerksgesellschaften, die vielfach äußerst ineffizient mit veralteten Technologien gewirtschaftet hatten und aufgrund ihrer geringen Größe auch nicht in der Lage waren, ausreichende Investitionen durchzuführen. Die Bergwerke – wie sämtliche verstaatlichten Unternehmen – wurden nach der Verstaatlichung reorganisiert und modernisiert. Die Arbeitsproduktivität in den Public Corporations war im Schnitt ebenso hoch wie im privaten Sektor und erkennbar höher als in den teilweise privaten amerikanischen Infrastrukturindustrien.[165] Ähnlich wie in Frankreich war in England »die öffentliche Kapitalbildung regelmäßig größer als die private«.[166] Hinzu kam, dass die Investitionstätigkeit der Public Corporations auch in Konjunktureinbrüchen stabil blieb, was auf die Gesamtwirtschaft stabilisierend wirkte. Zusammenfassend wird hinsichtlich der britischen Verstaatlichungspolitik in dem bereits zitierten Band des Wiener Wirtschaftsprofessors über die Gemeinwirtschaft in Europa eingeschätzt, »dass die Sozialisierung bei alten sowie bei neuen Industrien zu Leistungen geführt hat, welche diejenigen der Privatwirtschaft erheblich übertreffen«.[167]

Dass die Kohlebergwerke dennoch nur in wenigen Jahren die Profitabilitätsschwelle überschritten, hatte in erster Linie mit der staatlich verordneten Preispolitik zu tun, die sie verpflichtete, Kohle weit unterhalb des Marktpreises abzugeben. Für private Haushalte hatte das den Vorteil niedriger Heizkosten. Zugleich aber kam diese Preispolitik einer Dauersubventionierung der privaten Wirtschaft gleich, was unter der konservativen Regierung ganz sicher auch mit deren genereller Abneigung gegenüber den verstaatlichten Sektoren und ihren bis in die Siebziger außerordentlich kampfstarken Belegschaften zu tun hatte. So wurden die im öffentlichen Bereich erwirtschafteten Gewinne am Ende doch wieder privatisiert. Anders als die Kohlegruben waren die öffentlichen Elektrizitäts- und Gasversorger allerdings trotz der ebenfalls günstigen Preise in nahezu allen Jahren profitabel.

Insgesamt schätzt der britische Wirtschaftshistoriker Robert Millward, dass die Gewinne in den Public Corporations in den fünfziger Jahren ausreichend waren, um die Betriebskosten und die Abschreibungen zu decken, Verluste allerdings durch die erheblichen Zinszahlungen (die Public Corporations finanzierten ihr hohes Anlagevermögen ausschließlich über Fremdkapital) entstanden. In den Sechzigern waren die Gewinne so weit angewachsen, dass sie auch die Zinslasten deckten und die Public Corporations praktisch ohne Zuschüsse arbeiten konnten. In den siebziger Jahren eskalierten die Verluste, was wenig mit der öffentlichen Eigentumsform und sehr viel mit der allgemeinen Stahl- und Kohlekrise zu tun hatte, die europaweit nahezu alle Unternehmen dieser Branchen in Subventionsempfänger der öffentlichen Hand verwandelte. Ab Mitte der achtziger Jahre wurden die Public Corporations von Margaret Thatcher mit der Privatisierungsaxt zerschlagen oder – wie viele Kohlebergwerke – schlicht geschlossen.

Italien: Der Staat als Konkursvermeider und Wiederaufbauhelfer

Die italienischen Staatsunternehmen der Nachkriegszeit waren in zwei Holdinggesellschaften organisiert: dem Instituto per la Riconstruzione Industriale (IRI) und dem Ente Nazionale Hydrocarburi (ENI). Der ENI besaß seinen Schwerpunkt im Energiesektor. Das IRI war ein Gemischtwarenladen, der Firmen aus vollkommen unterschiedlichen Bereichen wie Bergwerke, Banken, Chemieindustrie und Bauwirtschaft kontrollierte. In der Eisen- und Stahlindustrie nahm der italienische Staat über das IRI damals eine führende Rolle ein. Hinzu kamen ausgedehnte Beteiligungen an Unternehmen des Motor- und Fahrzeugbaus, des Maschinenbaus, der elektronischen Ausrüstungen und des Schiffbaus.

IRI und ENI waren Mutterholdings von Aktiengesellschaften, an denen der Staat in der Regel eine knappe Mehrheit der Anteile hielt. Sie selbst befanden sich vollständig in Staatsbesitz und unterlagen öffentlichem Recht. Ein Großteil der staatlichen Industriebeteiligungen in der Verwaltung des IRI beruhte allerdings nicht auf einem bewussten Akt der Sozialisierung, sondern war Nebenergebnis der noch unter der faschistischen Regierung vorgenommenen staatlichen Rettung strauchelnder Banken zu Zeiten der Weltwirtschaftskrise. Mit den Banken waren auch deren industrielle Beteiligungen in Staatsbesitz übergegangen. 1936 wurde zur Verwaltung dieser Unternehmensanteile das IRI gegründet. Auch die meisten Unternehmen, die später verstaatlicht wurden, litten zu Beginn der Übernahme unter schweren Belastungen und waren extrem unrentabel. Die Verstaatlichung erfolgte in der Regel, um Entlassungen und Konkurse zu verhindern.

1947 wurde ein Fondo Industria Meccanica (FIM) aufgelegt, um Firmen des verarbeitenden Gewerbes bei Investitionen in Rekonstruktion und Modernisierungen zu unterstützen. Der größte Teil dieser Mittel wurde niemals zurückgezahlt; die schwächsten Firmen wurden verstaatlicht. Dabei verfolgte der FIM zwei durchaus nicht widerspruchsfreie Ziele: Einerseits ging es um die Erhaltung von Arbeitsplätzen in einem Umfeld hoher Arbeitslosigkeit. Zugleich aber sollte die italienische Industrie neu aufgestellt und ihre rückständige Wirtschaftsstruktur modernisiert werden. Tatsächlich wurde mit den Stützungsgeldern und Verstaatlichungen erreicht, dass die Arbeitslosigkeit nicht weiter anstieg und viele Firmen, die ohne die Unterstützung die Nachkriegszeit sehr wahrscheinlich nicht überlebt hätten (Fiat, Finmeccania, Piaggio), wieder profitabel wurden.

Sowohl die Firmen im IRI wie im ENI arbeiteten gewinnorientiert mit großen Freiräumen. Das IRI war aufgrund der schlechten Rentabilität der übernommenen Firmen zeitweise auf staatliche Subventionen angewiesen, in den meisten Jahren war die Gewinn- und Verlustrechnung jedoch ausgeglichen. Der ENI konnte sich eine Preissetzung erlauben, die beim Erdgas dem niedrigsten europäischen Preis entsprach und bei Benzin die internationalen Erdölkonzerne zwang, seinen ständigen Preisreduktionen an den italienischen Tankstellen zu folgen, und es arbeitete trotzdem in allen Jahren profitabel.

Erst in den fünfziger Jahren begann die italienische Regierung, die Staatsholdings in eine systematische Industriepolitik einzubinden. Deren Ziele fasst der deutsche Finanzwissenschaftler und Soziologe Jürgen Backhaus wie folgt zusammen: 1. Übernahme von Risiken im Zusammenhang mit langfristigen Investitionsprojekten, die von den Privaten nicht getragen werden; 2. Beschaffung und Erhalt von Arbeitsplätzen; 3. Inflationsbekämpfung durch Senkung der Preise für Vorprodukte; 4. Regionalpolitik vor allem zugunsten des unterentwickelten Mezzogiorno; sowie 5. Wachstumspolitik durch Aufbau wachstumsintensiver Industrien.[168] Ein Großteil dieser Ziele wurde erreicht.

In den späten Sechzigern investierte das IRI schließlich in neue Technologien, um die italienische Industrie stärker kapitalintensiv und wissensbasiert auszurichten. Auf einem Symposium der Gesellschaft für

Staatliche Industrieunternehmen – Erfahrungen und Legenden **323**

Unternehmensgeschichte (GUG) im Jahr 2009 zur Thematik »Verstaatlichung und Privatisierung« resümierte der Referent zur italienischen Geschichte, gerade infolge der weltwirtschaftlichen Veränderungen nach dem Ende des Bretton-Woods-Systems habe sich die IRI-Politik »als notwendige Weichenstellung für die ökonomische Modernisierung Italiens erwiesen«.[169]

Österreich: Der Staat als Gestalter mit gebundenen Händen

Am 26. Juli 1946 verabschiedete der österreichische Nationalrat einstimmig das sogenannte Erste Verstaatlichungsgesetz. Im Zuge dieses Gesetzes gingen 70 Unternehmen und Unternehmensteile in das Eigentum des österreichischen Staates über, darunter 3 Großbanken einschließlich der von ihnen gehaltenen Industriebeteiligungen, 12 Bergbauunternehmen, 11 Unternehmen der Eisen- und Stahlerzeugung, 3 Metallhüttenwerke, 30 Firmen des Mineralölsektors, 2 Verkehrsunternehmen, 2 Unternehmen des Lokomotiv- und Wagonbaus, 2 Unternehmen der Metallindustrie, 3 Maschinen- und Stahlbaufirmen, 1 Chemieunternehmen und 4 Betriebe der Elektroindustrie. Die verstaatlichten Industriebetriebe wurden der ÖIAG als staatlicher Holdinggesellschaft unterstellt. Mit dem Zweiten Verstaatlichungsgesetz vom März 1947 wurde auch die Elektrizitätserzeugung in öffentliche Hand überführt.

Der grundstoffzentrierte staatliche Sektor in Österreich expandierte rasch und wurde in den folgenden 15 Jahren »zum Motor des Wiederaufbaus«[170] der österreichischen Wirtschaft. Der Leiter des österreichischen Instituts für Wirtschaftsforschung, Franz Nemschak, wies darauf hin, dass damals »allein der Staat« der Aufgabe gewachsen sein konnte, »die aus dem großdeutschen Wirtschaftsraum herausgelösten Industrieanlagen ... zu einem der österreichischen Volkswirtschaft entsprechenden Industrieorganismus zusammenzufassen und zu ergänzen. ... Er allein war imstande, das erforderliche Investitionskapital aufzubringen.«[171]

Dabei hatten die verstaatlichten Unternehmen allerdings nicht nur die Aufgabe, durch ein hohes Investitionsniveau die für ein Wachstum der Gesamtwirtschaft nötigen Grundstoffkapazitäten bereitzustellen, sondern ähnlich wie in England auch die, »den privaten Sektor in

Österreich durch Abgabe von Produkten unter dem Weltmarktniveau zu subventionieren«.[172] So wurde Kohle bis 1960 unter den Gestehungskosten verkauft, und auch die Preise für Eisen, Stahl und Halbzeug lagen bis zu 40 Prozent unter dem Weltmarktniveau. Der österreichische Industriestrompreis zählte zu den niedrigsten in Europa. Eine wichtige Rolle spielten die Staatsbetriebe auch bei der Sicherung der Arbeitsplätze: Während die Beschäftigung in der Privatindustrie etwa im Krisenjahr 1953 um 12,3 Prozent einbrach, blieb sie im verstaatlichten Sektor nahezu konstant.

Nach einer rasanten Wiederaufbauleistung geriet die verstaatlichte österreichische Industrie in den sechziger Jahren zum ersten Mal in Schwierigkeiten, was vor allem mit ihrer Grundstofflastigkeit zusammenhing. Die Kohlekrise war bereits akut, die Stahlkrise in ersten Ansätzen spürbar. Vor diesem Hintergrund entbrannte in Österreich ein heftiger politischer Streit um die Frage einer möglichen Ausdehnung der verstaatlichten Industrie in die profitablen Zweige der Finalproduktion, also in die Herstellung von Endprodukten aus Stahl. SPÖ und Gewerkschaften sprachen sich für einen solchen Plan aus, ÖVP und Industriellenverband reagierten mit offener Ablehnung.

Tatsächlich hätten viele Probleme, die in den staatlichen Grundstoffindustrien Mitte der siebziger Jahre auftraten, durch eine rechtzeitige Diversifizierung verhindert oder zumindest abgemildert werden können.

Der Streit endete dennoch mit dem Sieg der Diversifizierungsgegner und einem Abkommen, in dem sich die verstaatlichten Unternehmen verpflichteten, zugunsten der Privatindustrie auf die Ausdehnung in Produktionsbereiche zu verzichten, die in Österreich bereits vorhanden waren.

Die dahinterstehenden Interessen waren leicht durchschaubar. Die Privatwirtschaft hatte selbstverständlich kein Interesse, mit staatlichen Anbietern in ihren ureigenen Domänen zusätzliche Wettbewerber zu erhalten, während der Staat als Anbieter preiswerter Basisprodukte in den Grundstoffindustrien, deren Rentabilität ohnehin immer schwächer wurde, wohlgelitten war.

Staatliche Industrieunternehmen – Erfahrungen und Legenden **325**

Während private Grundstoffunternehmen europaweit darauf setzten, in renditeträchtigere Produktionsbereiche zu expandieren, blieb die österreichische verstaatlichte Industrie durch diese Weichenstellung auf die Grundstoffproduktion fixiert. Spätestens in den siebziger Jahren waren dann Kohle und Stahl nicht mehr die »Kommandohöhen« der Wirtschaft, sondern der Kohlebergbau war weitgehend verschwunden und die europäischen Stahlfirmen schrieben ausnahmslos Verluste und waren unabhängig von ihrer Eigentumsform zu Bittstellern ihrer Regierungen geworden. Im Vergleich zu den meisten privaten europäischen Stahlherstellern schnitt die österreichische Stahlfirma VÖEST sogar noch vergleichsweise gut ab.

Zusammenfassend werden die Leistungen der österreichischen verstaatlichten Industrie in dem bereits zitierten Referat auf dem Symposium der Gesellschaft für Unternehmensgeschichte wie folgt bewertet: »Den Verlusten dieser Periode sind die Leistungen des Wiederaufbaus gegenüberzustellen. Darüber hinaus ist in Erinnerung zu rufen, dass die verstaatlichte Industrie bis 1979 keine staatlichen Zuschüsse erhielt, sondern allein zwischen 1970 und 1981 ca. 112 Milliarden Schilling an Steuern und 4 Milliarden Schilling an Dividenden an den Staat abführte.«[173] Ferner sei den hohen Verlusten der Stahlindustrie die Entwicklung der ÖMV, eines großen staatlichen Mineralöl-, Erdgas- und Chemiekonzerns, mit ihren anhaltenden Gewinnen und hohen Dividendenzahlungen an den Staat gegenüberzustellen. Fraglich sei auch, ob große Stahlwerke wie das in Donawitz mit einem privaten Eigentümer die Jahre der Stahlkrise überhaupt überlebt hätten.[174]

Dennoch wurden auch in Österreich die Verluste der verstaatlichten Grundstoffindustrien als willkommener Anlass genutzt, den Staatssektor mit Beginn der achtziger Jahre durch Privatisierungen zu zerfleddern. Die Umkehr begann ausgerechnet mit dem Börsengang der ÖMV, dem über alle Jahre profitabelsten der österreichischen Staatsunternehmen.

Deutschland: Verfassungsansprüche und Realität

Auch der deutsche Staat war schon während der Weltwirtschaftskrise zum »Lazarett für wirtschaftlich schwache Unternehmen« geworden, wobei die Nazis einen Teil dieser Unternehmen bereits wieder an private Eigentümer übergaben. Insgesamt war der Bund 1959 an 478 Wirtschaftsbetrieben aller Art beteiligt, wobei knapp die Hälfte dieser Gesellschaften in sechs Bundeskonzernen zusammengeschlossen war. Die größten waren der Energiekonzern VEBA, zu dem auch die 1959 privatisierte Preussag gehörte, und die außer im Energiesektor im Bereich Chemie und Aluminium tätige Viag. Zu den bedeutendsten Industriebeteiligungen des Bundes gehörten die Kieler Howaldtswerke und die Howaldtswerke AG Hamburg. In Bundeseigentum befanden sich darüber hinaus die Bundespost, die Bundesbahn und die Lufthansa AG. Hinzu kamen das Volkswagenwerk, das sich im Besitz des Bundes und des Landes Niedersachsen befand, allerdings Anfang der sechziger Jahre teilprivatisiert wurde, und Anteile von Bund und Saarland an den Saarbergwerken.

Auch im Deutschland der unmittelbaren Nachkriegszeit waren aufgrund der in den vorangegangenen Jahrzehnten erlebten Folgen privaten Profitstrebens gemeinwirtschaftliche Ideen verbreitet und außerordentlich populär. Hier spielte weniger die Frage einer aufgrund unzureichender privater Investitionstätigkeit zurückgebliebenen Wirtschaftsstruktur eine Rolle als das Problem wirtschaftlicher Macht. Aus der Erfahrung des Missbrauchs von Wirtschaftsmacht zur Beseitigung der Demokratie und zur Installierung der blutigen Nazidiktatur resultierte die verbreitete Auffassung, dass wirtschaftliche Machtbastionen in Zukunft nicht mehr privaten Eigentümern überlassen werden dürfen. So sprachen sich in einer Abstimmung der Arbeiter in sieben Schachtanlagen des Ruhrgebiets 92 Prozent für eine entschädigungslose Enteignung der Grubeneigentümer aus.

Dieser Zeitgeist der Jahre nach 1945 spiegelte sich sowohl in der Programmatik der SPD als auch in der der damals noch stark von der katholischen Soziallehre beeinflussten CDU wider. Die SPD forderte auf ihren Parteitagen von 1946 und 1947 die Sozialisierung von Bergbau, Schwerindustrie, Energiewirtschaft, Verkehrswesen, Versicherungs- und Bankwirtschaft sowie wirtschaftsdemokratische Maßnahmen in anderen Bereichen. Die CDU sprach sich mehrheitlich für eine »gemeinwirtschaftliche Ordnung«[175] und die Vergesellschaftung des

Bergbaus und der eisenschaffenden Großindustrie aus. In ihrem Ahlener Programm von 1947 stellte sie fest:

>**Unternehmungen monopolartigen Charakters, Unternehmungen, die eine bestimmte Größe überschreiten müssen, verleihen eine wirtschaftliche und damit eine politische Macht, die die Freiheit im Staat gefährden kann.«** Die CDU forderte daher, dass »**öffentliche Körperschaften wie Staat, Land, Gemeinde, Gemeindeverbände, ferner Genossenschaften und die im Betrieb tätigen Arbeitnehmer an diesen Unternehmungen beteiligt werden.«**[176]

Solche Forderungen fanden auch in den damals entstehenden Verfassungen der Bundesländer ihren Niederschlag – teils als Option, teils als Gebot. So schreibt Artikel 27 der nordrhein-westfälischen Landesverfassung ausdrücklich vor: »Großbetriebe der Grundstoffindustrie und Unternehmen, die wegen ihrer monopolartigen Stellung besondere Bedeutung haben, sollen in Gemeineigentum überführt werden.« Artikel 160 der Bayerischen Verfassung ist allgemeiner: »Für die Allgemeinheit lebenswichtige Produktionsmittel, Großbanken und Versicherungsunternehmen können in Gemeineigentum überführt werden, wenn die Rücksicht auf die Gesamtheit es erfordert.« Und die Verfassung des Saarlandes, Artikel 52, legt fest: »Schlüsselunternehmungen der Wirtschaft (Kohlen-, Kali- und Erzbergbau, andere Bodenschätze, Energiewirtschaft, Verkehrs- und Transportwesen) dürfen wegen ihrer überragenden Bedeutung für die Wirtschaft des Landes oder ihres Monopolcharakters nicht Gegenstand privaten Eigentums sein ... Alle wirtschaftlichen Großunternehmen können durch Gesetz aus dem Privateigentum in das Gemeinschaftseigentum übergeführt werden, wenn sie in ihrer Wirtschaftspolitik, ihrer Wirtschaftsführung und ihren Wirtschaftsmethoden das Gemeinwohl gefährden.«

Am weitesten von allen ging die Hessische Verfassung. Artikel 41 regelte die sofortige Sozialisierung von Bergbau, Eisen- und Stahlerzeugung, Energiewirtschaft und Verkehrswesen mit Inkrafttreten der Verfassung. Für weitere monopolisierte Bereiche existierten Kann-Bestimmungen. Der Verfassungsentwurf wurde im Hessischen Landtag mit den Stimmen der CDU, SPD und KPD angenommen, die einzigen Gegenstimmen kamen von der LDP. Am 1. Dezember 1946 fand in Hessen eine Volksabstimmung zur Verfassung statt, bei der der Entwurf eine große Mehrheit von 76,8 Prozent der Stimmen fand. Für den Sozialisierungsartikel 41, über den gesondert abgestimmt wurde, votierten 71,9 Prozent. Damit wäre die Sozialisierung der genannten Bereiche rechtsgültig geworden, wenn die amerikanische Militärregierung nicht die Umsetzung bis zum Inkrafttreten des Grundgesetzes untersagt hätte.

Ab Anfang 1947 wurde im hessischen Wirtschaftsministerium an einem Gesetzentwurf gearbeitet, der die künftige Organisationsform für die sozialisierten Industrien regeln sollte. Auch wenn dieser Gesetzentwurf niemals umgesetzt wurde, ist er ein origineller Vorschlag, wie gewährleistet werden kann, dass die betreffenden Wirtschaftsbereiche nicht einfach nur verstaatlicht, sondern einer anderen wirtschaftlichen Logik unterworfen und auf demokratische Weise organisiert und reguliert werden können. Der Gesetzentwurf ging davon aus, dass für die sozialisierten Industrien die bisher möglichen Rechtsformen des Privatrechts – also insbesondere GmbH und Aktiengesellschaft – einerseits und des öffentlichen Rechts andererseits gleichermaßen ungeeignet wären. Das Privatrecht, weil die sozialisierten Industrien nicht primär dem Zweck der Gewinnerzielung folgen sollten, und das öffentliche Recht wegen mangelnder Flexibilität. Mit dem Sozialisierungsgesetz sollte daher ein neuer Rechtsbereich, das »Sozialrecht«, geschaffen werden.

Alle sozialisierten Betriebe wurden als Gemeineigentum definiert und dessen Unveräußerlichkeit festgeschrieben. Konkret sah der Gesetzentwurf vor, dass die Betriebe als Rechtsträger des Gemeineigentums sogenannte Sozialgemeinschaften bilden. Die einzelnen Sozialgemeinschaften sollten dann in einer Landesgemeinschaft zusammengefasst werden, die von einem Verwaltungsrat geleitet wird, der zu je einem Drittel vom Hessischen Landtag, dem Gewerkschaftsbund Hessen und den kommunalen Spitzenverbänden berufen werden sollte. In den Spitzengremien der einzelnen Sozialgemeinschaften sollten jeweils die politische Ebene, die Beschäftigten und die Konsumenten drittelparitätische Mitspracherechte erhalten.

Die Konflikte des damaligen hessischen SPD-Wirtschaftsministers mit der CDU, die sich in den Jahren nach 1947 immer stärker von der Linie ihres Ahlener Programms verabschiedete, eskalierten bereits im Prozess der Gesetzeserarbeitung. Im Oktober 1950 wurde das Gesetz im Landtag mit 41 zu 41 Stimmen abgelehnt. Damit war das Sozialisierungsprojekt tot, im Parlament wurde sich dreist über den erfolgreichen Volksentscheid hinweggesetzt. Die wenigen bereits in öffentliche Verwaltung übernommenen Unternehmen wurden Schritt für Schritt ihren alten Eigentümern zurückgegeben.

Da der Verfassungsartikel zunehmend so ausgelegt wurde, dass er sich nur auf Firmen mit Sitz in Hessen bezog, hätte die Sozialisierung ohnehin nur sehr wenige Unternehmen betroffen. Dieser enge Fokus war ein ernsthaftes Problem, das erheblich an der Glaubwürdigkeit des Sozialisierungsprojekts nagte. Denn die Oligopole im Bereich der Chemie- und Metallverarbeitung blieben dadurch ebenso ausgespart wie die wirklich großen Unternehmen in den betroffenen Branchen, weil diese ihren Sitz nicht in Hessen hatten oder ihn eilig verlegten. Stattdessen fielen teilweise recht kleine Firmen unter das Gesetz, über deren Sozialisierungsbedarf man zu Recht geteilter Meinung sein konnte. Zur Verhinderung privatwirtschaftlicher Macht hätte eine solche eingeschränkte Sozialisierung selbst im Erfolgsfall nur wenig beigetragen. Auch ist offen, ob der festgeschriebene Gewinnverzicht in den sozialisierten Industrien nicht – ähnlich wie in England und Österreich – nur zu einer Subventionierung der privaten Wirtschaft durch billige Grundstoffe geführt hätte.

All dieser Probleme und offenen Fragen ungeachtet, ist das hessische Sozialisierungsvorhaben schon deshalb interessant, weil es als Einziges der deutschen Nachkriegszeit bis zur Formulierung eines detaillierten Gesetzentwurfs konkretisiert worden war. Dieser Entwurf zeigt einmal mehr, dass öffentliches beziehungsweise Gemeineigentum nicht die Unterstellung von Betrieben unter staatliche Zwangsverwaltung bedeutet, sondern eine große Vielfalt an Varianten – ausgehend von den jeweiligen Zielstellungen der Sozialisierung – möglich ist.

Im Grundgesetz, das im Mai 1949 vom Parlamentarischen Rat angenommen wurde, wurden Vergesellschaftungsforderungen bzw.

-optionen bei weitem nicht mehr mit der Deutlichkeit formuliert wie in den meisten Landesverfassungen. Es trägt vielmehr Züge eines Kompromisses, der die Frage der Wirtschaftsordnung und die Relation zwischen privatwirtschaftlichem und gemeinwirtschaftlichem Sektor ausdrücklich offenlässt. Mit den Artikeln 14 und 15 GG – der Allgemeinwohlverpflichtung des Eigentums und der Möglichkeit einer Überführung von »Grund und Boden, Naturschätzen und Produktionsmitteln ... in Gemeineigentum« – wird eine durch öffentliches Eigentum dominierte Wirtschaft als verfassungskonforme Möglichkeit vorgesehen und steht damit verfassungsrechtlich auf einer Stufe mit einem sozialstaatlich regulierten Kapitalismus als anderer Option. Je eine dieser beiden Möglichkeiten entsprach der damaligen Programmatik einer der beiden großen Parteien: Während die CDU die Linie ihres Ahlener Programms bereits verlassen hatte und sich mit den Düsseldorfer Leitsätzen zu einer sozial regulierten privatwirtschaftlichen Ordnung bekannte, hatten gemeinwirtschaftliche Ideen in der SPD zu diesem Zeitpunkt noch einen relativ starken Rückhalt. Da das Grundgesetz der Zustimmung beider Parteien bedurfte, musste es für beide Möglichkeiten offenbleiben.

Das Bundesverfassungsgericht hat diese »wirtschaftspolitische Neutralität« des Grundgesetzes in seiner Rechtsprechung wiederholt bestätigt und in einem Urteil aus dem Jahr 1954 festgehalten, »dass sich der Verfassungsgeber nicht ausdrücklich für ein bestimmtes Wirtschaftssystem entschieden hat. ... Die gegenwärtige Wirtschafts- und Sozialordnung ist zwar eine nach dem Grundgesetz mögliche Ordnung, keineswegs aber die allein mögliche.«[177] Nach dem Grundgesetz ausgeschlossen ist eigentlich nur ausgerechnet die Wirtschaftsordnung, die wir heute haben: ein sozial weitgehend ungebändigter Kapitalismus, in dem sich privates Profitstreben über alle Interessen des Allgemeinwohls hinwegsetzen kann.

China: Der Staat als Unternehmer und Industriepolitiker

Trotz Jahrzehnten der Privatisierungshysterie spielen die Staaten unverändert eine wichtige Rolle im industriellen Sektor. Nicht nur, weil sie immer wieder – wie jüngst der amerikanische Staat als Retter der beiden großen Autobauer GM und Chrysler – insolventen Industrieunternehmen mit Steuergeld aus der Patsche helfen und diese sanieren, bis sie wieder auf eigenen Füßen stehen können. In vielen Ländern spielt der Staat als industriepolitischer und auch als eigenständiger industrieller Akteur dauerhaft eine wichtige Rolle.

Dabei fällt auf, dass die industriell erfolgreichen Länder in den letzten Jahren definitiv nicht jene waren, in denen der Staat sich dem neoliberalen Dogma gemäß industriepolitischer Interventionen weitgehend enthalten hat, sondern die, in denen er sich besonders fleißig einmischt. »Ist es aber nicht erstaunlich«, vermerkt der Börsenhändler Dirk Müller in seinem Buch *Crashkurs*, »dass mit China ausgerechnet ein Land der große Überflieger ist, in dem der Staat die Wirtschaft diktiert wie in kaum einem anderen?«[178] Auch andere Länder Südostasiens mit relativ hohen industriellen Wachstumsraten – Südkorea, Malaysia, Singapur und Indien – zeichnen sich nicht durch staatliche Zurückhaltung aus.

In China ist nach wie vor der größte Teil der Unternehmen in staatlicher Hand. Sosehr man die Arbeitsbedingungen in diesen Firmen verurteilen muss, ihr Erfolg erklärt sich keineswegs primär durch Hungerlöhne und extreme Ausbeutung, die vielmehr in allen Entwicklungs- und Schwellenländern gang und gäbe sind. Viel wichtiger ist das dank Staatseigentum extrem hohe Investitionsniveau.

Das Beispiel China zeigt – und nur von diesem Aspekt soll hier die Rede sein –, dass Staatsunternehmen bei entsprechenden Anreizstrukturen ähnlich wirtschaften wie kapitalistische, allerdings nicht dem kurzfristigen Renditedruck von privaten Aktiengesellschaften unterliegen. So erzielten in den ersten vier Monaten 2010 die chinesischen Staatsunternehmen einen Gewinn von umgerechnet 85 Milliarden Dollar. Teile dieses Gewinns stehen dank der öffentlichen Eigentumsform dem Staat zur Verfügung, statt in den Taschen reicher Leute zu verschwinden. Bisher müssen Staatsunternehmen in China 10 Prozent ihrer Gewinne nach Steuern an den Staat abführen, wobei die Regierung plant, diese Gewinnabfuhr zu erhöhen und in soziale Bereiche fließen zu lassen.

Auch viele andere Staatsunternehmen unterschiedlichster Branchen arbeiten hochprofitabel. Die großen staatlichen Stahlwerke in Südkorea und Taiwan etwa sind seit vielen Jahren effizienter als die meisten privaten Stahlfabriken dieser Welt. Desgleichen hat Schweden viele seiner Staatsfirmen auf Rendite getrimmt, und sie stehen privaten Anbietern an Profitabilität selten nach.

Staatsbeteiligungen sichern Arbeitsplätze

In der EU lag der Staatsanteil an der Wirtschaft Mitte der neunziger Jahre im Schnitt bei 17 Prozent. Erst der Privatisierungswahn der letzten anderthalb Jahrzehnte hat ihn auf unter 10 Prozent gedrückt. Verbunden mit dem Rückzug des Staates sind in der Regel Tendenzen der De-Industrialisierung, die in den neoliberalen Musterstaaten USA und Großbritannien besonders fortgeschritten sind. Wo der Staat noch Industriebeteiligungen hat, haben Beschäftigte meist sicherere Arbeitsplätze und bessere Möglichkeiten, ihren Interessen Geltung zu verschaffen. Denn anders als die Konzernleitung, die nur den Rückhalt der privaten Anteilseigner braucht, sind gewählte Regierungen naturgemäß druckempfindlicher.

So intervenierte der konservative französische Präsident Sarkozy bei dem Autobauer Renault, an dem der Staat auch heute noch Anteile von 15 Prozent hält, mehrfach gegen Produktionsverlagerungen. Die CDC, die staatliche französische Depot- und Sparkasse, die bereits unter Ludwig XVIII. gegründet wurde, ist an rund 250 französischen Unternehmen beteiligt, darunter an fast allen Konzernen, die im Pariser Leitindex CAC 40 gelistet sind. Diese Beteiligungen wurden in Frankreich immer wieder als Mittel der Wirtschaftspolitik – etwa im Abwehrkampf gegen Produktionsverlagerungen oder arbeitsplatzvernichtende Übernahmen – eingesetzt. Auch unter den Beschäftigten deutscher Autobauer brauchen die Arbeiter im Wolfsburger VW-Werk die geringste Sorge vor einer Verlagerung der Produktion zu haben, solange das Land Niedersachsen über das VW-Gesetz eine Sperrminorität an dem Konzern hält. Eine Zustimmung zu einem solchen Schritt könnte sich keine niedersächsische Regierung leisten.

IT-Branche am Subventionstropf

Im Grunde gibt es kein Land, in dem der Staat nicht nach wie vor wirtschaftliche Aufgaben wahrnehmen würde. Die IT-Branche, die

Wachstumsbranche Nummer eins in den letzten Jahrzehnten, war von Beginn an und ist bis heute erheblich von staatlichen Zuschüssen und Subventionen abhängig. In Südkorea, Taiwan, Japan und China werden bis zu 100 Prozent der IT-Investitionen staatlich finanziert. »Auf Dauer werden die Großen wie Nomaden dorthin ziehen, wo es die meisten Subventionen gibt«, vermerkte die *Financial Times* über die Staatslastigkeit der Chipindustrie.[179]

Auch außerhalb des IT-Bereichs sind viele private Konzerne nur dank staatlicher Subventionen, die sie als Forschungsunterstützung oder als Exportsubvention einstreichen, profitabel. In der Bundesrepublik trägt der Staat 30 Prozent der gesamten Forschungsausgaben und subventioniert darüber hinaus freigiebig die Forschung großer Konzerne. So erhält etwa der Henkel-Konzern jährlich Millionenbeträge vom Bund, ähnlich der Chemieriese BASF und die Unternehmen Merck und Philips.[180] Man möchte sich lieber nicht ausmalen, wie es um die Innovationsfähigkeit deutscher Unternehmen ohne diese freigiebigen Geschenke des Steuerzahlers bestellt wäre. Führt die staatliche Förderung zu Erfindungen und wird darauf ein Patent angemeldet, liegen alle daraus zu ziehenden Gewinne freilich bei dem privaten Konzern. Kleinere Firmen können von solchen geschenkten Forschungsmillionen nur träumen.

Der Staat als Erfinder und Entdecker

Auch arbeiten nicht nur die Banken mit einer faktischen Staatsgarantie im Rücken, das Gleiche gilt für die Kernkraftwerke, vor allem die Atommeiler. Die Landwirtschaft lebt von staatlichen Subventionen. Im Pharmamarkt ist es der Staat, der die Tarife regelt. Tut er das so windelweich wie in Deutschland, explodieren die Preise, und die Kranken werden abgezockt. »Einige der größten Erfolge der Vereinigten Staaten«, stellt der Nobelpreisträger Joseph Stiglitz fest, »sind das Ergebnis öffentlich finanzierter Forschungen, in der Regel an staatlichen oder gemeinnützigen Universitäten – vom Internet bis zur modernen Biotechnologie.«[181] Der Markt ist längst nicht mehr der »große Entdecker«, sagt auch der bereits zitierte Publizist Roger de Weck und verweist darauf, dass das Internet im Kernforschungszentrum CERN erfunden wurde und viele zivile Innovationen Nebenprodukte der militärischen Forschung der NASA waren.

Schon bei der Ankurbelung des frühen Wachstums des Silicon Valley spielte das US-Verteidigungsministerium eine entscheidende Rolle. Heute ist die US-Regierung der größte Risikokapitalgeber der Welt: Allein das Energieministerium will weitere 40 Milliarden Dollar an Zuschüssen und Kredithilfen vergeben, um Forschung über grüne Technologien zu begünstigen. In den ersten drei Quartalen 2009 hatten private Risikokapitalfirmen weniger als 3 Milliarden Dollar in diesem Sektor investiert; das Ministerium dagegen 13 Milliarden.[182] Der Grund für das staatliche Engagement liegt auf der Hand: Innovationen brauchen einen hohen Kapitaleinsatz mit langem Atem, das renditehungrige private Kapital leistet das immer weniger. »Oft kann sich nur noch der Staat Investitionen auf sehr lange Frist leisten.«[183]

Eine interessante Wortmeldung zu diesem Thema gab es kürzlich aus den Reihen des BDI. Ein Arbeitskreis namens »Wertschöpfungsorientierte Innovationsstrategien« unter Leitung von Reinhold Achatz, dem Chef der globalen Forschungsabteilungen des Münchner Siemens-Konzerns, legte im Januar 2012 ein Papier vor, das einen grundlegenden Kurswechsel des Verbandes einforderte. Das 15-köpfige Projektteam, an dem sich auch prominente Vertreter von Volkswagen, RWE, Bayer, EADS und BASF beteiligten, empfahl dem BDI, künftig in Sachen Forschung und Innovation eine aktive Rolle des Staates auch in Deutschland einzufordern. Denn, so die Begründung: Um die bis 2030 vorhersehbaren Umbrüche etwa in der Verkehrs-, Gen-, Nano-, IT-und Kommunikationstechnik sowie der Energieversorgung wirtschaftlich zu nutzen, bedürfe es der staatlichen Koordination. Da einzelne Unternehmen allein »tendenziell nicht mehr in der Lage« seien, »die entscheidenden Innovationen am Markt durchzusetzen«, komme dem Staat eine wichtige Aufgabe zu. Siemens-Mann Achatz sieht die Regierung zunehmend in der Rolle des »Katalysators«, der die Unternehmen zur Kooperation über Branchengrenzen hinweg bewege – und ihnen wohl auch noch stärker finanziell unter die Arme greift.[184]

Staatliche Industrieunternehmen – Erfahrungen und Legenden **335**

Das Gerede von der staatsfreien Wirtschaft erweist sich damit als neoliberaler Mythos. Der Staat spielt in allen Industrie- und Schwellenländern eine wichtige wirtschaftliche Rolle: als Finanzier von Forschung und Innovation, als Verteiler von Subventionen, teils auch als aktiver Industriepolitiker und Unternehmenseigentümer. Allerdings erfolgt das staatliche Engagement ausschließlich zum Nutzen der privaten Konzerne und ihrer Eigentümer, denen Verluste oder notwendige langfristige Investitionen abgenommen werden, während die dank dieser Staatsgelder erzielten Gewinne ungeschmälert in private Taschen fließen.

Ein Problem bei vielen Verstaatlichungen der Vergangenheit bestand, wie wir gesehen haben, darin, dass sie einem ähnlichen Schema folgten. Der Staat übernahm in erster Linie unrentable Unternehmen und Krisenbranchen, die hohe Verluste schrieben und andernfalls hätten Konkurs anmelden müssen. Er stützte und sanierte sie mit Steuergeld. War diese Strategie erfolgreich und begannen die Unternehmen, wieder profitabel zu arbeiten, wurden sie in der Regel erneut privatisiert. Oder der Staat subventionierte über gezielt niedrige Preise der staatseigenen Grundstoffindustrie die Privatwirtschaft und nahm dafür, wie in Großbritannien, Verluste in Kauf.

Der Staat als Firmenlazarett

Nicht wenige Großindustrielle haben das Spiel mit Verstaatlichungen und Privatisierungen sogar zum Bestandteil ihrer Profitstrategie gemacht. Ein Beispiel dafür ist der deutsche Industriemagnat Friedrich Flick, der sich bis 1931 die größte Machtposition in der deutschen Montanindustrie zusammengekauft hatte. Ihm gehörten u. a. die Gelsenkirchener Bergwerks-AG, die Vereinigten Stahlwerke und die Stahlproduzenten Maxhütte und Mittelstahl. Flick hatte immer wieder Teile seines Imperiums – in der Regel zu überhöhten Preisen – an den Staat verkauft, um sie unter für ihn günstigeren Umständen wieder zurückzukaufen.

Der österreichische Soziologe und Erste Vizepräsident der Österreichischen Liga für Menschenrechte Rudolf Goldscheid, der 1919 ein Buch mit dem hochaktuellen Titel *Sozialisierung der Wirtschaft oder Staatsbankrott* veröffentlichte, stellte zu diesem Thema bereits vor fast 100 Jahren fest:

»Nur allzu oft arbeitet der Staat bloß dort schlecht, wo man ihn nicht gut wirtschaften lässt, resp. wo man dafür sorgt, dass er schlecht wirtschaften muss, ja dass er genötigt ist, außer für seine eigene Missökonomie auch noch für die der Privatwirtschaft aufzukommen.«[185]

Wegen dieser Art der Verstaatlichungspolitik standen die Staatsunternehmen historisch tatsächlich oft für die weniger rentablen oder verlustbringenden Bereiche der Volkswirtschaft. Daraus allerdings die Legende vom Staat als schlechtem Unternehmer zu stricken und die Bedingungen auszuklammern, unter denen diese Verstaatlichungen stattfanden, und die Interessen, denen sie sich unterordneten, ist historisch unseriös und intellektuell unredlich.

Unser Überblick hat vielmehr gezeigt, dass der Staat selbst als Sanierer nicht selten ans Ziel gelangte, wo privates Eigentum nur noch zum Verschwinden der Betriebe und Kapazitäten geführt hätte, dass der Staat als Modernisierer oft außerordentlich erfolgreich war und dass öffentliches Eigentum in der Regel mit deutlich höheren Investitionen und meist auch besseren Arbeitsbedingungen in Verbindung gebracht werden kann.

Von der Quasibehörde bis zum staatskapitalistischen Konzern

Darüber hinaus beweisen die historischen Ausgestaltungen von Staatseigentum – vom gemeinnützigen Energieversorger bis zum profitorientierten taiwanischen Staatskonzern, von der Quasibehörde Bundespost bis zum weitgehend autarken Autobauer Renault – eigentlich nur, dass die Veränderung der Eigentumsform eine riesige Bandbreite an Möglichkeiten eröffnet. Welche dieser Möglichkeiten realisiert wird, hängt von der konkreten Organisationsstruktur der öffentlichen Betriebe, von der Art der staatlichen Einflussnahme und von den Anreizsystemen im Unternehmen selbst ab.

Staatliche Unternehmen können, das zeigt die Erfahrung von Schweden bis China, genauso hohe Profite machen und genauso rücksichtslos renditefixiert wirtschaften wie private. Die Frage ist, ob sie es sollten. Die Frage ist, in welchen Bereichen der Wirtschaft und in welchem Rahmen Gewinnorientierung auch in öffentlichen Unternehmen sinnvoll ist und wo eine am Gemeinwohl und Gemeinnutz orientierte Preis- und Investitionspolitik am Platze wäre. Die Frage ist, welche Anreize zu welchen Ergebnissen führen und wie öffentliche Unternehmen so zu organisieren sind, dass sie die ihnen volkswirtschaftlich zukommenden Aufgaben tatsächlich erfüllen. Auf all diese Fragen lohnt es, Antworten zu suchen, statt das Nachdenken von vornherein durch platte »Der Staat ist ein schlechter Unternehmer«-Scheuklappen abzubrechen. Der Staat *kann* natürlich ein schlechter Unternehmer sein, da Missmanagement und Fehlentscheidungen in öffentlichen Unternehmen ebenso wenig ausbleiben wie in privaten.

In den Bereichen allerdings, wo sich volkswirtschaftlicher Nutzen nicht in betriebswirtschaftlichen Rentabilitätskennziffern bemisst, hat der Begriff des guten beziehungsweise schlechten Unternehmers ohnehin eine abgewandelte Bedeutung. Eine unrentable Staatsbahn, die durch attraktive Angebote möglichst viele Leute von der Straße auf die Schiene holt, ist vermutlich eher im Interesse der Allgemeinheit als ein hochrentabler Betreiber von Langstreckenverbindungen, der alle Kleinstädte vom Schienennetz abgeknipst hat. Auch ein öffentlicher Energieversorger mit mäßigen Gewinnen, der Haushalte und Wirtschaft mit bezahlbarem (und gleichwohl aus erneuerbaren Trägern gewonnenem) Strom beliefert, ist eher zu begrüßen als hochprofitable Energiekonzerne, die in ihrer Preispolitik ihre Monopolmacht bis zum Äußersten ausreizen und noch das letzte Atomkraftwerk bis zum physischen Zusammenbruch betreiben. Mit anderen Worten: Es gibt Bereiche, da sind andere Kriterien wichtiger als das, ein möglichst guter – weil: profitabler – Unternehmer zu sein.

Auch bei Effizienzvergleichen ist immer entscheidend, woran »Effizienz« eigentlich gemessen wird. So stellt ein Referent auf der bereits zitierten Arbeitstagung des Vereins für Sozialpolitik der Gesellschaft für Wirtschafts- und Sozialwissenschaften in Basel 1983 fest, »dass öffentliche Unternehmen auch in dem Sinne ›effizienter‹ sind als private, dass sie die gesetzten Vorschriften und Regeln besser befolgen. Auch wenn sich diese Art von ›Effizienz‹ von dem Effizienzbegriff in den Wirtschaftswissenschaften deutlich unterscheidet …«[186]

Wenn aber maximale Gewinne gar nicht das Kriterium staatlicher Betriebe sind, ist es müßig, ihre Unterlegenheit gegenüber Privatunternehmen mit dem akribischen Nachweis ihrer oftmals tatsächlich geringeren Rendite zu begründen, wie das Heerscharen von Autoren getan haben. Zugleich zeigen die Erfahrungen mit Staatsunternehmen in Geschichte und Gegenwart, dass öffentliches Eigentum der Erzielung von soliden Gewinnen durchaus nicht entgegensteht.

Fazit

Die Verstaatlichungspolitik der europäischen Nachkriegszeit war von dem Anspruch geprägt, nicht nur kranke Unternehmen zu sanieren, sondern »Schlüsselbereiche« der Wirtschaft in die öffentliche Hand zu übernehmen. Dadurch sollte das Ausnutzen privater Monopolpositionen verhindert, demokratische Gestaltungsmacht zurückgewonnen und das wirtschaftliche Wachstum beschleunigt werden. Die erfolgreiche Modernisierung in vielen Ländern belegt, dass dieses Konzept aufging: In den verstaatlichten Industrien war das Investitionsniveau in der Regel deutlich höher, Löhne wie Arbeitsbedingungen waren besser und Arbeitsplätze sicherer als in privaten Unternehmen.

Die einstigen »Schlüsselbereiche« allerdings, auf die sich die Verstaatlichungen konzentriert hatten, waren spätestens in den siebziger Jahren zu sterbenden Industrien (Kohle) oder Krisensektoren (Stahl) geworden. Indem der Staat darauf verzichtete, auch Teile der Finalproduktion und vor allem neu entstehende Schlüsselsektoren wie die IT-Branche in die öffentliche Hand zu übernehmen, sondern sich hier auf die Rolle des Subventionsgebers beschränkte, verblieben am Ende tatsächlich überwiegend weniger rentable Unternehmen in Staatsbesitz. Deren Probleme dienten dann als Vorwand umfassender Privatisierungen.

Insgesamt reichen die Erfahrungen mit öffentlichen Unternehmen von profitorientiert wirtschaftenden Staatskonzernen, deren Rentabilität hinter Privatunternehmen ihrer Branche nicht zurücksteht, bis zu gemeinnützigen Versorgern, die ihre Preissetzungsmacht bewusst nicht ausnutzen, sondern die wirtschaftliche Entwicklung durch preiswerte Grundstoffangebote unterstützen. Auch die Organisationsformen öffentlichen Eigentums zeigen eine enorme Varianz von eigenverantwortlich wirtschaftenden Unternehmen, bei denen die öffentliche

Hand lediglich bei Grundsatzentscheidungen ihren Einfluss geltend macht, bis zu unmittelbar dem betreffenden Ministerium unterstellten Staatsbetrieben, bei denen auch Preis- und Personalpolitik politisch gesteuert werden.

Die pauschale Legende vom »Staat als schlechtem Unternehmer« oder vom Staatsunternehmen als politisch dirigierter Quasibehörde wird durch die historischen Erfahrungen nicht bestätigt. Diese zeigen vielmehr, dass es entscheidend auf die konkrete Ausgestaltung des öffentlichen Eigentums und der jeweiligen Anreizsysteme ankommt.

6. Unternehmer ohne Ancien Régime – Grundrisse einer neuen Eigentumsordnung

»Der Mann, der reich stirbt, stirbt in Schande.«

Andrew Carnegie, Industrieller und Stahl-Tycoon

»Die Idee dynastischer Vermögen finde ich abschreckend. Wenn man über Chancengleichheit redet und darüber, dass jeder Mensch mit Talent eine faire Möglichkeit haben soll, nach oben zu gelangen, dann ist das Weiterschieben riesiger Vermögen und machtvoller Gesellschaftspositionen von den Eltern an ihre Kinder geradezu unamerikanisch.«[187]

Warren Buffett, Milliardär

Was ist der Sinn und Zweck einer Volkswirtschaft? Offensichtlich nicht, die Menschen ärmer zu machen, sondern, sie reicher zu machen. Eine wirtschaftliche Ordnung, in der die Unternehmen nicht der Gesellschaft dienen, sondern sie sich unterwerfen, eine Ordnung, die zur Folge hat, dass der Wohlstand der Mehrheit der Bevölkerung sinkt statt steigt, die vorhandene Kapazitäten ungenutzt lässt und Millionen Menschen davon abhält, ihre Qualifikationen und Fähigkeiten überhaupt einzubringen, eine solche wirtschaftliche Ordnung erfüllt ihre wichtigste Aufgabe nicht mehr. Wenn diese Ordnung dann noch die natürlichen Lebensgrundlagen der menschlichen Existenz gnadenlos wie ein

Uhrwerk Takt um Takt zerstört, hat sie die Schwelle vom Gemeinnutz zur Gemeingefährlichkeit eindeutig überschritten.

Weder Globalisierung noch Demographie senken zwangsläufig den Wohlstand

Objektive Gründe für ein sinkendes Wohlstandsniveau gibt es nicht. Die sogenannte Globalisierung führt zur Entstehung neuer Produktionskapazitäten in den Schwellen- und Entwicklungsländern. Es gibt an sich keinen Grund, warum das mit einer Zerstörung von Arbeitsplätzen und einer Verarmung von immer mehr Menschen in den alten Industriestaaten einhergehen muss. Reinhard Marx, der Erzbischof von München und Freising, fasst es so zusammen:

»Die Globalisierung ist kein naturgegebener Prozess, dem wir uns anpassen. Es ist umgekehrt. Wir müssen die Globalisierung so gestalten, dass sie dem Menschen und seinen langfristigen Zielen angepasst ist.«[188]

Für die Globalisierung unter der Ägide der großen Konzerne und Renditejäger gilt das offensichtlich nicht, weil sie die Lebensverhältnisse der großen Mehrheit der Menschen verschlechtert.

Auch die steigende Lebenserwartung ist keine Ursache zunehmender Armut, weil, wie wir gesehen haben, die Produktivität der Arbeit auf absehbare Zeit sehr viel schneller wächst als der Anteil der Senioren an der Gesamtbevölkerung. Und der ökologische Wandel verlangt zwar nach veränderten Technologien und nach einer auf erneuerbaren Ressourcen statt auf Verschleiß und Giftabfällen basierenden Produktion. Aber auch das muss den Lebensstandard nicht senken, sondern verlangt lediglich, ihn auf eine neue Grundlage zu stellen. Bisher wird der überfällige Wandel ohnehin nicht in Angriff genommen, schon aus diesem Grund entfällt er als Ursache sinkenden Wohlstands.

Es liegt also nicht an den Technologien, nicht an der Internationalisierung von Produktionsstrukturen und auch nicht an den natürlichen oder demographischen Rahmenbedingungen. Es liegt an der Art und Weise, wie die Erstellung von Gütern und Diensten in der heutigen Wirtschaftsordnung organisiert wird, an den Kriterien, die die wirtschaftlichen Entscheidungen leiten, und an den Zielstellungen, denen sie untergeordnet sind. Wer heute noch sagt: »Privates Eigentum und privatwirtschaftliche, durch Markt und Wettbewerb gesteuerte unternehmerische Tätigkeit gewährleisten am besten den effizienten Umgang mit unseren knappen Ressourcen und die Anpassung an eine sich wandelnde Umwelt,«[189] der ist blind oder ein Wirtschaftslobbyist. Über eine längere historische Zeitspanne gab es Gründe, die zitierte Aussage für wahr zu halten. Sie gilt für eng begrenzte Teilbereiche der Wirtschaft auch heute noch. Aber je größer das betreffende Unternehmen ist, desto weniger trifft sie zu.

Großunternehmen als Träger der Fehlentwicklungen

Nach der gängigen Definition werden unter kleinen und mittleren Unternehmen (KMU) Firmen mit maximal 250 Beschäftigten beziehungsweise höchstens 50 Millionen Euro Umsatz verstanden. In der Bundesrepublik fallen darunter 99,8 Prozent aller Unternehmen, insgesamt über drei Millionen. Bei ihnen arbeiten 65,8 Prozent aller Beschäftigten, allerdings erwirtschaften sie nur etwa ein Drittel aller Umsätze. Diese Unternehmen müssen sich in der Regel auf offenen Märkten im harten Wettbewerb behaupten.

Zwei Drittel der Umsätze in Deutschland entfallen demgegenüber auf 8500 Großunternehmen. Werden diese durch Abgleich der Eigentümer konsolidiert, bleiben rund 3500 unabhängige Großunternehmen übrig.[190] Ein reichliches Drittel davon sind Familienunternehmen, stehen also unter der Kontrolle einzelner Familienclans. Vor allem die Top 100 unter ihnen sind Träger von Macht.

Im Kapitel über die »ausgezehrte Welt-AG« wurden die absurden Prioritätensetzungen des Managements vor allem der großen börsennotierten Gesellschaften durchleuchtet. Die Erhöhung der Kapitalrendite ist in vielen zum letzten Entscheidungskriterium geworden und steht höher als Kundennutzen oder Produktqualität. Prekäre Arbeitsplätze, extremer Druck, Entlassungen und Dumpinglöhne zerstören die Motivation und die Leistungsfähigkeit der Beschäftigten. Hohe Ausschüttungen zehren an der Unternehmenssubstanz und minimieren die für Investitionen, Innovation sowie Forschung und Entwicklung zur Verfügung stehenden Mittel.

Es ist genau das eingetreten, wovor Walter Eucken und andere Ordoliberale eindringlich gewarnt haben: Markt und Wettbewerb disziplinieren die Konzerne nicht mehr, dafür ist die Macht weniger Anbieter auf den von ihnen beherrschten Märkten viel zu groß geworden.

Diese Macht erlaubt die ungestrafte Durchsetzung ihrer antiproduktiven Strategien und die Weitergabe des Drucks an ihre Zulieferer. Auf solchen Märkten werden Eigennutz und Profittrieb nicht mehr, wie Adam Smith hoffte, von unsichtbarer Hand zum Vorteil der Allgemeinheit gelenkt. Dank ihrer Fähigkeit, die wichtigsten Variablen des wirtschaftlichen Lebens wie Investitionen und Arbeitsplätze nach Belieben zu steuern, halten die Global Player vielmehr die Allgemeinheit in Geiselhaft. Sie sind es, die der Politik den Rahmen diktieren, nicht umgekehrt. Ergebnis sind die volkswirtschaftlichen Fehlentwicklungen, die wir heute erleben.

Gewinnminimum statt Gewinnmaximum

Für den konservativen Managementtheoretiker Fredmund Malik ist es der »wirkliche Zweck« eines Unternehmens, »durch seine Marktleistung zufriedene Kunden zu schaffen«.[191] Entgegen den herrschenden Shareholder-Value-Philosophien ist Malik überzeugt: »Gewinn als oberstes Ziel zerstört die Ertragskraft eines Unternehmens und führt zwangsläufig zu seinem Ruin.«[192] Denn die eigentlichen Ursachen für gute Unternehmensergebnisse seien »Innovation, Marketing und Produktivität«. An diesen sollte man sich orientieren, lange bevor Gewinn überhaupt ermittelt werden kann. Malik weiter: »Gewinn darf ... niemals das oberste Ziel der Unternehmensführung sein. Gewinn muss verstanden werden als der wichtigste *Maßstab* dafür, wie *gut* ein Unternehmen seinen wirklichen Zweck erfüllt.« Wobei der Gewinn diese Leistung natürlich nur bei funktionierendem Wettbewerb und auf offenen Märkten misst. Die für Malik entscheidende Frage ist in jedem Fall nicht die nach dem Gewinnmaximum, sondern nach dem Gewinnminimum: »Welches Minimum an Gewinn benötigt das Unternehmen, um auch morgen noch im Geschäft zu sein?«[193]

344 Kreativer Sozialismus: Einfach. Produktiv. Gerecht.

»Echte Unternehmer«, schreibt Malik, maximieren »die wohlstands-
produzierende Kapazität des Unternehmens durch die bestmögliche
Erbringung ihrer Marktleistung für den Kunden. ... Sie maximieren
ihre Marktstellung und nicht ihr Wachstum. Sie maximieren den
Kundennutzen und nicht die Eigenkapitalrendite. Sie maximieren ihre
Innovationskraft und nicht den Gewinn.«[194]

Wer bestimmt, nach welchen Kriterien ein Unternehmen geführt wird?
In letzter Konsequenz der Eigentümer. Die entscheidende Frage ist
daher: Begünstigen die heutigen Eigentumsverhältnisse ein Wirtschaften, das sich an den von Malik aufgeführten Kriterien orientiert, oder
erschweren sie es, machen es vielleicht sogar unmöglich?

Eigentum und Managementphilosophie: Spielräume für vernünftiges Wirtschaften

Es wurde gezeigt, dass die an kurzfristiger Rendite orientierte Managementphilosophie nicht zufällig entstanden ist, sondern die Interessen
eines bestimmten Typs von Unternehmenseigentümern zum Ausdruck
bringt: die der institutionellen Anleger oder sogenannten »Finanzinvestoren«, die heute einen Großteil der Aktien halten. Wir haben auch
gesehen, dass sogar unabhängig davon, ob solche Eigentümer in einer
bestimmten Firma präsent sind, die Entstehung eines Marktes für den
Handel mit Unternehmen und die jederzeitige Möglichkeit einer feindlichen Übernahme dem Management börsennotierter Gesellschaften
genau jene kurzsichtige, auf hohe Rendite und hohe Ausschüttungen
fixierte Logik der Unternehmensführung aufzwingen, die für Produktivität, Innovationsfähigkeit und Beschäftigung so fatal ist. Man kann
daher durchaus schlussfolgern: Die Eigentumsverhältnisse großer börsennotierter Konzerne stehen vernünftigen Kriterien des Wirtschaftens
entgegen.

Wie sieht es bei Familienunternehmen aus? Prinzipiell ist in einem
Familienunternehmen natürlich alles möglich. Ein solches Unter-
nehmen ist nicht gezwungen, »in den Augen vorbeischlendernder
Beobachter schön auszusehen«, wie Richard Sennett das Problem der
Aktiengesellschaften so griffig beschrieben hat. Ein Familienunter-

nehmen kann sich also langfristige Strategien und eine kunden- statt renditeorientierte Unternehmensführung leisten. Je kleiner es ist, desto stärker steht es ohnehin unter dem Druck, im Wettbewerb durch überlegene Leistung bestehen zu müssen. Investitionszurückhaltung und übermäßige Ausschüttungen gefährden unter solchen Umständen schnell die Existenz.

Gerade in kleinen Firmen ist der Eigentümer in der Regel auch der Unternehmensgründer. Das Unternehmen ist für solche Eigentümer keine Kapitalanlage, von der sie eine bestimmte Verzinsung erwarten, sondern ihr eigener Arbeitsplatz, an dem sie meist mit hohem Einsatz und nicht selten unter erheblicher Selbstausbeutung gemeinsam mit ihren Mitarbeitern um den Erfolg ihrer Geschäftsidee kämpfen. Für solche Unternehmer gilt in der Mehrzahl, was Malik in Schumpeter-Tradition über die »wirklichen Unternehmer« schreibt: dass sie »nicht primär vom Gewinnmotiv getrieben« werden, sondern »etwas anderes anstreben – nämlich tatsächlich eine Leistung zu erbringen, ein Produkt zu vermarkten, eine Idee zu realisieren«. [195]

Wird das Unternehmen größer – erst recht, wenn der erste Generationswechsel erfolgt ist, die Eigentümer also nicht mehr die Gründer, sondern deren Erben sind –, ändert sich das oft. Je weniger das Unternehmen noch eigener Arbeitsplatz ist und je mehr es zur bloßen Kapitalanlage wird, desto stärker dominieren Renditekriterien die Unternehmensführung, auch in familieneigenen Betrieben. Das gilt erst recht für große Familienkonzerne, die oft hoch diversifiziert sind und sich in unterschiedlichste Bereiche eingekauft haben. Man denke etwa an das Imperium der Oetkers oder der Haniels. In solchen Unternehmen gibt es keine lebendige Gründungsidee mehr, sondern hier geht es wie in den börsennotierten Gesellschaften nur noch darum, Geld zu machen. Vielfach werden solche Unternehmen auch nicht mehr von Mitgliedern der Familie geleitet, sondern von bezahlten Managern. Wir haben gesehen, dass bei der Eigentümersippe der Haniels Aktivität im Unternehmen sogar ausdrücklich untersagt ist. Die Renditeerwartungen in solchen Familienkonzernen orientieren sich am Kapitalmarkt, nicht selten liegen sie sogar darüber. Die Verbindung zum Unternehmen ist die zwischen Vermögensbesitzern und einer lukrativen Einnahmequelle.

Hidden Champions

Natürlich ist denkbar, dass selbst in solchen Unternehmen ein guter Manager dennoch die richtigen Ziele und Prioritäten vorgibt und die Eigentümer ihm dabei wenig in die Quere kommen. Selbstverständlich gibt es auch größere gut geführte, erfolgreiche und leistungsfähige Familienunternehmen. Die von Hermann Simon untersuchten Hidden Champions – mittelgroße bis große Unternehmen, die mit ihren Produkten oftmals einen Markt erst geschaffen und sich aufgrund ihrer Qualität eine international führende Stellung gesichert haben – gehören in diese Kategorie. Die Hidden Champions zeichnen sich durch ein weit überdurchschnittliches Investitions- und Innovationsniveau, eine große Wertschöpfungstiefe und im Übrigen auch durch eine extrem geringe Fluktuation ihrer Mitarbeiter (die durchschnittliche Betriebszugehörigkeit liegt bei 37 Jahren!) aus, verkörpern also in jeder Hinsicht den Gegenentwurf zum kurzsichtig renditegetriebenen Großkonzern.

Allerdings ist auch die Welt der Hidden Champions keine Idylle. Hermann Simon verweist darauf, dass viele Hidden Champions schließlich an Konzerne verkauft wurden, weil die Familie das Nachfolgeproblem nicht lösen konnte. Diese Einbindung fesselt die einstigen Erfolgsträger oft so sehr, dass sie verkümmern. Und schlimmer: Jeder zwölfte Hidden Champion ist innerhalb des letzten Jahrzehnts an einen Private-Equity-Hai veräußert worden. Leidtragende solcher Entwicklungen sind die Kunden, denen ein bestimmtes Produkt oft nicht mehr in bisheriger Qualität zur Verfügung steht, und natürlich die Beschäftigten, deren Arbeitsplätze und soziale Existenz akut gefährdet wird. Den Unternehmenserben dagegen beschert der Verkauf in der Regel ein viele Millionen schweres Vermögen, von dessen Erträgen sie bis ans Ende ihrer Tage sorglos leben können.

Familienknatsch statt Sorge um das Unternehmen

Selbst wenn es nicht (oder zunächst nicht) zum Verkauf kommt, wird die Entscheidungsfindung in vielen Familienunternehmen spätestens ab der zweiten Eigentümergeneration von Konflikten und Auseinandersetzungen überlagert, die mit betriebswirtschaftlichen Fragen wenig zu tun haben.

Drei Ökonomen von der Universität Witten-Herdecke haben sich in einer bereits zitierten Studie mit dem Thema »Mehrgenerationen-Familienunternehmen« beschäftigt. Sie kommen zu dem Schluss, dass die moderne »Auflösung großfamilialer Strukturen verbunden mit Tendenzen zur Individualisierung« für solche Unternehmen »auf der Eigentümerseite wichtige Stützkräfte erodieren« lässt. Sie stellen fest: »Dieses in sich sehr konfliktträchtige Vis-à-vis auf der Eigentümerseite kann das Management eines Familienunternehmens ganz erheblich erschweren, wenn nicht gar die Unternehmensentwicklung zur Gänze lähmen.«[196]

Die Autoren weisen darauf hin, dass die Familie »nun einmal der Ort [ist], wo Emotionen die Handlungen leiten«. Eine häufige Konsequenz sei: »Das Unternehmen wird zum Kriegsschauplatz. Im besten Fall … wird das Unternehmen verkauft oder aufgeteilt, um die Beziehungen zu entflechten, die Territorien gegeneinander abzugrenzen und sich aus dem Weg zu gehen. … Aber bis es dahin kommt, haben meist längerfristige Auseinandersetzungen an der finanziellen Substanz des Unternehmens gezehrt. Im schlechtesten Fall führt der alltägliche Kleinkrieg zum langsamen, aber unaufhaltsamen Sterben des Unternehmens.«[197]

In eine ähnliche Richtung wirke der »immer wieder zu beobachtende« Fall: »Das Unternehmen wird einseitig zur Einnahmequelle genutzt, damit zum Spielball kurzfristiger Gesellschafterinteressen und kann das erwirtschaftete Kapital nicht mehr prioritär in die eigene Unternehmensentwicklung stecken.«[198] Es findet also eine ähnliche Auszehrung der Substanz wie bei Shareholder-Value-Unternehmen statt. Handelt es sich indessen nicht um marktmächtige Konzerne, wird dadurch schnell eine Abwärtsspirale in Gang gesetzt, die im Bankrott des Unternehmens endet.

Ancien Régime statt Moderne

Anders als im Falle börsennotierter Gesellschaften lässt Familieneigentum zwar vernünftige Managementprioritäten zu, aber auch hier finden diese sich vor allem bei kleinen und mittleren Unternehmen und solange die Gründer selbst Eigentümer und Geschäftsführer sind. Je größer das Unternehmen wird und je stärker sich die Eigentümerfamilie von seiner operativen Führung entfernt, desto unwahrscheinlicher wird das. Selbstverständlich gibt es Beispiele für selbst noch in der vierten Generation gut, kundennah und beschäftigungsorientiert geführte große Familienunternehmen. Dennoch stellt sich die Frage, wie vertretbar Verhältnisse eigentlich sind, in denen die soziale Existenz von tausenden Beschäftigten und die Investitionsentwicklung in wichtigen Wirtschaftsbereichen von den zufälligen Fähigkeiten eines nach Erbfolge bestimmten Patrons oder von Sippeneifersüchteleien in Großfamilien abhängig sind.

Mit den Grundwerten einer modernen Gesellschaft, zu denen Individualität, Chancengleichheit und Leistungsprinzip wesentlich gehören, haben die Fundamente der heutigen wirtschaftlichen Eigentumsordnung jedenfalls wenig zu tun. Hier spielen stattdessen Geburt, Familienstamm und Erblichkeit die tragende Rolle. Einer der wichtigsten Gesellschaftsbereiche, die Wirtschaft, wird also heute noch nach den gleichen Prinzipien organisiert, auf denen in der feudalen Ordnung das gesamte gesellschaftliche Leben beruhte.

Politische Macht ist heute nicht mehr unmittelbar erblich, wirtschaftliche Macht dagegen ist es, und mit ihr vererbt sich auch die Macht, der ganzen Gesellschaft die eigenen Interessen aufzuzwingen.

Zur Rechtfertigung dieser archaischen Eigentumsverfassung auf einzelne Unternehmenserben zu verweisen, die solide und gute Unternehmen führen, ihre Beschäftigten ordentlich bezahlen und Arbeitsplätze möglichst lange erhalten, ist dabei in etwa so überzeugend, wie die Feudalordnung mit dem Hinweis darauf zu rechtfertigen, dass es doch auch Grundherren gab, die sich als treusorgende Patriarchen um das Schicksal ihrer bäuerlichen Untertanen kümmerten und denen das Wohl der Bewohner jenes Landfleckens, dessen Verwaltung ihnen erblich zugefallen war, nicht gleichgültig gewesen ist.

Man sage nicht, der Unterschied bestehe darin, dass der leibeigene Bauer sich seinen Grundherren nicht aussuchen konnte, während die Beschäftigten heute frei seien, ein Unternehmen, dessen Patriarch ihnen missfällt, jederzeit zu verlassen. Angesichts zerstörter sozialer Netze und millionenfacher Arbeitslosigkeit existiert diese Freiheit für viele eben auch nur in der Theorie.

Funktionslose Erben

Viele Unternehmensgründer haben offenbar selbst Zweifel an der Befähigung ihrer Nachkommen zur Unternehmensleitung. Darin liegt, neben Gründen der Steuerersparnis, ein wesentlicher Grund für die nachhaltige Renaissance des Stiftungswesens. Schon heute wird eine wachsende Zahl von Großunternehmen von Aldi Nord bis Thyssen Krupp, vom Imperium des Ferdinand Piëch bis zum Automobilzulieferer Bosch, von Bertelsmann bis Lidl von Stiftungen kontrolliert. Mit Wohltätigkeitserwägungen hat dieses eifrige Stiften höchstens am Rande zu tun, viele Stiftungen schmücken sich nicht einmal äußerlich mit dem Mantel der Gemeinnützigkeit. Sie sind vielmehr eine praktikable Möglichkeit für die Inhaber von Familienunternehmen, unfähige Nachkommen von der Leitung auszuschließen und eine Zersplitterung des Betriebsvermögens ebenso zu verhindern wie ein Ausplündern seiner Substanz, wobei den Erben die Erträge des Unternehmens über die Stiftung weiterhin zufließen.

Die Nachkommen, die so zu bloßen Geldempfängern werden, können dann keinen großen Schaden im Unternehmen mehr anrichten. Worin der Nutzen solcher Erben und ihrer Millionenbezüge für die Entwicklung der Produktivität oder den Innovations- und Erfindungsgeist der Wirtschaft dann noch bestehen soll, ist schwer zu erkennen. In Wahrheit stünden die Unternehmen natürlich besser da, wenn sie sich die sinnlosen Ausschüttungen ersparen und auch dieses Geld intern verwenden könnten. Solche Erben sind also betriebswirtschaftlich ebenso funktionslos geworden wie die Aktionäre, deren garantiertes Recht, an Gewinn und Wertsteigerung der Unternehmen zu partizipieren, schon der große amerikanische Ökonom John Kenneth Galbraith mit feudalen Privilegien verglichen hatte.[199]

Selbstverständlich betrifft das Stiftungswesen vor allem größere und große Unternehmen. Wenn der Italiener um die Ecke sein Restaurant an seine Kinder übergibt, wird keine Stiftung gegründet, und auch die Familienstreitigkeiten halten sich bei kleinen und mittleren Betrieben meist in Grenzen. Immerhin wird in solchen Fällen in der Regel keine Geldkuh vererbt, sondern in erster Linie Arbeit (und ein Arbeitsplatz, was heutzutage viel wert ist). Natürlich gibt es auch in kleinen und mittleren Unternehmen Missmanagement, Fehlentscheidungen

350 Kreativer Sozialismus: Einfach. Produktiv. Gerecht.

und Knatsch. Nur sind die Folgen ohne größeres volkswirtschaftliches Gewicht. Das betrifft dann zehn oder zwanzig Beschäftigte (für die es natürlich bitter ist), aber es sind nicht hunderte oder tausende, und in keinem Fall hängt die Investitionsentwicklung ganzer Branchen von den Launen der Eigentümer einzelner Unternehmen ab. Überdies diktieren kleine und mittlere Unternehmen keinem Staat die Konditionen, erpressen niemanden und schreiben in der Regel auch nicht an Gesetzen mit. Vielmehr sind sie meist harter Konkurrenz ausgesetzt und werden für Fehler sehr schnell mit dem Verlust ihrer Existenz bestraft.

Eigentümerrechte und wirtschaftliche Macht

Es gibt also einen grundlegenden Unterschied zwischen Großunternehmen mit gesellschaftlicher Macht und jenen 99,8 Prozent kleinen und mittleren Firmen. Es sind die Ersteren, die den Takt vorgeben, nach dem die gesamte Wirtschaft tanzt. Solange ein Großteil dieser Unternehmen in einer Weise wirtschaftet, die den Interessen der Mehrheit der Menschen entgegensteht, so lange kann die Volkswirtschaft nicht zum Wohle der Mehrheit wirken. Die Rechte der Eigentümer von Unternehmen umfassen vier wesentliche Bereiche:

- die Festlegung der Ziele und Kriterien der Unternehmensführung und somit die Entscheidung über Investitionen und Arbeitsplätze,
- die Hoheit über Personalentscheidungen,
- das Recht zur Aneignung des im Unternehmen erwirtschafteten Gewinns,
- schließlich das Recht zur Veräußerung.

Die Rechtfertigung dafür, wirtschaftliche Ressourcen der Gesellschaft in das Belieben privater Eigentümer zu übergeben, war von Beginn an der Markt, dessen unsichtbare Hand die Summe der eigensüchtigen Bestrebungen in eine sinnvolle Richtung leiten sollte. Wo das nicht mehr funktioniert, verliert das private Eigentum seine Legitimität.

Entflechtung: Hält der liberale Vorschlag, was er verspricht?

Ein Vorschlag zum Abbau wirtschaftlicher Macht und zur erneuten Disziplinierung des privaten Wirtschaftseigentums durch Markt und

Wettbewerb, der von liberaler Seite gern ins Gespräch gebracht wird, ist die Entflechtung der Giganten. Freilich fällt auf, dass die Liberalen als Regierungspartei in keinem einzigen Land irgendeinen ernsthaften Versuch in dieser Richtung unternommen haben. Ex-Wirtschaftsminister Rainer Brüderle hat zwar zu Beginn seiner Amtszeit mit großem Getöse ein Entflechtungsgesetz zur »Zerschlagung« marktbeherrschender Konzerne angekündigt. Der Tiger hat es aber noch nicht einmal zum Papiertiger geschafft.

Tatsächlich ist eine Entflechtung des internationalen Beteiligungswildwuchses geboten. Eine Verkleinerung der Konzerne allerdings, die gewährleisten würde, dass sie in der Hand privater Eigentümer keine Machtbastionen mehr sind, die mit ihren Investitions- und Beschäftigungsentscheidungen die Entwicklung ganzer Branchen und das Lebensschicksal tausender Menschen bestimmen, scheint kaum möglich zu sein. Moderne Technologien verlangen in vielen Bereichen ein weit über das Niveau eines Mittelständlers hinausgehendes Kapitalminimum. Unterhalb einer Mindeststückzahl lohnen sich hohe Ausgaben für Forschung und Entwicklung nicht. Schon für Schumpeter war das Großunternehmen in vielen Bereichen die Voraussetzung einer technologisch auf höchstem Niveau produzierenden Wirtschaft.

Mittelständische Autobauer sind heute so wenig in Sicht, wie es unwahrscheinlich ist, dass Kernaufgaben der Chemie, der Pharmabranche oder auch der Telekommunikation von kleinen und mittleren Unternehmen übernommen werden können. Selbst in der unmittelbaren Nachkriegszeit, als die fatalen Folgen wirtschaftlicher Macht noch brandaktuell im öffentlichen Gedächtnis waren, war die Entflechtung mehr Proklamation als Realität. Die Konzerne blieben groß und sie blieben mächtig, wenn sie auch noch nicht von jener gesellschaftlichen Übermacht waren, die sie heute besitzen. Sosehr daher der Nutzen globaler Wirtschaftsgiganten mit Produktionsstätten auf drei oder vier Kontinenten infrage zu stellen ist, so wenig aussichtsreich scheint es, den gemeinwohlfeindlichen Managementstrategien der Großunternehmen die Forderung entgegenzustellen, ihren Handlungsradius auf das Niveau größerer Mittelständler zu reduzieren.

Verfügung ohne Eigentum? Die Grenzen der Mitbestimmung

Eine andere Reformidee läuft darauf hinaus, den Eigentümern großer Unternehmen zwar nicht ihr Eigentum, aber einen Großteil ihrer Verfügungsrechte zu nehmen und so die Wirtschaft wieder dem Allgemeinwohl zu verpflichten. Immerhin haben viele Unternehmenseigner einen Teil dieser Rechte bereits freiwillig an von ihnen eingesetzte Manager abgegeben.

Einen solchen Eingriff in die Verfügung über Eigentum stellt beispielsweise die Mitbestimmung nach dem Montan-Mitbestimmungsgesetz von 1951 und dem Mitbestimmungsgesetz von 1976 dar. Diese Gesetze regeln die Vertretung der Arbeitnehmer im Aufsichtsrat und die Einrichtung der Funktion eines »Arbeitsdirektors« im Vorstand, der allerdings weder durch die Beschäftigtenvertreter im Aufsichtsrat noch durch die Gewerkschaften kontrollierbar ist. Außerdem gibt es die Betriebsräte als Interessenvertreter in sozialen Belangen.

Der Mitbestimmungsapparat sichert den Beschäftigten zweifellos bessere Möglichkeiten zur Durchsetzung ihrer sozialen Interessen, als sie sie ohne diese Instrumente hätten. Eine ernsthafte Chance, die Unternehmensstrategie mitzubestimmen, ist daraus jedoch nie erwachsen. Schon das Doppelstimmrecht des allein von der Eigentümerseite bestellten Aufsichtsratsvorsitzenden gewährleistet, dass Letztere selbst bei paritätischer Besetzung des Aufsichtsrats immer die notwendige Mehrheit hat. Die Gesellschafterversammlung der Eigentümer kann zudem jede Entscheidung des Aufsichtsrats wieder aufheben. Personengesellschaften, selbst wenn es sich um große Konzerne handelt, sind von den Mitbestimmungsregeln ganz ausgenommen.

Die Rolle der Arbeitsdirektoren wiederum war von vornherein so konzipiert, dass es schon außergewöhnlicher Charakterstärke bedarf, um auf diesem Posten nicht korrumpiert zu werden. Schon 1951, als die Arbeitsdirektoren gerade per Montangesetz installiert worden waren, erläuterte ein Industrieller unverblümt und zynisch, wie er sie wieder zu erledigen gedachte: »Die Arbeitsdirektoren bekommen sofort die größten und luxuriösesten Personenwagen. Wir bauen ihnen Villen und geben diesen eine Luxusausstattung, die diese Bonzen korrumpieren. In die Vorzimmer setzen wir ihnen ihre weiblichen Verhältnisse.

Mit Hilfe der Aufsichtsratsvergütungen sind so viele Möglichkeiten der Manipulierung gegeben, dass sich die Gewerkschaftsbonzen in den ihnen gelegten Schlingen nicht mehr bewegen können. ... Nach einigen Jahren werden die Arbeiter ihre Vertreter aus den Betrieben hinausjagen.«[200]

Auch wenn Letzteres bisher nicht stattgefunden hat, war diese Strategie nicht ohne Erfolg. Man denke etwa an den ehemaligen VW-Arbeitsdirektor Peter Hartz, der als Teil eines korrupten und kriminellen Netzwerkes den seinerzeitigen Betriebsratsschef Volkert für gefügiges Verhalten mit Millionen bestach und selbst auf großem Fuße lebte.

Auch in anderen europäischen Ländern wurde die Erfahrung gemacht, dass die Eigentümer bzw. ihr Management Mitbestimmungsrechte der Beschäftigten in Fragen der Arbeitsplatzsicherheit und der Arbeitsbedingungen mehr oder weniger akzeptieren, Entscheidungen in Fragen der ökonomischen und finanziellen Firmenpolitik dagegen bis heute allein treffen. Diese Sachlage wird durch eine umfassende Studie über Mitbestimmungsmodelle in Europa belegt, die die Situation in den einzelnen europäischen Ländern in den Siebzigern und dann noch einmal Anfang der achtziger Jahre unter die Lupe nimmt. Die von einem europaweiten Forschungsnetzwerk getragene Studie *Industrial Democracy in Europe* kommt nach ihrer zweiten Untersuchung zu dem Schluss,»dass institutionelle Regelungen einen geringeren Einfluss auf die tatsächliche Mitbestimmung zu haben scheinen als nach unserer früheren Studie angenommen. Die allgemeine Situation auf dem Arbeitsmarkt ist danach für den Grad der Mitbestimmung wichtiger als das jeweilige Mitbestimmungsmodell – je höher die Arbeitslosenquote, desto niedriger der Einfluss der Beschäftigten auf die Unternehmensentscheidungen.«[201] Generell stellt die Studie fest, dass»weder de jure die Mitbestimmungsstrukturen noch de facto das Mitbestimmungsverhalten in der Mehrheit der EU-Länder besonders entwickelt sind«.[202]

Zufall ist das nicht. Natürlich könnten die Gesetze verbessert und die Mitbestimmung ausgebaut werden. Natürlich kann – und sollte – man fordern, etwa im deutschen Mitbestimmungsgesetz das doppelte Stimmrecht des Aufsichtsratsvorsitzenden abzuschaffen und die Rechte der Gesellschafterversammlung zu beschneiden. Ebenso wichtig wäre es, den Beschäftigten über Belegschaftsabstimmungen Vetorechte bei wichtigen betrieblichen Entscheidungen einzuräumen, bei geplanten Betriebsverlagerungen etwa oder bei Massenentlassungen. Überfällig ist es, größere Personengesellschaften den gleichen Mitbestimmungsregeln zu unterwerfen wie Kapitalgesellschaften.

Das alles kann und muss man fordern. Man sollte nur nicht der Illusion unterliegen, die Kriterien der Unternehmensführung auf diesem Wege grundlegend verändern zu können. Auch Versuche, Großunternehmen durch gesetzliche Vorschriften auf den Pfad der Tugend zurückzuführen, ihnen also per Gesetz vernünftige wohlstandssteigernde Prioritäten der Geschäftsführung aufzuzwingen, wie es das Grundgesetz eigentlich verlangt, sind heute kaum mehr aussichtsreich. Der sozial gebändigte Kapitalismus der Nachkriegszeit beruhte darauf, dass die Konzerne nicht mächtiger waren als die Staaten. Dieses Kräfteverhältnis hat sich mit der Konzentration von Wirtschaftsmacht bei branchenbestimmenden Global Playern verändert. Solange die Global Player sich in privater Hand befinden, sichern sie ihren Eigentümern den Zugriff auf so viel Geld, dass sie ihre Interessen problemlos auf nahezu allen Ebenen durchsetzen können.

Wer bestimmt die Prioritäten?
Veräußerungsrecht und Entscheidungsmacht

Selbst wenn man den Eigentümern alle direkten Einflussrechte auf die Führung großer Unternehmen nehmen würde, bliebe ihnen immer noch ein elementares Recht: das Recht zur Veräußerung ihres Eigentums. Solange wiederum die Produktion darauf angewiesen ist, dass ihr private Gesellschafter oder Anteilseigner Kapital zur Verfügung stellen, so lange sichert allein das Veräußerungsrecht den Eigentümern die Macht, den Unternehmen die eigenen Prioritäten aufzuzwingen. Denn ohne kapitalmarktadäquate Renditeaussichten wird dann eben kein müder Euro mehr angelegt. Kriterien des Wirtschaftens jenseits der Gewinnmaximierung führen so schnell zu einem Investitionsstopp und Beschäftigungsabbau, können somit derart negative Folgeeffekte haben, dass sie alle gut gemeinten Regulierungsabsichten paralysieren.

Unternehmer ohne Ancien Régime **355**

Beispiele für Regierungen, die den Interessen der Kapitaleigner nicht genügend Rechnung trugen und schließlich über einen Kapitalstreik zur Umkehr gezwungen wurden, gibt es viele. Frankreichs sozialistische Regierung unter Mitterrand ist eines davon.

Roger de Weck stellt in seinem Krisen-Essay fest: Wir brauchen »Eigentumsverhältnisse, die bewusst die Interessen der Individuen und des Gemeinwesens verbinden«.[203] Privates Eigentum im Bereich der Großunternehmen leistet das nicht mehr. Deshalb brauchen wir eine neue Eigentumsordnung. Eine Ordnung, die die Chance für neue Kriterien des Wirtschaftens eröffnet und auch in großen Firmen eine Unternehmensführung ermöglicht, die dem Interesse des Allgemeinwohls dient statt nur den Renditeinteressen weniger.

Es geht um Zukunft, nicht um Vergangenheit

Die Forderung nach einer neuen Wirtschafts- und Eigentumsordnung wird gern mit dem Hinweis vom Tisch gewischt, dass Alternativen zum Kapitalismus historisch nie funktioniert hätten. Kein Argument ist verfehlter! Das Scheitern des sowjetischen Gesellschaftsmodells (das alle vergangenen Sozialismusversuche geprägt hat) spricht dagegen, dieses für ein mögliches Zukunftsmodell zu halten. Es spricht aber noch lange nicht dafür, die heutige Wirtschaftsordnung für sakrosankt zu halten. Geschichtliche Prozesse bestehen in ihrem Wesen ohnehin nicht in der Wiederkehr von bereits Dagewesenem, sondern in der Entstehung von Neuem. Über dieses Neue nachzudenken und Konzepte dafür zu entwickeln ist die dringende Aufgabe einer Zeit, in der das Alte nicht mehr auf menschenwürdige Weise funktioniert.

Der Philosoph Ernst Bloch hat darauf hingewiesen, welche Anstrengung es den Menschen kostet, sich eine Gesellschaft vorzustellen, die es in der Realität noch nicht gibt. Doch gerade die Fähigkeit zu dieser Anstrengung ist es nach Bloch, die uns Menschen menschlich macht. Auch Walter Eucken hat sich ausdrücklich dagegen gewandt, die Frage nach den Möglichkeiten für die »Ordnung des Wirtschaftsprozesses in der industriellen Welt« nur »rückblickend, gleichsam mit dem Rücken gegen die Zukunft«,[204] zu beantworten. Notwendig sei das Gegenteil, betont Eucken:

356 Kreativer Sozialismus: Einfach. Produktiv. Gerecht.

»Es kommt im Hinblick auf die Wirtschaftspolitik nicht nur darauf an, welche Ordnungsformen realisiert waren und sind, sondern auch, welche möglich sind. Es muss eine neue Möglichkeit gefunden werden, die sachlich geboten erscheint, eine Ordnungsform, die eine selbständige Lösung darstellt ...«[205]

Genau das ist die Aufgabe. Wo weder Regulierung noch Mitbestimmung noch Entflechtung funktioniert, bleibt nur ein Weg, die Kriterien des Wirtschaftens zu verändern: die grundlegende Veränderung der Eigentumsverhältnisse. Wir brauchen Konzepte für eine neue Wirtschaftsordnung. Wir brauchen Ideen für Formen des Eigentums, die es erlauben, dass die Wirtschaft ihre wohlstandserhöhenden Kapazitäten wieder ausschöpft. Und wir brauchen Vorschläge, wie wir das schon von den Ordoliberalen als zentral erkannte Problem wirtschaftlicher Macht lösen, damit wir in Zukunft wieder in einem demokratischen Gemeinwesen leben können.

Häuschen oder Industriekonzern
Ist jedes Eigentum schützenswert?

Wer Eigentumsrechte verändern will, macht sich schnell verdächtig, die Privatsphäre nicht hinreichend zu achten. Das private Eigentum an großen Wirtschaftsgütern wird dabei im Gestus einer Selbstverständlichkeit mit dem Eigentum am eigenen Häuschen oder persönlichen Gebrauchsgegenständen auf eine Ebene gestellt. Wer Ersteres nicht respektiert, steht im Verdacht, auch Letzteres nicht zu achten. Die Botschaft ist klar: Kleinbesitzer, schützt euer Eigentum, indem ihr das der Erben wirtschaftlicher Macht vor dem Zugriff der Gesellschaft bewahrt!

Wer aber glaubt, er verteidige sein persönliches Eigentum, wenn er die bestehende wirtschaftliche Eigentumsordnung verteidigt, der sollte bedenken, dass es just diese Ordnung ist, die immer mehr Menschen um ihr persönliches Eigentum bringt.

Privates Sachvermögen, das auf eigener Arbeit beruht, muss vor Enteignung geschützt sein. Genau dieses Eigentum wird in Artikel 14

Unternehmer ohne Ancien Régime **357**

des Grundgesetzes gewährleistet. Die Eigentumsgewährleistung wäre jedoch eine Enteignungsgewährleistung, wenn sie zugleich jene wirtschaftlichen Machtbastionen schützen würde, die die Basis für die *Enteignung* der Mehrheit der Menschen durch eine kleine Minderheit sind. »Es ist … irreführend, wenn verfassungsrechtliche Auseinandersetzungen um gesetzliche Begrenzungen des Eigentümerbeliebens mit Argumenten aus der Welt des persönlichen Eigentums geführt werden,«[206] stellt der Jurist und ehemalige Hamburger Professor für öffentliches Recht, Helmut Rittstieg, in einer exzellenten Studie über »Eigentum als Verfassungsproblem« fest.

Verlangt der Schutz des selbst erarbeiteten Eigentums der Menschen also nicht das genaue Gegenteil der heutigen Praxis? Verlangt er nicht, verfassungsrechtlich auszuschließen, dass Unternehmen, die aufgrund ihrer Größe oder der Art ihrer Produkte wirtschaftliche und gesellschaftliche Macht verkörpern, Gegenstand privaten Eigentums sein können? Eben weil es hier nicht um »der Oma ihr klein Häuschen« geht, sondern um Eigentumstitel, die Herrschaft über Menschen verkörpern. Ein Großunternehmen ist keine Privatangelegenheit. Sobald ein Unternehmen eine bestimmte Größe überschreitet oder einen nennenswerten Anteil an einem wichtigen Markt erreicht, tritt es in unmittelbare Beziehung zum Gemeinwohl.

Unternehmen von öffentlichem Interesse

Bereits Ende des 19. Jahrhunderts begann sich die Auffassung durchzusetzen, dass es Eigentum gibt, dessen Nutzung in besonderer Weise mit dem Gemeinwohl in Verbindung steht und das deshalb öffentliche Eingriffe rechtfertigt. In der Common-Law-Tradition bildete sich der Begriff des »business affected with a public interest« heraus. In den EU-Verträgen gibt es die Kategorie der »Dienstleistungen von allgemeinem wirtschaftlichen Interesse«, die ursprünglich Ausnahmen vom Wettbewerbsrecht begründen sollte (auch wenn diese Dienste im Liberalisierungswahn der letzten Jahre kommerziellen Angeboten mehr und mehr gleichgestellt wurden).

Wenn ein Unternehmen von öffentlichem Interesse sich in privater Hand befindet und damit in erster Linie der privaten Gewinnerzielung dient, führt das fast zwangsläufig zu Problemen. Der oben zitierte Hamburger Rechtsprofessor Helmut Rittstieg regte daher bereits in den siebziger Jahren an, darüber nachzudenken,

»ob im Wege der gesetzlichen Neubestimmung möglicher Eigentumsinhalte auch gewisse Gegenstände außer Eigentum gesetzt, emanzipiert werden können«.[207]

Ganz neu wäre das nicht. Auch heute kann nicht jedes Gut Gegenstand privaten Eigentums sein. Seit Abschaffung der Sklaverei etwa gibt es kein Eigentum an Menschen mehr. Das scheint uns heute selbstverständlich, aber noch Mitte des 19. Jahrhunderts hatte das höchste US-Gericht, der amerikanische Supreme Court, das Eigentum an Sklaven wie jedes andere Eigentum unter den Schutz der Verfassung gestellt. Neben der Abschaffung der Sklaverei gibt es weitere Vorläufer. So wurden durch Artikel 86 des Euratomvertrages die Grundstoffe für die Gewinnung der Atomenergie für eigentumsunfähig erklärt. Auch ist das Grundwasser ausdrücklich aus dem Grundeigentum ausgeklammert.

Kein Gegenstand privaten Eigentums

Die Diskussion darüber, ob man in Anbetracht der historischen Erfahrungen privates Eigentum an sehr großen Wirtschaftsunternehmen verfassungsrechtlich ausschließen sollte, spielte in den Anfangsjahren der Bundesrepublik eine große Rolle. Dieser Debatte verdanken Formulierungen ihre Existenz wie die in der Saarländischen Landesverfassung, dass Schlüsselunternehmungen »nicht Gegenstand privaten Eigentums« sein dürfen, und zwar »wegen ihrer überragenden Bedeutung für die Wirtschaft des Landes oder ihres Monopolcharakters«. Es steht da nicht »sollten«, sondern »*dürfen*«.

Angesichts der fortgeschrittenen Konzentration von Wirtschaftsmacht spricht heute noch weniger als damals dafür, dass Großunternehmen von gesamtwirtschaftlicher Relevanz Privateigentum beliebiger Inhaber sein können. Dass eine solche Veränderung der Eigentumsverhältnisse rechtlich unproblematisch wäre, davon ist der Jurist Rittstieg überzeugt:»Setzt sich politisch die Ansicht durch, dass die private Beherrschung von Großeigentum Produktionsprozesse und Investitionen, Wohnungsbau und andere Fragen des nationalen Interesses einschließlich der Außenpolitik vom privaten Vorteil einer zahlenmäßig kleinen Gruppe in der Bevölkerung abhängig macht und daher zugunsten einer den gewandelten Verhältnissen besser gerecht werdenden Lösung abzulösen ist, so würde das nach den in der Rechtsprechung des Supreme Court bereits angewandten Grundsätzen die Aufhebung der als schädlich angesehenen Eigentumsformen rechtfertigen.«[208]

Immerhin lässt sich eine solche Veränderung auch mit der Rückbesinnung auf den menschenrechtlichen Ursprung des Eigentumsschutzes begründen: denn danach sollte nicht wirtschaftliche Macht, sondern der persönliche Lebensbereich des Menschen vor politischem Zugriff geschützt werden. Wer dagegen von Managern und Familienclans ausgeübte industrielle Herrschaft von Artikel 14 des Grundgesetzes geschützt wähnt, der sollte jedenfalls nicht mehr von einem mit der Persönlichkeitsentfaltung verbundenen Menschenrecht sprechen.

Werden bestimmte Bereiche für eigentumsunfähig erklärt, ergibt sich nach Rittstieg auch keine Pflicht zur Entschädigung. Denn: »Von der Entschädigungspflicht unter Enteignungsgesichtspunkten gibt es eine wichtige Ausnahme: Falls die hoheitliche Maßnahme bezweckt, eine bestimmte Eigentumsnutzung oder das Eigentumsrecht an bestimmten Gegenständen unter übergeordneten Gesichtspunkten des Gemeinwohls überhaupt zu unterbinden, wird die Anwendung der Entschädigungsklausel in der neueren Rechtsprechung ausnahmslos abgelehnt.«[209] So hatte etwa der Supreme Court, nachdem das Sklavereiverbot in die Verfassung aufgenommen worden war, den Bundesstaaten ausdrücklich untersagt, den früheren Sklavenhaltern Entschädigung zu zahlen.

Wo private Geschäftstätigkeit endet und gesellschaftliche Macht beginnt

Soll dieses Konzept rechtlich umgesetzt werden, spielt die Frage der Grenzziehung eine entscheidende Rolle: Welche Unternehmen sind gesellschaftlich so relevant, dass privates Eigentum ihren Eignern eine für das Allgemeinwohl nicht hinnehmbare Machtposition verschafft? Wo genügen demgegenüber ordentliche Rahmenbedingungen und gesetzliche Regeln, während ein weitergehender Einfluss der öffentlichen Hand eher von Schaden wäre? Und vor allem: Wer entscheidet über die Betriebsführung und deren Kriterien in den nicht mehr privaten Unternehmen? Schließlich: Wie sehen dem Gemeinwohl dienende Eigentumsverhältnisse in Großunternehmen unterhalb jener kritischen Schwelle aus, jenseits derer privates Eigentum verfassungsrechtlich ausgeschlossen werden sollte?

Generell bieten sich drei Kriterien an, um gemeinwohlrelevante von privater Geschäftstätigkeit zu unterscheiden:

- die monopolistische oder zumindest marktdominierende Stellung eines Unternehmens,
- seine Bedeutung für Beschäftigung und Investitionen in einer wichtigen Branche der Volkswirtschaft,
- die Erbringung einer öffentlichen Dienstleistung.

Am leichtesten lässt sich das letzte Kriterium konkretisieren: Öffentliche Dienstleistungen sind all diejenigen, die zur Grundversorgung der Menschen mit lebenswichtigen Gütern beitragen. Also die Versorgung mit Wasser und Energie, mit Versicherungs- und Bankdienstleistungen, mit Bildung, mit Verkehrs-, Kommunikations- und Gesundheitsdiensten. Nicht zu vergessen die Versorgung mit Wohnraum, zumindest für all diejenigen, die sich keine eigenen vier Wände leisten können. Auch die mediale Meinungsbildung ist ein öffentliches Gut und darf daher nicht länger vererbbares Machtinstrument einzelner Familien sein. Das spricht nicht gegen einzelne private Zeitungen oder Zeitschriften, wohl aber gegen private Medienkonzerne mit geballter Meinungsmacht.

Mit dem Gesundheitsbereich eng verbunden ist der der Pharmakonzerne. Ernst Ulrich von Weizsäcker verweist in seinem Buch über die Grenzen der Privatisierung auf das Problem, dass die Gewinnorientierung der Pharmaunternehmen dazu führt, dass 90 Prozent der weltweiten Pharmaforschung an den Bedürfnissen von 10 Prozent der Weltbevölkerung ausgerichtet werden. Nicht allein Heilungsmöglichkeiten tropischer Krankheiten bleiben dabei unterforscht. Das Gleiche gilt für

Unternehmer ohne Ancien Régime **361**

relativ seltene Erkrankungen in den Industrieländern, deren Behandlung dennoch sehr viel lebensnotwendiger wäre als die x-te Schlankheitspille. Alle diese Bereiche sollten zu Domänen der öffentlichen Hand werden, in der privates Renditestreben keinen Platz mehr hat.

Viele Unternehmen in den genannten Branchen stützen sich zugleich auf eine monopolistische Position und sind auch aus diesem Grund in privater Hand dem Gemeinwohl schädlich. Das gilt im Besonderen für die Energiekonzerne, für Wasser und Verkehr, aber auch für die Pharmaanbieter. Hier überall gibt es, wie wir gesehen haben, keinen funktionierenden Markt.

Im Telekommunikationsbereich kommt hinzu, dass viele Dienste heute den Charakter öffentlicher Güter haben: Eine bestimmte Investition kann von sehr vielen Menschen genutzt werden, ohne dass sie dadurch teurer wird. Werden solche Leistungen von privaten gewinn-orientierten Unternehmen angeboten, wird der Zugang künstlich limitiert. Im Ergebnis ist der gesellschaftliche Nutzwert einer Investition geringer, als er sein könnte. Obwohl ein Internetzugang heute ohne Zusatzkosten mindestens ein ganzes Haus versorgen kann, erhält jeder Nutzer einen Code, um andere auszuschließen. Beim Mobilfunk führt das private Angebot sogar zu einer erheblichen Verteuerung, weil jeder Anbieter seine eigenen Masten aufstellt, obwohl ein Netz für alle vollkommen ausreichen würde.

Monopolistische Positionen und öffentliche Güter gehören in jedem Fall in die öffentliche Hand. Schwieriger zu definieren ist die Grenze, ab wann Branchendominanz oder Marktmacht im Bereich kommerzieller Unternehmen nicht mehr mit privatem Eigentum vereinbar ist. Relativ offenkundig ist das bei Wirtschaftsgiganten mit über 10 Milliarden Euro Umsatz oder mehr als 50 000 Beschäftigten. Solche Machtbastionen sollten sich unter keinen Umständen in privater Hand befinden.

Kriterien des Wirtschaftens in öffentlichen Unternehmen

Wer Grundrisse für eine neue Wirtschaftsordnung konzipieren will, darf sich nicht nur mit Strukturen beschäftigen, sondern muss als Erstes die Frage beantworten, welche *Ziele* im Vordergrund stehen. Was soll die Wirtschaft in erster Linie leisten? Woran ist der Erfolg oder

Misserfolg einer wirtschaftlichen Ordnung zu messen? Es gibt auf diese Frage keine objektive Antwort, sie enthält immer Werturteile. Aber wahrscheinlich würde heute doch die Mehrheit der Menschen einer Antwort zustimmen, die der Wirtschaft folgende Aufgaben setzt:

Sie muss technischen Wandel, Innovation und Erfindungsgeist motivieren und das Wohlstandsniveau aller mit den technologischen Möglichkeiten anheben. Sie muss umwelt- und klimaverträglich werden, um auch den Enkeln und Urenkeln eine Lebensperspektive zu bewahren. Sie sollte jedem Menschen, unabhängig von seinen Fähigkeiten, eine menschenwürdige Existenz ermöglichen, die Armut ausschließt. Sie sollte darüber hinaus den gesellschaftlichen Reichtum nach der persönlichen Leistung verteilen, was allerdings zweierlei voraussetzt: erstens ein Bildungssystem, in dem die Chancen von den Fähigkeiten und nicht vom Elternhaus abhängen. Zweitens die Möglichkeit für jeden, seine Leistung überhaupt einzubringen, also einen weitgehend gesicherten Arbeitsplatz. Sie sollte schließlich auf den Prinzipien der Eigenverantwortlichkeit und der Haftung beruhen, also die Entscheidungen jenen übertragen, die von ihren Folgen am meisten betroffen sind.

Aus dem Auftrag zur Grundsicherung folgt, dass es geschützte Bereiche der Grundversorgung geben muss, die nicht kommerzialisiert werden dürfen. Das gilt für alle öffentlichen Dienste, die wir oben angeführt haben. Ihr Auftrag ist Versorgung, die optimale Bedarfsdeckung mit vorhandenen Mitteln, nicht die Ausbeutung des Bedarfs für möglichst hohe Gewinne. Strom, Wasser, Mieten, Verkehrs- und Kommunikationsdienste müssen in erster Linie bezahlbar sein; hier sollten die schwächeren Geldbeutel zusätzlich durch Sozialtarife begünstigt werden. Bildung muss grundsätzlich kostenlos sein, Gesundheitsvorsorge für jeden durch eine gesetzliche Versicherung nach einkommensabhängigen Tarifen gewährleistet werden.

Einige der öffentlichen Bereiche wie Bildung oder auch der Nah- und Fernverkehr erfüllen ihre Aufgabe nur, wenn sie mit öffentlichen Geldern unterstützt werden. Andere dagegen können kostendeckend wirtschaften oder sogar mit Überschuss. Die Bezahlung der Beschäftigten und des Managements sollte sich allerdings in solchen Bereichen nie am Überschuss orientieren, sondern immer an der Erfüllung des Versorgungsauftrags.

Von den gemeinnützigen Versorgern sind die kommerziellen Großunternehmen zu unterscheiden, auch wenn sie unter das Kriterium der privaten Eigentumsunfähigkeit fallen. Kriterien der Unternehmensführung sollten hier die von Malik genannten sein: Innovationsleistung, Kundenzufriedenheit, Produktivität, Attraktivität des Unternehmens für gute Leute, Mitarbeiterbindung, als Investitionsbedingung auch: Gewinn. An diesen Kriterien sollte sich die Bezahlung der Führungskräfte orientieren, wobei sie an die durchschnittliche Lohnentwicklung im Unternehmen gebunden bleiben sollte, um jede Verführung zur Gewinnsteigerung durch Lohndumping auszuschließen. Das heißt: Wenn der Durchschnittslohn im Unternehmen sinkt, sinken auch die Bezüge der Führungskräfte, egal wie vorbildlich die übrigen Kennzahlen sind. Die Marktstellung, die Malik als weiteres wichtiges Kriterium erfolgreicher Unternehmensführung anführt, taugt für große Konzerne eher nicht, weil sie so oder so sehr hoch ist. Sie sollten nicht danach trachten, sie noch weiter auszubauen.

Öffentliche Unternehmen können – anders als die privaten Giganten – wieder dazu gebracht werden, Unternehmenssteuern zu zahlen, auch höhere Sätze als die heutigen. Die Ausschüttung von Gewinnen an die öffentliche Hand dagegen sollte gesetzlich eng begrenzt werden und erheblich unter der heutigen Ausschüttungsquote liegen. Das würde erstens die eventuelle Versuchung mindern, solche Unternehmen als Geldkühe zu betrachten, mittels deren man politische Haushaltsprobleme lösen kann. Zweitens bliebe den Unternehmen dann weit mehr Spielraum für Forschung, Innovation und Investitionen.

Zur Absicherung vernünftiger Prioritäten sollten die öffentlichen Unternehmen – ähnlich wie seinerzeit im hessischen Sozialisierungsprojekt vorgeschlagen – neben der öffentlichen Hand auch den Beschäftigten, Vertretern der Konsumenten bzw. Verbraucherschutzorganisationen sowie viertens Umweltverbänden reale Mitbestimmungsrechte in ihren Aufsichtsgremien einräumen, in denen über die grundlegende Unternehmensstrategie und große Investitionsprojekte entschieden wird. Durch solche Strukturen kann verhindert werden, dass sich – obschon in öffentlicher Hand – erneut Wirtschaftsmacht verselbständigt und den allgemeinen Interessen entgegenstehende Ziele verfolgt.

Auf dem Weg in die Leistungsgesellschaft

Nehmen wir die oben angeführten Ziele des Wirtschaftens ernst, besteht Änderungsbedarf allerdings nicht nur in den etwa 100 oder 200 Firmen in Deutschland, die nach den genannten Kriterien als eigentumsunfähig zu klassifizieren wären, sondern auch in allen anderen Großunternehmen. Solange die Gewinne dieser Firmen Leuten zufließen, die an ihrer Erwirtschaftung kaum einen Anteil haben, kann von einer Leistungsgesellschaft keine Rede sein. Und solange die Ausschüttung an die Anteilseigner das Unternehmen um Mittel bringt, die es eigentlich für Forschung und Investitionen bräuchte, wird der technologische Fortschritt blockiert und Innovation gehemmt.

Allerdings ist die Übernahme in die öffentliche Hand nicht die einzige Alternative zum Eigentum der dem Unternehmen entfremdeten Familienclans und zu Gewinnansprüchen funktionsloser Aktionäre. Eine andere Alternative ist, das Unternehmen denen zu übergeben, die in ihm arbeiten und deren Ideen, Engagement und Einsatz es seine Entwicklung und seinen Erfolg verdankt. Das schließt die bisherigen Eigentümer, sofern sie im Unternehmen arbeiten, ein, aber es beschränkt sich eben nicht auf sie.

Die Möglichkeit des Eigentumserwerbs als wesentliche Motivation produktiver Arbeit ist eine alte liberale Idee. Für John Locke, den großen Philosophen der Aufklärung und Vater des Liberalismus, war die entscheidende Grundlage für die Entstehung von Eigentum die menschliche *Arbeit*: Durch Arbeit wird der geschaffene Wert für Locke zum Eigentum des Arbeiters. Diese Eigentumsauffassung hat sich bis heute in den Paragraphen des Bürgerlichen Gesetzbuchs erhalten. So legt § 950 Abs. 1 Satz 1 des BGB fest:

»Wer durch Verarbeitung oder Umbildung eines oder mehrerer Stoffe eine neue bewegliche Sache herstellt, erwirbt das Eigentum an der neuen Sache ...«

In der Realität allerdings leben die, die arbeiten, heute vielfach von der Hand in den Mund und haben kaum noch eine Chance, relevantes Eigentum zu bilden. Das wirtschaftliche Eigentum dagegen steht überwiegend Leuten zu, die nicht arbeiten. Die Umsetzung des Prinzips von John Locke und des Bürgerlichen Gesetzbuchs verlangt eine grundlegend andere Ordnung des wirtschaftlichen Eigentums.

Belegschaftseigentum als Realisierung des Haftungsprinzips

Es ist ein grundlegender demokratischer Anspruch, dass Entscheidungen immer bei denen liegen sollten, die von ihren Folgen hauptsächlich betroffen sind. Und zwar im Positiven wie im Negativen. Genau das verbirgt sich hinter dem Prinzip der Haftung. In Kapitalgesellschaften ist heute die Haftung der Eigentümer auf das eingesetzte Kapital beschränkt. Wird dieses verspielt, ist das bitter, aber meistens kein Ruin. Die Insolvenz von Karstadt hat – ungeachtet aller Heulstorys in *Bunte* und *Bild* – die frühere Eigentümerin Madeleine Schickedanz nicht zum Sozialfall gemacht, viele der ehemaligen Verkäuferinnen aber durchaus. Während Schickedanz auch heute noch über schicke Villen und ein rechtzeitig in Sicherheit gebrachtes Millionenvermögen verfügt, wurden viele Beschäftigte in die Hartz-IV-Hölle entlassen.

Selbst bei Firmen mit persönlich haftenden Gesellschaftern gibt es – sofern sie hinreichend groß und ihre Inhaber hinreichend reich sind – viele Tricks und Kniffe, Teile des persönlichen Vermögens vor dem Zugriff der Gläubiger zu schützen. Wäre die waghalsige Aktion von Maria-Elisabeth Schaeffler, unter Aufnahme von Milliardenkrediten den DAX-Konzern Conti zu schlucken, missglückt, wäre das für die Schaefflers sicher ein unschöner Einschnitt im Leben gewesen, aber die blondierte Milliardärserbin hätte trotzdem keine Sozialrente beantragen müssen. Die Beschäftigten dagegen verlieren bei einer Firmeninsolvenz das Wichtigste, was sie haben: ihren Arbeitsplatz, an dem nicht selten die soziale Existenz einer ganzen Familie hängt.

Euckens Grundprinzip der Haftung – »Wer den Nutzen hat, soll auch den Schaden tragen« – gilt in der heutigen Eigentumsverfassung nur für kleinere und mittlere Unternehmen. Der Handwerksmeister mit drei Angestellten hat, wenn die Auftragslage gut ist, das höhere Einkommen, dafür aber auch das deutlich höhere Risiko, wenn sie schlecht wird. Ähnlich ist die Situation für viele kleine Gründerunternehmen, in denen der Eigentümer oft sein ganzes Vermögen investiert hat und im Falle des Scheiterns von den Banken bis aufs Hemd ausgezogen wird. Bei den Großunternehmen dagegen gibt es diese Haftung nicht mehr: bei den Eigentümern nicht und schon gar nicht bei den Managern, die in der Regel selbst dann noch mit einem goldenen Handschlag und in jedem Fall als Multimillionäre die Bühne verlassen, wenn sie das Unternehmen in den Ruin geführt haben.

Wenn Haftung wieder gelten soll, dann sollten Unternehmen denen gehören, die in ihnen arbeiten und deren Existenzgrundlage sie darstellen. Bei großen Unternehmen sollten darüber hinaus Kommune oder Land, die von der Unternehmensentwicklung unmittelbar betroffen sind, Anteile und Mitentscheidungsrechte erhalten.

Das ist nicht primär ein Gebot der sozialen Gerechtigkeit, sondern eines der wirtschaftlichen Vernunft. Denn der, dessen soziale Existenz am Unternehmen hängt, hat schlicht eine höhere Motivation, verantwortungsvoll im Sinne der langfristigen Unternehmensperspektive zu entscheiden, und wird sich eher nicht von spekulativen Erwägungen oder irren Managementmoden leiten lassen.

Das Prinzip Haftung spricht übrigens auch gegen überhöhte Managergehälter: Wer so viel verdient, dass er nach wenigen Jahren fürs Leben ausgesorgt hat, der hat natürlich eine wesentlich geringere Motivation, Höchstleistungen zu erbringen, als der, dessen Wohlstand daran hängt, dass das Unternehmen sich auch in Zukunft gut entwickelt.

Ota Šiks Mitarbeitergesellschaft

»Nicht für die Aktionäre, sondern für die Mitarbeiter ist das Unternehmen eine lebendige soziale Institution«,[210] stellt der bekannte tschechische Wirtschaftswissenschaftler Ota Šik in seinem Buch *Humane Wirtschaftsdemokratie* fest. Er entwirft dort das Modell einer Mitarbeitergesellschaft, die durch eine schrittweise »Neutralisierung« von Kapital entsteht. Šik weist darauf hin, dass das Eigentum an einem Unternehmen ein fortwährendes Aneignen von neuen Produktionsmitteln und Produktionsresultaten durch den Eigentümer darstellt. Unter

»Neutralisierung des Kapitals« versteht er die Übertragung dieses Kapitalzuwachses auf eine Art Stiftung im Eigentum der Belegschaft. Dieses Eigentum ist nicht individuell veräußerbar. Der Vorteil für das Unternehmen ist, dass es so keinem Ausschüttungsdruck mehr unterliegt und die Gewinne intern verwenden kann. Der Vorteil für die Belegschaft besteht darin, dass mit der Eigentumsübertragung auch die Entscheidungskompetenz zu strategischen Fragen der Unternehmenspolitik den Eigentümern schrittweise aus der Hand genommen wird und an die Mitarbeiter übergeht.

Dieses Konzept unterscheidet sich also grundlegend von dem heute üblichen Verständnis von Belegschaftsbeteiligung, die in der Regel keinen höheren Zweck verfolgt als den, die Mitarbeiter über eine Handvoll Aktien in die Renditelogik der Eigentümer einzubinden. Dabei wird penibel darauf geachtet, dass der Gesamtanteil der Mitarbeiter so gering bleibt, dass sich daraus keinerlei Einfluss auf die Unternehmenspolitik ergibt. Eine besonders perfide Form von Mitarbeiterbeteiligung hat die Bertelsmann AG entwickelt, an der die Beschäftigten nur in Form »stiller Gesellschafter« teilhaben können. »Still« heißt: ohne jedes Mitbestimmungsrecht.

Wenn hier Belegschaftseigentum als Alternative zum Familien- oder Aktieneigentum vorgeschlagen wird, geht es ausdrücklich nicht darum, den Beschäftigten einige Krümel aus dem Profitkuchen zukommen zu lassen, sondern es geht um die Entscheidungsmacht im Unternehmen. Im Zentrum stehen nicht primär Fragen der Verteilung, sondern der Produktion: Es geht um eine Weise der Produktion, die ihre ureigene Aufgabe, den allgemeinen Wohlstand zu steigern, besser erfüllt als die heutige.

Für Beschäftigte wäre beispielsweise die Strategie, die Unternehmenssubstanz durch kurzfristige Ausschüttungen – in diesem Fall: überhöhte Löhne – zu plündern, so dass die Existenz des Unternehmens in Gefahr gerät, völlig irrational. Denn während sich wenige Anteilseigner auf diese Art ein Vermögen verschaffen können, das ihnen auch nach dem Untergang des Unternehmens ein Leben in Wohlstand sichert, wäre das für die Beschäftigten definitiv nicht der Fall. Ausgeschlossen werden kann auch, dass Beschäftigte erwägen würden, ihr Unternehmen an einen Private-Equity-Hai zu verschleudern.

Natürlich sind die Interessen der Mitarbeiter von Unternehmen nicht automatisch mit dem Allgemeinwohl identisch. Problematisch kann es auch hier werden, wenn das Unternehmen über allzu große Marktmacht verfügt. Ebenso werden Umweltinteressen in einem mitarbeitergeführten Konzern durchaus nicht im Selbstlauf berücksichtigt. Deshalb sollte die öffentliche Hand in jedem großen Unternehmen mit Marktmacht oder von besonderer ökologischer Relevanz zumindest über eine Sperrminorität verfügen, die den Interessen der Allgemeinheit hinreichende Mitspracherechte sichert. Die Beteiligung von Verbraucherschutz- und Umweltorganisationen in den Aufsichtsgremien wäre hier ebenso erwägenswert wie in öffentlichen Unternehmen.

Entscheidend sind die Anreize

Das Argument, nur in einem privaten Unternehmen sei der Druck groß genug, um Menschen zu Höchstleistungen anzuhalten, wurde in diesem Buch bereits an vielen Stellen widerlegt. Es wurde gezeigt, dass die heutigen Arbeitsverhältnisse in großen Konzernen die Motivation und die Leistungsfähigkeit der Beschäftigten eher zerstören als fördern. Und wir haben gesehen, dass die Anreize für das Management in eine Richtung wirken, die dem allgemeinen Wohlstand entgegensteht. Öffentliche Unternehmen und Firmen in Belegschaftshand würden Leistung auch dadurch motivieren, dass sie Existenzangst und ruinösen Leistungsdruck aufheben. Sie können dem Management sinnvollere Ziele setzen, als das heute der Fall ist, sie also statt an Renditekennziffern an Kriterien wie Kundenzufriedenheit, Innovationsfähigkeit, Produkt- bzw. Dienstleistungsqualität und Ähnlichem orientieren. Es spricht daher alles dafür, dass die Produktivität und langfristige Effizienz von Unternehmen in öffentlichem oder Belegschaftseigentum höher ist als die privater und nicht etwa niedriger.

Der amerikanische Sozialwissenschaftler Herbert Simon, der für seine Arbeiten über die Funktionsweise moderner Unternehmen 1978 mit dem Nobelpreis ausgezeichnet wurde, hat immer wieder darauf hingewiesen, dass die Unterschiede zwischen großen Privatunternehmen und öffentlichen Unternehmen im Hinblick auf die Motivation der Akteure stark überzeichnet werden. In beiden arbeiten heute nahezu alle in abhängiger Beschäftigung:»Die meisten Produzenten sind Angestellte, nicht Eigentümer von Firmen … Aus der Sicht der klassischen Theorie haben sie keinen Grund, den Gewinn der Firmen zu maximieren, außer in dem Umfang, in dem sie von den Eigentümern kontrolliert werden können.« Kontrolle aber kann – auf andere Ziele und Kriterien gerichtet – in öffentlichen Unternehmen ebenso wirkungsvoll stattfinden wie in privaten.

In dieser Hinsicht bestehe, fährt Simon fort,»kein Unterschied zwischen gewinnorientierten Firmen, gemeinnützigen Organisationen und Verwaltungsapparaten. Alle haben genau das gleiche Problem, ihre Mitarbeiter dazu zu bewegen, auf die Verwirklichung der Ziele der Organisation hinzuarbeiten. Es gibt a priori keinen Grund, weshalb es leichter (oder schwerer) sein sollte, diese Motivation in Organisationen zu erzeugen, die auf Gewinnmaximierung aus sind, als in Organisationen mit anderen Zielen.«[211] Letztlich komme es immer auf die gesetzten Anreize an.

Der entscheidende Unterschied zwischen öffentlichen Unternehmen und Mitarbeitergesellschaften einerseits und privatwirtschaftlichen Großunternehmen auf der anderen Seite besteht darin, dass ausreichende Spielräume für Ziele jenseits der Renditemaximierung überhaupt nur in Ersteren existieren.

Auch der deutsche Ökonom und Mitbegründer der in Schumpeter-Tradition stehenden evolutorischen Ökonomik, Helmut Arndt, stellte fest:»Die Konkurrenzwirtschaft funktioniert nicht deshalb, weil die Unternehmen in Privateigentum stehen, sondern sie funktioniert deshalb, weil Unternehmen am gleichen Markt selbständig um die gleichen Kunden konkurrieren. Ob diese Unternehmen einzelnen Personen oder Stiftungen gehören, ist ebenso wie ihre Rechtsform belanglos, solange nur ihre Unabhängigkeit und damit ihre marktwirtschaftliche Entscheidungsfreiheit gewährleistet ist.«[212]

Und Hermann Simon konstatierte in seiner verdienstvollen Studie über die»Hidden Champions«:»Das Phänomen und der Erfolg der

Hidden Champions sind nicht primär eine Frage des Familieneigentums, sondern es kommt vor allem auf die Strategie und Führung an.«[213] Diese Strategie und Führung muss sich an wirtschaftlich sinnvollen Zielen orientieren und dafür bedarf es der richtigen Anreize. Garantien gibt es nie. Aber die Wahrscheinlichkeit vernünftigen Wirtschaftens ist in öffentlichen Unternehmen und Mitarbeitergesellschaften immerhin deutlich höher als in börsennotierten Konzernen oder großen Firmen, die sich in der Hand zerstrittener oder unfähiger Familienerben befinden.

Unternehmensgründer und die Steine auf ihrem Weg

Eine Gesellschaft, die es Menschen mit Ideen versagt, ihr eigenes Unternehmen zu gründen, um für die Realisierung ihrer Geschäftsidee zu kämpfen und dabei im Erfolgsfall auch sehr reich zu werden, kappt eine der wichtigsten Quellen von wirtschaftlicher Anpassungsfähigkeit, Innovation und technischem Fortschritt. Die wenigsten Firmen wären ohne den außergewöhnlichen Einsatz ihrer Gründer je auf den Erfolgsweg gekommen. Viele Märkte wären nicht entstanden. In dieser ersten Unternehmensphase schafft Eigentum tatsächlich noch Identifikation, und die Kreativität, Power und meist auch Selbstausbeutung des Eigentümers sind vielfach Basis der Unternehmensentwicklung.

Außerdem sichert persönliches Eigentum kurze Entscheidungswege und klare Machtverhältnisse. Das kann für Gründerunternehmen hilfreich sein, ebenso wie für viele Handwerksbetriebe oder kleine Gewerbetreibende. Deshalb gilt für einen kreativen Sozialismus: Der echte Unternehmer im Sinne Schumpeters darf nicht gegängelt und unterdrückt, er muss gefördert und unterstützt werden. Solche Unternehmensgründer werden nicht durch eine neue Wirtschaftsordnung bedroht, sondern durch die heutige, die ihnen immer größere Steine in den Weg rollt.

Eines der größten Hemmnisse heute ist, wie wir gesehen haben, der Kreditgeiz der Banken. Egal wie gut eine Geschäftsidee ist: Das mit jeder neuen Idee verbundene Risiko und die in der Regel fehlenden Sicherheiten geben vielen Ideen von vornherein keine Chance. Es sei denn, der Gründer findet private Risikokapitalgeber. Dann aber machen im Erfolgsfall hauptsächlich andere mit seiner Idee Profit.

Lieber fünf falsche Ideen finanzieren als eine gute sterben lassen

Diesen zentralen Punkt muss eine innovative Wirtschaftsordnung ändern: Eigenkapitalhilfen und Investitionskredite gerade für kleine Unternehmen und Neugründungen zur Verfügung zu stellen muss zu einem zentralen Bestandteil des Versorgungsauftrags öffentlicher Banken werden. Und zwar zu Konditionen, die Luft zum Atmen lassen. Es gibt öffentliche Förderprogramme natürlich auch heute schon. Aber es sind viel zu wenige und oft sind sie mit viel zu vielen bürokratischen Hürden verbunden.

Dass nicht alles finanziert werden kann, versteht sich. Jede Bank steht vor der Schwierigkeit, tragfähige Geschäftsideen von versponnenen Träumereien zu unterscheiden. Nur: Nicht wenige Erfindungen, die später die Wirtschaft umgewälzt haben, sahen am Anfang wie versponnene Träumereien aus. Die Grenzlinie zwischen Sinn und Unsinn ist vorab schwer zu ziehen.

Heute verfahren Banken nach der Maxime, lieber zehn gute Ideen sterben zu lassen, als eine schlechte zu kreditieren. Dieses Prinzip muss umgekehrt werden: Es ist volkswirtschaftlich besser, zehnmal Unfug zu finanzieren und später abzuschreiben, wenn dadurch wenigstens sichergestellt ist, dass der eine Geniestreich, den es im Ideenangebot auch gibt, nicht durch den Rost fällt.

Im Vergleich zur Billionenvernichtung durch Subprime-Hypotheken oder Private-Equity-Kredite wäre die Umsetzung dieses Prinzips in jedem Falle auch noch sparsamer.

Allerdings braucht es auch neuer Rechtsformen, die einen wesentlich größeren Eigentümerkreis ermöglichen als das traditionelle Personenunternehmen oder die GmbH. Es muss möglich sein, Mitarbeitergesellschaften oder Belegschaftsbetriebe zu gründen, dafür braucht es einen vorteilhaften und passenden rechtlichen Rahmen. Das heutige Genossenschaftsrecht ist zu diesem Zweck kaum zu gebrauchen. Es ist steuerlich unvorteilhaft und nicht auf Gewinnerzielung angelegt, den ein Unternehmen aber zur Investitionsfinanzierung braucht. Es gibt zwar erfolgreiche Genossenschaften im Bereich Wohnungsbau, in der Landwirtschaft, in der Kreditwirtschaft und in einigen anderen Dienstleistungsbereichen, aber aus gutem Grund kaum Produktivgenossenschaften. Hier besteht rechtlicher Anpassungsbedarf, zumal auch das Problem von fehlendem Eigenkapital und Sicherheiten sich bei vielen Eigentümern leichter lösen lässt.

Das schließt ein, dass Belegschaftsunternehmen in Zukunft ebenso guten Zugang zu Finanzierungen haben müssen wie traditionelle Firmen. Das ist heute nicht der Fall. Genossenschaften etwa haben es normalerweise schwer, von den Banken Kredit zu bekommen, noch schwerer als »normale« Kleinbetriebe. Nicht wenige sind an diesem Problem zugrunde gegangen.

Über Vermögenssteuern zur Mitarbeiterbeteiligung

Wer ein Unternehmen gründet, dem gehört es zunächst mit vollem Recht. Denn ohne seine Initiative gäbe es das Unternehmen nicht. Je mehr ein Unternehmen wächst, desto mehr verdankt es seine Existenz allerdings nicht mehr nur dem Gründer und Geschäftsführer, sondern auch der wachsenden Zahl der Mitarbeiter. Daher sollte ab einer gewissen Unternehmensgröße die von Ota Šik angeregte »Neutralisierung des Kapitals« beginnen. Nicht nur um der Mitarbeiter, sondern auch um des Unternehmens willen.

Ein Instrument dafür wäre die Wiedereinführung einer allgemeinen Vermögenssteuer, die bei Finanz- und Immobilienvermögen an den Staat zu zahlen, bei Betriebsvermögen dagegen in unveräußerliche Belegschaftsanteile umzuwandeln ist. Diese Anteile könnten wie eine Art Stiftung verwaltet werden, deren Treuhänder von der Belegschaft bestimmt werden. Das Geld bliebe also im Unternehmen, würde aber allmählich den Entscheidungsspielraum des ursprünglichen Eigentümers zugunsten realer (mit Eigentum unterlegter) Mitbestimmungsrechte der Belegschaft zurückdrängen. Im Ergebnis könnte der Eigentümer in Unternehmen oberhalb einer gewissen Größe nicht mehr allein über die Unternehmensstrategie entscheiden. Frau Schaeffler etwa hätte ihre Belegschaft fragen müssen, ehe sie das Conti-Abenteuer wagen durfte.

Außerdem kann sich der Eigentümer dann auch nur noch maximal den Teil des Gewinns ausschütten, der auf seinen Kapitalanteil entfällt, während der auf das Mitarbeitereigentum entfallende in jedem Fall im Unternehmen verbleibt. Je mehr der ursprüngliche Eigentümer dem Unternehmen auf diese Weise entzieht, desto schneller sinkt sein Anteil am gesamten Kapital. Damit ist ein starker Anreiz gesetzt, die Ausschüttungen zu begrenzen und möglichst große Teile des Gewinns im Unternehmen zu belassen.

Eine denkbare Ausgestaltung wäre eine Vermögenssteuer von 5 oder 10 Prozent auf alle Vermögen, die 1 Million Euro übersteigen. Besitzt eine Familie ein Unternehmen mit einem Eigenkapital von 101 Millionen Euro, würden bei einem Steuersatz von 5 Prozent im ersten Jahr 5 Millionen Euro in unveräußerliches Belegschaftskapital umgewandelt. Im nächsten Jahr dann wiederum 5 Prozent von dem dann verbleibenden Kapitalanteil der Alteigentümer. Es würden also schrittweise Unternehmensanteile an eine Art Stiftung übertragen, auf die der ursprüngliche Eigentümer keinen Zugriff hat, sondern die der Belegschaft untersteht. Wenn das Unternehmen schnell wächst, kann der Anteil des Ersteigentümers dennoch hoch bleiben. Das sollte zusätzliche Anreize setzen, Gewinn im Unternehmen zu belassen, statt ihn herauszuziehen. Um zu verhindern, dass das Eigenkapital künstlich niedrig gehalten wird, müsste seine Untergrenze in Relation zum Umsatz gesetzlich geregelt werden.

Bei sehr großen Unternehmen, etwa ab 100 Millionen Euro Eigenkapital, sollten 25 Prozent Stiftungsanteile auf die öffentliche Hand – die Kommune oder das Land – übergehen. Ebenso sollten öffentliche Subventionen oberhalb der Bagatellgrenze generell zu öffentlichen Kapitalanteilen führen. Immerhin sind Geschenke auf Kosten der Steuerzahler mit dem Prinzip von Leistungsgerechtigkeit und Selbstverantwortung nicht in Einklang zu bringen.

Gesellschaft ohne Millionenerben

Wir haben gesehen, dass die meisten Schwierigkeiten in Familienunternehmen im Erbfall entstehen. Während der Gründer sich mit dem Unternehmen meist persönlich identifiziert, ist das bei den Nachfolgern oft nicht mehr der Fall. Weder sind unternehmerische Fähigkeiten erblich noch das Interesse für einen bestimmten Geschäftsbereich. Werden Unternehmen dann von unfähigen Geschäftsführern weitergeführt oder an Private-Equity-Haie verschleudert, sind Unternehmenssubstanz und Arbeitsplätze gefährdet. Wird die Leitung dagegen bezahlten Managern übertragen, stellt sich die Frage, welche produktive Rolle den Erben eigentlich noch zukommt.

Nach einer Studie des Unternehmensberaters Wolter Claasen gehen ohnehin gerade mal 20 Prozent der Unternehmen auf die zweite Generation über, 7 Prozent werden auch noch in dritter Generation weitergeführt. Von den 71 000 Familienunternehmen, die jährlich in Deutschland übergeben werden, wandert mehr als die Hälfte in fremde Hände.[214]

Die Erben führen also nicht weiter, sie verkaufen. Die Beschäftigten, auf deren Arbeit der Unternehmenserfolg wesentlich beruht, werden zur Manövriermasse ohne relevante Mitspracherechte. »Die Geschichte starker Unternehmensführer endet leider häufig mit einer missglückten Nachfolge«,[215] zitiert Hermann Simon in den *Hidden Champions* einen Unternehmer.

Wir haben im Kapitel über den »Mythos Leistungsgesellschaft« gesehen, dass das Vermögen – und besonders das Produktivvermögen – sich in der heutigen Gesellschaft in ganz wenigen Händen konzentriert. Das Prinzip der (von der Erbschaftssteuer kaum mehr geschmälerten) Vererbung von Großvermögen hat daran wesentlichen Anteil. Eine Vermögenssteuer wie die hier vorgeschlagene von 5 oder 10 Prozent auf Vermögen oberhalb einer Million Euro wäre eine vorsichtige Korrektur an dieser Konzentration. Grundsätzlich verändern würde sie die Verhältnisse nicht. Denn die Rendite auf große Vermögen liegt in der Regel bei über 5 Prozent, so dass eine 5-prozentige Besteuerung die Substanz kaum treffen würde. Mit Blick auf Produktivität, Innovationsgeist und Leistungsorientierung einer Volkswirtschaft wiederum gibt es nur Gründe, die gegen große Erbschaften sprechen und keinen einzigen Grund dafür. Wer sein Einfamilienhaus, sein erarbeitetes Spargeld und seine persönlichen Gegenstände in der Hand seiner Kinder wissen will, den sollte der Fiskus in Ruhe lassen. Millionen- oder gar milliardenschwere Großvermögen dagegen beruhen nie nur auf der Arbeitsleistung eines einzelnen Menschen. Vielfach wurden sie selbst bereits ererbt. Und ganz sicher beruhen sie nicht auf einer Leistung der Erben. Es sei denn, man wollte den Umstand, als Kind reicher Eltern geboren zu werden, als besondere Lebensleistung würdigen.

Erbschaften sollten aus all diesen Gründen generell auf 1 Million Euro begrenzt werden. Darunter sollte gar keine Erbschaftssteuer erhoben werden. Alles jedoch, was darüber hinausgeht, sollte mit einer Steuer von 100 Prozent belastet werden. Eine solche Erbschaftssteuer würde einlösen, was beispielsweise Artikel 123 der Bayerischen Verfassung fordert: »Die Erbschaftssteuer dient auch dem Zwecke, die Ansammlung von Riesenvermögen in den Händen einzelner zu verhindern.«

Im Falle von Betriebsvermögen sollte die Regelung ähnlich aussehen wie bei der Vermögenssteuer: Das gesamte 1 Million Euro übersteigende Eigenkapital fiele unter die Erbschaftssteuer, ginge aber nicht an den Staat, sondern würde in unveräußerliches Belegschaftseigentum übertragen. Damit hätten die Mitarbeiter in ihrem Unternehmen das Sagen. Für große Unternehmen mit mehr als 100 Millionen Euro Eigenkapital sollte zusätzlich eine öffentliche Sperrminorität entstehen, das heißt, die öffentliche Hand bekäme ein Mitbestimmungsrecht, das einem Kapitalanteil von 25 Prozent entspricht.

Dass die Konditionen, die für Erbschaften gelten, auch bei Schenkungen greifen, versteht sich von selbst. Zudem sollte jedes Vermögen in Deutschland den betreffenden Regelungen unterliegen, unabhängig von der Art des Eigentümers oder seinem Wohnsitz.

Die Gewinne in solchen Belegschaftsunternehmen beziehungsweise Mischgesellschaften von Belegschaft und öffentlicher Hand sollten generell nicht mehr ausgeschüttet werden dürfen, sondern im Unternehmen verbleiben. Sofern der Gewinn das für Forschung und Entwicklung, für Investitionen und erforderliche Reserven Notwendige übersteigt, wäre das ein untrügliches Zeichen dafür, dass das Unternehmen oberhalb des von Malik geforderten Gewinnoptimums produziert. Es ist dann also angesagt, die Gewinne durch Lohnerhöhungen oder Sonderprämien für die Beschäftigten zu verringern.

Durch ein solches Modell würden Anreize für ein Wirtschaften gesetzt, das erheblich effizienter, innovativer und für den allgemeinen Wohlstand förderlicher wäre als das heutige. Das wäre der Weg in eine echte Leistungsgesellschaft, in der jeder sein Leben mehr oder weniger mit den gleichen Startchancen beginnt. Selbstverständlich gäbe es immer noch Ungleichheit, der Betriebsleiter würde mehr verdienen als der Facharbeiter und der Facharbeiter mehr als der Hilfsarbeiter, aber diese Ungleichheit würde sich in viel engeren Grenzen halten als heute. Deutlich reicher als der Durchschnitt würden die, die mit einer besonderen Idee einen neuen Markt entdeckt und ein neues Unternehmen aufgebaut haben. Auch das steht durchaus im Einklang mit dem Leistungsprinzip.

Sackgasse Globalisierung

Eine Frage haben wir bisher ausgeklammert: die Frage nach den Folgen der vorgeschlagenen Veränderungen auf die internationale Aufstellung der Unternehmen. Anders als viele Kleinunternehmen und Mittelständler exportieren die Großunternehmen ihre Produkte nicht nur ins Ausland, sondern die meisten haben auch ausländische Produktionsstätten. Je größer sie sind, desto höher ist in der Regel der ausländische Beschäftigungsanteil und auch der Anteil an der Wertschöpfung, der im Ausland erwirtschaftet wird.

Bereits im Versorgungsbereich etwa würde die öffentliche Hand mit der Übernahme der Energiegiganten E.ON und RWE international aufgestellte Konzerne übernehmen, die in vielen europäischen Ländern und auch außerhalb Kraftwerke betreiben, Haushalte mit Energie beliefern, Netze unterhalten und vieles mehr. Rechtlich gibt es keinen Widerspruch zwischen internationaler Aufstellung und öffentlichem Eigentum. Vattenfall ist ebenfalls ein Staatskonzern, der europaweit tätig ist. Auch viele kommunale Stadtwerke sind in den letzten Jahren expandiert und haben sich internationale Beteiligungen zusammengekauft.

Allerdings stellt sich die Frage, wie sinnvoll eine solche Strategie im Hinblick auf den Versorgungsauftrag ist oder ob sie ihm nicht im Wege steht. Vattenfall ist kein Vorbild für einen gemeinnützigen Versorger, sondern ein rein profitorientiert geführter Konzern. Ein gemeinnütziges Unternehmen sollte sich auf die Versorgung in dem Land konzentrieren, in dem es seinen Sitz hat. Die Sicherung von Grundversorgungsleistungen ist keine internationale, sondern in vieler Hinsicht eine kommunale und höchstens eine nationalstaatliche Aufgabe.

Internationales Engagement ergibt in diesem Bereich höchstens Sinn, sofern es sich etwa im Energiebereich um unerlässliche Erzeugerkapazitäten oder um Kooperationen handelt. Auch bei einer Umstellung auf erneuerbare Energien spricht viel für europaweite Kooperation. So gehen die gängigen Modelle von der europaweiten Nutzung von Windstrom aus windreichen Ländern wie Norwegen aus. Ob dazu Eigentumsrechte an ausländischen Erzeugerkapazitäten notwendig sind oder eher Kooperationsvereinbarungen, hängt auch von den Eigentumsverhältnissen in den anderen europäischen Ländern ab. Insgesamt scheint es im Bereich der Grundversorgung jedenfalls gute Gründe für einen Rückbau der internationalen Verflechtungen zu geben: für das Abstoßen ausländischer Beteiligungen, die Verkleinerung der Unternehmen und ihre Konzentration auf die Versorgung innerhalb der Landesgrenzen.

In vielen Fällen würde die Überführung in die öffentliche Hand automatisch zu einer solchen Verkleinerung führen. Etwa wenn Krankenhäuser, die heute von den großen privaten Konzernen gemanagt werden, rekommunalisiert würden. Oder wenn die Wasserversorgung und andere kommunale Dienste wieder in kommunale Verantwortung übernommen werden. Auch die Bahn sollte sich in erster Linie auf den Transport von Menschen und Sachen in den jeweiligen Landesgrenzen konzentrieren, statt sich wie die Deutsche Bahn AG internationale Beteiligungen in teilweise sachfremden Geschäftsfeldern zusammenzukaufen.

Generell war die globale Expansion der ehemaligen Versorgungsunternehmen ganz sicher kein Fortschritt, sondern Teil ihrer Kommerzialisierung und Gewinnmaximierung, die sie von ihren eigentlichen Aufgaben nur abgebracht haben.

Überflüssige Beteiligungsgeflechte

Bei kommerziellen Unternehmen steht die gleiche Frage im Raum: Ist die globale Expansion der Konzerne mit Beteiligungen in aller Herren Länder eine technologisch gebotene, Produktivität und Effizienz fördernde Entwicklung? Oder geht es dabei vor allem um den Ausbau von Markt- und Wirtschaftsmacht, um das Ausnutzen unterschiedlicher Steuersysteme und Lohndumping? Viel spricht für Letzteres.

»Lasst Gastfreundschaft, Kultur und Wissenschaft internationale sein, aber lasst, wenn möglich, die Produktion im Lande und lasst vor allem die Finanzen nationale sein«, hat bereits Keynes vorgeschlagen.[216] Dabei geht es nicht um den reaktionären Vorschlag, die Volkswirtschaften wieder zu mehr oder minder autarken Selbstversorgungssystemen zu machen. Internationale Arbeitsteilung, Austausch und Handel sind ohne Zweifel Entwicklungen, die den Wohlstand fördern. Viele Nischenproduktionen lohnen sich überhaupt erst, seit der relevante Markt dafür der Weltmarkt geworden ist. Die Hidden Champions sind überwiegend solche Nischenproduzenten, die bei einer Beschränkung auf den Binnenmarkt verkümmern würden. Aber es geht nicht um eine Einschränkung von Import und Export. Es geht um die Ergebnisse globaler Übernahmestrategien und die Eröffnung eigener Fertigungsstrecken im Ausland. Es geht um Eigentumsrechte an ausländischen Unternehmen.

Es gibt nicht wenige deutsche Exportfirmen, die außerordentlich erfolgreich sind, im Ausland aber allenfalls Handelsniederlassungen und keine einzige Produktionsstätte betreiben. Die globale Expansion der Konzerne wiederum hat niemandem außer ihren Anteilseignern Vorteile gebracht.

Den Menschen in den Entwicklungs- und Schwellenländern hat sie nichts genützt, weil Betriebsstätten in den Händen ausländischer Konzerne in der Regel damit verbunden sind, dass Gewinne außer Landes gebracht statt vor Ort reinvestiert werden. Wesentlich vorteilhafter sind für weniger entwickelte Länder stabile Kooperationsbeziehungen, etwa jene Joint Ventures, die der chinesische Staat ausländischen Konzernen aufzuzwingen pflegt. Auch weil so tatsächlich Zugriff auf Technologie und Know-how entsteht und die industrielle Substanz eines Landes nicht von den Nomadenbewegungen internationaler Hersteller abhängig gemacht wird.

Den Beschäftigten in den Industriestaaten hat die Globalisierung in der bisherigen Form per Saldo schon gar nichts gebracht. Hier hat sie ungezählte Arbeitsplätze zerstört und die Löhne und Unternehmenssteuern nach unten gedrückt. Zwar wurden viele Produkte durch die Verlagerungen verbilligt, allerdings um einen so hohen Preis, dass für die Mehrheit der Menschen am Ende der Rechnung ein Wohlstandsverlust und kein Wohlstandsgewinn steht. Wer von Hartz IV leben muss, ist sicher froh, die Hose bei KiK für 10 Euro zu bekommen. Aber ginge es ihm nicht wesentlich besser, wenn er Arbeit und ein ordentliches Gehalt hätte und sich dann auch problemlos teurere Kleidung leisten könnte? Nur am Rande gestreift sei die ebenfalls nicht irrelevante Frage, wie viele überflüssige, umweltzerstörende Transportemissionen die Aufgliederung der Wertschöpfungskette über mehrere Kontinente verursacht. Die endlosen Langstreckenflüge der Führungskräfte nicht zu vergessen, die zudem selbst in der Business Class Kreativität und Leistungsfähigkeit schädigen.

Natürlich könnte man einwenden, dass Billighersteller aus Schwellenländern auch als selbständige Unternehmen mittels ihrer Exporte manchen Industriezweig in Europa – etwa die Textilindustrie – hätten in die Knie zwingen können. Das mag für einzelne Bereiche zutreffen, der Prozess hätte aber nie jenes Ausmaß an Arbeitsplatzvernichtung und De-Industrialisierung erreicht, das die systematischen Produktionsverlagerungen unter der Ägide der großen Konzerne zu verantworten haben.

Zudem stellt sich die Frage, ob der Handel zwischen Regionen mit vollkommen unterschiedlichen Lohnniveaus und Produktionsbedingungen nicht tatsächlich durch Zölle reguliert werden sollte. Statt Exporte zu subventionieren, wie es die EU etwa im Agrarsektor mit fatalen Konsequenzen für die Bestimmungsländer tut, wäre es durchaus überlegenswert, Produkte aus Ländern, die nur aufgrund von Hungerlöhnen und unerträglichen Arbeitsbedingungen – von Kinderarbeit nicht zu reden – konkurrenzlos billig sein können, bei der Einfuhr in die EU durch Aufschläge zu verteuern. Das würde den hiesigen Produzenten, gerade auch kleineren und mittleren Anbietern, mehr Luft zum Atmen lassen. Und letztlich wäre das auch zum Vorteil der Beschäftigten in den Schwellenländern, denn es würde den Druck in Richtung bessere Löhne erhöhen und außerdem ein primär auf Export gerichtetes Entwicklungsmodell unattraktiv machen, dessen Grenzen ein Land wie China jetzt ohnehin zunehmend erfährt.

380 Kreativer Sozialismus: Einfach. Produktiv. Gerecht.

Hier ist nicht der Ort, das Thema erschöpfend zu behandeln. In jedem Falle spricht viel dafür, dass die globalen Unternehmensgiganten eine Sackgasse der ökonomischen Evolution sind und die Zukunft eher im internationalen Austausch und in Kooperationsbeziehungen von Unternehmen mit nationalem Handlungsradius zu suchen ist. Kooperationen im Bereich von Forschung und Entwicklung gibt es ohnehin längst über Unternehmensgrenzen hinweg. Viele Mittelständler nutzen Joint Ventures auch zum Zweck der internationalen Vermarktung ihrer Produkte. Für all das braucht man keine Mammutunternehmen mit unübersichtlichen internationalen Beteiligungsnetzen, die nur denen Nutzen bringen, die an ihrer Spitze stehen und sich damit überragende wirtschaftliche Machtpositionen sichern. Für Innovation und Wettbewerb wäre es in jedem Fall von Vorteil, wenn in Zukunft nicht mehr zwei Drittel des Welthandels innerhalb der 500 größten Unternehmensgiganten abgewickelt würden, sondern wieder mehr selbständige Anbieter das Geschehen bestimmten.

Die hier vorgeschlagene Ordnung ist einfach, produktiv und gerecht – sie ist realistisch und realisierbar. Es spricht sehr viel mehr dafür, Veränderungen in der vorgeschlagenen Richtung auf den Weg zu bringen, als die offensichtlich nicht funktionierende Wirtschaftsordnung der Gegenwart in die Zukunft zu tragen. Das Ancien Régime zur Regelung der politischen Belange wurde in allen entwickelten Ländern bis zum Ende des 19. Jahrhunderts erfolgreich abgeschüttelt. Jetzt geht es darum, auch das Ancien Régime in der Wirtschaft, das die Produktivität einschnürt, den technologischen Wandel blockiert und die Demokratie zerstört, zu überwinden.

Fazit

Wirtschaftliche Ressourcen der Gesellschaft in das Belieben privater Eigentümer zu stellen wurde traditionell damit gerechtfertigt, dass Markt und Wettbewerb mit unsichtbarer Hand die eigensüchtigen Bestrebungen in eine dem Allgemeinwohl nützliche Richtung leiten würden. Wo das nicht mehr funktioniert, verliert das private Wirtschaftseigentum seine Legitimität.

Der Gründungsunternehmer im Schumpeter'schen Sinn ist eine Quelle von Innovation, technologischem Fortschritt und ökonomischer Anpassungsfähigkeit. Ein kreativer Sozialismus muss solche echten Unternehmer fördern und unterstützen, statt ihnen – wie der heutige Kapitalismus – Steine in den Weg zu legen. Das setzt vor allem großzügige Finanzierungsmöglichkeiten voraus.

Eine kreative Wirtschaftsordnung hat allerdings nicht die Aufgabe, auch die unproduktiven Erben der Unternehmensgründer zu unterstützen. Wächst das Unternehmen, gehen sein Erfolg und seine Leistungsfähigkeit immer weniger allein auf den Ideengeber und Geschäftsführer zurück. Die Prinzipien der Leistungsgerechtigkeit, der Eigenverantwortlichkeit und der Haftung verlangen, die Belegschaft in Unternehmen ab einer bestimmten Größe an Eigentum und Entscheidungsfindung zu beteiligen. Vorgeschlagen wird die Erhebung einer Vermögenssteuer von 5 bis 10 Prozent auf alle Vermögen oberhalb von 1 Million Euro, *die im Falle von Betriebsvermögen nicht an den Staat zu zahlen, sondern durch Übertragung entsprechender Unternehmensanteile in stiftungsähnlich organisiertes unveräußerliches Belegschaftseigentum abzugelten ist.* Bei Unternehmen oberhalb von 100 Millionen Euro Eigenkapital sollten Kommune oder Land eine Sperrminorität von 25 Prozent erhalten.

Kein Sozialist will Oma – oder Omas Kindern – »ihr klein Häuschen« wegnehmen. Jeder Mensch sollte vielmehr das Recht haben, bis zu 1 Million Euro steuerfrei zu vererben. Größere Erbschaften allerdings unterstützen eine volkswirtschaftlich schädliche Vermögenskonzentration und stehen dem Leistungsgedanken entgegen. Bei ihnen betrage die Erbschaftssteuer 100 Prozent. Im Falle von Betriebsvermögen sei diese Steuer – wie die Vermögenssteuer – *nicht an den Staat zu zahlen, sondern ebenfalls in unveräußerliche Belegschaftsanteile umzuwandeln.* Bei größeren Unternehmen steht auch dabei der öffentlichen Hand eine Sperrminorität zu.

Großunternehmen, die für die Investitionsschwerpunkte oder die Beschäftigungsentwicklung ganzer Branchen von ausschlaggebender Bedeutung sind, die eine marktbeherrschende oder monopolistische Stellung haben oder die Leistungen der Grundversorgung anbieten, sollten generell kein Gegenstand privaten Eigentums sein. Nur so lässt sich die Entstehung privater Wirtschaftsmacht und die fortgesetzte Enteignung der Mehrheit der Menschen verhindern.

Kreativer Sozialismus hat sich von der Idee des planwirtschaftlichen Zentralismus verabschiedet. Er will mehr Wettbewerb, nicht weniger. Aber dort, wo lediglich Pseudowettbewerb stattfindet, weil natürliche Monopole oder Oligopole ihre Marktmacht zur Wettbewerbsverhinderung einsetzen, ist die öffentliche Hand gefordert. Es gibt *Marktwirtschaft ohne Kapitalismus* und *Sozialismus ohne Planwirtschaft.*

ERHARD RELOADED: WOHLSTAND

FÜR ALLE, NICHT IRGENDWANN, SONDERN JETZT!

ERHARD RELOADED: WOHLSTAND

FÜR ALLE, NICHT IRGENDWANN, SONDERN JETZT!

»Für unsere Spezies ist Freundschaft ein Lebenselixier, Vertrauen und Zusammenarbeit machen uns Freude, wir besitzen ein ausgeprägtes Gerechtigkeitsgefühl und wir sind mit einem Gehirn ausgestattet, das uns ... erlaubt, unsere Lebensweise durch einen Prozess der Identifikation zu erlernen. Es kann also nicht überraschen, dass eine soziale Struktur, in der die Beziehungen von Ungleichheit, Unterlegenheit und sozialer Ausgrenzung geprägt sind, uns viele soziale Schmerzen zufügt.«

Kate Pickett, Richard Wilkinson, Autoren von
Gleichheit ist Glück

Der Kapitalismus löst Ludwig Erhards Versprechen »Wohlstand für Alle« selbst in den Industrieländern nicht mehr ein. Global hat er es nie getan. Weil die heutige Wirtschaftsordnung nur »Wohlstand für Wenige« schafft und die Basis von Freiheit und Demokratie zerstört, brauchen wir eine neue.

Es wäre allerdings völlig falsch, den Kerngehalt der neuen Wirtschaftsordnung auf Umverteilung zu reduzieren. Es geht nicht darum, den vorhandenen Wohlstand einfach neu zu verteilen. Es geht darum, den Wohlstand der ganzen Gesellschaft auf eine neue, breitere und bessere Grundlage zu stellen. Es geht darum, Ludwig Erhards Versprechen endlich umzusetzen. Es geht um einen kreativen Sozialismus.

Besser leben heißt anders konsumieren

Beispielsweise sind echte Wohlstandsgewinne nur sehr begrenzt anhand jener Kennziffern zu messen, die heute als meistgenutztes

Wohlstandsmaß dienen. Das Bruttoinlandsprodukt wird auch durch mehr Krankheiten oder mehr Waffen gesteigert. Wegwerfprodukte sind »wachstumsträchtiger« als Qualitätswaren, weil sie nach kurzem Gebrauch durch neue ersetzt werden müssen. Wir haben im Kapitel über die »schöpferische Zerstörung« gesehen, dass der Kapitalismus auf dieser extensiven Wachstumslogik beruht. Nicht zuletzt dadurch trägt er zum Verschleiß natürlicher Ressourcen und zur Zerstörung von Umwelt und Klima bei. Dieses Modell kann nicht in die Zukunft fortgeschrieben werden. Aber das heißt nicht, dass der Wohlstand sinken muss.

Schon heute bedeutet eine Verbesserung der Lebensverhältnisse oberhalb eines bestimmten Einkommensniveaus nicht quantitativen Mehrkonsum, sondern Konsum von höherwertigen Gütern. Was macht jemand, wenn er von einem durchschnittlichen in einen besser bezahlten Arbeitsplatz aufsteigt? Er kauft sich nicht zwei oder drei Autos, sondern möglicherweise ein teureres. Er stellt sich nicht zwei oder drei Sofas oder Flachbildschirme ins Wohnzimmer, sondern solche von höherer Qualität. Er isst auch nicht doppelt so viel, sondern kauft sein Brot und Gemüse fortan vielleicht im Bioladen, weil es da besser schmeckt und gesünder ist. Sehr wahrscheinlich plündert er mit seinem Zusatzeinkommen auch nicht das Sortiment von KiK, sondern geht jetzt in eine Boutique, um sich einzukleiden. Eventuell leistet er sich jetzt öfter einen Besuch im Restaurant oder im Theater. Kurz: Der Besserverdienende konsumiert nicht unbedingt mehr, sondern anders.

In der Regel sind die teureren, qualitativ hochwertigeren Produkte wesentlich haltbarer als der Billigschund. In dieser Hinsicht führt steigender Wohlstand also eher zu sinkendem als zu steigendem Ressourcenverbrauch. Er könnte das umso mehr, wenn die Produktion bewusst auf Haltbarkeit und Dauer ausgerichtet würde statt auf schnellen Verbrauch und Verschleiß. Sofern die Wirtschaft nicht mehr dem Kriterium maximaler Renditen gehorcht, wären in dieser Richtung veränderte Prioritäten möglich. Ebenso wie dann auch die Energiewende in öffentlichen Versorgungsunternehmen gesellschaftlich durchgesetzt werden kann.

Plan und Markt

Demokratie sollte die Fähigkeit einschließen, die Grundrichtung der wirtschaftlichen Entwicklung zu steuern, statt sich von ihr treiben zu lassen. Die Umorientierung der Produktion auf Qualitätsprodukte von langer Lebensdauer mit niedrigem Ressourcenverbrauch etwa kann nur auf einer bewussten Entscheidung der Gesellschaft beruhen, die den Unternehmen vorgegeben wird. Kein Markt wird einen solchen Wandel je erzwingen. Mit Planwirtschaft im Sinne einer minutiösen Detailplanung hat das nichts zu tun. Es geht eher um die Gestaltung der Rahmenbedingungen.

Wer Plan und Markt einander entgegensetzt, hat ohnehin von wirtschaftlichen Prozessen wenig verstanden. Jede Wirtschaft beruht auf beidem, auch die Marktwirtschaft: Sie beruht auf Plänen, die in den Unternehmen gemacht werden, und auf Märkten, die, wenn sie funktionieren, diese Pläne zum Abgleich bringen. Je größer die Konzerne, desto umfassender die Pläne und desto geringer die Koordinationsfähigkeit der Märkte.

»Triebfeder der Marktwirtschaft ist im Grunde der Plan«, schreibt Roger de Weck. »Die ... untergegangene Planwirtschaft überlebt, wo sie niemand vermutet: in den Konzernspitzen. Jeden Sommer schmieden Manager mit ihren Stäben die Pläne fürs nächste Jahr. Sie beraten über das Plansoll, sie verhandeln, wem wie viel Geld und Personal zuteil wird, um einen vorgegebenen Umsatz oder Gewinn zu erzielen. Sie haben auch Drei- und Fünfjahrespläne – jedes Unternehmen ist eine kleine Planwirtschaft.«[217]

Diese Pläne können gesellschaftlich sinnvoll oder unsinnig sein. Sie können sich an realen Bedürfnissen orientieren oder die Bedürfnisstruktur der Gesellschaft verfehlen. Die heutige Wirtschaft mit ihren gewaltigen Überkapazitäten in einigen Bereichen, etwa im Automobilsektor oder in den diversen Immobilienblasen, und ihrer auffälligen Unterversorgung in anderen, etwa bei Pflegeleistungen für ältere Menschen, zeigt, dass betriebswirtschaftliche Pläne in der Summe keineswegs einen volkswirtschaftlichen Sinn ergeben müssen. Wenn ein kleines Unternehmen falsch kalkuliert, wird es vom Markt bestraft, schlimmstenfalls mit dem Bankrott. Wenn ein großes Unternehmen falsch kalkuliert, wird es, wenn sonst nichts mehr hilft, vom Staat gerettet. Das hat nur begrenzt mit Korruption zu tun, sondern in erster Linie mit den sehr viel weiter reichenden Konsequenzen großer Unternehmenspleiten. Der Managementtheoretiker und -praktiker Fredmund Malik schreibt:

»Das Risiko eines Versagens des Managements ist [in großen Unternehmen] zu groß, um es allein dem Markt zu überlassen. Dieser mag eine ausreichende Kontroll- und Korrekturinstanz gewesen sein noch zu Zeiten, wo ein Firmenzusammenbruch kaum spürbare Folgen hatte. Außerdem: Der Markt genügt nicht, um wirtschaftliche Leistung herbeizuführen, schon gar nicht gesellschaftliche Leistung.«[218]

Malik warnt davor, den Markt zu überfordern: »Er ist zu langsam, hat keine voraus-, sondern nur eine nachlaufende Wirkung, und er hat im Kern nur eine bestrafende Wirkung.«[219] Wenn Signale vom Markt kommen, ist es oft schon zu spät, gerade für große Unternehmen. Denn gerade sie haben die längste »Totzeit«, brauchen also viel Zeit, um adäquat zu reagieren.

Auch aus diesem Grund versagt der Markt bei den Konzernen als Kontrollinstanz zur Koordinierung ihrer Wirtschaftspläne. Genau deshalb bedarf es einer Möglichkeit zur gesellschaftlichen Steuerung des Wirtschaftsprozesses in die gewünschte Grundrichtung. Öffentliche Unternehmen und öffentliche Anteile an großen Belegschaftsunternehmen bieten die Möglichkeit dazu.

Mehr Wohlstand durch mehr Gleichheit

Die extreme Ungleichheit, die der Kapitalismus hervorbringt, ist nicht nur ungerecht. Das sehr viel größere Problem ist, dass sie die produktiven Potentiale der Wirtschaft abschnürt und zerstört und die Wirtschaft in eine Richtung lenkt, die den allgemeinen Wohlstand verringert. Es verhält sich also genau andersherum als in der bekannten Metapher des amerikanischen Wirtschaftswissenschaftlers Arthur Okun, der Umverteilung mit dem Versuch vergleicht, mit einem undichten Eimer Wasser von einem vollen zu einem leeren Behälter zu tragen: Am Ende komme weniger bei den Armen an, als den Reichen weggenommen werde. Das Gegenteil ist der Fall. Mehr Gleichheit bedeutet, dass die übergroße Mehrheit der Menschen besser lebt, weil der gesamte Wohlstand der Gesellschaft steigt.

Märkte etwa können reale Bedarfsverhältnisse nur bei einigermaßen ausgeglichener Einkommensverteilung reflektieren. Denn was tatsächlich von Märkten registriert wird, ist nicht die Dringlichkeit von Bedürfnissen, sondern die Zahlungsfähigkeit, um Bedürfnisse befriedigen zu können. Nur wenn Menschen genügend Kaufkraft haben, um ihrem Bedarf Nachdruck zu verleihen, trägt der Marktmechanismus überhaupt zu einer an den Bedürfnissen orientierten Produktion bei. Im gegenteiligen Extrem können Märkte gesättigt sein, während Menschen verhungern. Diese Situation gibt es heute in vielen sehr armen Ländern.

Hohe Ungleichheit bedeutet zudem eine Polarisierung der Nachfrage: Es wächst dadurch der Absatz der Luxusproduzenten und der Billigdiscounter. Aber Letzteres nicht, weil »Geiz geil« ist oder die Menschen qualitativ mangelhafte Billigware gediegenen Qualitätsprodukten vorziehen würden, sondern weil sie sich nur noch solche leisten können. Im Ergebnis werden dann weniger Qualitätswaren produziert, was zur Ressourcenverschwendung beiträgt und vor allem kleinere und mittlere Anbieter schädigt. Kapazitäten, die ein höheres Wohlstandsniveau gewährleisten könnten, werden nicht mehr gebraucht und verschwinden vom Markt.

Versager mit Spitzeneinkommen

In einer echten Leistungsgesellschaft sind die Einkommens- und Vermögensunterschiede zwangsläufig kleiner als heute. Einfach, weil die Leistungsunterschiede der Menschen bei weitem nicht so groß sind wie die heutigen Verteilungskontraste.

Die These, dass nur extrem hohe Einkommen und eine große Ungleichheit Menschen zu Spitzenleistungen motivieren, hat sich demgegenüber längst als Mythos erwiesen. Darauf weist auch Malik hin: »Wären die exzessiv bezahlten Spitzenmanager von Enron bis Worldcom ihren Firmen erspart geblieben, hätte man nicht nur jede Menge

Geld eingespart, sondern die Firmen würden vermutlich heute noch existieren. Noch schlechter, als es die Großverdiener taten, hätte niemand dieses Unternehmen geführt.«[220] Malik führt auch das Beispiel des US-Tycoons John P. Morgan an, der zu Beginn des 20. Jahrhunderts eine Untersuchung in seinem weitverzweigten Firmenimperium durchführen ließ, mit der er herausfinden wollte, worin die Unterschiede zwischen seinen erfolgreichen Firmen und den weniger erfolgreichen lagen: »Das Ergebnis war, dass es nur eine einzige Größe war, die die Performer von den Non-Performern unterschied: Es war die Differenz zwischen den jeweiligen Einkommensstufen im Unternehmen. In den erfolgreichen Firmen betrug diese Differenz von Stufe zu Stufe nicht mehr als 30 Prozent, während in den erfolglosen Unternehmen diese Proportion ausnahmslos aus dem Ruder gegangen war.«[221]

Kate Pickett und Richard Wilkinson weisen in ihrem Buch *Gleichheit ist Glück. Warum gerechte Gesellschaften für alle besser sind* auf eine Untersuchung über Baseballteams in höheren Ligen hin, die zeigt, dass jene Mannschaften, unter deren Spielern es nur geringe Einkommensunterschiede gab, signifikant besser abschnitten als die mit großen Einkommenskontrasten.[222]

Ungleichheit macht einsam und krank

In diesem sehr lesenswerten Buch wird darüber hinaus auf die empirisch messbaren, negativen Begleiterscheinungen großer gesellschaftlicher Ungleichheit hinwiesen. Pickett und Wilkinson weisen nach, »dass eben nicht nur Gewalt und unzureichende Gesundheit, sondern viele andere soziale Probleme verstärkt in Gesellschaften mit ausgeprägter Ungleichheit auftreten«.[223] Dies gilt etwa für die Häufigkeit von Alkohol- und Drogensucht, psychischen Erkrankungen und Säuglingssterblichkeit, für eine niedrigere durchschnittliche Lebenserwartung, schlechtere schulische Leistungen der Kinder und eine hohe Zahl von Gefängnisstrafen. Fasse man die Häufigkeit des Vorkommens dieser Phänomene in einem Index zusammen, zeige dieser ganz klar eine steigende Kurve mit steigender Einkommensungleichheit, während es zum Pro-Kopf-Einkommen keinen Bezug gebe. Die Korrelation zwischen dem Wohlstandsgefälle innerhalb der Gesellschaft und den angeführten negativen Erscheinungen sei selbst im Vergleich der einzelnen US-Bundesstaaten nachweisbar.

Konkret treten psychische Erkrankungen in Gesellschaften mit hoher Ungleichheit fünfmal so häufig auf wie in denen mit geringerer Ungleichheit. Die Häufigkeit von Gefängnisstrafen liegt ebenfalls fünfmal so hoch. Krankhafte Fettleibigkeit ist sechsmal häufiger und bei den Mordraten ist der Unterschied noch um ein Vielfaches höher.

Ungleichheit wirke, schreiben Pickett und Wilkinson,»wie ein alles durchdringender Schadstoff in allen Bereichen der Gesellschaft«.[224]

Die Zunahme sozialer Probleme mit steigender Ungleichheit lässt sich auch im Zeitverlauf belegen. Pickett und Wilkinson weisen darauf hin, dass die Ängste der Menschen in den USA während der letzten vier Jahrzehnte ständig zugenommen haben und in den späten Achtzigern die Ängste bei Kindern höher waren als bei Psychiatriepatienten in den fünfziger Jahren. Der deutliche Anstieg von Depressionserkrankungen in den Industrieländern wird durch zahlreiche Studien dokumentiert. In Deutschland etwa nahmen nach einer Untersuchung der AOK allein von 1995 bis 2008 die psychisch begründeten Krankheitszeiten um 80 Prozent zu.[225]

Die Gründe liegen auf der Hand: Je größer die Ungleichheit, desto größer auch die Angst vor dem sozialen Absturz, mit der selbst Menschen leben müssen, die es in die Schicht der Besserverdienenden geschafft haben. Und mit der Angst und dem Leistungsdruck wächst auch der chronische Stress. Susanne Schmidt weist in *Markt ohne Moral* auf die Folgen solcher Dauerstresssituationen hin:»Erfolgreiche, engagiert arbeitende City-Manager wirken häufig älter, als sie sind – Alkohol und Drogen mögen eine Rolle dabei spielen, mit Sicherheit aber der Schlafmangel.«[226] Denn jedem sei klar:»... in der Londoner City kann man eben jeden Tag vor die Tür gesetzt werden, und zwar mit sofortiger Wirkung. Nicht legal, versteht sich, aber in der Praxis eben doch ...«[227]

Damit verändern sich auch die sozialen Beziehungen zwischen den Menschen:»Wächst die Ungleichheit, dann sorgen sich die Menschen weniger umeinander, es gibt weniger gleichberechtigte Beziehungen, weil jeder schauen muss, wo er bleibt; zwangsläufig sinkt auch das

Niveau des Vertrauens.«[228] Auch das weisen Pickett und Wilkinson mittels Umfragen in verschiedenen Ländern und auch im Vergleich der US-Bundesstaaten nach. Der Mensch ist nicht des Menschen Wolf, aber in Gesellschaften mit extremer Ungleichheit wird er es, weil sie gerade jene Eigenschaften im Menschen fördern und kultivieren – Egoismus, Selbstbezogenheit, Gleichgültigkeit gegenüber anderen –, die er für ein Überleben in einer solchen Umwelt braucht: »Wer in einer Gesellschaft aufwächst, in der es gilt, anderen mit Misstrauen zu begegnen, ständig auf der Hut zu sein und sich alles zu erkämpfen, braucht natürlich ganz andere Fähigkeiten als in einer Gesellschaft, in der es auf Mitgefühl, Gegenseitigkeit und Kooperation ankommt.«[229] Diese Prägung erhalte der Einzelne bereits im Kindesalter.

Dauerstress, Abstiegsangst, Misstrauen, Einsamkeit, Mangel an funktionierenden sozialen Beziehungen aber machen Menschen krank. Das dürfte der entscheidende Grund dafür sein, warum »in den Gesellschaften mit mehr Gleichheit die Menschen gesünder sind«.[230] Und zwar gilt das nicht nur in dem Sinne, dass die Reichen sich in der Regel einer besseren Gesundheit und längeren Lebenserwartung erfreuen als die Armen. Sondern es gilt, wie Pickett und Wilkinson nachweisen, auch für den Durchschnitt:

»Mehr Gleichheit [kommt] der gesamten Gesellschaft zugute: Alle sind gesünder, nicht nur die am unteren Ende der Stufenleiter.«[231]

Homo oeconomicus oder soziales Wesen

Wenn aber das Wohlstandsgefälle innerhalb einer Gesellschaft eine entscheidende Größe für Gesundheit, Lebenserwartung und andere soziale Faktoren ist, dann bedeutet das, dass ein Abbau von Ungleichheit den Wohlstand aller oder zumindest den einer sehr großen Mehrheit mittelbar und unmittelbar erhöht. Mittelbar zum einen über den Ausbau der produktiven Kapazitäten einer Gesellschaft: Ausgeglichene Menschen sind leistungsfähiger, und ausgeglichene Kaufkraft motiviert, wie gezeigt, Qualitätsproduktion statt billiger Wegwerfware. Mittelbar zum anderen, weil hohe Ungleichheit aufgrund der geschilderten Auswirkungen erhebliche Kosten verursacht: Ungleiche Gesellschaften brauchen mehr Polizisten, Richter, Gefängnisse, Kliniken und Psychiater.

Aber mehr Gleichheit erhöht auch ganz unmittelbar die Lebensqualität der Menschen, weil der Mensch seiner biologischen Verfassung nach eben kein egoistischer *Homo oeconomicus*, sondern ein zutiefst soziales Wesen ist. Ein Wesen, dem die Fähigkeit zur Einfühlung in andere Menschen und zu sozialem, kooperativem Verhalten in die Wiege gelegt ist, wobei diese Fähigkeit sich entfalten oder auch verkümmern kann. Die Nobelpreisträgerin Elinor Ostrom weist in ihrer Arbeit über »Die Verfassung der Allmende« darauf hin, dass Menschen eine angeborene, evolutionsgeschichtlich entstandene Fähigkeit zur Einhaltung sozialer Regeln und zur Kooperation besitzen. Auf dieser Fähigkeit beruhte historisch das Funktionieren der Allmende-Güter, also von Gütern in Gemeinbesitz, bei denen es überlebenswichtig war, dass sie kein Einzelner durch Übernutzung zerstörte.[232]

Erich Fromm schreibt über die Unvereinbarkeit von menschlicher Liebesfähigkeit und Kapitalismus: »Wenn der Mensch zur Liebe fähig sein soll, muss der Mensch selbst an erster Stelle stehen. Der Wirtschaftsapparat muss ihm dienen und nicht er ihm. ... Die Gesellschaft muss so organisiert werden, dass die soziale liebevolle Seite des Menschen nicht von seiner gesellschaftlichen Existenz getrennt, sondern mit ihr eins wird.« Eine Gesellschaft, die das nicht gewährleiste, werde irgendwann »an ihrem Widerspruch zu den grundlegenden Bedürfnissen der menschlichen Natur zugrunde gehen«.[233]

Wohlstand ist mehr als Einkommen

Das Gesamtbild einer Volkswirtschaft gewinnt erst präzise Konturen, wenn man ihre Fähigkeit bewertet, das Leben zu verlängern und seine Qualität zu steigern, argumentiert der indische Wirtschaftswissenschaftler und Nobelpreisträger Amartya Sen. Das Einkommen sei dabei nur eines von mehreren wichtigen Kriterien. Gerade deshalb geht es im Rahmen einer neuen Wirtschaftsordnung auch nicht einfach um Einkommenssteigerungen. Gutes Einkommen ist wichtig, um sich die Dinge leisten zu können, die heute einen hohen Lebensstandard ausmachen. Aber gutes Einkommen allein ist noch nicht Wohlstand. Ein

Leben in Wohlstand schließt ausreichende Freizeit, Freiheit von Stress und Angst und ein Lebensumfeld, das soziale Bindungen zulässt und fördert, ein. Materieller Wohlstand, der um den Preis des Verzichts auf all das erkauft wird, ist in Wahrheit keiner.

»Der flexible Mensch, den der Turbokapitalismus braucht, ist überall, nur nicht bei sich,« schreibt Roger de Weck.[234]

Ein Mensch, der nicht bei sich ist, sondern in Widerspruch zu seinen sozialen Anlagen lebt und sich den Wolfsgesetzen der Konkurrenz, der Selbstsucht und des Egoismus unterordnet, ist auch nicht frei. Während der neoliberale Marktfanatiker Milton Friedman meinte, »dass der Kapitalismus eine notwendige Voraussetzung für politische Freiheit«[235] sei, verhält es sich in Wahrheit gerade umgekehrt:

Der Kapitalismus ist zum wichtigsten Hinderungsgrund für ein Leben in Freiheit, Demokratie und Wohlstand geworden. Deshalb lautet die politische Forderung unserer Zeit: Freiheit statt Kapitalismus.

Literaturangaben

1 D.A.CH-Report der Vallu-
ga AG, Vermögensreport
über die Entwicklung der
Millionärspopulationen und
ihrer Vermögen in Deutschland, Österreich und der
Schweiz, 2011

2 Barbara Supp, »Unbarm-
herzige Samariter«, Der
Spiegel 06.02.2012

3 Walter Eucken, Grundsätze
der Wirtschaftspolitik,
Tübingen 2004, S. 360

4 Alfred Müller-Armack,
Wirtschaftslenkung und
Marktwirtschaft, München
1990, S. 63

5 Ahlener Programm der
CDU, 1947

6 Müller-Armack, a.a.O., S. 96

7 Eucken, a.a.O., S. 313

8 Müller-Armack, a.a.O., S. 119

9 Ludwig Erhard, Wohlstand
für Alle, Köln 2009, S. 243

10 Eucken, a.a.O., S. 4

11 Erhard, a.a.O., S. 278

12 alle Zitate: Eucken, a.a.O.,
S. 172

13 Eucken, a.a.O., S. 128

14 Müller-Armack, a.a.O., S. 71

15 Erhard, a.a.O., S. 17

16 Eucken, a.a.O., S. 279

17 Eucken, a.a.O., S. 285

18 Müller-Armack, a.a.O., S. 78

19 Müller-Armack, a.a.O., S. 136

20 Thomas Städtler, Der Sozialismus glaubt an das Gute,
der Kapitalismus an den Bo-
nus, Frankfurt 2009, S. 11

21 zit. nach Oskar Faus,
Mythos »soziale Marktwirtschaft«, Berlin 1999, S. 10

22 Erhard, a.a.O., S. 15

23 FAZ 27.12.2007

24 Handelsblatt 13.9.2010

25 Handelsblatt 5.2.2002

26 KfW Research, »Mittel-
stands- und Strukturpolitik.
Innovationen im Mittel-
stand«, 2006, S. 135

27 FTD 22.12.2010

28 Nouriel Roubini, Stephen
Mihm, Das Ende der
Weltwirtschaft und ihre
Zukunft, Frankfurt/M.
2010, S. 132

29 zit. nach Alexander Dill, Der
große Raubzug, München
2009, S. 34

30 zit. nach Alexander Dill,
a.a.O., S. 61

31 Dill, a.a.O., S. 153

32 Susanne Schmidt, Markt
ohne Moral, München
2010, S. 162

33 Jörg Asmussen, »Verbriefungen aus Sicht des Bun-
desfinanzministerium« Zeitschrift für das gesamte Kreditwesen 19/2006, S. 10 ff.

34 FTD 23.4.2009

35 Michael Lewis, The Big
Short, Inside the Doomsday
Machine, New York 2010,
S. 78

36 Handelsblatt 8.2.2008

37 Lewis, a.a.O., S. 93

38 Lewis, a.a.O., S. 103

39 Spiegel online 2.4.2010

40 Spiegel online 2.4.2010

41 Schmidt, a.a.O., S. 96

42 Dirk Solte, Weltfinanzsystem am Limit, Berlin 2009,
S. 123

43 Lewis, a.a.O., S. 186

44 Lewis, a.a.O., S. 62

45 Leo Müller, Bank-Räuber.
Wie kriminelle Manager
und unfähige Politiker uns
in den Ruin treiben, Berlin
2010, S. 255

46 Müller, a.a.O., S. 257

47 Standard 17.2.2009

48 FTD 28.9.2010

49 FTD 17.9.2010

50 FTD 12.7.2010

51 Stern 51/2010

52 FTD 18.3.2009

53 Solte, a.a.O., S. 154

54 FTD 16.9.2010

55 Katharina Weinberger,
Kopfzahl-Paranoia. Von der
Selbstzerstörung der Kon-
zerne – Eine Insideranalyse,
München 2009, S. 34

56 Fredmund Malik, Die richtige Corporate Governance,
Frankfurt/M. 2008, S. 19

57 Weinberger, a.a.O., S. 25

58 Weinberger, a.a.O., S. 26

59 FTD 24.8.2010

60 P. Dünhaupt, E. Hein, T. v.
Treeck, »Finanzsystem und
wirtschaftliche Entwick-
lung: Tendenzen in den
USA und in Deutschland
aus makroökonomischer
Perspektive«, IMK Studies
5/2007, S. 20

61 Weinberger, a.a.O., S. 63

62 Weinberger, a.a.O., S. 15

63 Dünhaupt/Hein/v. Treeck,
a.a.O., S. 73

64 zit. nach Naomi Klein,
Schocktherapie,
Frankfurt/M. 2009, S. 381

65 Weinberger, a.a.O., S. 209

66 http://de.wikipedia.org/
wiki/Peter_Drucker

67 Alfred Rappaport,
Shareholder Value – Ein
Handbuch für Manager
und Investoren, 2. Auflage,
Stuttgart 1999, S. 6

68 Fredmund Malik, Management. Das A und O des
Handwerks, Frankfurt/M.
2007, S. 151

69 Handelsblatt 17.1.1987
70 FTD 3.5.2005
71 Richard Sennett, Die Kultur des heutigen Kapitalismus, Berlin 2009, S. 36
72 Weinberger, a.a.O., S. 70
73 Weinberger, a.a.O., S. 20
74 Roger de Weck, Nach der Krise. Gibt es einen anderen Kapitalismus?, München 2009, S. 53
75 Henk Wouter de Jong, »The Governance Structure and Performance of Large European Corporations«, Journal of Management and Governance 1, 1997, S. 5–27
76 Malik, Die richtige Corporate Governance, a.a.O., S. 54
77 Siegfried Roth, Innovationsfähigkeit im globalen Hyperwettbewerb – Zum Bedarf strategischer Neuausrichtung der Automobilzulieferindustrie, Düsseldorf 2009
78 Roth, a.a.O., S. 61
79 F. B. Simon, R. Wimmer, T. Groth, Mehrgenerationen-Familienunternehmen, Heidelberg 2005, S. 191
80 ebd.
81 Simon/Wimmel/Groth, a.a.O., S. 204
82 Ulrike Herrmann, Hurra, wir dürfen zahlen. Der Selbstbetrug der Mittelschicht, Frankfurt/M. 2010
83 impulse 25.8.2010
84 ebd.
85 FTD 26.8.2010
86 Der Spiegel 31.1.1972
87 M. R. Darby, Effects of Social Security on Income and the Capital Stock, Washington DC 1979
88 Hermann, a.a.O., S. 96

89 Joseph A. Schumpeter, Kapitalismus, Sozialismus und Demokratie, Tübingen 2005, S. 35
90 L. J. Kotlikoff, L. H. Summers, »The Role of Intergenerational Transfers in Aggregate Capital Accumulation«, Journal of Political Economy 89/4, 1981
91 E. N. Wolff, »Wealth Accumulation by Age Cohort in the U.S., 1962–1992: The Role of Savings, Capital Gains and Intergenerational Transfers«, Geneva Papers on Risk and Insurance: Issues and Practice 24, A. Atkinson, »The Distribution of Wealth and the Individual Life-Cycle«, Oxford Econ. Papers, n.s. 23, July 1971, S. 239–254; N. Oulton, »Inheritance and the Distribution of Wealth«, Oxford Econ. Papers, n.s. 28, March 1976, S. 86–101
92 Bernt Engelmann, Das Reich zerfiel, die Reichen blieben, München 1975, S. 299
93 Engelmann, a.a.O., S. 383
94 Jörg Huffschmid, Politische Ökonomie der Finanzmärkte, Hamburg 2002
95 Eucken, a.a.O., S. 1
96 Ludwig von Mises, Die Gemeinwirtschaft. Untersuchungen über den Sozialismus, Jena 1922, S. 461
97 Zahlen aus: Ulrike Herrmann, Hurra, a.a.O., S. 35
98 Jean Ziegler, Die neuen Herrscher der Welt, München 2005, S. 69
99 John Perkins, Bekenntnisse

eines Economic Hit Man. Unterwegs im Dienst der Wirtschaftsmafia, München 2005, S. 25
100 Ziegler, a.a.O., S. 31
101 Euro am Sonntag 16.11.2009
102 Schumpeter, a.a.O., S. 230
103 ebd.
104 zit. nach Franziska Augstein, in: Kapitalismus in der Krise, hrsg. von Marc Beise, Ulrich Schäfer, München 2009, S. 65
105 ebd.
106 FTD 6.8.2010
107 Milton Friedman, Kapitalismus und Freiheit, München 2004, S. 165
108 Joseph Stiglitz, Im freien Fall. Vom Versagen der Märkte zur Neuordnung der Weltwirtschaft, München 2010, S. 113
109 Sitz der EU-Kommission
110 B. Balanya, A. Doherty, O. Hoedeman, Konzern Europa – Die unkontrollierte Macht der Unternehmen, Zürich 2001
111 Stiglitz, a.a.O., S. 75
112 Stiglitz, a.a.O., S. 367
113 Stiglitz, a.a.O., S. 73
114 Perkins, a.a.O., S. 361
115 Davos, 3.2.1996
116 zit. nach Ziegler, a.a.O., S. 53
117 de Weck, a.a.O., S. 39
118 Richard Wilkinson, Kate Pickett, Gleichheit ist Glück. Warum gerechte Gesellschaften für alle besser sind, Berlin 2010, S. 279
119 Schmidt, a.a.O., S. 59
120 Roubini, a.a.O., S. 294
121 Klaus Werner, Hans Weiss, Schwarzbuch der

Markenfirmen, München 2008, S. 255

122 Dirk Müller, Crashkurs, München 2010, S. 102

123 Solte, a.a.O., S. 52 f.

124 de Weck, a.a.O., S. 10

125 Carmen M. Reinhart, Kenneth S. Rogoff, Dieses Mal ist alles anders. Acht Jahrhunderte Finanzkrisen, München 2010, S. 146

126 Lucas Zeise, Geld – der vertrackte Kern des Kapitalismus, Köln 2010, S. 171

127 http://www.bundesfinanzministerium.de/DE/BMF__Startseite/Aktuelles/ Monatsbericht__des__BMF/2010/09/analysen-und berichte/b03/node.html?__nnn=true

128 Wirtschaftswoche 25.7.2009

129 Handelsblatt 4.2.2009

130 Wirtschaftswoche 14.8.2007

131 FTD 22.1.2010

132 Handelsblatt 30.9.2008

133 dpa 9.1.2009

134 FTD 2.6.2010

135 Wirtschaftswoche 4.10.2010

136 Handelsblatt 3.8.2004

137 Handelsblatt 24.2.2003

138 Christoph Kaserer, »Staatliche Hilfen für Banken und ihre Kosten – Notwendigkeit und Merkmale einer Ausstiegsstrategie, Gutachten im Auftrag der INSM«, April 2010, S. 14

139 FTD 17.9.2010

140 Dill, a.a.O., S. 41

141 siehe: Leo Müller, Bank-Räuber, a.a.O.

142 Dill, a.a.O., S. 44

143 FTD 16.3.2009

144 Roubini, a.a.O., S. 305

145 FTD 5.10.2009

146 FTD 14.9.2010

147 Simon Johnson, »The Quiet Coup«, May 2009, http://www.theatlantic.com/ magazine/archive/2009/05/the-quiet-coup/7364/

148 »Die Privatisierung öffentlicher Dienstleistungen und deren Auswirkungen auf Qualität, Beschäftigung und Produktivität«. FORBA, Wien, April 2009, S. 114

149 FORBA-Studie, a.a.O., S.14

150 Böckler Impuls 2/2009

151 FORBA-Studie, a.a.O., S. 48

152 Michel Reimon, Christian Felber, Schwarzbuch Privatisierung, Wien 2003, S. 211

153 Ernst Ulrich von Weizsäcker (Hrsg.), Die Grenzen der Privatisierung, Stuttgart 2006, S. 334

154 Reimon/Felber, a.a.O., S. 64

155 Weizsäcker, a.a.O., S. 193

156 Weizsäcker, a.a.O., S. 332

157 Weizsäcker, a.a.O., S. 331

158 Reimon/Felber, a.a.O., S. 35

159 Reimon/Felber, a.a.O., S. 122

160 Spiegel online 5.3.2007

161 ebd.

162 Hendrik Uterwedde, »Wirtschaftliche Modernisierung«, Informationen zur politischen Bildung, Heft 285, http://www.bpb.de/publikationen/4MRZUI,0, Wirtschaftliche_Modernisierung.html

163 Wilhelm Weber (Hrsg.), Gemeinwirtschaft in Europa, Göttingen 1962, S. 190

164 Uterwedde, a.a.O.

165 Robert Millward, »State Enterprise in Britain«, in: Pier Angelo Toninelli (Hrsg), The Rise and Fall of State – Owned Enterprise in the Western World, Cambridge 2000

166 Weber, a.a.O., S. 21

167 Weber, a.a.O., S. 83

168 Jürgen Backhaus, »Ökonomik der Sozialisierung«, in: Gerd Winter (Hrsg.), Sozialisierung von Unternehmen. Bedingungen und Begründungen, Frankfurt/M. 1976

169 Beiträge auf dem Symposium der Gesellschaft für Unternehmensgeschichte e.V. (GUG), 2009

170 Oskar Grünwald, Fritz Weber, Verstaatlichung und Privatisierung in Österreich 1946 bis 2009, in: Beiträge auf dem Symposium der Gesellschaft für Unternehmensgeschichte e.V. (GUG) zur Thematik Verstaatlichung und Privatisierung, 2009

171 Franz Nemschak, »Die Stellung der Gemeinwirtschaft in der österreichischen Volkswirtschaft«, in: Die Gemeinwirtschaft in Österreich, S. 24

172 Grünwald/Weber, a.a.O.

173 Grünwald/Weber, a.a.O.

174 Grünwald/Weber, a.a.O.

175 Ahlener Programm der CDU

176 Ahlener Programm der CDU

177 Investitionshilfeurteil vom 20.7.1954

178 Müller, a.a.O., S. 242

179 zit. nach Winfried Wolf, Sieben Krisen und ein Crash, Wien 2009, S. 49

180 Spiegel online 23.8.2007

181 Stieglitz, a.a.O., S. 259

182 FTD 19.4.2010

183 de Weck, a.a.O., S. 27

184 Wirtschaftswoche 9.1.2012

185 zit. nach Klaus Novy, Strategien der Sozialisierung, Frankfurt/M. 1978, S. 212

186 Manfred Neumann (Hrsg.), Ansprüche, Eigentums- und Verfügungsrechte, Berlin 1984, S. 241

187 »The idea of dynastic fortune turns me off. If you talk about equality of opportunity in this country and really having everybody with talent having a fair shot at getting the brass ring, the idea that you hand over huge positions in society simply because someone came from the right womb, I just think it's almost un-American.« http://blog.wilsonet.com/archives/category/misc/

188 süddeutsche.de <http://xn--sddeutsche-9db.de> 27.1.2010

189 Gutachten im Auftrag der Initiative Neue Soziale Marktwirtschaft; Ch. Kaserer, »Staatliche Hilfen für Banken und ihre Kosten – Notwendigkeit und Merkmale einer Ausstiegsstrategie«, April 2010, S. 11

190 siehe: ZEW, ifm, Stiftung Familienunternehmen, »Die wirtschaftliche Bedeutung von Familienunternehmen«, 2009

191 Malik, Corporate Governance, a.a.O., S. 83

192 Malik, Corporate Governance, a.a.O., S. 126

193 Malik, Corporate Governance, a.a.O., S. 129

194 Malik, Corporate Governance, a.a.O., S. 143

195 Malik, Corporate Governance, a.a.O., S. 127

196 F. B. Simon, R. Wimmer, T. Groth, Erfolgsmuster von Mehrgenerationen-Familienunternehmen, Witten 2004, S. 12

197 F. B. Simon, R. Wimmer, T. Groth, Mehr-Generationen-Familienunternehmen, Heidelberg 2005, S. 46

198 Erfolgsmuster von Mehrgenerationen-Familienunternehmen, a.a.O., S. 13

199 John Kenneth Galbraith, The New Industrial State, Boston 1967

200 WISO 6/1958, S. 99

201 Industrial Democracy in Europe Revisited, Oxford 1993, S. 107

202 ebd.

203 de Weck, a.a.O., S. 59

204 Eucken, a.a.O., S. 242

205 Eucken, a.a.O., S. 242 f.

206 Helmut Rittstieg, Eigentum als Verfassungsproblem, Darmstadt 1975, S. 322

207 Rittstieg, a.a.O., S. 399

208 Rittstieg, a.a.O., S. 189

209 Rittstieg, a.a.O., S. 165

210 Ota Šik, Humane Wirtschaftsdemokratie. Ein Dritter Weg, Hamburg 1979, S. 399

211 Herbert A. Simon, »Organisations and Markets«, in: Journal of Economic Perspectives, 5/1, 1991, S. 28

212 zit. nach Winter (Hrsg.), a.a.O., S. 18

213 Hermann Simon, Hidden Champions des 1. Jahrhunderts. Die Erfolgsstrategien unbekannter Weltmarktführer, Frankfurt/M. 2007

214 FTD 21.9.2010

215 Hermann Simon, a.a.O., S. 356

216 John M. Keynes, »On national self-sufficiency«, The Yale Review, 22/4, 1933, S. 755 f.

217 de Weck, a.a.O., S. 21

218 Malik, Corporate Governance, a.a.O., S. 121

219 Malik, Corporate Governance, a.a.O., S. 122

220 Malik, Management, a.a.O., S. 273

221 Malik, Management, a.a.O., S. 274

222 Wilkinson, Pickett, a.a.O., S. 266

223 Wilkinson, Pickett, a.a.O., S. 33

224 Wilkinson, Pickett, a.a.O., S. 211

225 Weinberger, a.a.O., S. 191

226 Schmidt, a.a.O., S. 38

227 Schmidt, a.a.O., S. 40

228 Wilkinson, Pickett, a.a.O., S. 73

229 Wilkinson, Pickett, a.a.O., S. 237

230 Wilkinson, Pickett, a.a.O., S. 100

231 Wilkinson, Pickett, a.a.O., S. 104

232 Elinor Ostrom, Die Verfassung der Allmende, Tübingen 1999

233 Erich Fromm, Die Kunst des Liebens, Frankfurt/M. 1980, S. 145

234 de Weck, a.a.O., S. 49

235 Friedman, a.a.O., S. 32